(실용 명리학)

명운섭리 II
(응용 편)

단계(丹桂) 이 태 영 지음

도서출판 미래개발원

서언

　명리를 배우는 동안 가장 재미있었던 때는 입문하고 1~2년 정도 지났을 때이다. 배우는 것마다 신기해서 깊이 빠지는 매력을 가지고 있었다. 하나를 알면 또 다른 궁금증이 생겨서 파고, 또 파고 들곤 했었다.

　그러던 것이 언제부턴가 명리공부가 참 힘들다는 생각을 갖게 되었다. 공부를 하면 할수록 더 어렵고 더 난해해지는 것이다. 계속 공부할 수 있을 까라는 회의감과 언제까지 공부해야 되는 걸까라는 불확실성 때문에 두렵기까지 했다. 이 쯤 되면 명리공부를 포기하거나 그동안 배운 것만으로 만족하고 명리공부를 중단하는 경우가 많다. 이런 현상은 명리를 공부하는 사람들이라면 모두 겪게 되는 과정이다.

　이를 극복하고 나면 명리는 더욱 흥미로워진다. 오히려 다양한 명리세계를 경험하게 되거나 경험하기를 자처한다. 명리뿐만 아니라 동양5술을 섭렵하려는 욕심마저 갖게 된다. 그래서 이것저것 가리지 않고 명리공부를 확대하고, 유명하다는 명리대가들의 가르침을 받기 위해 동분서주하기도 한다.

　그러다가 또 한 번 고비를 맞게 된다. 이번에는 명리에 대한 해석상의 문제 때문이다. 이론적 배경이 더 깊어지고 다양해지다 보니 해석의 도구도 다양해졌고 해석의 방법도 다양해졌다. 아는 것이 많다 보니 오히려 결정적인 키워드를 찾지 못하고 온갖 것들을 모두 동원하여 해석하려는 습관을 갖게 되고 그런 습관이 오히려 해석을 어렵게 만들게 된다. 안 그래도 복잡하고 깊은 명리의 세계인데 해석을 복잡하게 하게 되니 더 복잡하고 난해해지게 된 것이다. 사실은 복잡할수록 간단하고 간편하게 해석하여야 하는 것이 진리인데도 그런 단계까지는 아직 도달하지 못했기 때문이다.

　더구나 명리대가들의 해석이 각각 다르다 보니 더 헷갈리게 된다. 명리대가들도 각각 자신들의 해석방법에 고착되어 있어서 쉽게 다른 고수들의 의견을 받아들이지 않는 습성이 있다. 이런 이유로 여러 갈래의 명리해석이 가능해진다. 이러한 '어느 갈래의 명리해석이 맞다'라고 할 수 없는 것이, 수많은 해석 방법 중 명리대가의 취향에 따라 선택적으로 적용되기 때문이다.

　이 쯤 되면 명리가 만만치 않음을 알게 된다. 그냥 공부만 해서 명리대가가 된 것이 아니라는 것도 알게 된다. 스스로 명리세계에서 대한 두려움을 갖게 된다. 방향타를 잃어버리게 된다. 배운 것은 많아서 그냥 포기할 수도 없고, 계속하자니 방향을 잃어버려서 심각한 혼란에 빠지게 된다. 이를 극복하는 한 가지 방법으로 '명리고전'에 도전하게 된다. 문제가 얽히면 가장 좋은 해결방법은 원칙에 충실해야 한다는 것처럼, 명리해석이 난맥처럼 얽히면 그 뿌리인 명리고전에서 해답을 찾을 수 있기 때문이다.

　명리고전을 공부하다보면 또 다시 고민에 빠지게 된다. 고전에 따라 해석방법이 다른 경우가 있기 때문이다. 예를 들면 '자평진전'은 정격의 격국용신을 중심으로 해석하고 있고 '적천수'는 변격을 위주로 한 해석을 하고 있으며 '난강망'은 조후용신을 중심으로 해석하고 있기 때문이다. 이런 이유 때문에 고전을 공부하면 할수록 또 다른 고민에 빠지게 되는 것이다. 이 중에서 어느 것에 비중을 둘 것인가에 따라 격국용신을 중히 여기는 명리대가와 조후용신을 중히 여기는 명리대가, 그리고 억부용신을 중히 여기는 대가로 나뉘게 된다. 선택은 해석자의 취향에 따라 결정되게 된다.

이것은 해석자의 취향의 문제인데 내가 취한 이론은 맞고 그 외에는 모두 이단이라고 배척하는 문제가 대두된다. 어느 것이 맞다라는 의미가 아니라 단지 명리대가들의 취향의 문제일 뿐인데, 이것이 왜곡되어 맞다, 안맞다의 논리로 해석하려는 것은 정말 형편없는 논리라고 본다. 본인의 공부가 부족한 것을 감추고 괜히 상대적인 우월감을 스스로 강조하고자 하는 속빈 명리술사의 변명일 뿐인 것이다.

이렇듯 고전을 공부하는 것도 또 다른 고민의 출발인 것이다. 분명한 것은 모든 명리 고전의 뿌리는 음양오행에 있다는 사실이다. 음양오행에 사상적 뿌리를 두고 발전한 것이 명리고전인 것이다. 현대 명리는 그러한 명리 고전에 뿌리를 두고 있다는 점에서 명리의 근본적인 뿌리는 음양오행인 것이다. 복잡하고 어려울수록 쉽게 해석해야 하고 원칙에 충실해야 한다는 것은 진리이다. 따라서 복잡하고 어려운 명리해석이 난맥을 거듭할수록 음양오행에 더 충실해져야 한다는 결론인 것이다.

필자는 명리를 공부하면서 1)모양새, 2)짜임새, 3)덧임새, 4)흐름새 등으로 명명한 나름대로의 해석단계와 해석방법을 정리해보았다. 모양새는 타고난 명의 모양을 관찰하는 단계이며 생긴 모양새대로 해석하는 것이다. 짜임새는 명의 모양새가 잘 짜여져 있는지, 흩으려져 있는지 깨져 있는지를 관찰하는 것이다. 덧임새는 짜임새에 무엇이 더해지고 무엇이 빠지는 것인지를 관찰하는 것이다. 그리고 흐름새는 그러한 명의 흐름, 즉 운의 모양새, 짜임새, 덧임새의 흐름을 관찰하는 것이다. 이것을 종합적으로 관찰, 해석하는 방법을 명리학자들은 통변술이라 부른다.

명리공부를 위와 같이 4단계로 구분해 보면 1)입문단계(또는 초급단계), 2)이해단계(또는 중급단계), 3)응용단계(또는 고급단계), 4)활용단계(또는 통변단계) 등으로 구분해 볼 수 있겠다. 최소한 이 4단계를 이수해야 명리학사 또는 명리술사로서 활동할 수 있을 것으로 본다.

필자는 이와 코드를 맞춰서 명리섭리I(이해편), 명리섭리II(응용편), 명리섭리III(통변편) 등 3권의 '명리의 이해 및 해석에 관한 실용서'를 집필하게 된 것이며 이 번의 것은 '명운섭리II(응용편)'로서 명리의 '해석 및 응용단계'에 해당하는 것이다. 명리학사 또는 명리술사를 희망하는 학우들에게 조금이나마 실용적인 지침서로서 역할이 될 것을 기대하게 된 것이다.

아무튼 명리는 공부를 하면할수록 고민이 깊어지는 분야이다. 그렇다고 막무가내로 공부만 한다고 해결되는 문제가 아니다. 스승님한테만 의지해서도 안 된다. 나름대로 명리해석의 방법을 터득해야만 한다. 독자적인 해석방법을 가질 때 명리세계에서 독립할 수 있을 것이다.

2017년 병신년 양력 12월, 한국 명운 연구원에서

저자 '단계(丹桂, 붉은 계수나무)' 드림

목 차

제1장 왕쇠강약·유정무정 ········· 13

제1절 개두·절각·통근·투출 ········· 15

1. 개두 ········· 15
2. 절각 ········· 16
3. 통근 ········· 17
4. 투출 ········· 18

제2절 왕·쇠·강·약 ········· 21

1. 왕(旺) ········· 21
2. 쇠(衰) ········· 23
3. 강(强) ········· 25
4. 약(弱) ········· 27

제3절 왕상휴수사 ········· 31

1. 개념 ········· 31
2. 해석 ········· 31

제4절 득령·득지·득세와 유정·무정 ········· 33

1. 득령(得令)과 실령(失令) ········· 33
2. 득지(得地)와 실지(失地) ········· 35
3. 득세(得勢)와 실세(失勢) ········· 37
4. 유정(有情)과 무정(無情) ········· 38

제2장 합회론 ········· 41

제1절 합·회의 의의 ········· 43

1. 합·회의 개념 ········· 43
2. 합·회의 변화 ········· 44
3. 합화와 합이불화 ········· 45
4. 쟁합과 투합 ········· 46

제2절 천간합과 지지합 ·· 47

   1. 천간합 ··· 47
   2. 천간합화 ·· 49
   3. 지지합(육합)화 ·· 50
   4. 오운과 대대작용 ··· 53
   5. 육기와 자화작용 ··· 54

제3절 방합과 삼합 ·· 57

   1. 방합(의무합)의 개념 ··· 57
   2. 방합(의무합)의 위력 ··· 59
   3. 삼합(목적합)의 이해 ··· 61
   4. 삼합의 효과 ·· 62
   5. 삼합의 변화 ·· 64
   6. 삼합에서의 토의 역할 ·· 66
   7. 삼합의 음양 ·· 68

제3장 형·충·파·해 ·· 71

제1절 형 ·· 73

   1. 형의 개념 ··· 73
   2. 형의 작용과 유형 ·· 74
   3. 인사신 삼형살 ··· 76
   4. 축술미 삼형살 ··· 77
   5. 자묘 상형 ··· 79
   6. 자형(辰辰, 午午, 酉酉, 亥亥) ··· 80

제2절 충 ·· 83

   1. 충의 개념 ··· 83
   2. 천간 충 ·· 84
   3. 지지 충 ·· 85
   4. 충의 작용력과 특징 ··· 92

제3절 파 ··· 95

1. 파의 개념 ·· 95
2. 파의 구성 ·· 95
3. 파의 종류 ·· 97
4. 파의 작용 ·· 98

제4절 해 ··· 101

1. 해의 개념 ·· 101
2. 해의 구조 ·· 101
3. 해의 유형과 특징 ··· 102

제4장 신살·귀인론 ··· 105

제1절 신살의 이해 ··· 107

1. 신살의 의의 ·· 107
2. 신살의 구조와 기준점 ··· 108
3. 신살의 유형과 특징 ·· 109

제2절 신살의 유형 ··· 111

1. 원진살 ·· 111
2. 귀문관살 ·· 114
3. 백호대살 ·· 116
4. 괴강살 ·· 117
5. 천라지망 ·· 119
6. 양인살, 음인살, 비인살, 일인살 ·· 120
7. 도화살, 홍염살 ··· 123
8. 남연, 여연, 음욕, 음양, 음양차착살 ··· 127
9. 진신, 교신, 퇴신, 복신 ··· 130
10. 고란, 고신, 과숙 ··· 130
11. 격각살, 곡각살, 급각살, 단교관살, 단장관살 ····························· 132
12. 상문살, 조객살, 현침살, 평두살, 효신살 ···································· 134
13. 탕화살, 유하살 ·· 136
14. 간여지동, 전지살, 복음, 반음, 퇴신살 ·· 138
15. 대장군살, 삼살, 태백살 ·· 140
16. 계비관, 낙정관, 뇌공관, 취명관, 철사관, 화상관, 단명살 ······· 142

17. 현량살, 천전살·지전살, 육수 ………………………………………………… 144
18. 구추방해, 십악대패, 의부의처, 철쇄개금 ………………………………… 145
19. 그 밖의 신살 ……………………………………………………………………… 147

제2절 귀인 ………………………………………………………………………… 149

1. 귀인의 의의 ……………………………………………………………………… 149
2. 귀인의 구조와 기준점 ………………………………………………………… 149
3. 귀인의 유형과 특징 …………………………………………………………… 150

제3절 공망, 삼재 ………………………………………………………………… 165

1. 공망 ……………………………………………………………………………… 165
2. 방위와 인연 ……………………………………………………………………… 173
3. 삼재(三災) ……………………………………………………………………… 173

제5장 12운성·12신살·12성 …………………………………………………… 175

제1절 12운성 ……………………………………………………………………… 177

1. 개념 ……………………………………………………………………………… 177
2. 12운성의 이론적 배경 ………………………………………………………… 178
3. 봉법, 좌법, 인종법, 거법 그리고 운용법 ………………………………… 179
4. 12운성 산출 방법 ……………………………………………………………… 181
5. 12운성의 해석 …………………………………………………………………… 182
6. 띠의 12운성 해석 ……………………………………………………………… 186
7. 십성과 12운성의 해석 ………………………………………………………… 188

제2절 12신살 ……………………………………………………………………… 193

1. 12 신살(神殺)의 개념 ………………………………………………………… 193
2. 12신살의 종류와 산출방법 …………………………………………………… 193
3. 12 신살의 해석 ………………………………………………………………… 195
4. 띠와 12신살 ……………………………………………………………………… 199

제3절 12성(당사주) ……………………………………………………………… 203

1. 개념 ……………………………………………………………………………… 203
2. 종류 ……………………………………………………………………………… 204

3. 해석 ··· 206

제6장 용신 ··· 217

제1절 용신의 이해 ·· 219

1. 명운(命運)과 체용(體用) ··· 219
2. 균형과 조화, 그리고 용신 ··· 220
3. 용신, 희신. 기신, 구신, 한신, 상신의 이해 ··· 221
4. 용신의 유형 ··· 225

제2절 억부용신 ··· 229

1. 신강, 신왕, 신약, 신쇠의 구분 ··· 229
2. 억부용신의 유형 ·· 230
3. 억부용신의 적용방법 ··· 231
4. 억부용신의 해석 ·· 232

제3절 조후용신 ··· 243

1. 개념 ·· 243
2. 한난조습과 조후용신 ··· 244
3. 수(水)·화(火)와 한난조습 ·· 245
4. 적용방법 ·· 246
5. 일간과 월지의 조후해석 ·· 247

제4절 병약(病藥)·통관(通關)·전왕(專旺) 용신 ································ 275

1. 병약용신 ·· 275
2. 통관용신 ·· 277
3. 전왕용신 ·· 279

제7장 격국용신 ··· 281

제1절 격국용신의 이해 ·· 283

1. 개념 ·· 283
2. 격국 용신 구하는 법 ··· 284
3. 격국 용신의 유형 ·· 285

제2절 10정격(내격)의 특징과 해석 ··················· 293

1. 비견격/건록격 ··················· 293
2. 겁재격/양인격 ··················· 294
3. 식신격 ··················· 295
4. 상관격 ··················· 297
5. 편재격 ··················· 230
6. 정재격 ··················· 301
7. 편관격 ··················· 302
8. 정관격 ··················· 304
9. 편인격 ··················· 307
10. 정인격 ··················· 309

제3절 변격(외격)의 특징과 해석 ··················· 313

1. 전왕격 ··················· 313
2. 종격 ··················· 316
3. 화격 ··················· 320

제3절 잡격의 특징과 해석 ··················· 325

1. 일기생성격 ··················· 325
2. 괴강격 ··················· 326
3. 귀록격 ··················· 327
4. 사위순전격 ··················· 328
5. 발모연여격 ··················· 330
6. 일순 3위 4위격 ··················· 330
7. 오행구족격 ··················· 330
8. 살인격 ··················· 331
9. 월인격 ··················· 331
10. 3기 진귀격 ··················· 331
11. 자오쌍포격 ··················· 332
12. 전식합록격 ··················· 332
13. 간합지형격 ··················· 332
14. 간지쌍운격 ··················· 332
15. 육임추간격 ··················· 333
16. 육갑추건격 ··················· 333
17. 복덕수기격 ··················· 333

18. 봉황지격 ··· 333
19. 육음조양격 ·· 334
20. 육을서귀격 ·· 334
21. 록원삼회격 ·· 334
22. 록마교치격 ·· 335
23. 세덕부살격 ·· 335
24. 3붕격 ·· 335
25. 현무당권격 ·· 335
26. 구진득위격 ·· 336
27. 금신격 ·· 336
28. 기타 잡격 ·· 336

제8장 부록 ·· 339

1. 명운 상담사 자격증 및 취득방법 ·· 341
2. 명운 상담사 자격 취득 기출문제 ·· 343

제1장

왕쇠강약·유정무정
(旺衰强弱·有情無情)

제1절 개두·절각·통근·투출

1. 개두

사주팔자의 원국은 천간 4개와 지지 4개가 있다. 천간과 지지는 서로 상통하거나 상생하면서 그 근원이 되어야 한다. 그래야 좋은 사주팔자가 된다. 이를 천복지재(天覆地載)라고 한다. 다시 말해서 천복지재란 하늘이 덮어주고 땅이 받아준다(뿌리가 되어 준다)는 의미이다. 간지의 상하에서 길흉상제(吉凶相齊)가 되는 것이다. 천복지재란 길조(吉兆)로 되는 상태이다.

천복지재가 된다는 것은 천간에 기신이 있으면 지지에서 이를 제할 것이고 천간에 희신이 있으면 지지에서 뿌리가 될 것이다. 지지에 기신이 있으면 천간에서 이를 제할 것이고 지지에 희신이 있으면 천간에 투출할 것이라는 의미이다. 한마디로 천간과 지지는 상호 보완적이어야 한다는 의미이다.

만약 천간과 지지가 서로 극하는 관계에 있다면 사주팔자가 모두 갈등환경에 놓여 있어 좋은 사주팔자가 되지 못한다. 천간이 지지를 극하는 것을 개두(蓋頭)라고 한다. 개두가 되면 지지가 그 역할을 다하지 못하고 힘이 미약해 진다. 지지가 일간에 좋지 않는 역할을 한다면 개두가 되어 좋아지지만 지지가 좋은 역할을 한다면 개두가 되어서는 안 된다. 좋은 역할을 할 수 없도록 구속되어 버리기 때문이다.

(표 1) 사주팔자가 개두인 경우

시	일	월	연	시	일	월	연
갑(甲)	임(壬)	갑(甲)	무(戊)	을(乙)	병(丙)	임(壬)	갑(甲)
(식신)	(일간)	(식신)	(편관)	(정인)	(일간)	(편관)	(편인)
진(辰)	오(午)	인(寅)	자(子)	미(未)	신(申)	신(申)	술(戌)
(편관)	(정재)	(식신)	(겁재)	(상관)	(편재)	(편재)	(식신)

(표 1)는 명체가 개두 되어 있는 상태를 나타낸다. 첫 번째 명체는 연주 무자는 무가 자를 극하는 상황이다. 일주에서도 일간 임이 일지 오를 극하는 상황이고 시주는 시간 갑이 시지 진을 극하는 상황이다. 따라서 이 사주는 사주 중 삼주가 개두인 상태이다.

두 번째 사주는 월주를 제외한 나머지가 모두 개두 되어 있다. 연간 갑은 연지 술을 극하고 있고 일간 병은 일지 신을 극하고 있으며 시간 을은 시지 미를 극하고 있다. 마찬가지로 사주 중 삼주가 개두 되어 있다. 천간과 지지 사이의 갈등관계를 분명하게 보여주는 사주이다.

2. 절각

이와 반대로 지지가 천간을 극하는 경우를 절각이라고 한다. 절각(折角)이란 뿔을 부러뜨린다는 뜻으로 상대편의 기세나 콧대를 납작하게 만드는 것을 비유한 말이다. 절각에 대해서 '한서(漢書)' '주운전(朱雲傳)'에서는 다음과 같이 전한다.

한(漢)나라는 유학(儒學)이 크게 흥성하였던 시기이다. 따라서 그 어느 때보다 학자들의 학문적 토론이 활발하였다. 이 중에 원제(元帝) 당시는 역(易)의 연구가 활발하였는데 이 중에 특히 양구하(梁丘賀)의 양구역(梁丘易)이 유명하였다. 원제 또한 이 학문을 좋아하였는데 특히 다른 학설과 비교하여 어느 정도인지 알고 싶었다. 그래서 양구역의 대가로 이름이 높은 오록충종(五鹿充宗)으로 하여금 다른 학파와 공개 논쟁을 하도록 하였다. 다른 학파의 사람들은 이 논쟁에 승산이 없음을 알고 나서지 않으려 하였다.

그러나 주운이라는 사람이 나섰는데, 그는 본래 학문보다는 협객(俠客)들과 교우하기를 좋아하였다. 그러다 40세가 넘어서 학문에 뜻을 두고 정진하였다. 오록충종과 주운의 논쟁은 원제를 비롯한 많은 학자들이 보는 앞에서 진행되었다. 여기서 승리는 주운에게 돌아갔고 박사에 임명되었다. 오록충종의 이름 가운데 '사슴 록(鹿)'자가 들어 있는 것을 두고 사람들은 이 논쟁을 다음과 같이 비유하였다. "오록이 드세고 뿔이 길지만 주운이 그 뿔을 부러뜨렸다(折角)."

이렇듯 절각이란 뿔을 자른다는 의미가 되며 명리학에서 응용하기를 지지가 천간을 극할 때 절각하였다고 한다. 절각이 되면 천간이 힘을 잃고 그 역할을 못하게 된다. 따라서 천간이 좋은 역할을 하는 상황이라면 절각이 되어서는 안 된다. 반대로 천간이 나쁜 역할을 하는 상황이라면 절각이 되어서 오히려 전화위복이 된다. 개두와 절간 모두 사주팔자의 상황에 따라 그 결과가 나타난다.

(표 2) 사주팔자가 절각인 경우

시	일	월	연	시	일	월	연
갑(甲)	임(壬)	병(丙)	무(戊)	임(壬)	병(丙)	경(庚)	갑(甲)
(식신)	(일간)	(편재)	(편관)	(편관)	(일간)	(편재)	(편인)
진(辰)	술(戌)	인(寅)	인(寅)	진(辰)	자(子)	오(午)	신(申)
(편관)	(편관)	(식신)	(식신)	(식신)	(정관)	(겁재)	(편재)

(표 2)는 명체가 절간된 상태이다. 첫 번째 사주는 연간 무가 인에게 극을 당해 절각되어 있으며 일간 임은 일지 술에 의해 극을 당하고 있다. 시간은 시지와 개두의 관계이다. 따라서 이 사주는 평생 갈등관계에 있음을 알 수 있다.

두 번째 사주는 명체가 통째로 절각되어 있다. 연간 갑은 연지 신에 의에 극을 받고 있고 월간 경은 월지 오에게 극을 받고 있다. 일간 병은 일지 자에게 극을 받고 있고 시간 임은 시지 진에 극을 받고 있다. 연, 월, 일, 시가 모두 절각되어 있다. 이렇게 절각되어 있으면 평생 되는 일이 없거나 돼도 쉽게 되지 않는다.

3. 통근

개두와 절각이 있는 가하면 천간과 지지가 참으로 아름답게 어울리는 경우도 있다. 천간과 똑같은 천간이 지지에 있다면 해당 천간은 지지에 튼튼한 뿌리를 두었다고 한다. 이를 통근(通根)이라 한다. 즉 천간이 지지에 뿌리를 두었다는 의미이다. 통근이 되었다면 일단 그 천간은 튼튼하다는 의미가 된다. 왜냐 하면 지지에 뿌리를 두고 있어서 어떠한 경우도 쉽게 흔들리거나 뿌리가 뽑히지 않기 때문이다.

만약 좋은 영향을 미치는 천간이 통근되었다면 그 천간이 뿌리가 강하여 그 역할을 수행하는데 크게 작용하겠지만 통근이 되지 않았다면 그 뿌리가 약하여 그 역할을 충분히 수행하지 못할뿐더러 외부에서 나쁜 기운이나 영향력이 미치게 되면 뿌리가 없어서 흔들리게 되므로 통근한 천간과 그렇지 않는 천간은 그 힘의 차이가 무척 크다고 할 것이다.

(표 3) 천간의 지지

천간	갑(甲)	을(乙)	병(丙)	정(丁)	무(戊)	기(己)	경(庚)	신(辛)	임(壬)	계(癸)
지지	인(寅)	묘(卯)	사(巳)	오(午)	진(辰)술(戌)	축(丑)미(未)	신(申)	유(酉)	해(亥)	자(子)

뿌리를 두는 방법은 3가지다. 하나는 천간과 똑같은 의미의 지지를 말한다. 사실 천간과 지지는 똑 같을 수가 없다. 분명히 그 개념과 역할이 다르기 때문이다. 그러나 지지를 개별적으로 해석하면 천간과 똑 같은 역할을 포함하고 있음을 알 수 있다. 예를 들면 천간 갑은 지지의 인과 같다. 즉 지지 인은 천간의 갑과 같은 역할을 하는 것이다. 따라서 지지에 인이 있으면 천간의 갑이 있는 것과 같은 의미가 된다. 실제로 천간에도 갑이 있다면 그 천간은 지지의 인에 확실한 뿌리를 두게 될 것이다. 이런 것을 통근했다고 한다.

(표 4) 지장간의 천간

천간	갑(甲)	을(乙)	병(丙)	정(丁)	무(戊)	기(己)	경(庚)	신(辛)	임(壬)	계(癸)
지지	인 (무병갑)	묘 (갑을)	사 (무경병)	오 (병기정)	진 (을계무) 술 (신정무)	축 (계신기) 미 (정을기)	신 (무임경)	유 (경신)	해 (무갑임)	자 (임계)
	묘 (갑을)	진 (을계무)	오 (병기정)	미 (정을기)	인 (무병갑)	오 (병기정)	유 (경신)	술 (신정무)	자 (임계)	축 (계신기)
	해 (무갑임)	미 (정을기)	인 (무병갑)	술 (신정무)	사 (무경병)		사 (무경병)	축 (계신기)	신 (무임경)	진 (을계무)
					신 (무임경)					
					해 (무갑임)					

두 번째는 천간을 지장간에 둔 지지의 경우이다. 즉 천간이 지지의 지장간에 있는 경우에도 뿌리를 두었다고 한다. 이것도 통근했다고 한다. 따라서 지지의 지장간에 있는 천간과 천간이 동일한 경우를 두고 천간이 지지에 그 뿌리를 두었다고 하며 통근했다고 한다.

세 번째는 천간의 오행이 지지에 있는 경우이다. 이는 앞서의 지장간에 있는 것도 포함한다. 비록 똑같은 천간은 아니지만 그리고 음양이 다르지만 오행의 범주에서 보면 같은 뿌리이므로 오행이 같은 지지도 그 뿌리를 두었기에 통근했다고 한다.

(표 5) 천간 오행의 통근

천간	목(木) : 갑, 을		화(火) : 병, 정		토(土) : 무, 기		금(金) : 경, 신		수(水) : 임, 계	
지지	인 (무병갑)	묘 (갑을)	사 (무경병)	오 (병기정)	진 (을계무) 술 (신정무)	축 (계신기) 미 (정을기)	신 (무임경)	유 (경신)	해 (무갑임)	자 (임계)
	묘 (갑을)	진 (을계무)	오 (병기정)	미 (정을기)	인 (무병갑)	오 (병기정)	유 (경신)	술 (신정무)	자 (임계)	축 (계신기)
	해 (무갑임)	미 (정을기)	인 (무병갑)	술 (신정무)	사 (무경병)		사 (무경병)	축 (계신기)	신 (무임경)	진 (을계무)
					신 (무임경)					
					해 (무갑임)					

이 세 가지 방법 중에서 첫 번째의 통근이 가장 강력한 힘을 가진 것이고 그 다음이 두 번째이며 세 번째는 오행만 같기 때문에 세 가지 방법 중에서 가장 약하게 통근한 것이다.

통근에 따른 사주팔자의 힘의 균형은 사주팔자를 해석하는 데 대단히 중요하다. 그래서 사주팔자를 볼 때 가장 먼저 보는 것 중의 하나가 천간이 뿌리를 내렸는가 하는 것이다. 뿌리가 있는 것과 없는 것의 역할이 크게 차이가 나기 때문이다.

4. 투출

통근과 함께 투출이란 용어도 중요하다. 투출이란 지지가 천간에 뚜렷이 존재한다는 의미를 말한다. 예를 들면 지지에 인(寅)이 있다면 인의 지장간이 무(戊), 병(丙), 갑(甲)인데 이 지장간의 천간 무, 병, 갑이 천간이 떠 있으면 그것이 투출되었다고 한다.

통근과 마찬가지로 지지와 천간이 같은 역할을 하는 경우와 지지 속에 있는 지장간의 천간이 천간에 뚜렷이 존재하고 있는 경우, 그리고 지지 오행이 천간에 있는 경우 등 세 가지가 있다.

(표 6) 투출의 예

시	일	월	연
경(庚)	임(壬) (일간)	갑(甲)	무(戊)
술(戌) (신정무)	오(午) (병기정)	인(寅) (무병갑)	신(申) (무임경)

(표 6)에서 보면 연지에 있는 신은 시간에 경이 있어서 투출되어 있는 것이고 월지에 있는 인은 월간에 있는 갑이 있어서 인도 투출된 것이다. 일지 오는 천간에 같은 역할을 하는 정이 없으므로 투출되지 않았으며 시지 술은 연간 무가 있어서 이 또한 투출된 것이다.

더욱 중요한 것은 지지 그 자체가 아니라 지지 속의 지장간이 중요한 것이다. 지장간은 천간이기 때문이다. 지지 오(午)는 병, 기, 정이라는 천간을 지장간에 품고 있다. 천간을 보면 경(庚), 임(壬), 갑(甲), 무(戊)로 되어 있다. 따라서 병, 기, 정 중에 투출된 것은 없다. 다만 오행을 기준으로 하면 화, 토, 금이 있는데 토에 해당하는 무가 천간에 있으므로 지지 오에 있는 기는 같은 오행의 무가 투출되었다고 한다.

또한 지지 인은 무, 병, 갑을 지장간에 두는데 천간에 갑과 무가 있어서 갑, 무가 투출된 것이며 지지 인은 힘이 있다고 한다. 이렇게 지지 신은 무, 임, 경이 있어서 임과 경이 투출된 것이고 지지 술은 신, 정, 무가 있어서 무가 투출된 것이다. 이렇게 보면 위의 사주는 지지가 모두 천간에 투출된 것으로 보인다.

같은 천간이 투출되면 가장 강력한 힘을 가진 것이고 그 다음은 같은 역할을 하는 지지가 투출된 경우이고 같은 오행이 투출하면 가장 약한 힘을 가진 것으로 본다. 하지만 투출은 같은 오행의 투출보다는 같은 천간의 투출을 더욱 반긴다. 본질이 같은 것이기 때문이다. 같은 오행의 투출은 부득이 한 경우에 적용한다.

제2절 왕·쇠·강·약

1. 왕(旺)

왕(旺)은 세력이나 기운이 왕성(旺盛)한 모양을 말한다. 세력이나 기운이 왕하다는 의미를 세 가지로 정리할 수 있다. 하나는 사주팔자의 구성상 특정 오행이 다른 오행에 비해 그 기운이나 세력이 왕성하다는 의미이고 두 번째는 십성·육친 중 어느 하나가 그 세력이나 기운이 왕성하다는 의미이며 세 번째는 일간의 세력이나 기운이 왕성하다는 의미이다.

오행 중 특성 오행이 강하다는 것은 사주팔자를 오행을 기준으로 해석하는 경우에 많이 쓰인다. 사실 오행은 건강, 의학 분야에서 많이 쓰인다. 명리학에서는 오행을 응용해서 많이 이용한다. 순수 오행으로 보면 건강, 질병, 의학 분야에서 해석하는 것이 일반적이다.

만약 오행 중 목이 왕성하다면 목과 관련된 간, 담의 기능이 너무 왕성하다는 의미가 된다. 너무 많으면 버거워서 오히려 탈이 난다. 그래서 설기해 주거나 억제해 주면 좋을 것이다. 그리고 오행의 목 기운이 왕성하면 금 기운은 크게 약화된다. 만약 사주에 금 기운이 없거나 약하다면 평생 금 기운과 관련된 건강, 특히 폐, 대장의 건강은 주의하여야 한다. 이렇게 특정 오행이 왕성하다는 것은 사주팔자의 균형과 조화를 깨는 일이므로 별로 달갑지가 않다고 할 것이다. 화는 심장과 소장, 토는 위장과 비장, 금은 폐와 대장, 수는 방광과 신장을 상징하므로 어느 하나의 오행이 왕성하면 왕성함으로서 발생하는 부작용과 상대적인 상극상생 관계에 의해 부가적인 부작용이 발생한다.

또 하나의 기준인 십성·육친으로 해석하면 비겁, 식상, 재성, 관성, 인성이 왕성하다는 의미가 된다. 비겁이 왕성하다는 의미는 일간과 같은 십성·육친이 왕성하다는 의미이다. 이는 일간이 왕성하다는 의미와 동일하므로 일간이 왕성하다고 해석하면 된다.

일간이 왕성하다는 것을 신왕(身旺)사주라고 한다. 일간과 같은 오행이 사주에 많다는 의미이다. 사주팔자 중에서 일간의 세력이 왕성하다는 의미이다. 일간의 세력이 왕성하므로 사주 주인은 비겁의 특성이 강하다고 할 수 있다. 비겁의 속성을 가장 많이 나타낸다. 사주는 균형과 조화라고 했는데 비겁의 속성이 강하다는 것은 일단 균형이 깨진 것과 같다. 사주가 균형이 깨졌다는 것은 특정 오행으로 치우쳤다는 의미가 되므로 상대적으로 다른 오행이 부족하거나 없을 수 있다. 이런 이유로 사주가 한 쪽으로 치우치게 되면 치우친 만큼 부작용이 나타난다고 할 수 있다.

비겁은 식상을 생하고 재성을 탐하며 관성의 지배를 받는다. 그리고 인성의 도움을 받는다. 만약 비겁이 왕성한데 인성마저 왕성하다면 비겁의 세력이 너무나 강하여 그 부작용은 더욱 클 수가 있다. 따라서 비겁이 왕성할 때는 인성을 반가워하지 않는다.

비겁이 왕성하다는 의미는 다른 십성, 육친이 그만큼 쇠약하다는 의미와 같다. 따라서 비겁의 전횡과 횡포가 심해진다고 할 것이다. 비겁을 설기할 식상도 약하고 비겁의 견제와 감독을 받는 재성도 약하고 비겁을 견제하고나 관리 감독할 관성도 약하다는 의미이니 오직 비겁의 세상인 것이다. 따라서 비겁이 강하면 다른 십성, 육친이 피곤해진다. 가장 좋은 방법은 비겁의 전횡을 견제할 십성과 육친이 보충되어야 한다.

식상이 있어 비겁의 왕성한 가운이나 세력을 설기하여 주거나 관성이 있어서 비겁을 견제하거나 재성이 있어서 비겁의 역할을 극대화 시켜주거나 해야 하는데 이러한 십성, 육친의 세력이 약해서 비겁을 대적할 수 없으면 힘의 균형이 깨져 오히려 비겁을 화나게 만들 수가 있다. 식상, 재성, 관성이 어느 정도 힘이 있어야 균형을 이룰 수 있는 것이다.

비겁이 왕성하면 가장 피해가 큰 것은 재성이다. 곧바로 비겁이 재성을 극하기 때문이다. 따라서 비겁이 왕성하면 재성은 항상 조심해야 한다. 만약 재성이 약하면 틀림없이 변고를 치르게 된다. 이런 경우 재성이 왕성해 지거나 식상이 있어 비겁을 설기하고 재성을 왕성하게 해주어야 한다. 그렇지 않으면 관성이 힘을 길러 비겁을 견제하여야 한다.

식상이 왕성하면 일단 비겁이 피곤하다. 힘을 쏟아내기 때문에 만약 비겁의 힘이 부족하면 건강에도 적신호가 온다. 대신 재성이 강해진다. 식상의 힘을 재성한테 밀어주기 때문이다. 이 때 비겁이 어느 정도 재성을 컨트롤 할 수 있으면 재성을 다룰 수 있는데 비겁이 너무 약하면 재성을 다루지 못하여 오히려 재성의 놀림거리가 될 수 있다. 그래서 힘의 균형이 중요한 것이다.

재성이 왕성하면 재성의 속성이 크게 두드러진다. 재성은 재물과 관련성이 많아서 재성이 왕성하면 재물욕이 많고 재물을 탐하는 능력이 탁월해진다. 그러나 식신이 약해진다. 특히 비겁은 재성이 왕하므로 오히려 재성을 견제할 능력을 잃고 만다. 비겁이 힘을 잃으니 재탐이 쉽지 않다. 있어도 모두 그림의 떡이다. 재탐을 위해서는 어느 정도 비겁과 재성의 균형이 이루어져야 한다. 어느 한 쪽으로 치우지면 다른 한 쪽은 상처만 남는다. 아무튼 재성이 왕성하면 있다가도 없고 없다가도 있고 있다, 없다를 반복할 가능성이 높다. 육친으로 따지면 남자에게는 여자이므로 여자가 많으면 웬만한 남자는 그 여자들을 감당하기 힘든 것이란 사실은 진리이다. 따라서 재성이 왕하면 식상은 별 도움이 안 되고 비겁은 강해져야 한다. 그리고 관성도 왕해져야 한다. 그래야 재성의 독재성을 견제할 수 있다.

관성이 왕하면 비겁이 피곤해진다. 재성까지 왕하면 비겁은 거의 쓰러지기 직전이다. 관성이 왕하면 인성으로 설기하는 것이 좋다. 관성의 왕성한 기운을 설기하면서 동시에 비겁의 세력을 확대시켜주기 때문이다. 그래야 관성이 직접 비겁을 공격하지 않을 것이다. 아니면 식상으로 관성을 견제하여야 한다. 이 때는 식상의 힘이 어느 정도 세력을 가지고 있어야 하는데 그렇지 못하면 오히려 역효과가 날 수 있다.

사주팔자 중에서 가장 왕한 세력이 무엇인지에 따라 사주의 해석을 달리할 수 있다. 때문에 사주팔자에서 왕한 세력을 찾는 것이 첫 번째의 해석 순서이다. 동시에 왕한 세력이 있으면 상대적으로 세력이 미약한 세력이 있다. 왕한 세력과 약한 세력의 균형과 조화를 해석하는 것이 사주팔자의 해석방법이다.

사주팔자 중 7~8개가 모두 한 가지 기운으로 세력을 이루면 극왕(極旺)하다고 하고 3~4개로 이루어져 있으면 왕(旺)하다고 하며 5~6개 정도로 이루어져 있으면 최왕(最旺)하다고 할 수 있다. 왕세(旺勢)의 정도에 따라 사주팔자의 해석과 대응법이 다르다.

(표 7) 극왕, 최왕, 왕한 사주의 예

시	일	월	연	시	일	월	연
갑(甲)	임(壬)	계(癸)	임(壬)	병(丙)	병(丙)	병(丙)	병(丙)
(식신)	(일간)	(겁재)	(비견)	(비견)	(일간)	(비견)	(비견)
진(辰)	술(戌)	묘(卯)	인(寅)	오(午)	오(午)	신(申)	인(寅)
(편관)	(편관)	(상관)	(식신)	(겁재)	(겁재)	(편재)	(편인)

위 사주는 첫 번째 것은 임, 계가 천간이 있고 지지에는 같은 유형인 진이 있어 그 세력이 왕한 사주이다. 그리고 두 번째 것은 천간이 모두 병이며 지지에도 오, 오, 인 등이 있어서 8글자 중 7개가 병과 같다. 하나 있는 신은 아무런 힘을 쓸 수가 없어서 있으나 마나 하다. 그래서 위 사주는 극왕한 사주이다.

2. 쇠(衰)

쇠는 약하다는 의미다. 사주팔자 중에서 어느 것이 약한 세력인지를 이해하여야 한다. 쇠하게 된 이유를 찾는 것도 중요하다. 상대적, 반대편에 있는 것이 왕하여 쇠할 수 도 있기 때문이다. 쇠하다는 것은 왕하다는 것과 반대의 의미이다. 이는 왕성한 세력과 더블어 함께 해석함이 좋고 함께 해석되어진다는 의미와도 같다. 따라서 왕과 쇠는 구분하지 않고 하나로 묶어서 왕쇠(旺衰) 판단 또는 왕쇠 해석이라 한다.

쇠에 대한 판단의 방법은 오행의 치우침으로 판단하는 방법, 십성·육친의 균형으로 판단하는 방법, 일간으로 판단하는 방법 등 크게 세 가지로 구분할 수 있다. 오행이 쇠하다는 의미는 오행 중 어느 하나가 없거나 있어도 아주 미약하게 있다는 것이다. 미약하다는 것은 뿌리가 없거나 다른 오행의 간섭을 심하고 받고 있어서 제 역할을 하지 못하거나 존재의 가치가 없다는 것을 의미한다. 그렇게 되면 반드시 그 약한 오행은 탈이 난다고 한다.

오행을 기준으로 해석하면, 만약 목이 쇠하다면 사주팔자에 목이 없거나 있어도 금의 극을 받거나 다른 글자의 간섭을 받아서 그 기력이 쇠한 경우를 말한다. 또 다른 의미로 목이 쇠한 것은 화가 왕하거나 금이 왕해서 목이 쇠해질 수 있다. 화가 왕하면 목을 설기하고 금이 왕하면 목을 극하기 때문이다. 이렇게 되면 반드시 목에 해당하는 장기인 간, 담에 문제가 생기거나 화 또는 금의 치우침에 의해 화, 금의 장기에 해당하는 심장, 소장, 폐, 대장에도 문제가 생기게 된다. 이렇게 화, 토, 금, 수, 목의 상태를 분석하여 왕하고 쇠한 경우와 그 이유를 살펴보아야 한다. 행운에서는 약한 목을 보충할 수 있는 수, 목이 오면 균형을 찾을 수 있을 것이다.

십성, 육친에서도 마찬가지이다. 비겁이 쇠하다는 것은 비겁이 다른 십성으로부터 심한 견제를 받고 있다는 의미이다. 비겁은 일간과 같으니까 없을 수는 없고 있기는 있으나 인성의 도움을 전혀 받지 못하고 있고 식상의 설기는 심하고 관성의 간섭은 왕성하여 극히 쇠약해진 경우를 말한다. 이럴 때 비겁은 극히 쇠약하여 하는 일이 제대로 안 되고 해도 그 결과가 좋지 않거나 흐지부지 된다고 할 수 있다.

식상이 쇠하다는 것은 식상이 없거나 다른 십성으로부터 심한 견제를 받고 있다는 의미이다. 쇠하다는 것은 그 역할을 할 수 없거나 하지 못한다는 의미이므로 식상이 쇠하다는 것은 식상의 속성이 부족하다는 의미이다. 식상은 활동력, 탐구력, 개성, 끼, 재능, 창의성, 창조력 등을 의미하는데 이런 기능이 없거나 부족하다는 의미이며 곧 비활동적이라고 할 것이다.

재성이 쇠하다는 의미는 재성의 기능이 없거나 못한다는 의미이다. 재성이 재탐의 상징이므로 재물운이 극히 약하다고 할 것이다. 재성이 쇠하다는 것은 관성, 인성, 비겁이 왕하다는 의미와도 같다. 남자의 경우 재성이 여자에 속하니까 여자의 역할이 극히 약하거나 없을 수 있다. 부인으로 치면 부인복이 부족한 것이다. 만약 관성이 왕하여 재성이 쇠하다면 부인이 항상 잔병치레를 한다고 할 수 있다. 이럴 때는 식상운이나 재성운이 와서 균형을 이루는 것이 좋다. 관성, 인성, 비겁운이 오면 오히려 재성의 기운을 더 쇠하게 하기 때문에 재성이 극히 쇠약해져 건강, 재물, 이성과 관련된 세력이 바닥날 수 있다.

관성이 쇠하다는 것은 인성이나 비겁, 식상이 왕하다는 것과 같다. 관성이 쇠하면 관성이 질서, 규제, 제도, 법률 등 어떤 짜임새와 관련이 많은데 그런 것이 무너진다는 것과 같다. 비겁과 식상이 날뛰게 되니 제도권이 아닌 새로운 틀을 자꾸 만들려고 한다. 활동력이 커진다. 관직, 직장, 벼슬의 기회는 약하고 자영업, 개인사업, 프리랜서, 자유직업, 연예인, 스포츠맨 등의 비조직적인 직업과 연관성을 갖는다.

인성이 쇠하다는 것은 상대적으로 식상이나 재성이 왕하다는 의미와도 같다. 인성의 기능이 문서, 자격, 학문, 철학 등을 상징하므로 이러한 상징성과의 인연이 박하다고 할 수 있다. 육친으로 어머니에 해당하니 어머니의 기능이 약한 거와 같고 후원자의 기능도 약하다고 할 수 있다. 그러니 무슨 일을 하더라도 홀로서 일어서야 하는 버거움이 항상 존재하고 있다.

비겁이 쇠하다는 것은 일간이 쇠하다는 의미이다, 일간이 쇠하다는 것을 신쇠(身衰)사주라고 할 수 있다. 일간은 명주(命主), 즉 사주팔자의 주인을 상징한다. 따라서 신쇠사주란 명주가 신쇠하다는 의미이다. 이는 명체가 신쇠하다는 의미와도 같다. 신쇠사주는 신왕해져야 발복을 한다고 한다. 명체가 신쇠하므로 행운에서 일간과 같은 비겁이 오거나 일간을 생해주는 인성이 오면 발복하게 된다.

신쇠사주는 식상이 왕하여 신쇠했을 경우는 더욱 쇠하여지므로 건강에 주의하여야 한다. 재성이 왕하여 신쇠한 경우는 하극상의 우려가 있으므로 자신의 세력을 확보해야 한다. 그래서 비겁이 많아야 한다. 관성이 왕하여 신쇠한 경우는 참으로 괴로운 경우다. 직접적으로 일간을 공격하면 일간의 충격은 더 커지게 된다. 때문에 중간에 인성이 있어서 그 인성이 관성을 설기해주면 신쇠사주가 신왕할 수 있어서 좋고 왕한 관성을 설기해서 좋은 환경이 된다. 아니면 식상이 왕하여 관성을 견제해 줘도 괜찮다. 신쇠사주는 원래 쇠약한 상태이므로 식상, 재성, 관성이 왕해지면 괴롭고 힘들고 하는 일마다 방해요인이 생기는데 이럴 때를 조심하여야 한다.

사주팔자 어디에도 찾을 수 없으면 극쇠(極衰)하다고 하며 지장간에 숨어 있으면 최쇠(最衰)한 것이며 사주팔자에 1~2개 정도 있으면 쇠(衰)하다고 한다. 왕과 마찬가지로 쇠도 쇠의 세력여하에 따라서 해석방법과 대응책이 다르다.

(표 8) 극쇠, 최쇠, 쇠한 사주의 예

시	일	월	연	시	일	월	연
갑(甲)	임(壬)	병(丙)	무(戊)	임(壬)	병(丙)	기(己)	임(壬)
(식신)	(일간)	(편재)	(편관)	(편관)	(일간)	(상관)	(편관)
진(辰)	술(戌)	진(辰)	술(戌)	진(辰)	자(子)	유(酉)	인(寅)
(편관)	(편관)	(편관)	(편관)	(식신)	(정관)	(정재)	(편인)

위 사주는 쇠한 사주의 예이다. 첫 번째 사주는 임일간이 주변에 도와주는 것이라고는 시간의 갑 밖에 없다. 모두 임일간과 대치관계에 있는 화와 토 뿐이다. 세력이 토가 왕한 사주이고 토가 극하는 수가 쇠한 사주이다. 두 번 째 사례는 병일간이 주변에 온통 일간을 극하거나 설기하는 오행 밖에 없다. 그래서 쇠한 사주이다. 연지에 인이 병을 돕고 있으나 금이 방해하고 있으며 수의 세력이 너무 강하여 상대적으로 병이 극히 쇠약한 상태이다.

3. 강(强)

강하다는 것은 세다, 굳세다, 힘이 있다 등으로 해석할 수 있다. 왕(旺)하다는 의미와 같이 사용하기도 하고 다르게 해석하기도 하는데 일반적으로는 같이 사용하는 경우가 많다. 그러나 엄밀히 따지면 강하다는 것과 왕하다는 것은 분명히 다르다. 그래서 강과 왕에 대한 이해를 높이는 것이 선행되어야 한다.

왕하다는 것은 그 세력이나 기운이 왕성하다는 뜻으로 이해하였다. 이에 비해 강하다는 것은 천간은 지지에 뿌리를 두고 있어서 튼튼하다는 의미가 되며 지지는 천간에 투출되어서 역시 튼튼하다는 의미가 된다. 특히 지지의 지장간이 천간에 투출하면 천간이 지지의 지장간에 뿌리를 둔 것과 같아서 이 경우 튼튼하게 뿌리를 내렸다고 한다. 따라서 세력은 왕하나 천간 지지가 각각 통근하지 않았거나 투출되지 않았으면 강하다고 할 수 없다. 즉 왕하나 강하지는 않는 것이다. 반대로 통근했고 투출하였으나 그 세력이 쇠하면 강하지만 그 세력은 쇠하다고 할 수 있다. 세력이 왕하면서 통근하였거나 투출하였다면 왕하면서 동시에 강하다고 할 수 있다. 이것이 왕과 강의 차이점이다.

대부분 왕하면 강하고 강하면 왕하기에 왕과 강을 구분하지 않는 경우가 많다. 어떤 술사는 비겁의 세력이 왕성하면 왕한 것이고 인성이 왕하면 강한 것이다라고 해석하는 경우도 있는데 이것은 너무 빗나간 것 같다. 인성이 왕해서 왕해진 것이나 비겁이 왕해서 왕해진 것은 모두 그 세력이 왕한 것이다. 이와 관계없이 통근과 투출의 여부에 따라 강약을 구분하는 것이 강약론이다.

천간에 지지에 통근한 것 중에서도 월지에 통근한 것을 제일 강한 것으로 취급한다. 이유는 간단하다. 사주팔자의 구성이 절기를 기준으로 하고 있고 실제로 월지의 비중이 가장 높기 때문이다. 일지에 통근한 것과 시지에 통근한 것을 그 다음으로 취급한다. 이에는 두 가지 의견이 나뉜다. 일지에 통근한 것이 더 강한 것이라는 것과 시지에 통근한 것이 더 강한 것이라는 의견이다.

그러나 자세히 관찰하면 그 이유를 금방 알 수 있다. 일지는 일간의 뿌리 역할을 하는 것이므로 일간 입장에서는 일지가 대단히 중요하다. 그래서 일간 입장에서는 일지가 시지보다 우선이다. 이것은 '자평진전'. '적천수' 등에서 사주팔자를 해석하는 방법과 같다. '자평진전'과 '적천수'는 모두 일간을 기준으로 해석하기 때문이다.

그러나 '난강망(궁통보감)' 입장에서 보면 시지가 더 중요하다. 왜냐 하면 난강망은 사주풀이의 핵심을 절기, 기온 등에 두는 절기론, 조후론을 주장하기 때문이다. 조후론의 입장에서 보면 월지와 거의 대등한 입장은 일지보다는 시지이다. 일지가 절기를 나타낸다면 시지는 '기온'을 의미한다. 밤과 낮의 기온이 다른 것처럼 기온의 차이는 그 사주의 해석상 결정적인 요소이기 때문이다.

시지가 중요한 것인지 일지가 중요한 것인지를 두고 술사들의 주장이 팽팽하지만 중요한 것은 사주의 균형이다. 그러기 위해서는 관찰하는 관점에 따라 달라진다고 할 것이다. 관찰자가 조후를 추종하면 시지의 비중이 높을 것이고 일간을 중히 여긴다면 일지의 비중을 높일 것이다. 술사의 선택에 달려 있다고 할 것이다.

연지는 사실상 그 역할이 미진하다고 해서 제일 낮게 취급한다. 특히 일간과의 거리가 멀다하여 그 힘이 다른 지지에 비해 제일 약하다고 한다. 때문에 연지에 통근한 천간은 다른 지지에 통근한 천간에 비해 더 약하다고 하는 것이다. 그러나 통근하지 않는 천간에 비해서는 그 힘의 세기가 완전히 다른 것이므로 연지에 통근하는 것이 통근하지 않는 천간에 비해 훨씬 강한 것이다.

강하다는 것도 오행 중심의 강한 것과 십성·육친 중심의 강한 것 그리고 일간 중심의 강한 것 등으로 구분할 수 있다. 월간이 월지에 그 뿌리를 두고 있으면 월간은 다른 천간에 비해 가장 강한 것이다. 그러나 사주팔자가 월간, 월지를 제외하고는 모두 월간을 극한 것으로 구성되어 있다면 월간은 그 뿌리는 강하지만 그 세력은 쇠한 것이다.

일간이 강한 것을 신강(身强) 사주라고 한다. 일간이 지지에 통근해 있다는 의미와 같다. 강한 것은 다른 글자의 어떤 간섭에도 잘 견디는 속성이 있다. 그래서 일간이 강하면 아무래도 흔들림이 쉽지 않아서 좌절하거나 쓰러지지 않는다. 다만 그 뿌리가 상처를 받거나 뽑히게 되면 일간도 스스로 무너지게 된다. 그래서 강한 사주는 지지에 있는 뿌리의 동향에 의해 운명이 엇갈린다. 그 뿌리가 손상이 없어야 제일 좋고 그 뿌리가 뽑히면 가장 안 좋다.

월지를 중심으로 연, 월, 일, 시 지지에 뿌리가 있으면 극강(極强), 월지에만 통근하면 최강(最强), 월지이외의 지지에 통근하면 강하다고 한다. 그리고 그 천간의 세력이 왕하면 강하면서 왕한 것이고 그 세력이 쇠하면 강하면서 쇠한 것이다. 왕보다는 강이 더 중요하다. 왜냐 하면 천복지재, 즉 천간은 지지를 덮어주고 지지는 천간은 받아주어야 균형 있는 사주, 아름다운 사주가 되기 때문이다.

(표 9) 극강, 최강, 강한 사주의 예

시	일	월	연	시	일	월	연
병(丙)	임(壬)	임(壬)	갑(甲)	을(乙)	병(丙)	병(丙)	갑(甲)
(편재)	(일간)	(비견)	(식신)	(정인)	(일간)	(비견)	(편인)
오(午)	자(子)	신(申)	인(寅)	미(未)	인(寅)	인(寅)	오(午)
(정재)	(겁재)	(편인)	(식신)	(상관)	(편인)	(편인)	(겁재)

위의 사주는 모두 강한 사주이다. 특히 신강한 사주이다. 첫 번째 사주는 임일간이 월지, 일지에 통근하였다. 임 일간을 생하는 갑도 연지에 통근하였다. 따라서 매우 신강한 사주이다. 시간 병은 임의 재성으로서 시지 오와 연지 인에 통근하였다. 천간이 모두 통근한 것이다. 이런 사주는 어떤 어려움에도 꺾이지 않는다.

두 번째 사주는 일간 병이 월지, 일지에 뿌리를 내렸다. 그리고 연지에도 뿌리를 내려 매우 신강한 사주이다. 연간 갑도 월지와 일지에 뿌리를 내려서 강한 경우이고 시간 을은 시지에 뿌리를 내렸다. 그래서 모든 천간이 지지에 뿌리를 내린 사주이다. 특히 일간이 월지를 차지함으로서 병이 가장 강하다는 것을 알 수 있다.

4. 약(弱)

약한 사주란 일간의 뿌리가 없거나 있어도 그 기능이 제대로 이루어지지 않는 경우이다. 일간이 약하면 신약사주라고 하고 식상이 약하면 식상약 사주라고 한다. 재성이 약하면 재성약 사주, 관성이 약하면 관성약 사주, 인성이 약하면 인성약 사주이다.

그러나 흔히 약한 사주라고 하면 신약사주를 말한다. 일간을 중심으로 사주를 해석하기 때문이다. 일간이 지지 어디에도 뿌리를 두지 못하면 신약사주인 것이다. 만약 지지를 뿌리를 내렸지만 다른 글자의 견제를 받았다면 이 또한 신약 사주이며 특히 연지에 뿌리를 내렸는데 연지를 다른 글자가 극하거나 견제를 한다면 이 또한 신약 사주인 것이다.

일간이 왕할 때, 즉 신왕사주에서 일간이 지지에 뿌리를 내리지 못했으면 신왕신약 사주인 것이다. 일간이 세력을 얻지 못하여 신쇠한 사주이면서 지지에 뿌리를 내리지 못하면 신쇠신약 사주이다. 가장 흔들림이 많은 사주가 신쇠신약 사주이다. 조금만 지지가 흔들려도 일간의 흔들림이 크게 나타나는 경우이다.

사주가 신약하면 신강하는 기운이 많아져야 한다. 그래야 균형을 이룰 수 있다. 그래서 운에서 일간을 신강하게 하는 요소인 인성이나 비겁이 오면 균형을 이루어 안정된 사주가 된다고 한다. 신왕하는 요소가 와도 마찬가지이다. 신약 사주를 보완할 수 있어서 사주가 균형을 이루게 된다.

만약 비겁이 신약하면 일간이 신약한 것과 같다. 신약사주인 것이다. 식상이 신약하면 신상의 속성이 아주 약한 사주라고 할 수 있다. 식상이 약하면 재성을 생할 수 없어서 사업운이 부족하며 재산을 모을 수 없다. 재성이 아무리 강해도 식상의 도움을 받지 못하면 재산을 축적하는데 한계가 있다. 재성이 약하면 재물에 대한 인연이 부족함을 말한다. 다행이 식상이 강하면 재성을 생하는데 도움이 되기 때문에 이를 상쇄할 수 있지만 식상마저 약하다면 재물운과는 거의 인연이 없다고 봐야 한다.

관성이 약하면 직장운이 없거나 남자는 자식, 여자는 남자의 운이 부족하다고 한다. 재성이 강하면 관성을 생할 수 있지만 재성도 약해서 관성을 생하지 못하면 직장생활을 안정적으로 하지 못하고 부목처럼 이곳저곳을 떠돌게 된다. 관성이 약해서 그 기능을 사용하지 못할 경우 인성을 생 할 수 없기 때문에 벼슬, 직장 등에서 높은 지위까지 오를 수 없게 된다. 관성이 뿌리가 없다함은 관성이 언제든지 흔들릴 수 있다는 의미와 같다. 뿌리 없는 관성이므로 정착하지 못한 관성이 되는 것이다.

인성이 약하면 일간을 생 할 수 있는 능력이 없다. 일간이 신약하다면 인성이 약할 경우 아무런 도움이 안 되므로 누군가의 후원은 기대할 수가 없다. 인성이 약하면 식신을 견제할 수가 없다. 따라서 식신이 날 뛰게 되는데 그럴 경우 관성이 흔들려서 관성이 위험해진다. 이 때 관성이 약하면 직장을 잃을 수 있게 된다.

대체적으로 신약사주는 항상 흔들리는 위험에 내포되어 있다. 건강에도 주의해야 하고 안정적이지 못한 째 자꾸 방황하게 된다. 신약사주가 운에서 그 뿌리를 만나면 신강사주가 되므로 발복하게 된다. 신약사주가 좋아지려면 반드시 신강사주가 되어야 한다. 즉 그 뿌리를 얻어야 하는 것이다.

(표 10) 극약, 최약, 약한 사주의 예

시	일	월	연	시	일	월	연
병(丙)	임(壬)	갑(甲)	갑(甲)	임(壬)	병(丙)	기(己)	임(壬)
(편재)	(일간)	(식신)	(식신)	(편관)	(일간)	(상관)	(편관)
오(午)	오(午)	술(戌)	인(寅)	진(辰)	자(子)	유(酉)	신(申)
(정재)	(정재)	(편관)	(식신)	(식신)	(정관)	(정재)	(편재)

위 사주는 신약한 사주의 예이다. 첫 번째 사주는 일간 임이 천간 및 지지 어디에도 기댈 곳이 없다. 뿌리가 없는데 천간 갑과 연지 인이 도와주고 있다. 그래서 신왕하면서 신약한 사주이다. 뿌리만 있더라면 신왕신강한 사주가 되었을 것이다. 두 번째

사주는 병일간이 천간, 지지 어디에도 도움을 받지 못하고 있다. 지지에 뿌리를 내리지도 못해 신약하면서 세력은 신쇠한 사주이다. 일간의 위태위태함이 안타깝다.

신왕하면서 신약인 경우에도 신강해야 왕성한 기운이 제 기능을 발휘할 수 있다. 신왕하면 신약해질 수 없는 것이 원래 사주의 구조이다. 그러나 가끔은 신왕하지만 신약한 경우가 있는데 이 때는 신강해야 한다. 그 뿌리가 강해져야 신왕한 세력을 이겨낼 수 있게 된다.

제3절 왕상휴수사

1. 개념

왕상휴수사(旺相休囚死)란 일간과 월지의 관계를 설명한 것이다. 월지는 계절, 기후, 절기를 상징하는 바, 일간이 태어난 계절, 기후, 절기가 언제인지에 따라 일간의 왕쇠강약을 판단하는 방법이다. 사주에서는 월간이 중요하기 때문에 월간에 따라 사주의 왕쇠강약이 결정된다고 할 것이다.

일간과 같은 계절이면 일간이 힘이 왕성하다고 해서 왕(旺)이라 하고 일간을 생해주면 일간과 상생한다는 의미에서 상(相)이라 한다. 일간이 생해주는 것은 휴(休)라 하고 일간이 극하는 것은 일간이 가두었다고 하여 수(囚)라하며 일간을 극하는 것은 사(死)라 한다.

왕이란 세가 가장 왕한 것이고 상이란 강하지도 약하지도 않은 것이고 휴란 왕에 이어서 그 다음으로 왕이 되는 것이며 사란 세가 가장 쇠하는 것이다. 그리고 수란 사에 이어서 사보다는 조금 더 강한 쇠가 되는 것이다.

(표 11) 왕상휴수사 (時旺相休囚死) 표

구분		오행				
		목(木)	화(火)	토(土)	금(金)	수(水)
4시	춘(春)	왕	상	사	수	휴
	하(夏)	휴	왕	상	사	수
	추(秋)	사	수	휴	왕	상
	동(冬)	상	사	수	휴	왕
	계(季)	수	휴	왕	상	사

2. 해석

왕(旺)이란 일간이 자신과 같은 오행의 계절을 만나서 그 기운이 왕성하다는 것을 말한다. 즉 일간과 같은 십성인 비겁을 월지에서 만나면 왕하다고 한다. 만약 일간이 목이라면 월지도 목을 만나는 것이다. 갑과 을이 인과 묘를 만났을 때 왕성한 기운을 만났다고 한다.

일간이 병, 정이라면 월지가 사, 오를 만나면 왕이 된다. 가장 기운이 왕성하다는 의미이다. 일간이 무, 기이면 진술축미가 왕이 되고 일간이 경, 신이면 월지가 신, 유일 때 왕이 된다. 일간이 임, 계이면 월지가 해, 자일 때 왕이 되어 그 기운이 가장 왕성하다고 한다.

(표 12) 사계절 왕상휴수사 (旺相休囚死) 비교표

구분		오행				
		甲乙 목(木)	丙丁화(火)	戊己토(土)	庚辛금(金)	壬癸수(水)
4시	춘(春)	寅卯(왕)	寅卯(상)	寅卯(수)	寅卯(사)	寅卯(휴)
	하(夏)	巳午(휴)	巳午(왕)	巳午(상)	巳午(수)	巳午(수)
	추(秋)	申酉(사)	申酉(수)	申酉(휴)	申酉(왕)	申酉(상)
	동(冬)	亥子(상)	亥子(사)	亥子(사)	亥子(휴)	亥子(왕)
	계(季)	辰戌丑未(수)	辰戌丑未(휴)	辰戌丑未(왕)	辰戌丑未(상)	辰戌丑未(사)

상(相)은 일간을 생해주는 것이다. 십성으로는 인성이 된다. 일간이 갑, 을 목이라면 목을 생해주는 수가 인성이므로 수가 상이 된다. 즉, 월지가 해, 자일 때 상인 것이다. 상은 일간을 생해주므로 일간을 더욱 강하게 해준다. 일간의 기운을 왕성하게 해주는 것이 상인 것이다.

일간이 병, 정이라면 월지는 인, 묘가 될 때 상이 된다. 일간이 무, 기라면 월지는 사, 오일 때 상이 되고 일간이 경, 신일 때 월지는 진, 술, 축, 미라면 상이 된다. 일간이 임, 계이면 월지가 신, 유일 때 상이 된다.

휴(休)는 일간이 생해주는 오행을 말한다. 십성으로는 식상이 휴에 해당한다. 휴가 되면 일간의 기운을 설기하므로 일간이 약해진다. 대신 식상이 강해지고 식상이 재성을 생하므로 재성도 강해진다. 일간이 갑, 을 목이라면 월지가 사, 오이면 휴가 된다. 일간이 병, 정이라면 월지가 진, 술, 축, 미일 때 휴가 된다. 일간이 무, 기라면 월지가 신, 유일 때 휴가 된다. 일간이 경, 신이면 월지가 해, 자 일 때 휴가 되고 일간이 임, 계이면 월지가 인, 묘일 때 휴가 된다.

수(囚)는 갇히어 꼼짝 못하다는 의미이다. 세력이 약해지는 것이다. 일간이 극하는 오행이 수가 된다. 갑, 을 목은 월지가 진, 술, 축, 미가 있을 때 수가 되어 일간의 기운이 약해진 것이다. 병, 정 화는 월지가 신, 유일 때 수가 되며 일간 무, 기 토이면 월지가 해, 자 일 때 수가 된다. 일간이 경, 신 금 일 때는 월지가 인, 묘가 오면 수가 된다. 일간이 임, 계일 때 월지가 사, 오가 오면 수가 된다.

사(死)는 죽었다는 의미이므로 가장 기세가 약한 것이다. 십성으로 볼 때 일간을 극하는 관성이 사가 된다. 관성은 일간을 극하므로 가장 강한 기운인 월지에 관성이 있으면 일간은 사하게 된다는 의미와 같다. 갑, 을 목은 월지가 신, 유이면 사가 된다. 일간이 병, 정 화이면 월지가 해, 자 일 때 사가 되고 일간이 무, 기 토이면 월지가 인, 묘 일 때 사가 된다. 일간이 경, 신 금 이면 월지가 사, 오이면 사가 되고 일간이 임, 계 수 이면 월지가 진, 술, 축, 미가 오면 사가 된다.

제4절 득령·득지·득세와 유정·무정

1. 득령(得令)과 실령(失令)

사주팔자에서 사주의 주인공을 상징하는 것이 일간이다. 그 일간을 대변하는 것이 월지이다. 다른 글자에 비해 월지는 일간에게 가장 많은 영향을 미친다. 그런 이유는 다른 글자에 비해 월지의 변화가 무척 크기 때문이다.

월지의 영향력을 이해하기 위해서 우주의 변화원리를 이해할 필요가 있다. 지구가 태양을 한 바퀴 도는 것을 공전이라 하고 공전을 한번 하면 1년이 된다. 처음 출발한 지점으로 다시 돌아오는 기간이 1년인 것이다. 그리고 다시 그 과정을 반복한다. 그러면 매년 같은 공전을 하고 있는 것으로서 매년 변함없이 진행된다. 그래서 연주는 그 변화가 많지 않다. 때문에 일간의 변화를 주도하지 못한다.

다만 목성의 공전 주기인 12년을 기준으로 연지를 배속함으로서 목성의 공전을 반영하여 그 기간 동안의 변화를 연지에 표현한 것이다. 즉 목성이 태양을 공전하는 궤도를 1년에 1개씩 12개로 나누어 배속한 것이 12지지이다. 이것은 목성의 환경변화인 것이다. 그래서 연지는 목성의 변화를 주도하게 된다. 물론 지구의 환경변화에도 영향을 미치겠지만 그 영향력이 미미한 것이다. 왜냐 하면 지구가 공전을 1회하는 동안 목성은 태양의 공전궤도를 1/12밖에 움직이지 않았기 때문이다.

이에 비해 월지는 지구의 공전을 기준으로 지구가 공전의 궤도를 지나면서 발생하는 변화를 모두 반영하고 있다. 다시 말하면 지구의 공전 궤도를 12등분하여 각 지점에서 발생하는 태양과의 관계, 달과의 관계, 그리고 다른 행성과의 관계를 표현한 것이 월지이다. 이 때의 환경변화는 지구에 직접적으로 영향을 미친다. 지구에서 사계절이 발생하고 절기가 탄생하게 된 배경이 이와 같다. 때문에 가장 변화가 많다. 월지가 중요한 이유는 바로 이러한 변화를 그대로 반영하기 때문이다.

몇 년도에 태어났느냐고 하면 1900년도나 2000년도나 한반도의 기운의 변화는 그다지 크게 나타나지 않는다. 그러나 몇 월에 태어났느냐고 하면 확실히 그 차이를 알 수가 있다. 예를 들어 1월에 태어난 사람은 추울 때 태어난 사람으로서 당시의 환경이 모두 춥다. 반대로 여름에 태어난 사람은 더울 때 태어난 사람으로서 당시의 환경이 모두 덥다. 춥고 덥고의 환경은 금방 느낄 수 있고 그 변화를 실감할 수 있다. 우리가 적도지역에 사는 사람들의 환경과 북극지방에 사는 사람들의 환경이 다르고 그에 따른 삶의 방식이나 풍습, 습관, 사고의 방식이 다른 것을 알 수 있듯이 계절에 따른 삶의 방식이나 풍습, 습관, 사고의 방식이 다르다는 것을 알 수 있을 것이다.

이렇듯 월지의 역할과 기능은 연지에 비해 무척 크다고 할 수 있다. 특히 일간의 입장에서 볼 때는 더욱 그렇다. 그래서 일간의 입장에서는 월지가 너무나 중요한 것이다. 사주팔자에서 월지의 비중이 높은 이유이다. 그래서 명리학을 절기학, 계절학이라고도 한다.

일지는 지구가 스스로 자전을 하는 것을 말한다. 지구가 자전을 하는 궤도를 12지점으로 나누어서 해당 지점마다 1개의 지지를 배속한 것이다. 태양이나 지구, 그 밖의 해성과의 관계에서는 큰 차이를 느낄 수가 없다. 어제나 오늘이나 그것이 그것! 365일 동안 계절의 변화는 있어도 하루하루 의 변화는 크지 않다. 그러나 어제와 오늘은 그 차이를 느끼지 못하는 것이고 오늘과 내일도 큰 차이를 느끼지 못하는 것이다.

이에 비해 시지는 다르다. 지구가 자전하는 과정에서 달과의 관계를 나타내는 것이 시지이다. 지구에 근접되어 있는 달의 변화는 하루를 반영하는 것이 아니라 시간을 반영한다. 지구가 자전과 공전을 하고 달이 지구를 도는 과정에서 태양, 달, 지구 그리고 다른 해성들과의 관계가 나타나는 것이 곧 시간(時間)이다. 현대사회에서는 시간을 24시간으로 구분하지만 명리학에서는 12개의 지지를 통해서 표현한다. 12지지가 진행되는 동안 밤과 낮이 나타나고 밤과 낮은 확실하게 변화를 느낄 수 있다. 때문에 연지와 월지의 관계처럼 일지와 시지의 관계를 해석할 수 있을 것이다. 그래서 시지도 일간에게 영향을 미치는 중요한 요소 중의 하나이다.

다만 시지가 월지와 비등하게 중요성을 갖지 못하는 이유는 그 변화의 기간이 무척 짧기 때문이다. 시지는 하루의 변화이고 월지는 12개월 365일의 변화이기 때문이다. 하루의 영향보다 1년의 영향력이 더 크다고 할 것이다. 이런 점에서 시지와 월지가 다르다고 할 것이다. 그렇지만 시지는 기온을 다루고 월지는 계절과 기후를 다룬다는 점에서 둘 다 사주팔자에서는 대단히 중요한 역할을 한다.

이러한 이유 때문에 월지는 사주팔자 전체를 대표한다. 사주팔자의 전체를 진두지휘하기도 하고 각각의 글자마다 영향을 미치기도 한다. 월지의 영향력에 따라서 사주팔자의 모양새, 짜임새, 흐름새 등이 다른 것이다. 그래서 월지를 사령(司令)이라고도 하는 것이다.

일간이 월지의 도움을 받거나 월지에 뿌리를 두고 있으면 사령을 얻었다고 해서 득령했다고 한다. 득령을 했다면 일간은 대단히 큰 힘을 얻은 것이다. 왕쇠강약에서 설명했듯이 월지를 얻어 득령했다면 그 사주는 신강한 사주가 된다. 물론 일간 이외의 다른 천간이 득령했다면 그 천간이 강한 천간이 된다. 그것이 십성 중의 하나라면 해당 십성이 강한 십성이 되는 것이다.

이와 반대로 월지에 뿌리를 두지 못했거나 월지의 도움을 받지 못하면 실령(失令)했다고 한다. 즉 사령을 얻지 못하고 잃었다는 의미이다. 실령을 하면 어느 천간이나 그 힘이 무척 약해진 것이 된다. 특히 일간은 그 힘이 무척 약해져서 신약 사주가 된다. 득령과 실령의 차이는 사주해석상 굉장히 크다고 할 것이다. 사주팔자에서 득령은 대단히 중요한 의미를 가지며 해석상에서도 그 비중이 높다. 그래서 득령을 했어도 다른 글자의 간섭이나 방해가 없는 지를 먼저 살피는 이유이다. 만약 다른 글자의 간섭과 방해를 받는다면 그 영향력에 변화가 생겨서 사주팔자의 기본적인 구조가 바뀌기 때문이다. 아무튼 득령은 대단히 중요하다.

(표 13) 득령과 실령의 예

시	일	월	연		시	일	월	연
O	임(壬) (일간)	O	O		O	병(丙) (일간)	O	O
								O
O	O	해(亥) (비견)	O		O	O	유(酉) (정재)	O
								O

　위 사주는 득령과 득지의 예를 나타낸 것이다. 첫 번째 사주는 임일간이 월지, 해월에 태어났으므로 월지에 뿌리를 둔 월지통근 사주이다. 특히 해의 지장간이 무, 갑, 임이므로 임의 기세가 무척 강하다. 이런 경우를 득령 했다고 한다. 두 번째는 병일간이 유월에 태어나서 뿌리를 두지 못했다. 그래서 실령한 사주이다. 실령한 사주이므로 병일간이 무척 신약한 사주이다.

2. 득지(得地)와 실지(失地)

　득지란 일간이 일지에서 힘을 얻었다는 의미이다. 일지는 사주팔자에서 다양한 역할을 한다. 첫 번째는 일간의 뿌리, 일간의 몸체 역할을 하는 것이다. 일간과 일지가 하나가 되어 일주를 이루는데 일간은 정신적 영역을 담당하고 일지는 육체적 영역을 담당한다. 일간이 하늘의 기운을 대변한다면 일지는 땅의 기운을 대변한다. 일간이 추상적 세계라면 일지는 현실적 세계이다. 이렇게 일간과 일지는 따로 노는 것이 아니라 하나가 되어 실체를 이룰 때 완성체가 되는 것이다. 따라서 일지는 일간에서 벗어날 수도 없고 벗어나서도 안 된다. 일간도 일지를 벗어날 수 없고 벗어나서도 안 된다.

　두 번째, 일지는 일간의 배우자 역할을 한다는 점이다. 일지가 배우자 역할을 함으로서 일간의 존재를 부각시키게 된다. 일지는 일간과 하나의 존재가치인 것이다. 일지궁에 어떤 십성이 와도 그것이 곧 일지의 모습이고 그 모습이 배우자의 모습이 된다. 때문에 일지의 모습이 일간의 배우자와 같다.

　세 번째, 일지는 지지에서 기준점이 된다. 일지는 일간을 대변하는 지지이다. 일간의 몸체이고, 현실이기 때문이다. 그래서 지지에서의 글자끼리의 관계가 발생할 때 그 기준이 되는 역할을 한다. 당사주에서는 연지가 그 사주의 기준점이 된다. 모든 변화는 연지를 중심으로 이루어지는데 자평명리학에서는 그 기준점을 일간으로 바꾸었다. 그래서 일간을 대변하는 지지로서 일지가 지지의 기준점이 된 것이다. 일지를 기준으로 다양한 지지간의 변화를 찾을 수 있게 된다. 하지만 연지를 그 사주의 기준점으로 삼는 경우도 많아서 아직도 논란거리가 되지만 일지를 기준점으로 삼는 경우도 많기 때문에 일지를 기준점으로서 중요성을 갖게 된다.

　이 중에서도 가장 대표적인 역할은 첫 번째의 역할, 즉 일간의 뿌리이자 몸체라는 사실이다. 만약 일간의 뿌리이자 몸체인 일지가 일간을 괴롭히거나 견제하거나 비협조적이라면 일간의 입장에서는 너무도 괴로운 일이다. 당연히 일간은 힘이 빠지게 된다. 만약 그 반대라면, 그러니까 일지가 일간의 힘이 되어준다면 일간은 대단히 강한 힘을 얻게 될 것이다. 일지가 일간의 진정한 뿌리, 몸체가 되는 것이다.

일지가 일간의 힘이 되어주려면 그 뿌리가 튼튼해야 하므로 일지가 일간과 같은 오행이거나, 일간의 같은 기능을 하는 지지이거나 일간을 생해주는 지지이어야 한다. 특히 가장 강한 것은 일지가 일간의 해당 천간을 지장간에 품고 있어야 한다. 이렇게 일지가 일간과 같은 오행, 같은 기능의 지지, 지장간에 일간과 같은 천간이 있을 것, 일간을 생해주는 오행이나 생해주는 지지, 생해주는 천간을 가졌을 때 일간이 득지했다고 한다.

그렇지 않고 이 모든 상황을 일간이 얻지 못했을 때는 실지했다고 한다. 득지하면 일간이 강한 것이고 실지하면 일간은 약한 것이다. 물론 중요한 것은 일지가 다른 글자들로부터 견제되거나 억압되면 그 강도가 달라지므로 예의 주시하여 관찰하여야 한다.

득지를 한다고 해서 다 좋은 것은 아니다. 일간이 힘을 받아서 강해졌다는 의미이지 좋다는 의미는 아니다. 좋고 나쁘다는 것은 일간과 다른 글자들과의 관계를 종합적으로 관찰해야 되기 때문에 단지 득지를 했다고 해서 좋다고 할 수는 없는 것이다. 좀 더 정확하게 표현하면 득지를 했다면 일간의 뿌리가 튼튼해서 어떤 외부적 충격에서도 버틸 수 있는 힘이 있다는 의미이다. 그래서 신강하다는 의미와 같아진다고 할 것이다. 즉 득지는 신강과 같은 의미가 되는데 신강 했다고 신왕한 것은 아니기 때문에 이 또한 구분되어야 한다.

반드시 일간이 아니더라도 천간이 일지의 힘을 얻으면 득지했다고 한다. 만약 십성이 득지했다면 십성이 득지했다고 한다. 식상이 일지를 얻으면 식상이 득지한 것이고 재성이 일지를 얻으면 재성이 득지한 것이다. 득지를 한 십성은 그만큼 힘을 얻은 것이므로 사주팔자에서 강한 십성이 되는 것이다. 강한 십성이 되어서도 왕한 십성은 아닌 것이다.

(표 14) 득지와 실지의 예

시	일	월	연	시	일	월	연
O	갑(甲) (일간)	O	O	O	경(庚) (일간)	O	O O
O	인(寅) (비견)	O	O	O	자(子) (상관)	O	O O

위 사주는 득지와 실지의 모습을 나타내는 사주이다. 첫 번째 사주는 갑일간이 일지에 인을 두고 있어 인에 그 뿌리를 내린 일지 통근 사주이다. 이 사주는 일지 통근 했으므로 강한 사주이다. 두 번째는 경 일간이 일지에 상관을 깔고 있다. 때문에 일

지를 얻지 못하여 실지한 사주이다.

득지를 한 천간이 가장 두려워하는 것은 일지가 흔들리거나 무너지는 것이다. 일지가 흔들리거나 무너지게 되면 해당 천간은 쓰러지게 되기 때문이다. 뿌리가 흔들리거나 뽑히면 해당 천간이 허공에 홀로 떠, 떠도는 구름처럼 무능력해지고 무기력해진다. 그래서 뿌리 없는 천간이 되는데 뿌리 없는 천간은 그 역할과 기능이 한정적이거나 거의 없다고 취급한다. 특히 있다가 없으면, 득지했다가 실지했다면 그 파장은 더 크다고 할 것이다.

3. 득세(得勢)와 실세(失勢)

득세란 세력을 얻는다는 의미이다. 여기서 세력이란 월지, 일지를 제외한 다른 글자에서 일간과 오행이 같거나 일간을 생해주는 글자가 왕성한 경우 그 세력을 얻었다고 해서 득세했다고 한다. 반대로 세력을 얻지 못하면 실세했다고 한다.

득세의 경우 일간의 기준으로 판단하는 경우와 십성을 기준으로 판단하는 경우가 있다. 일간을 기준으로 판단하는 경우는 사주팔자가 대부분 일간과 같은 오행으로 이루어져 있거나 일간을 생하는 오행으로 이루어져 있다는 것이다. 즉 신왕한 사주이다. 신왕한 사주이나 단지 일지, 월지에 그 뿌리를 두지 못한 일간을 말한다. 신왕하지만 신강하지는 않는 사주가 전형적인 득세의 사주이다.

득세한 경우에는 신왕한 사주이므로 일간이 쇠한 것이 아니다. 때문에 왕한 일주는 그 기운으로 치우쳐져 있는 것이다. 한 쪽으로 기운이 치우친 사주를 편협된 사주라 하며 그에 따른 편협된 현상이 나타나게 된다. 사주는 균형과 조화가 중요하듯이 편협된 사주가 균형을 이루는 것이 중요하다.

십성을 기준으로 판단하는 경우, 득세한 십성이 비겁, 식상, 재성, 관성, 인성 중 어느 하나의 기운으로 편협된 경우를 말한다. 식상이 득세하면 식상의 기운으로 편협된 것이며 식상의 속성을 가지게 된다. 재성도, 관성도, 인성도 마찬가지이다. 재성이 왕성하지만 일지와 월지에 뿌리가 없어서 그 기운이 강하지 못한 사주는 재성이 득세하여 왕하지만 재성이 뿌리가 없어서 강하지는 못한 것이다.

관성도 마찬가지고 인성도 마찬가지이다. 어느 십성이 득세했느냐에 따라 그 사주의 속성이 그 십성의 속성이 되는 것이다. 득세는 했지만 강하지는 못하다는 의미는 그 뿌리가 약하여 외부의 견제나 방해에 의해 쉽게 흔들릴 수 있다는 의미이다. 그래서 득세하면서 그 뿌리가 지지에 통근한 것은 쉽게 흔들릴 수 없게 된다. 득세하면서 강한 것이 흔들림이 없다는 의미이다.

그런데 대부분 득세하면지지 어느 곳에서도 그 뿌리를 찾을 수 있게 된다. 즉 득세하게 되면 자연스럽게 그 뿌리가 지지에 통근하게 된다. 왜냐 하면 사주팔자가 여덟 글자이기 때문에 하나의 글자가 차지하는 비중이 클수록 그 자리가 많아지고 자연스럽게 지지의 한 자리를 차지하게 되기 때문이다. 그래서 왕성하면 강해지는 것이고 득세하면 강해지는 것이다.

그럼, 어느 정도를 득세했다고 하는 가. 사실 사주의 여덟 글자 중에서 하나의 기운이 반 이상(50%) 차지하면 무조건 득세한 것이다. 만약 7~8개 이상 차지하면 극세한 것이고 5~6개이면 최고로 득세(최득세)한 것이며 3~4개이면 득세했다고 한다. 다만 3~4개의 경우에는 다른 글자도 그 정도를 가질 수 있기 때문에 반드시 득세했다고 할 수 없고 다른 글사의 세기를 관찰하여야 한다. 확률적으로는 3~4개이면 득세할 가능성이 높지만 그렇지 않는 경우도 반드시 존재한다는 사실에 주의하여야 한다.

득세하지 않은 사주는 실세했다고 한다. 실세란 세력을 얻지 못했으니 쇠, 약한 사주이다. 만약 일간이 실세했다면 일간이 쇠약한 것이니 신쇠, 신약한 사주이다. 십성이 실세했다면 십성이 쇠, 약한 사주인 것이다.

실세는 다시 그 뿌리가 지지에 있으면 그 글자 자체는 강한 것이다. 그러나 세력을 얻지 못하여 강하지만 쇠하여 결국 강한 것이 세력에 밀려 약해지는 경우가 대부분이다. 그 글자의 자체는 흔들리지 않겠지만 세력적으로 실세를 했으니 속성은 득세한 세력으로 나타나기 때문이다.

(표 15) 득세와 실세의 예

시	일	월	연		시	일	월	연
갑(甲)	갑(甲)	을(乙)	임(壬)		병(丙)	경(庚)	계(癸)	임(壬)
(비견)	(일간)	(겁재)	(편인)		(편관)	(일간)	(상관)	(식신)
자(子)	오(午)	사(巳)	인(寅)		인(寅)	자(子)	묘(卯)	자(子)
(정인)	(상관)	(식신)	(비견)		(편재)	(상관)	(정재)	(상관)

위 사주는 득세와 실세를 보여주는 사례이다. 첫 번째의 사주는 갑 일간이 월간, 시간, 연지에 같은 오행이 있고 연주에서는 갑을 생해주는 임이 있어 무척 세력이 왕성한 사주이다. 일간이 세력을 얻었으니 일간이 득세한 사주인 것이다. 특히 그 힘은 다소 약하지만 연지에 그 뿌리를 두고 있어 강함도 가지고 있다.

두 번째 사주는 경일간이 여덟팔자 어디 한 군데도 같은 오행이나 일간을 생해주는 오행을 찾을 수 없어서 극히 약한 세력을 형성하고 있다. 이런 경우를 실세했다고 한다.

4. 유정(有情)과 무정(無情)

유정(有情)이란 정이 있다는 의미이다. 사주팔자가 서로 상생하는 관계이거나 천간이 지지에 통근하여 그 기운이 강하면 유정한 것이다. 상생관계나 통근한 관계가 가까이 있으면 유정한 것이다. 또한 다른 글자로부터 간섭을 받지 않거나 방해를 받지 않으면 유정한 것이다.

그렇지 않고 상생관계나 통근된 지지가 다른 글자의 방해를 받거나 아니면 천간의 자리에서 멀리 떨어져 있으면 정이 없는 것이다. 즉 무정(無情)한 것이다. 또한 그 글자가 멀리 떨어져 있으면 무정한 것이다.

일간을 기준으로 일간의 주변에 있는 궁인 일지, 월간, 월지와 시간, 시지에 있으면 유정한 것이고 연간, 연지에 있으면 무정한 것이다. 연간, 연지에 있더라도 만약 다른 글자의 간섭이 없이 그 흐름이 원만하다면 유정한 것이다.

일간의 주변에서도 일지가 가장 유정한 것이고 그 다음이 월지와 시지가 유정한 것이다. 월지와 시지는 월간과 시간과 같이 일간의 주변에서 일간의 변화에 영향을 크게 미치므로 이 또한 유정한 것이다.

(표 16) 유정과 무정의 예

시	일	월	연	시	일	월	연
갑(甲)	갑(甲)	신(辛)	임(壬)	임(壬)	병(丙)	기(己)	임(壬)
(비견)	(일간)	(정관)	(편인)	(편관)	(일간)	(상관)	(편관)
자(子)	인(寅)	해(亥)	인(寅)	진(辰)	자(子)	유(酉)	인(寅)
(정인)	(비견)	(편인)	(비견)	(식신)	(정관)	(정재)	(편인)

위 사주는 유정한 사주와 무정한 사주의 예이다. 첫 번째는 갑 일간이 시간의 비견, 시지의 정인, 일지의 비견, 월지의 편인, 연간의 편인, 연지의 비견 등이 모두 유정한 관계이다. 따라서 일간은 주변의 도움을 많이 받는 사주인 것이다. 여기서 연지의 비견은 너무 멀어 유정하지만 다른 글자에 비해 무정한 것이고 연간 편인은 월간 신금에 의해 제한됨으로서 무정해 진 것이다.

두 번째 사주는 무정한 사주의 예이다. 일간의 주변에는 일간을 생해주거나 일간과 같은 오행이 전혀 없다. 그래서 일간이 외로운 사주가 되었는데 다행히 연지에 있는 인목(편인)이 일간을 생해주는 역할을 하므로 힘이 되어 주고 있다. 그나마 유일하게 유정한 관계이다. 그러나 일간과 너무 멀리 떨어져 있어서 무정한 관계이며 월간의 기토와 월지의 유금에 의해 방해를 받고 있기 때문에 더욱 무정한 관계가 되어 버렸다. 위 사주는 이 점이 가장 안타깝다. 만약 인목이 연지가 아닌 월지나 시지에 있었다면 크게 성공했을 사주이다.

유정하면 좋은 것이고 무정하면 나쁘다는 것이 아니다. 사주팔자 중에서 일간에게 유리하게 작용하는 글자라면 유정한 것이 좋고 불리하게 작용한다면 무정한 것이 좋다. 따라서 사주팔자를 잘 해석해서 글자마다 좋고 나쁨을 따져 유정과 무정을 가려야 한다. 좋은 글자, 필요한 글자, 반드시 있어야 할 글자는 유정하여야 한다.

제2장

합회론
(合會論)

제1절 합·회의 의의

1. 합·회의 개념

우주의 모든 기운이 우주 공간에서 유영(遊泳)하는데 척력과 인력에 의해 서로 균형을 이루며 우주 질서를 만들고 유지하며 존재하고 있다. 그럼에도 힘의 세력이 비슷하여 크게 충돌하기도 하고 어떤 경우에는 힘의 균형이 깨져서 일방적으로 한 쪽으로 쏠리기도 하고 한쪽으로 흡수 통합되기도 한다. 서로 견제하기도 하고 서로 방해하기도 한다. 이런 과정에서 서로 의견이 맞거나 뜻이 맞으면 의기투합이 되어 합하기도 한다.

합회란 이렇게 우주의 어떤 기운이 다른 기운과 합이 되는 경우를 말한다. 자세히 말하면 어떤 천간이 다른 천간과 만나서 합이 되는 경우를 말하며 어떤 지지가 다른 지지와 만나서 합을 이루는 경우를 말한다. 또한 천간과 지지가 만나서 합을 이루는 경우를 말한다. 즉 합은 두 개 이상의 글자가 모여서 하나가 되는 경우이다. 사주팔자에 있는 글자들이 합하여 하나가 되는 경우를 합이라 한다.

따라서 이를 분류해 보면 천간과 천간의 합(천간합), 지지와 지지의 합(지지합), 그리고 지지의 지장간과 지지의 지장간의 합(암합) 등이 있다. 천간은 그 자체가 순수성을 가지고 있어서 합을 해도 복잡하지 않지만 지지는 그 자체가 이미 여러 가지 복잡성을 가지고 있어서 합을 하게 되면 복잡한 구조를 만든다. 그래서 천간합 보다는 지지합이 더 복잡하고 더 자세한 관찰을 요구한다.

합은 음양의 합이 가장 자연스럽고 기본적이다. 우주만물이 그렇듯 음은 양을 선호하고 양은 음을 선호한다. 음양은 서로 만나면 짝을 이루려고 한다. 그것이 가장 기본적인 우주의 섭리이다. 그래서 합중에서도 음양의 합이 가장 자연스러운 합인 것이다.

합과 회는 다른 의미이다. 물론 둘 다 크게 분류하면 합이라고 하지만 엄격히 구분하면 합과 회는 다르다. 합은 그냥 좋아서 합하는 것이라면 회는 특정 목적이나 의무를 가지고 합한다는 의미이다. 즉 회는 합의 목적과 방향이 분명하게 나타난다. 그래서 일반적으로 합보다는 회가 더 강한 작용을 한다. 합하는 목적이 분명하고 강하기 때문이다. 그러나 사주팔자 전체를 놓고 판단할 때는 세력의 강약에 따라 판단해야 하기 때문에 상황에 따라 달리 적용할 수 있다.

회는 합과 같은 의미이기는 하나 합과 다른 점은 목적을 가지고 합한다는 점이다. 다시 말하면 합은 자연스럽게 합하는 것이고 회는 목적이 있어 합하는 것이다. 따라서 합은 헤어지는 것이 쉽지 않지만 회는 헤어지는 것도 목적이 끝나면 쉽게 헤어진다.

2. 합·회의 변화

어떤 글자가 합이 되면 그 작용이 나타나는데 이를 화(化)하고 한다. 즉 합이 되면 합을 이룬 글자들이 다른 글자 또는 성질로 바뀌므로 그 결과가 변화되었다는 것이다. 다시 말하면 화가 된다는 것은 전혀 다른 글자들이 모여서 또 다른 글자 또는 성격을 만들어 내는 것을 말한다. 이 때 당초의 글자가 변하여 다른 글자 또는 성격으로 변한 것을 화(化)라 하는 것이다.

화에는 두 가지 유형이 있다. 하나는 물리적인 화이고 다른 하나는 화학적인 화이다. 물리적인 화란 당초의 성질, 즉 본질은 바뀌지 않고 내용, 포장, 형태만 바뀌는 것을 말한다. 나무가 모여서 의자가 될 때 처음에는 나무인데 의자가 되었으니 모양, 형태, 내용이 모두 바뀌었다. 하지만 본질적인 나무는 바뀌지 않는 것이다. 이런 경우를 물리적인 변화라고 한다. 나중에 해체되면 다시 원래의 상태로 돌아간다는 특징이 있다.

물리적인 변화는 천간이 합하기 전에 지지에 뿌리를 두었거나 지지에서 생을 받아 강건한 경우에 해당한다. 즉 천간의 힘이 강하여 다른 글자와 합은 하였지만 변하지는 않는다는 의미이다. 이를 합이불화(合以不化)라고 한다. 즉 합은 했지만 화하지는 않았다는 의미이다. 대부분의 사주팔자는 이런 경우가 많다.

두 번째 화학적인 변화는 서로 다른 글자가 합하여 기존의 글자가 가지고 있는 본질이 완전히 바뀌어 전혀 다른 새로운 글자나 성질로 변하는 것을 말한다. 화학적 변화는 한 번 바뀌고 나면 되돌릴 수 없다는 특징이 있다.

사주팔자 내에서의 합은 대부분 물리적인 합에 해당한다. 합을 하더라도 본질은 변하지 않은 채 그 형태 또는 모양이 주로 변하는 것이다. 다만 천간의 뿌리가 지지에 없거나 천간을 생하는 글자가 전혀 없을 때, 그 천간이 다른 글자와 합하여 변하는 경우에는 아예 새로운 글자나 성질로 변하여 사라지는 경우가 있다. 이런 경우를 화학적 변화라고 하는데 이런 화학적 변화를 합거(合去)했다고 한다. 즉 합하여 사라져 버렸다는 의미이다.

합거가 되면 합이 되기 전의 글자는 그 기능과 역할을 완전히 상실한다. 그리고 새롭게 태어난 글자가 그 기능과 역할을 대신한다. 만약 새롭게 태어난 글자가 기존의 글자와 반대의 성질을 가지고 있다면 합거되어 반대의 상황이 전개될 것이다. 예를 들면 합이 되는 글자들이 사주팔자에서 좋은 역할을 하고 있었는데 합이 되어 다른 글자로 변하게 됨으로서 오히려 나쁜 역할을 하게 되는 경우를 말한다.

거꾸로 합거가 되어 오히려 나쁜 글자가 좋은 글자로 변화는 경우도 있다. 이런 경우는 합거가 되는 것이 오히려 좋게 작용을 한다. 따라서 합이 되었다고 반드시 나쁜 것만도 아니고 합이 되었다고 반드시 좋은 것만은 아니다. 전체적으로 판단하여 그 결과에 따라 결론을 내려야 한다.

일단 합이 되면 합이 되는 글자는 당초의 기능을 상실하거나 다른 글자에 묶이어 그 기능을 제대로 발휘할 수 없게 된다. 기능을 상실하면 새로운 기능으로 탄생하지만 기능이 묶이면 새로운 기능으로 탄생하지도 않고 그렇다고 기존의 글자가 그 기능을 제대로 수행하지도 않기 때문에 그 글자는 답답해진다. 이렇게 답답해지는 경우를 합반(合絆)하였다고 한다. 합반이 되면 합이 되는 글자는 묶이어 다른 글자로 화하지도 않고 원래의 기능도 하지 못하는 상태가 된다.

3. 합화와 합이불화

천간 어느 한 글자가 다른 글자와 합하게 되면 음양의 합이 되어 각각의 기운을 잃거나 버리고 새로운 기운을 탄생시킨다. 이를 천간이 합하여 새로운 기운을 만들었다 해서 화(化)했다고 한다. 물론 이 경우 물리적인 결합이므로 완전히 화하지는 않고 본질적인 성향은 가지고 있기 때문에 외부의 환경이 새롭게 전개된다면 다시 원래의 성향으로 되돌아갈 수도 있다.

그러나 대부분 음양의 합은 다른 새로운 기운을 생성하게 된다. 남녀가 음양의 합을 이루면 자식을 낳듯이 천간의 음양의 합도 마찬가지이다. 남녀가 음양의 합을 통해 자식을 낳았다고 해도 남과 여라는 본질은 변함이 없듯이 천간의 음양의 합도 새로운 기운을 탄생시키더라도 본질적인 천간의 성향은 가지고 있게 된다.

또한 합을 하였더라도 합만 하고 화하지는 않는 경우도 있다. 화를 하려는데 원래의 천간의 기운이 원체 강하여 쉽게 화되지 않는 경우가 그렇다. 이런 경우를 합은 되었으나 화는 되지 않았다고 해서 합이불화(合以不化)라고 한다. 이 경우에는 두 가지다.

우선 일간의 경우를 보면 일간은 절대 합이 되지 않는다. 왜냐하면 일간이 합이 되면 이미 일간으로서의 기능을 상실하게 되며 그런 경우 일간의 존재가치가 무의미하기 때문에 사주의 주체로서 인정될 수 가 없다. 그래서 합이 되지 않는다고 한다.

그러나 일간이 너무 약하여, 즉 지지에 뿌리도 없고 일간과 같은 오행인 비겁도 없고 일간을 생해주는 오행도 전혀 없을 때에는 일간이 너무 약하여 어쩔 수 없이 합이 되는 경우도 있다. 이 경우 일간은 이미 일간 스스로의 본분과 본질을 잃어버리게 된다. 그래서 일간이 합하는 것은 좋은 현상이 아니다.

그리고 일간은 웬만해서는 합이 되었지만 화되지는 않는다. 만약 어떠한 경우도 일간이 화가 된다면 이미 사주는 주인을 잃은 결과가 되기 때문이다. 일간이 화했다는 의미는 다른 기운으로 변신하였다는 의미이므로 화해서는 안 된다. 그래서 일간은 어쩔수 없이 합은 되지만 화는 하지 않는다고 한다.

일간 이외의 천간은 다르다. 기본적으로 합이 된다. 특별히 강한 힘을 가지고 있지 않으면 합은 자연스럽게 이루어진다. 특별히 강한 힘이란 합을 하고자 하는 글자가 전체 사주팔자의 기운을 이루고 있거나 합을 하고자 하는 두 글자가 각각 지지에 강한 뿌리를 두어 합을 하기에는 너무 뿌리가 강한 경우이다.

하지만 일간 이외의 천간은 합을 하는데 결코 주저하지 않는다. 오히려 합을 반기기 때문이다. 그러나 사정에 따라 화는 하지 않는다. 합을 하려는 천간의 뿌리가 강하거나 그 천간을 생해주는 오행이 강하거나 같은 오행의 천간이 주변에 많이 분포되어 있으면 합을 하더라도 화는 하지 않게 된다. 이 경우가 합이불화이다.

지지도 마찬가지이다. 합을 이루면 합거가 되거나 합반이 된다. 그렇게 되면 해당 지지는 그 기능을 상실하거나 묶이게 된다. 하지만 어느 특정 지지의 세력이 너무 강하면 비록 합이 될지언정 쉽게 합거가 되거나 합반이 되지 않는다. 이는 가정이 있는 사람이 다른 사람을 만났을 때 쉽게 그 가정을 버리지 못하는 이치와 같다. 서로 가정이 없는 관계라면 합거가 되거나 합반이 되는데 걸림돌이 없지만 가정이 있다면 그게 쉽지 않기 때문이다.

사주를 분석할 때 이러한 상황을 잘 보고 합의 여부와 합거, 합반, 그리고 합이불화의 여부를 잘 살펴야 한다. 무조건 합이 된다고 해서 합거, 합반이 된다고 판단해서는 안 된다. 전혀 다른 해석이 나오기 때문이다. 합은 사주팔자의 해석에서 대단히 중요하다. 합의 여부에 딸 그 사주의 왕쇠강약이 크게 달라지기 때문이다. 때문에 사주분석에서 합은 반드시 정확하게 분석되어야 한다.

4. 쟁합과 투합

쟁합(爭合)과 투합(妬合)은 일간과 합하는 다른 천간이 두 개 이상 있어서 일간과 합을 다투는 경우를 말한다. 쟁합이란 음간하나를 두고 다른 두 개의 양간이 경쟁하는 구조를 말한다. 남녀로 비교하면 여자 하나를 두고 두 남자가 경쟁하는 것이 쟁합이다. 이런 경우 여자는 두 명의 남자와 부부의 연을 맺을 수 있다. 때문에 이런 경우는 결혼을 늦게 하는 것이 유리하다.

투합이란 양간 하나를 두고 다른 음간 두 개가 다투는 것을 말한다. 남녀로 비교하면 남자 하나를 두고 여자 두 명이 다투는 형국이다. 이 또한 한 남자가 인생에 있어서 두 명의 여자와 부부의 연을 맺는다는 의미와 같다. 따라서 이 경우도 결혼을 늦게 하는 것이 유리하다고 할 것이다.

쟁합이나 투합이 있는 경우 사주의 주인은 한 평생 뜻하는 대로 되는 일이 이루어지지 않는다. 합이 된다는 것은 자신의 의도대로 되지 않는 다는 것을 의미하는데 쟁합이나 투합은 더 심하다고 할 것이다. 때문에 좋은 것보다는 나쁜 것이 더 많다고 할 것이다. 특히 쟁합과 투합은 궁합을 볼 때도 자주 사용한다. 배우자의 능력과도 관련이 있기 때문이다. 쟁합과 투합이 있는 구조는 아무래도 배우자로서 훌륭한 구조는 아닌 것이다. 쟁합과 투합이 있다 하더라도 중간에 이를 방해하는 글자가 있다면 쟁합과 투합이 안 되는 경우도 있다. 예를 들면 일간 병화가 있는데 연간과 시간이 신금이어서 투합의 모습이다. 하지만 월간에 정화가 있다면 연간의 신금이 정화에 극을 당해 일간과 합을 할 수가 없다. 이 경우에는 단순하게 합만 되고 쟁합이나 투합이 되지 않으니 좋은 것이다.

제2절 천간합과 지지합

1. 천간합

천간의 합은 천간끼리 합을 이루는 것을 말한다. 천간 10글자가 서로 유영하면서 합이 되는 과정인데 천간 합이 음양 합의 가장 대표적인 형태이다. 천간은 갑부터 계까지 10글자로 이루어져 있다. 하늘의 기운을 대표하는 10가지 기운을 상징한다. 이 10가지 기운을 오행으로 구분하면 갑과 을은 목, 병과 정은 화, 무와 기는 토, 경과 신은 금, 임과 계는 수로 구분한다. 목 중에서도 갑은 양이고 을은 음이다, 그래서 갑과 을이 음양을 이루어 목 기운을 이룬다. 같은 방법으로 화 기운은 병은 양이고 정은 음이다. 그리하여 병정이 음양을 이루어 화 기운이 된다. 무는 양이고 기는 음이다. 무기가 음양을 이루어 토 기운을 만든다, 경은 양이고 신은 음이다, 경과 신이 음양을 이루어 금 기운이 된다. 임은 양이고 계는 음이다, 음과 계가 음양을 이루어 수 기운을 이룬다. 이렇게 오행을 기준으로 하면 갑, 병, 무, 경, 임은 양이고, 을, 정, 기, 신, 계는 음이다.

한편, 천간의 위치에 따라 음양을 구분하기도 하는데 양의 위치에 있으면 양이고 음의 위치에 있으면 음으로 표현한다. 양의 위치라는 것은 만물의 생성과 소멸의 과정에서 어느 위치에 있느냐하는 것이다. 10천간을 순서대로 나열하면 갑, 을, 병, 정, 무, 기, 경, 신, 임, 계이다. 갑부터 무까지는 상승기운이고 기부터 계까지는 하강기운이다. 따라서 상승기운에 해당하는 갑, 을, 병, 정, 무는 양의 위치가 되고 하강기운에 해당하는 기, 경, 신, 임, 계는 음의 위치에 해당한다. 즉 갑, 을, 병, 정, 무는 양이고 기, 경, 신, 임, 계는 음이 된다.

(표 17) 천간의 음양

천간	갑(甲)	을(乙)	병(丙)	정(丁)	무(戊)	기(己)	경(庚)	신(辛)	임(壬)	계(癸)
오행	양(陽)	음(陰)	양(陽)	음(陰)	양(陽)	음(陰)	양(陽)	음(陰)	양(陽)	음(陰)
위치	양(陽)	양(陽)	양(陽)	양(陽)	양(陽)	음(陰)	음(陰)	음(陰)	음(陰)	음(陰)

천간을 음양에 따라 순서대로 배열하면 양의 순서는 갑, 을, 병, 정, 무이고 음의 순서는 기, 경, 신, 임, 계이다. 이를 음양의 대칭으로 나열하면 양의 첫 번째인 갑과 음의 첫 번째인 기가 음양으로서 함께 위치하게 된다. 이렇게 갑과 기가 합하게 된다(갑기합). 두 번째 순서는 양에서는 을이고 음에서는 경이다. 그래서 을과 경이 합이 된다(을경합). 세 번째는 병과 신이 합(병신 합)이 되고 네 번째는 정과 임이 합(정임합)이 되며 다섯 번째는 무와 계가 합(무계 합)이 된다. 음양의 합이란 이렇게 양의 순서와 음의 순서에 의한 음양의 합을 말하며 이것이 곧 천간의 합이 되는 것이다.

음과 양은 항상 상대적이다. 때문에 상대 비교 대상과의 관계에서 음과 양으로 구분된다. 양은 반드시 양으로만 해석되는 것이 아니고 때로는 양도 음이 될 수 있고 음도 양이 될 수 있는 것이다. 물론 양이면 그 성질이 양의 성질을 근본적으로 타고 났기 때문에 음이 될 지언정 양의 속성을 버리지는 못한다. 그래서 양 중의 양은 어떠한 비교 대상이 등장하여도 양 중의 양이 되며 음 중의 음은 설혹 양이 등장하여도 음 중의 음이 된다.

　양 중의 양이란 오행에서도 양이고 위치상으로도 양인 경우를 말한다. 이에 해당하는 천간으로 갑, 병, 무가 있다. 마찬가지로 음 중의 음이란 오행에서도 음이고 위치상으로도 음인 경우를 말한다. 이에 해당하는 경우로 기, 신, 계가 있다. 이를 음양의 합에 의해 순서대로 나열하면 양 중의 양의 첫 번째는 갑이고 음 중의 음의 첫 번째는 기이다. 이렇게 갑과 기가 음양의 합이 된다(갑기합). 두 번째인 병과 신이 합(병신합)이 되고 세 번째는 무와 계가 합(무계합)이 된다.

　그리고 오행의 음양과 위치의 음양이 나뉘어서 때로는 음도 되고 양도 되는 을, 정, 경, 임도 각각 음양의 합을 이루게 된다. 예를 들면 위치에서의 양인 을은 양의 두 번째 순서이면서 오행에서는 음이 된다. 이와 상대적인 것은 음의 두 번째 순서이면서 오행에서는 양이고 위치상 음인 경이 있다. 그래서 을과 경이 합(을경합)이 된다. 정과 임도 마찬가지이다. 오행에서는 음이고 위치에서는 양이며 순서에서는 네 번째인 정과 오행에서는 양이고 위치에서는 음이며 순서에서는 네 번째인 임이 합(정임합)이 된다.

(표 18) 천간합의 구조

순서	1	2	3	4	5
양천간	갑	을	병	정	무
위치	양	양	양	양	양
음천간	기	경	신	임	계
위치	음	음	음	음	음

　결국 천간의 10글자는 자신의 반대에 있는 글자와 음양의 합을 하게 된다. 이를 천갑합 또는 천간 음양합이라 한다. 이런 이유로 천간의 합은 음양의 합으로서 가장 자연스런 합이 되는 것이다. 음과 양은 시공을 가리지 않고 서로 그리워하거나 합이 되어야 하는 운명에 있다. 그것의 자연의 조화이며 우주의 섭리이다.

　우주의 삼라만상 중에서 음양은 서로 가장 잘 어울리는 짝이다. 때문에 음이든, 양이든 홀로 있으면 다른 음, 양을 그리워하고 서로 만나 합이 되어야만 존재 가치를 인지하게 된다. 그래서 음양이 만나 합을 이룰 때 서로 간 존재가치가 극대화되고 각각의 역할이 완성되는 것이다.

2. 천간합화

천간이 합을 하면 다른 기운으로 변신하게 되는데 모두 오행과 관련이 있다. 갑은 목의 기운이며 특히 양목의 기운이다. 그래서 갑목 또는 갑양목이라 부른다. 을도 목의 기운이며 음옥의 기운이다. 그래서 을목 또는 을음목이라 부른다. 병은 병화 또는 병양화라고 하고 정은 정화 또는 정음화라고 한다. 무는 무토 또는 무양토라 하며 기는 기토 또는 기음토이다. 경은 경금 또는 경양금이라 하고 신은 신금 또는 신음금이라 한다. 임은 임수 또는 임양수이며 계는 계수 또는 계음수이다.

이렇듯 천간은 모두 음양오행으로 구분되는데 이들이 합을 함으로서 다시 새로운 오행을 만들어낸다. 결과적으로 음양이 합을 하는 목적은 새로운 기운을 탄생하기 위한 것이 된다. 남녀가 결혼을 해서 자식을 낳는 이치와 같다.

갑목은 기토와 합을 한다. 이 둘은 음양의 기운과 위치, 순서가 가장 반대의 입장에 있는 것이다. 둘이 합을 하면 새로운 기운으로 오행의 토를 생산한다. 즉 갑목과 기토는 오행의 토로 화하게 된다. 토의 성질로 합화된다는 의미이다. 이름하여 갑기합토라 한다. 이렇게 되면 갑은 갑의 기능을 상실하거나 묶이게 되고 기는 기의 기능을 상실하거나 묶이게 된다. 하지만 여전히 갑과 기는 갑과 기로서의 본질을 버리지 못하고 언제든지 본래의 기능으로 되돌아가려는 속성을 가지고 있다.

을목은 경금과 합을 한다. 마찬가지로 음양의 합이며, 순서의 합이며 위치의 합이다. 이 둘이 합하여 오행의 금으로 화한다. 이를 을경합금이라 한다.

병화는 신금과 합을 한다. 물론 신금도 병화와 합을 한다. 이 둘이 합하여 오행 수로 변신한다, 즉 병신합수가 된다.

정화는 임수와 합을 한다. 임수와 합하면 정화도 임수도 본래의 기능인 오행의 화, 수의 기능을 잃거나 묶이게 되고 오행 목으로서 기능을 하게 된다. 정임합목이라 부른다.

무토는 계수와 합을 한다. 그리하여 무토와 계수는 합화가 되어 오행 화의 작용을 한다. 이를 무계합화라 부른다.

정리하면 갑기합토, 을경합금, 병신합수, 정임합목, 무계합화가 된다. 천간끼리의 합은 이렇게 다섯 가지 오행으로 그 기능이 변화는 결과를 가져온다. 다시 설명하면 갑은 평소에는 목으로서 존재하다가 기를 만나면 토로서 기능을 하게 된다는 의미기 되므로 갑의 변화는 기토가 주도하게 된다. 물론 기토도 마찬가지이다. 평소에는 기토로서 기능을 하다가 갑을 만나면 토의 기능을 하게 된다. 기토는 처음부터 토의 기능을 하고 있었으므로 갑을 만나도 역시 토의 기능을 하게 되어 그 기능이 오히려 확대되는 결과를 가져온다. 그래서 갑보다는 기토가 주도하게 된 것이다.

을목과 경금도 합하여 금으로 변한다. 경금이 주도하는 형국인데 금으로 변하면 아무래도 경금의 기능이 확대되기 때문이다. 병화와 신금은 둘 다 수로 변화한다. 병화도 제 기능을 버리고 신금도 제 기능을 버린다. 병화와 신금이 만나면 제3의 영역을 생산하는 것이다. 둘 다 본래의 기능이 묶이거나 소멸하게 된다. 그 점에서 갑기합토와는 다른 성향을 나타낸다고 할 것이다. 정화와 임수도 목으로 변한다. 둘 다 본래의 기능을 상실하는 것이다. 무토와 계수도 합하여 화로 변한다. 역시 본래의 기능을 상실하거나 묶이게 되며 새로운 화의 작용을 하게 된다.

(표 19) 천간합화

양천간	갑	을	병	정	무
음천간	기	경	신	임	계
천간합화	토	금	수	목	화

천간합은 극합이기도 한다. 극합이란 서로 상극인 관계의 합이란 의미이다. 갑은 목이고 기는 토이다. 목이 토를 극하는 관계이므로 목극토라 하는데 이 둘의 합을 이루어 토로 화하니 상극관계에서 합하는 것이다.

을목과 경금의 합도 마찬가지이다. 오행의 금은 목을 극하는 관계이다. 즉 경금이 을목을 극하는 상극의 관계이다. 이 또한 상극의 합인 것이다. 병화와 신금은 병화가 신금을 극하는 관계이다. 상극의 합을 하여 수로 화한다. 정화와 임수는 임수가 정화를 극하는 수극화의 관계이다. 상극의 합인 것이다. 무토와 계수는 토극수의 관계이다. 무토가 계수를 극하는 상극의 합이다.

극합은 합의 효과를 더욱 극대화한다. 밋밋한 합이 아니라 한바탕 휘오리가 몰아치는 합이 되기 때문이다. 다른 한편 합을 하면서도 극을 하기 때문에 진정한 합이 아니라고도 한다. 임시적으로 합을 하지만 궁극적인 목적은 상극이기 때문이다. 그래서 천간의 합은 합도 쉽지만 합을 깨는 것도 쉽다.

3. 지지합(육합)화

지지는 자, 축, 인, 묘, 진, 사, 오, 미, 신, 유, 술, 해 등 12개가 있다 이들 간에도 합을 이루어 새로운 기운을 양산하는데 이들의 합은 천간과 다른 모습을 보인다. 그 중에서 음양의 합이 우선이다. 지지 음양의 합이란 지축을 중심으로 지지가 정 반대에 위치한 다른 지지와 합하는 것을 말한다. 정반대에 위치한 지지의 합이라 하여 음양의 합이라고도 하고 여섯 가지가 있다고 해서 육합이라고도 한다.

지축이란 지구의 자전운동을 주도하는 회전축을 말한다. 지구가 스스로 회전을 하는 것은 자전운동을 하는데 회전을 하기 위해서는 그 회전축이 있어야 가능하다. 팽이가 회전을 하기 위해서는 그 중심 축을 중심으로 회전하는 것과 원리가 같다. 팽이와 다른 점은 팽이는 정방향으로 하는 데 반해 지구는 약간 비틀어진 방향으로 하고 있다는 점이 다르다.

지구가 계절이 존재하는 이유는 지축이 약간 기울어져 있기 때문이다. 이 기울어진 기울기 때문에 태양과 다른 행성들 간의 조후가 그 기울기만큼 변화를 가져오는데 그것이 바로 봄, 여름, 가을, 겨울 4계절인 것이다. 지축은 약 23.5° 우측으로 기울어져 있다고 한다. 그 기울기가 지구의 오묘한 섭리를 대변하고 있는 것이다.

지구의 표면을 그 지축을 중심으로 해서 좌측에 여섯 가지, 우측에 여섯 가지를 배속하였는데 그것이 12지지이며 한쪽 측면만 볼 때는 여섯 가지이다. 한쪽 측면은 다른 한 쪽의 측면에 있는, 즉 반대쪽에 있는 지지를 그리워하거나 만나려 한다. 이렇게 반대편에 있는 지지와의 결합이 되므로 음양의 결합이라 하고 여섯 가지의 지지가 다른 여섯 가지의 지지와 결합한다고 해서 육합이라 한 것이다.

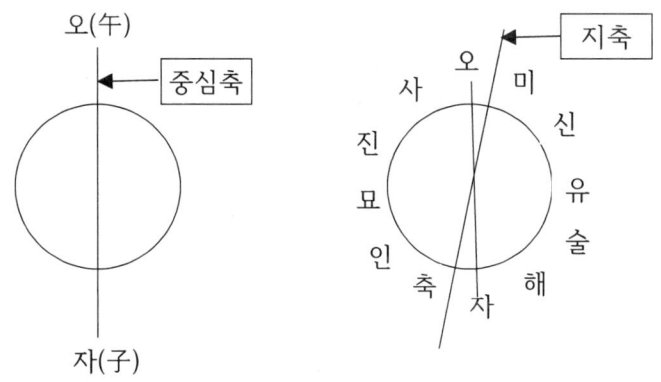

지축을 중심으로 한 쪽 편에 있는 여섯 가지 지지를 나열하면 축, 인, 묘, 진, 사, 오 등이 한 쪽을 차지하고 있고 반대편에는 자, 해, 술, 유, 신, 미가 차지하고 있다. 이들을 연결하면 자축, 인해, 묘술, 진유, 사신, 오미의 여섯 가지 짝이 탄생한다. 이렇게 합하여 육합이 된다.
만약 지축이 바로 서 있다면 계절은 없고 한쪽은 계속 여름이 되고 한쪽은 계속 겨울이 되어 만물의 존재가 불가능할 것이다. 이런 경우 지지와 대입하면 그 반대편에 있는 것들로 결합을 하면 자오, 축미, 인신, 묘유, 진술, 사해라는 짝이 될 것이다. 이 짝의 조합은 만물의 존재가 부정되는 조합이다.

다시 말하면 육합의 음양의 조합은 우주의 섭리에 의해 가장 자연스럽고 합당한 결합이며 만물의 생명이 존재하고 유지되는 조합인 것이다. 이것은 지축이 23.5° 기울어져 있기 때문이며 지축이 기울어져 있어서 지구에 생명체가 존재하듯이 육합의 조합은 새로운 기운이 생성되는 과정이며 결과인 것이다. 육합은 천간합과 같이 극하는 관계에 있는 합도 있고 생하는 관계에 있는 합도 있다. 상생상극의 합이 이루어지는 것이다. 상극의 합보다는 상생의 합이 훨씬 자연스럽고 합의 효과가 크다고 할 것이다. 상생의 합을 생합이라고도 하는데 상생의 원리에 의해 합에 의해 시너지 효과가 크다거 할 것이다. 반대로 상극의 합을 극합이라 하는데 극합은 좀 요란스러운 합이다. 그 과정도 요란스럽고 그 결과도 요란스럽다. 왜냐 하면 합을 하면서도 항상 상극의 요소를 가지고 있기 때문이다. 따라서 상극의 합은 헤어질 때도 단호하다. 미련 없이 헤어진다. 그래서 상극의 합보다는 상생의 합이 합의 효과가 더 크다고 한다.

자와 축은 합하여 토가 된다. 토는 만물의 탄생 배경이며 뿌리이기 때문에 토로서 출발한다. 자는 오행의 수이므로 자수라 하고 축은 오행의 토에 해당하므로 축토라 한다. 자수와 축토가 합하여 토로서 기운이 생성된다. 그러면 자수와 축토의 본래 기능은 묶이거나 상실되고 토로서의 기능을 생성하게 된다. 자축의 합은 상극의 합이다. 축토가 자수를 극하기 때문이다. 특히 자수와 축토의 합은 계절의 합이기도 하면서 같은 방향의 합이기도 하다. 계절의 합이란 자와 축이 모두 겨울에 속하기 때문에 겨울의 합인 것이다. 그리고 같은 방향이란 북방의 합이란 의미이다. 자와 축의 방향이 북방이기 때문이다. 이미 합으로서 작용을 하고 있어서 합의 효과가 크게 파생하지 않는다는 의미이다.

그 다음 단계인 인과 해가 합하여 목으로서 기능을 생성하는데 인은 오행의 목이므로 인목이라 하고 해는 오행의 수이므로 해수라 하여 인목과 해수가 합하여 목의 기능을 생성하게 된다. 해수는 인목을 상생하는 기능을 하기 때문에 인목과 해수의 합은 상생의 합이다. 이렇게 생합이 되면 더 끈끈한 관계를 가지기 때문에 합의 효과가 크다고 할 것이다.

묘목과 술토는 합하여 화가 된다. 묘술합화라고 한다. 묘목도 본질은 잃고 술토도 본질을 잃으면서 새로운 화의 기운을 탄생시킨다. 묘목은 술토를 극하는 극합의 관계이다.

진토와 유금의 합은 금으로 변한다. 진토도 유금도 모두 본질을 잃고 금으로서 작용한다. 진토가 유금을 생하므로 상생의 합, 즉 생합의 관계이다.

사화와 신금의 합은 수로 변한다. 사화도 신금도 모두 본질이 훼손되면서 오행 수로서 기능을 생성한다. 사화가 신금을 극하는 관계이므로 상극의 합, 즉 극합의 관계이다.

오화와 미토의 합은 화의 기능으로 변한다. 동시에 오화가 미토를 생하는 상생의 합, 생합의 관계이다. 동시에 계절적으로 여름의 합이다. 계절적으로 여름에 속하는 사오미의 오미의 합이므로 이미 합의 속성을 가지고 있다. 화로 변하는 것 또한 여름의 화이므로 이미 이런 기운을 가지고 있는 합이다. 그리고 방향으로는 남쪽 방향의 합이다. 오와 미가 남방으로 같은 위치에 존재하기 때문이다.

지지의 합은 생합의 관계가 인해합, 진유합. 오미합이고 극합은 자축합, 묘술합, 사신합이다. 그리고 계절의 합으로 자축의 겨울합과 오미의 여름합이 있다.

(표 20) 지지합화

좌측지지	축(丑)	인(寅)	묘(卯)	진(辰)	사(巳)	오(午)
우측지지	자(子)	해(亥)	술(戌)	유(酉)	신(申)	미(未)
천간합화	토(土)	목(木)	화(火)	금(金)	수(水)	화(火)
상극합	극합	생합	극합	생합	극합	생합
계절합	겨울합	봄겨울합	봄가을합	봄가을합	여름가을합	여름합
방향합	북방합	동북합	동서합	동서합	남서합	남방합

4. 오운과 대대작용

오행의 생극제화가 우주변화의 기본원리이며 사주팔자의 기본구성이다. 오행은 목, 화, 토, 금, 수의 운행법칙이며 우주운동의 기본법칙이다. 천간의 오행은 갑을목, 병정화, 무기토, 경신금, 임계수의 운동을 반복한다. 이러한 과정에서 상생상극상모의 현상이 발생한다.

상생이란 목, 화, 토, 금, 수가 운행법칙으로 도와주는 현상이다. 목→화→토→금→수의 과정이 상생의 과정이다. 이 과정에서 하나씩 건너면 상극의 관계가 된다. 목에서 화를 건너면 토가 되는데 목이 토를 극하는 관계가 되어 상극관계가 된다. 화는 토를 건너 금을 극하고 토는 금을 건너 수를 극하며 금은 수를 건너 목을 극하고 수는 목을 건너 화를 극하는 관계를 말한다. 목→토→수→화→금의 상극관계가 형성된다. 상생은 일방적 후원이나 지원의 의미라면 상극은 일방적인 자극이나 방해의 관계이다. 이렇게 우주의 변화는 상생과 상극의 관계로 이루어진다.

상모(相侮)는 상극의 관계에서 극을 당하는 오행의 힘이 강하여 거꾸로 극을 하는 관계를 말한다. 원래는 상극의 원리에 의해 목→토→수→화→금의 상극관계를 이루었으나 극을 당하는 오행이 힘이 더 강하여 극을 하는 오행에게 모반을 저지르게 된다는 의미이다. 따라서 목극토의 구조에서 극을 당하는 토가 힘이 더 강하여 거꾸로 목을 극하는 관계를 말한다. 상모관계는 토→목→금→화→수의 역모관계를 이룬다. 즉, 토극목, 목극금, 금극화, 화극수, 수극토의 관계를 이룬다. 상모관계는 역모에 해당하므로 더 큰 변화를 가져온다.

오운(五運)은 오행의 변화를 말한다. 천간의 오행이 반대편의 기운을 받아서 합을 이루고 그 합을 통하여 새로운 기운을 만드는데 이렇게 새로운 오행의 기운으로 변화하는 것을 오운이라 한다. 목화토금수의 오행이 합을 이루어 새로운 목화토금수를 만드는 것이다. 갑목은 기토를 만나 토를 이루고(갑기합토), 을목은 경금을 만나 금을 이루며(을경합금), 병화은 신금을 만나 수를 이루며(병신합수), 정화는 임수을 만나 목을 이루고(정임합목), 무토는 계수를 만나 화를 이룬다(무계합화). 그래서 토→금→수→목→화의 행을 이룬다. 이런 운행을 오운이라 한다. 즉 천간합을 통하여 새로운 오행이 이루어지는 것을 말한다. 오운은 이런 운행의 반복이다.

오운은 항상 합을 통해 이루어진다. 갑은 기를 만나 이루어진다. 따라서 갑은 언제나 기를 원한다. 만약 사주팔자에 갑만 있다면 기를 항상 원하고 부르는 입장이므로 기토가 있다고 보고 갑기합토를 이룬다. 따라서 갑은 언제든지 토가 될 가능성이 높다고 할 것이다. 비록 갑은 목의 성질을 가지고 있지만 반은 토의 성질을 내포하고 있어서 반대편의 기토의 작용에 의해 토로 변하는 것이다. 이렇게 오행을 기본법칙으로 하고 변화하는 것을 오운이라 하며 그것은 절대적인 것이 아니라 상대적인 것이기 때문에 이것을 흔히 오운의 대화작용(對化作用)이라 한다.

오운의 대화작용에 의하면 을은 원래 목의 기운을 가지고 있지만 반대 기운인 경금을 부르고 경금까지는 목으로서 작용하지만 경금부터는 금으로서 작용을 한다. 따라서 이미 을목의 반은 금의 기운을 가지고 있는 것이다. 병화는 화의 작용이지만 반대편의 신금을 만나 수로서 작용을 한다. 이는 병화는 이미 수로서 반은 작용을 하고 있다는 의미가 된다. 정화는 임목을 만나 목이 되니 정화의 반은 목의 기능을 하는 것이고 무토는 계수를 만나 화가 되니 무토의 반은 화의 작용을 하고 있는 것이다.

5. 육기와 자화작용

오운은 오행의 변화와 운동법칙이다. 우주의 허공에서 나타나는 질(質)의 형태이며 우주만물의 성쇠의 과정이다. 그리고 지구에서는 현실적으로 이에 대응하는 기(氣)의 작용이 일어나는데 지구에서는 오운에서 하나 더 늘어 6개 됨으로서 이를 육기(六氣)라고 한다. 오운이 천기(天氣)라면 육기는 지기(地氣)인 것이다.

육기도 오행과 같이 그 기본은 목, 화, 토, 금, 수에 있다. 그러므로 그 기본적인 성질에는 변함이 없다. 그러나 변화하는 면에서는 오운과 육기가 차이가 있다. 우주공간에는 오운운동이 이루어지는 데 지구에서는 우주공간의 오운에 상화(相火)라는 기운이 하나 추가 된다. 그러므로 지구에서는 화가 2개가 된다. 즉, 육기는 목, 화, 토, 금, 수 오행과 상화가 합하여 육기가 된다. 이 같은 이유는 지구가 23.5° 경사져 있어서 상화가 탄생하였기 때문이다.

육기는 서로 반대의 지지가 하나의 기운으로 나타나는데 사(巳)+해(亥), 자(子)+오(午), 축(丑)+미(未), 인(寅)+신(申), 묘(卯)+유(酉), 진(辰)+술(戌)이 그것이다. 이것은 3개의 음과 3개의 양으로 나뉘는데 사해(1음), 자오(2음), 축미(3음), 인신(1양), 묘유(2양), 진술(3양)으로 구분한다. 이들은 운동을 통해 그 기운을 발산하는데 이를 삼양삼음운동 또는 육기운동이라 한다.

육기운동은 각각 개념이 있는데 그 첫 번째인 사해(巳亥)는 궐음사해풍목(厥陰巳亥風木)이라 한다. 궐음이란 사물을 생하려하지만 아직 역부족이어서 생할 수 없다는 의미이다. 특히 사해라는 글자가 궐자의 상과 유사한데서도 유래된다. 해는 원래 6수였다. 6수에서 목이 나오려고 하는 상이 해수이다. 하지만 나올려고만 하지 그 기가 불급하여 아직 내부에 있어서 해목이 된다. 해목이 발아하여서 점차 목의 기운을 잃게 되는 무렵이 바로 사이다. 사는 원래 2화이므로 목이 여기에 이르면 완전히 목기운을 상실한다. 따라서 목기운은 해에서 사까지이며 이때 목기운이 동하므로 풍목이라 한다. 해사궐음풍목은 이렇게 목기운이 속으로 감춰져 있을 때(해목)부터 완전히 발아되어 사라질 때(사목)까지를 말한다.

그 다음 자오(子午)는 소음자오군화(少陰子午君火)라고 한다. 군화란 자수에서 오화에 이르는 과정에서의 화를 말한다. 자는 원래 수이고 오는 원래 화이므로 자의 화는 실력은 충분하나 아직 그 맹위를 충분히 발휘하지 못하는 화이다. 왜냐 하면 음중의 화로서 음이 아직 많이 남아 있는 화이기 때문이다. 이것은 사해에서 계승하여 활동하는 것으로서 자에서 출발할 때는 그 힘이 강하지만 오에 이르러서는 화로서 외형을 갖추게 되면 그 힘이 쇠약해지는 화이다.

　다음으로 축미(丑未)는 태음축미습토(太陰丑未濕土)라한다. 태란 지극히 작으면서도 지극히 큰 것을 말한다. 이는 걸음은 해에서 자라서 축에서 태음만큼 자란 것이고 자는 소음에서 시작하여 축에 와서 태음이 된다. 태음은 사실상 음의 마지막이면서 인묘진의 출발점이다, 그리고 미는 이것의 종점이다. 그리고 습(濕)이라고 하는 것은 원래 수(水)와 화(火)의 중간정도를 말한다. 조금만 더 응고하면 수의 형태를 나타내고 조금만 더 분열하면 화의 상을 나타내는 것이 습이다. 이것은 태음인 축에서 시작하여 사오미에 이르러 말단이 된다. 즉 축에서 생하여 미에서 소멸한다. 이것을 습토라고 하는 바 축미를 태음습토라고 하는 이유이다. 풍목, 소음, 태음은 그 본질은 양이나 그 운동의 작용면에서는 음인 것이다. 이렇게 육기는 양면성을 띈다. 왜냐 하면 변화는 반드시 본질적인 면과 작용적인 면이 서로 상반되게 나타나기 때문이다.

　다음은 인신이 들어온다. 인신(寅申)은 소양상화(少陽相火)라 하는데 상화는 인에서 시작하여 군화(자오), 습토(축미)를 거쳐 신에서 완성된다. 군화는 실력은 있지만 외세가 약하는데 비해 상화는 실력은 약화되었지만 외세는 가장 왕성한 화로 변한 것이다. 그리고 상화란 군화를 도와주는 화라는 의미이다. 한편 소양은 양의 창조과정이며 출발점이다. 이런 기준으로 볼 때 인신은 인에서 신 사이에 이루어져서 소음작용과 상화작용을 하기 위한 것이다.

　다음으로 묘유가 들어온다. 묘유(卯酉)는 양명조금(陽明燥金)이라 한다. 3양인 태양과 1양인 소양이 합하여 명을 이루는데 두 개의 양(兩陽)이 합하여 명(明)을 이루는 것을 양명이라 한다. 그리고 조금이란 천지의 기는 미에서 습이 생하고 신에서 습이 수렴되어 유에서 완전히 조하게 된다. 다시 말하면 양명은 물질면에서 보면 수렴하여 조하게 하는데 불과하는데 정신면에서 보면 정신을 수렴하는 것이므로 여기서 명이 생하는 것이다. 8, 9월에 하늘이 높은 이유가 양명조금이 생하기 때문이다.

　다음으로 진술이 들어온다. 진술(辰戌)은 태양한수(太陽寒水)라 한다. 태양이란 본질적으로는 가장 작은 양이지만 현실적으로 보면 가장 큰 양이다. 다시 말하면 진은 동남방의 수로서 가장 큰 양으로 보이나 사실은 진은 수가 최대 분열하는 것이다. 술이란 서북방의 수이다. 진의 큰양이 수축되어서 술이 되면 양의 최심부에 복장되어 적게 보일 뿐 사실은 가장 그 실력이 큰 양이다. 그래서 태양이라 부른다. 진술은 원래 토이나 대대작용으로 인하여 수로 변한 것이다. 그리고 한수라고 하는 것은 수가 그 본질이 응고한다는 의미이다. 다시 말하면 수가 진에 이르면 그 상이 가장 큰 양처럼 보이나 그 본질은 한수 즉 응고하는 수를 표현한 것이다.

　이상의 육기의 개념이다. 육기도 오운과 같이 대화작용을 한다. 다만 오운과 다른 점은 인신상화의 작용이 새로 추가된다는 점이다. 즉 오운은 5단계로 하나의 대화작용이 끝나지만 육기는 6단계로 대화작용이 끝난다. 이는 상화작용 때문이다. 특히 진술축미 4개의 토화작용은 본중말의 중재의 역할을 함으로서 이질적인 목화토금의 모순대립을 조절할 능력을 갖게 된다. 이렇게 토를 합하여 본중말 작용을 하는 것을 자화작용(自化作用)이라 한다.

이렇게 육기와 오운이 어울러져서 천지운동을 하게 되는데 이것을 우주운동이라 한다.

제3절 방합과 삼합

1. 방합(의무합)의 개념

과거 조선시대 우리나라 동전을 보면 둥근 모양을 하고 있다. 그리고 안쪽에는 네모진 홈을 파져 있음을 볼 수 있다. 단순히 동전을 엮기 위해 홈을 냈다기 보다는 무언가 의미하는 것이 있음을 짐작할 수 있다. 해석하면 동전이 원형인 것은 하늘이 둥굴기 때문이다. 즉 하늘을 상징하는 것이다. 그리고 안쪽에 네모진 모양은 지구 즉, 땅을 상징하는 것이다. 땅은 네모진 모습으로 나타낸 것이다. 하늘은 시간적인 개념이어서 둥근 원형을 이루며 땅은 공간적인 영역으로서 동서남북의 사방(四方)를 상징한다. 그래서 네모꼴이다. 즉 시간과 공간을 표시한 것이다.

땅을 표시하는 네모가 사방을 표시하는 것으로서 동서남북을 의미하는데 여기에 12개의 지지를 배속하여 방향을 더욱 명쾌하게 한다. 이는 지구가 공전을 하는 궤도를 12등분하여 여기에 12지지를 배속한 것과 같다.

(표 21) 사방과 12지지

		남(南)			
		사(巳)	오(午)	미(未)	
동(東)	진(辰)	중앙		신(申)	서(西)
	묘(卯)			유(酉)	
	인(寅)			술(戌)	
		축(丑)	자(子)	해(亥)	
		북(北)			

동쪽은 인, 묘, 진이 배속되고 남쪽은 사, 오, 미가 배속되며 서쪽은 신, 유, 술이 배속되고 북쪽은 해, 자, 축이 배속된다. 그래서 동서남북의 사방에 각각 3개의 지지가 배속되어 방위를 설정하게 된다. 이 때 3가지의 특징이 있다. 하나는 오행의 관계이다. 목화토금수의 오행과 12지지의 관계를 유지하는 것인데 목에 해당하는 인묘가 동쪽에 배속되고 화에 해당하는 사오가 남에 배속되며 금에 해당하는 신유가 서에 배속되고 수에 해당하는 해자가 북에 배속된 것이다. 즉 목은 동쪽, 화는 남쪽, 금은 서쪽, 수는 북쪽을 상징하게 된 것이다.

이에는 오행의 속성이 그대로 반영된다. 목은 뻗어나려는 성질(곡직, 曲直)을 가지고 있어서 봄과 같으며 화는 발산과 화려함의 속성(염상, 炎上)이므로 여름과 같으며 금은 수렴과 변혁, 결실을 상징(종혁, 從革)함으로 가을과 같고 수는 유연하게 흐르는 물과 같고 차가운 겨울에 응고된 얼음(윤하, 潤河)이어서 겨울과 같은 것이다. 그리고 토는 갈등과 반목을 얼리고 달래서 희석시키는 역할을 하며 기르고 가꾸는 성질(가색, 稼穡)이 있어서 중앙에 위치한다.

두 번째 특징은 토의 위치이다. 원래 토는 중앙에 위치하는 것인데 모두 계절에 배속된 것이다. 그러기 위해서는 토가 다른 오행처럼 2개가 아닌 4개가 필요해진다. 이는 천간과 확실히 다른 점이다. 천간은 토가 무토, 기토 2개이다. 그래서 목화와 금수의 중앙에 위치하여 목화와 금수의 관계를 조율한다. 그러나 이것은 완벽하지 않다. 왜냐 하면 목과 화의 조율, 금과 수의 조율, 그리고 수와 목의 조율은 불가능하기 때문이다.

그러나 지지는 4개의 토가 있어서 목과 화의 조율, 화와 금의 조율, 금과 수의 조율, 수와 목의 조율이 가능해져서 오행의 순환은 물론 사방의 완벽한 조율을 이루게 되는 것이다. 그래서 진토는 동방에 배속되어 동에서 남으로 가는 과정에서 발생하는 급격한 변화를 조정하는 것이다. 그리고 미토는 남에서 서로 가는 과정에서 남과 서의 변화과정을 조정하며 술토는 서에서 북으로 가는 과정에서의 변화를 조정하며 축토는 북에서 동으로 가는 과정의 변화를 조정한다. 이렇게 4개의 토가 있어 그러한 작용이 완벽하게 이루어지는 것이다.

세 번째, 방향과 계절의 관계이다. 방향과 계절은 같은 구조를 가졌다. 그 이유는 공전과 자전의 관계에서 찾을 수 있다. 공전과 자전의 과정에서 동방은 해가 떠오르며 남방은 해가 가장 높이 떠 있어 많은 곳을 비추게 되며 사방은 해가 저물어가고 북방은 해가 가장 낮은 곳에 있어 그 영향력이 가장 작은 곳이다. 그래서 사방은 사계절과 깊은 관련이 있는 것이고 이를 12지지로 배속한 것이 12지지와 사계절간의 관계이다.

결국, 동방은 봄, 남방은 여름, 서방은 가을, 북방은 겨울이 된다. 때문에 인과 묘는 봄, 사와 오는 여름, 신과 유는 가을, 해와 자는 겨울이 된다. 그리고 계절과 계절 사이에 토가 있어 계절의 변화를 조정하는 역할을 한다. 진토는 봄과 여름의 변화를 조정하고 미토는 여름과 가을사이의 변화를 조정하며 술토는 가을과 겨울의 변화를 조정하며 축토는 겨울과 봄의 변화를 조정하여 급격한 계절의 변화를 완만하게 조정하는 역할을 하는 것이다.

(표 22) 사계절과 사방향 및 12지지

			여름(夏)					
			남(南)					
			사(巳)	오(午)	미(未)			
봄(春)	동(東)	진(辰)	중앙			신(申)	서(西)	가을(秋)
		묘(卯)				유(酉)		
		인(寅)				술(戌)		
			축(丑)	자(子)	해(亥)			
			북(北)					
			겨울(冬)					

이렇게 방향과 계절이 같은 곳에서 하나로 합을 이루는 관계를 방합(方合)이라 부른다. 같은 방향을 지향하는 것이며 타고난 기질이 같은 것의 합이다. 즉 오행에서의

같은 오행의 합이고 방향에서도 같은 방향의 합이며 계절에서도 같은 계절의 합이다. 이를 방향의 합(방합) 또는 계절의 합(계절합)이라 한다. 이 들의 합은 뗄레야 뗄 수 없는 관계에 있다. 오행, 방향, 계절이 모두 같기 때문이다. 즉 본질이 같은 지지의 합이다. 혈통이 같은 것이다. 때문에 가족의 합이라고도 한다. 혈통이 같은 가족의 모임인 것이다. 설사 목적이 다르더라도 방향이 같으니 서로의 의무감이 풍만한 관계이다. 그래서 의무적으로 합을 이룬다고 해서 의무합이라고도 한다.

합이 되면 국(局)을 이룬다고 한다. 즉 인묘진은 목국(木局), 동방국(東方局), 춘국(春局)을 이루었다고 한다. 사오미는 화국(火局), 남방국(南方局), 하국(夏局)을 이룬 것이며 신유술은 금국(金局), 서방국(西方局), 추국(秋局)을 이룬 것이며 해자축은 수국(水局), 북방국(北方局), 동국(冬局)을 이룬 것이다.

2. 방합(의무합)의 위력

방합은 본질이 같은 의무합이다. 뭉치면 그 위력이 더욱 세지는 것은 당연하다. 가족이 하나로 똘똘 뭉치면 그 세력이 커지는 거와 같다. 무의식적으로 더욱 강해진다. 목적이 먼저라면 의식이 앞서지만 의무가 먼저인 합이므로 무의식적인 힘의 집합이 강해지는 것이다. 다만 의무감이 강해서 어떨 때는 그저 의무감 때문이라는 한계를 나타낼 때도 있다. 하지만 본질이 변하지 않기 때문에 언제든지 합의 뭉치는 힘을 발휘할 수 있게 된다.

특히 지지는 지장간을 가지고 있는데 지강간에 따라서 그 힘의 균형이나 성향이 다르게 나타날 수 있다. 예를 들면 인(寅)은 무, 병, 갑이라는 지장간을 가지고 있는데 사주팔자의 여건에 따라서 무의 역할이 강해질 수 있고 병의 역할이 강해질 수 있고 갑의 역할이 강해질 수 있다. 지장간과 천간의 세력 여하에 따라서 힘의 균형이 다르게 나타날 수 있는 것이다. 그런데 방합이 되면 확실히 본질적인 기질의 힘이 뭉치게 되므로 본질의 힘이 더욱 강해지는 것이다. 인의 경우 그 본질이 갑목이므로 목의 성향이 강해지는 것이다. 이점에서 다른 합회와는 다른 점이다. 즉 합을 하여 화하는데 그 본질로 화하게 된다는 의미이다.

다른 유형의 합은 다른 성향으로 화한다는 점과 달리 방합은 원래의 본질로 합하여 화하기 때문에 변화는 없고 오로지 힘의 강화만 있는 것이다. 그렇기 때문에 다른 합보다 힘의 세기에서는 월등히 크다고 할 것이다.

방합은 3개의 글자로 이루어진다. 그런데 2개의 글자만 존재했을 경우 그 효과는 어떠한 가. 방합은 가족의 합이라 했기 때문에 3개의 글자가 존재해야만 된다. 2개의 글자로는 합을 이루지 못한다. 방향이나 계절의 합이 미완성이 되는 것이다. 의무의 합인데 어느 하나가 없다면 의무를 다하지 않는 것과 같다. 따라서 2개가 있을 경우에는 합이라 하지 않는다. 다만 본질적인 합이므로 2개가 있다고 하더라도 본질적인 세력은 커진다. 비록 합의 세력은 아닐지라도 그 세력이 커지는 것은 본질이 변하지

앉았기 때문이다.

　이 때 만약 2개의 글자 중에서 어느 하나가 토에 해당하는 글자라면 이는 결코 합이 되지 못한다. 토는 그 본질이 토이기 때문이다. 예를 들면 인묘진은 방합으로서 목국을 이룬다. 그런데 인과 진만 있다면 목국을 이루지 못한다. 이 때의 토는 토로서 작용을 하는 것이 토의 본질이기 때문이다. 토가 목의 역할을 하려면 목국을 이루어야 하므로 반드시 인묘진의 3개의 글자가 결합되어야 한다. 하지만 인과 묘는 좀 다르다. 인과 묘는 비록 방합을 이루지 못하였더라도 그 본질 자체가 목을 상징하므로 목국을 이룬 거와 다를 바 없는 위력을 갖게 된다.

(표 23) 방합의 구성

시	일	월	연	시	일	월	연
경(庚)	갑(甲)	계(癸)	임(壬)	임(壬)	병(丙)	병(丙)	정(丁)
(편관)	(일간)	(정인)	(편인)	(편관)	(일간)	(비견)	(겁재)
오(午)	진(辰)	묘(卯)	인(寅)	진(辰)	자(子)	오(午)	사(巳)
(상관)	(편재)	(겁재)	(비견)	(식신)	(정관)	(겁재)	(비견)

　위 사주를 살펴보면 첫 번째 사주는 갑목 일간이 지지에 인묘진 목국을 이루고 있다. 그래서 지지 목국은 갑목 일간을 더욱 강하게 만든다. 만약 인묘진, 목국을 이루지 않았다면, 예를 들어 일지 진이 다른 글자 였다면 그렇게 목국의 강한 힘을 받지는 못했을 것이다. 하지만 위 사주는 이미 일간 갑의 힘이 너무 강하다. 연간과 월간이 모두 갑목을 지원하고 있고 연지와 월지가 인, 묘로서 일간과 같은 오행을 이루고 있기 때문이다. 이런 경우 목국을 이루는 것은 오히려 사주의 균형을 깨뜨리는 것이므로 목국을 이루는 것이 좋지 않을 수 도 있다.

　두 번째 사주는 병화 일간이 연지와 월지에서 사, 오를 만났는데 사오는 모두 오행 화에 속하지만 사오미 화국을 이루지는 못한 상태이다. 하지만 사, 오가 모두 오행 화에 속하므로 화국을 이루는 거와 다를 바 없다. 그만큼 병화 일간의 세력은 지지의 사, 오와 천간의 병정이 있어 강하고 왕성하다. 이럴 경우 굳이 사오미 화국을 이루지 않더라도 화국과 다를 바 없이 화의 세력이 강한 것이다. 만약 사, 오 대신 미가 있다면 그 때는 미가 토의 작용을 하므로 화의 세력이 다소 약해지고 토의 세력이 강해진다. 그래서 사주 전체의 기운이 다르게 나타나게 된다. 글자 하나의 차이 임에도 그 결과는 크게 다른 결과를 가져오게 된다. 이것이 사주팔자의 매력이다.

　사주팔자는 어느 한 글자만을 분석해서는 안 된다. 여덟 글자 전체를 두고서 그 세력의 왕성함과 쇠약함을 분석하고 균형의 성립여부를 판단하여야 한다. 어느 한 쪽이 너무 왕한 것도 어느 한 쪽이 너무 약한 것도 결과적으로는 균형이 깨지는 것이므로 그에 따른 현상이 나타나는 것이다. 사주는 무엇보다도 균형이 우선이다.

3. 삼합(목적합)의 이해

 삼합은 지지의 3글자가 특정 목적을 가지고 합하는 경우를 말한다. 특정목적을 가지고 만났기 때문에 해당 목적을 위해서는 더욱 강한 결집력을 나타내는 것이 특징이다. 반대로 해당 목적과 반하면 해체되는 것도 쉽다. 이런 점에서 방합과의 차이가 있다. 방합은 합해도 본질이 변하지 않고 해체 돼도 본질이 변하지 않는데 반해 삼합은 합하면 목적달성을 위해 원래의 본질을 버리게 되고 해체되면 다시 본래의 본질로 되돌아온다. 그러니까 삼합의 합은 방합의 합보다 그 목적 달성을 위한 결집력이 강해진다고 할 것이다.

 삼합은 목적 달성을 위해서 만났다고 해서 회(會)라고도 표현한다. 회란 모였다는 의미이다. 의무적으로 모인 것이 아니라 목적을 위해 모인 것이다. 가족 간의 모임이 아니라 사회적인 모임, 동호인의 모임, 특정단체의 모임 등이 회인 것이다. 이런 모임을 사회적 모임이라 한다. 따라서 방합이 가족의 모임이라면 삼합은 사회적인 모임인 것이다.

 삼합은 오행의 변화와 관련이 있다. 목화토금수 오행의 생사왕쇠의 성쇠과정이 12지지의 운동과정에서 나타나는데 이러한 과정에서 같은 오행의 성왕쇠 과정으로 합을 이루는 것을 말한다.

 예를 들면 목은 인묘진, 즉 동방 목국을 이룰 때 가장 강한 힘을 발휘한다. 이 때가 가장 왕성한 시기이다. 그런데 목은 처음에 해수에서 태어나기 시작한다. 해수는 겨울목이라 하여 수중지목(水中之木)이다. 반은 목이고 반은 수이다. 겉은 수이나 속은 목을 지니고 있고 목이 외면의 세계로 표출되기 위해 내장된 상태이다. 즉 목이 가장 응집되어 있는 상태이다.

 그리고 목은 인묘진에 이르러 가장 왕성해진다. 특히 묘에 이르면 목이 최고조에 이른다. 묘는 겉으로도 목이요 속으로도 목이다. 지장간에도 갑, 을이 포진 되어 있다. 목의 기운으로 가득 차 있는 것이다. 목은 사오미에 이르면 그 기운이 소진하게 된다. 특히 미에 이르면 목의 기운은 소멸하게 된다. 그리고 신유술에 이르면 목은 그 기운이 거의 찾아볼 수 없을 정도로 소멸하게 된다. 그리고 다시 해에서 목 기운이 시작된다. 이렇게 오행의 생사왕쇠의 과정에서 목 기운이 생기고(생), 왕성하고(왕) 소멸(묘)하는 과정에서 이 세 가지 기운이 만나서 목으로서의 합을 이루는 것을 목의 삼합이라 한다. 즉 삼합은 오행의 생, 왕, 묘의 자리가 모인 것을 말한다.

 화의 경우, 화가 시작되는 시점은 인(寅)이다. 인은 인묘진의 출발점으로서 봄의 출발이고 목의 출발점이다. 그러나 인은 인신사화로서 내면에는 화를 품고 있는 목이다. 즉 겉은 목이지만 속은 화인 것이다. 따라서 화는 이미 인에서 시작이 된다. 그리고 사오미에 이르러 가장 왕성해지며 특히 오에서 최고 절정을 이룬다. 오는 남방의 중심지이며 화국의 중심지이고 오행 화가 가장 왕성한 기운인 것이다. 술에 이르면 오행 화는 그 기운이 소멸하고 사라지게 된다. 그래서 화의 기운이 시작되는 인부터 화의 기운이 끝나는 술까지가 화의 생사왕쇠의 과정이다. 화의 삼합은 화가 출발하는 인(생)과 화가 가장 왕성한 오(왕), 그리고 화가 마지막으로 소멸하는 술(묘)이 모여서 인오술 삼합을 이룬다. 즉 인오술은 화의 삼합이다.

오행 금은 지지 사에서 생하여 유에서 가장 왕하고 축에서 소멸하니 사유축이 삼합이다. 사는 겉은 화이나 이미 금을 내부에 품고 있어 금을 생하는 역할을 하니 이미 여름부터 가을의 기운이 싹트고 있는 것이다. 이것은 일종의 금화교역(金火交易)으로서 금과 화의 역할이 바뀐 것을 말한다. 그리고 유는 금의 기운이 가장 왕성한 기운이다. 그리고 축은 금을 소멸시키는 역할을 하는데 축이 지나면 금은 완전히 잠식된다. 그래서 인묘진의 기간 동안은 금은 거의 그 형체를 찾아볼 수 없는 것이다.

수는 신에서 생한다. 신은 사실 겉은 금이나 속은 이미 수를 품고 있는 반은 금이고 반은 수인 것이다. 신에서 생을 한 수는 자에서 최고의 왕기에 도달하고 진에서 그 기운이 소멸한다. 그래서 신부터 진까지가 수의 활동영역인 것이다. 이 활동영역에서 생, 왕, 묘의 삼자가 모여 삼합을 이루는 것이다. 그러나 신자진 삼합은 바로 수의 기능이 가장 활발한 합인 것이다. 즉 신자진은 수의 기운을 대변하며 수의 기운을 크게 강하게 표출한 것이다.

여기서 토의 기운이 빠져 있음은 토의 자생력과 화와의 관계 때문이다. 즉 토는 스스로 활동할 수 있는 오행이 아니다. 자화작용을 하는 것이 아니고 다른 오행을 조정하는 역할을 한다. 그 중에서 토는 화의 작용에 의해 토의 기능이 표출된다. 때문에 토의 기운의 왕쇠는 화의 기운의 왕쇠와 같다. 천간의 무토와 기토는 그 위치가 화의 최고점에 있다. 때문에 무토와 기토는 비록 토이지만 화와 같은 기운을 가지고 있는 것이다. 이것을 화토동법(火土同法)이라 한다. 즉 화토동법에 의해 토의 운기의 흐름은 화의 운기의 흐름과 같다. 그래서 토의 삼합은 화의 삼합인 인오술과 같다.

(표 24) 삼합의 구성

	목(木)	화(火)	토(土)	금(金)	수(水)
생(生)	해(亥)	인(寅)	인(寅)	사(巳)	신(申)
왕(旺)	묘(卯)	오(午)	오(午)	유(酉)	자(子)
묘(墓)	미(未)	술(戌)	술(戌)	축(丑)	진(辰)
삼합	해묘미	인오술	인오술	사유축	신자진

4. 삼합의 효과

삼합은 목적의 합이다. 특정목적을 위한 모임이니 그 패기가 강하고 역동적이다. 삼합에 모인 글자들은 목적 달성을 위해 원래의 본질을 버리고 단합을 한다. 그만큼 합의 효력이 크다고 할 것이다. 합이 되면 일단 본래의 기능이 상실되거나 묶이게 된다는 점에서 사주팔자의 변화가 크다고 할 것이다. 예를 들면 해수를 중요하게 쓰는 팔자라면 해수가 변질되어서는 안 된다. 그런데 삼합이 되면서 해수가 목으로 변하게 됨으로서 중요한 해수가 사라지게 된다. 이 경우에는 삼합의 결과가 좋지 않는 것으로 나타난다.

반대로 해수가 좋지 않는 역할을 하고 있었다면 해수가 삼합으로 묶이어 오히려 전화위복이 되기도 한다. 따라서 반드시 합이 좋고 나쁘다는 의미가 아니며 합에 의해 다양한 변화가 나타난다는 의미이니 이 변화를 정밀히 관찰하여 그 변화에 따른 사주팔자의 빈부귀천과 희로애락을 판단하여야 하는 것이다.

모든 합이 다 그렇지만 삼합의 변화는 더욱 심하다. 사생결단을 하고 하나의 기운으로 합하는 경우이기 때문이다. 삼합이 되면 해당 기운으로 급격히 전환하여 그 기운으로 가득 채우는데 합이 되는 글자들은 합이 되기 전에 가진 기운을 일단 버리고 합하는 것이므로 올인 하였다고 할 것이다.

만약 삼합 중 2글자만 있다면 그 세력은 다소 떨어지지만 그래도 합의 효력이 나타난다. 특히 왕지를 끼고 있는 삼합은 거의 삼합의 효과를 그대로 나타낸다. 예를 들면 해묘미 중에서 해와 묘 또는 묘와 미만 있는 경우에도 왕지에 해당하는 묘가 있어서 삼합의 효과를 그대로 나타낸다는 의미이다. 이런 경우를 반합(半合)이라고 한다. 반합이 되면 삼합과 똑같은 효과가 나타난다. 삼합과 거의 동일시하게 취급하는 것이다.

문제는 왕지가 없을 때의 효과이다. 예를 들면 해와 미만 있을 때 이를 삼합으로 인정할 것이냐는 것이다. 대체적으로 삼합으로 기능을 하고자 하는 의지는 있지만 그럴 능력이 부족하다고 평가한다. 즉 모양은 삼합을 이루려고 하였으나 실제로 그 기능을 발휘하기에는 미약하다는 것이다. 이 경우 빠진 왕지와 거의 같은 기능을 하는 글자가 존재한다면 삼합의 효과를 낸다고 할 수 있다.

예들 들면 인오술 삼합에서 오가 빠졌는데 오와 같은 기능을 하는 병, 정화가 천간에 있는 경우이다. 이에는 두 가지 의견이 있다. 하나는 삼합으로 인정하는 것이고 다른 하나는 인정하지 않는 것이다. 사실은 인정하지 않는 것인데 천간에 병, 정화가 있으면 이미 화의 기운이 왕성하므로 오가 없더라도 이미 화의 기운에 의해 삼합의 효과를 갖게 된다는 것이다.

그러나 실제로 삼합은 세 글자가 모여야 함으로 생지, 왕지, 묘지가 모여 삼합을 이루는 것이다.

(표 25) 삼합의 해석

시	일	월	연	시	일	월	연
신(辛)	갑(甲)	을(乙)	계(癸)	임(壬)	병(丙)	경(庚)	임(壬)
(정관)	(일간)	(겁재)	(정인)	(편관)	(일간)	(편재)	(편관)
미(未)	오(午)	묘(卯)	해(亥)	진(辰)	오(午)	술(戌)	인(寅)
(정재)	(상관)	(겁재)	(편인)	(식신)	(겁재)	(식신)	(편인)

위의 사주를 보면 첫 번째는 갑일간이 주변의 글자들에 의해 상당히 왕한 상태이다. 같은 목의 기질을 가진 을목이 옆에 있고 그 을목과 같은 묘목이 있으며 목을 생하는 계수와 해수가 연주에서 지원하고 있으니 목이 강하고 왕한 사주이다. 시주에 있는 신금과 미토는 갑과 대립관계에 있어서 강하고 왕성한 갑의 횡포를 제어하는 중요한 역할을 한다. 그런데 연지 해와 월지 묘 등이 시지 미와 합히여 목국을 이루니 미토는 이미 토의 기능을 상실하고 목으로서 활동하고 있으며 해 또한 수보다는 목으로서의 역할을 더욱 강조하고 있으니 일지 오와 시간 신금을 제외하고는 모두 목인 것이다. 삼합국이 되면서 목의 기운이 너무 강해짐으로서 오히려 역효과가 나는 형국이다. 삼합으로 인하여 사주팔자의 모양이 퇴색되거나 오염된 상태가 된 것이다.

두 번째 사주는 병일간이 주변의 글자들로부터 강한 견제를 받고 있는 형국이다. 도와줄 수 있는 글자는 연지에 있는 인과 일지에 있는 오인데 연지의 인은 너무 거리가 멀어 무정하니 병일간의 세력은 왕 하다고 할 수 없다. 그런데 연지 인목과 월지 술토, 그리고 일지 오화가 삼합이 되어 모두 화로서 역할을 하니 지지가 온통 병화를 돕는 화가 된 것이다. 그래서 화가 강해져서 일간 병화가 왕성해지고 강해진 형국이다. 이 경우에는 당초 병화가 약한 상태인데 강해져 그 균형을 찾을 수 있는 것이니 삼합이 오히려 좋은 결과가 되어 전화위복이 된 것이다. 이 경우 삼합은 좋은 결과를 가져온 것이다.

이렇듯 삼합은 합의 목적이 분명하여 모이면 그 힘의 세력이 훨씬 커지는 것이며 만약 흩어지면 미련 없이 본래의 기질로 되돌아가기 때문에 그 임팩트가 짧고 굵은 것이라 할 것이다. 따라서 삼합이 되는 글자들의 변화를 예의 주시하여 신중히 분석하는 것이 사주팔자 분석의 핵심인 것이다.

5. 삼합의 변화

명체, 즉 사주원국에서 합이 있다는 것은 그 사주의 일간이 합에 의해 변화한다는 의미이다. 합이 없으면 변화가 없지만 합이 있으면 합에 해당하는 오행이나 육친의 변화를 겪게 된다. 따라서 합이 없으면 삶 자체가 큰 변화를 겪지 않지만 합이 있다면 변화가 많은 삶을 겪게 되는 것이다.

역동적인 삶이 좋을 수도 있고 그 반대일 수도 있다. 안정적인 삶을 더 소망할 수도 있고 그 반대일 수도 있다. 문제는 그것을 선택할 수 없다는 것이다. 역동적으로 살게 되어 있는 팔자는 역동적으로 살게 되고 그 반대인 경우는 역시 그 반대로 살게 된다는 것이다. 결과적으로 사주 원국에 합이 있고 없고의 차이인 것이다.

합이 있어 변한다면 일단 음양이 변할 것이고 오행이 변할 것이다. 음이 양이 되기도 하고 음이 되기도 한다. 그렇다면 정반대의 경우가 되므로 그 변화의 폭은 엄청 큰 것이다. 오행이 변한다면 목이 금이 될 수도 있고 화가 수로 변할 수도 있다. 만약 화가 있어 행복했는데 이것이 수로 변한다면 행복이 불행으로 바뀌게 된다. 물론 그 반대일 수도 있다. 그래서 마냥 합이 좋다, 나쁘다고 판단하는 것은 어리석은 일이다. 합이 된 이후의 역할이 무엇인지에 따라 좋고 나쁨을 구분하여야 한다.

합이 되어 십성·육친이 바뀌는 것도 마찬가지이다. 합이 되어 식상이 관성이 되고 관성이 비겁이 될 수 있다. 이 또한 합이 되기 전과 합이 된 후의 변화를 관찰하여 그 변화가 가져다주는 결과를 중시하여야 한다.

합이 있어 변한다고 본래의 기능이 사라지는 것이 아니다. 합이 되어 다른 오행으로 변했다면 변한 오행으로 기능과 역할을 하게 되지만 그렇다고 원래의 기능이 완벽하게 바뀌거나 사라지지는 않는다. 가족의 일원으로서 다른 사람과 사랑에 빠졌다고 가족의 일원에서 완전히 사라지는 것이 아닌 것과 같다. 때문에 합이 되어도 원래의 기능과 역할은 가지고 있다고 할 것이다. 다만 그 기능이 미약해지거나 일시적으로 잊고 산다는 것이다.

그래서 합이 있으면 원래의 기능도 하고 합의 기능도 하게 되니까 변동적이고 역동적이라 하는 것이다. 합은 화학적 합이 아니라 물리적인 합이라는 이유가 바로 이것 때문이다.

사주원국에 합이 없어도 대운과 세운, 즉 행운에서 합이 오는 경우가 있다. 이것은 누구나 겪는 사실이다. 그래서 대운과 세운에 의해 사주원국이 역동적으로 바뀌는 경우가 대부분이다. 사주원국보다도 행운이 더 중요하다는 이유가 바로 이것이다. 사주원국이 너무 좋지 않는 구조라면 대운과 행운에서 그 구조가 바뀌게 되기 때문이다.

만약 사주원국에 합이 있는데 행운에서 또 합을 만날 수도 있고 그 합을 깨뜨릴 수도 있다. 합이 없을 때는 합이 되어 사주원국을 갑자기 역동적으로 바꿀 수도 있다. 대운과 세운 등의 변화를 놓치지 말아야할 이유이다. 다만 사주원국은 평생의 모습이고 대운, 세운은 그 기간 동안의 모습이므로 대운, 세운에서 합의 기간이 지나면 다시 사주원국의 모습으로 되돌아오기 때문에 근본적인 원국의 모습도 중요하다고 할 것이다.

(표 26) 삼합의 변화

시	일	월	연	시	일	월	연
신(辛)	갑(甲)	을(乙)	계(癸)	임(壬)	병(丙)	경(庚)	임(壬)
(정관)	(일간)	(겁재)	(정인)	(편관)	(일간)	(편재)	(편관)
미(未)	오(午)	묘(卯)	해(亥)	진(辰)	오(午)	술(戌)	인(寅)
(정재)	(상관)	(겁재)	(편인)	(식신)	(겁재)	(식신)	(편인)

위의 사주는 (표 26)에서 설명했던 사주이다. 다시 풀어보면 첫 번째 사주는 갑일간이 해묘미 삼합 목국을 만나서 극왕해지는 사주이다. 합이 되기 이전에는 해는 오행 수이고 묘는 오행 목이며 미는 오행 토이다. 해는 갑 일간을 생해주는 후원자였고 묘는 갑과 같은 동료나 형제, 남매였으므로 갑 일간에게는 모두 같은 부류에 속해 있었다. 그래서 합이 되어도 그 본질이 크게 변하지는 않았다. 그러나 미는 갑일간이 극

하는 갑의 부하직원이거나 재성이므로 부인이었을 것이다. 그러나 합이 되어 갑일간과 같은 오행으로 변하므로 형제, 남매, 동료 등으로 변해버렸다. 때문에 미는 합이 되어 가장 많이 변한 경우에 해당한다.

위 사주에서 시간에 있는 신금의 역할은 대단히 크다. 갑일간의 무자비한 권력을 제어할 수 있는 것이 시간에 있는 신금이기 때문이다. 그런 신금을 유일하게 지원하는 것이 시지의 미토이다. 그래서 미의 역할은 신금보다도 더 대단한 것이다. 신금입장에서는 유일하게 기댈 곳이기 때문이다. 그런 미토가 합이 되어 변해버렸으니 신금의 배신감은 엄청나다고 할 것이다. 특히 신금은 그 뿌리를 잃었으니 힘을 잃었거니 흔들릴 수밖에 없다. 오히려 일지에 있는 오화가 약해진 신금을 괴롭히는 형국이니 신금으로서는 미토의 변질이 너무나 큰 상처인 것이다. 이렇게 합이 되어 오히려 그 결과가 아주 안 좋은 형태로 변하게 된 사주이다.

두 번째 사주는 병일간이 일지의 오화와 연지의 인목의 도움을 받고 있는 사주이다. 오화의 도움은 확실하게 힘이 있으나 연지 인목의 지원은 주변의 경금과 술토의 견제 때문에 별로 도움이 되지 않는 무정한 사주이다. 그런데 인오술이 삼합하여 화로 변했으니 일간 병화의 입장에서는 천군만마를 얻은 듯 너무나 반갑기만 하다. 특히 월지에 있는 술토는 병화 일간의 힘을 빼는 역할을 하다가 삼합이 되어 오히려 지원해주는 역할로 바뀌었다. 인목은 원래 병 일간을 생해주는 역할을 하지만 술토가 길목을 가로막고 있어서 그 역할을 다하지 못했는데 술토가 인목가 합을 하면서 길을 터 주어 결국 인목의 역할이 가능해 졌다. 그래서 술토의 변질은 병화의 입장에서는 너무나 반가운 것이다.

6. 삼합에서의 토의 역할

여기서 주목할 것은 변화를 주도하는 것은 바로 토(土)라는 점이다. 다른 글자는 그 역할이 크게 다르지 않는데 토는 확실하게 변한다는 것을 알 수 있다. 그래서 사주를 관찰할 때 토의 변화를 예의 주시하여야 한다. 확실히 토가 존재하면 변화가 많고 토가 행운에서 오면 그동안의 삶이 변하는 것을 알 수 있다. 토는 사주풀이에서 대단히 중요한 것이다.

토는 천간의 무토, 기토가 있고 지지에서는 진토, 술토, 축토, 미토가 있다. 천간은 순수하여 그 변화가 크지 않다. 무는 양의 최고점을 상징한다. 양이 가장 무성한 시기이다. 위치는 양중의 양이지만 역할을 팽창하기만 하려는 양을 잡아서 양의 팽창성을 제어하는 역할을 한다. 무토가 없다면 아마도 양의 팽창성은 그 끝이 무한정일 것이다. 따라서 무토의 역할은 양을 잡아 안정시키고 추후 음으로 변하게 하는 역할이다. 그래서 무토의 역할은 변화를 주도하는 역할을 한다. 기토는 그 위치가 양의 끝에 있으면서 음의 출발점에 있다. 음으로 인정하지만 사실은 양의 성질이 많이 있다. 양에서 음으로 변화는 출발점이 기토이다. 무토는 계수와 합하여 화로 변하고 기토는 갑목과 합하여 토로 변한다. 무계합화, 갑기합토의 변화가 그것이다. 그 외에는 다른 변화가 없다. 천간이 대부분 그렇다. 그래서 천간은 사실 순수성에 가깝다고 하는 것이다.

그러나 지지는 다르다. 진토는 인묘진의 목국을 이루며 동방과 계절적으로 봄에 속한다. 봄에 있으면서 여름으로 변화는 출발점이기도 한다. 비록 토지만 목의 역할과 화의 역할도 한다. 또한 진토는 신자진 수국에 속한다. 겨울의 수를 수렴하여 모은 상태이다. 오행 수의 저장고, 즉 창고의 역할을 한다. 따라서 진토는 수로서도 그 역할을 한다. 본질은 토이지만 목이면서 수가되고 때로는 화를 생하는 역할을 하는 것이다. 봄의 끝자리와 여름의 시작자리이며 목의 끝자리와 화의 시작점이며 수의 끝자리이자 금의 시작점이기도 하는 것이다.

특히 봄에서 여름으로 가는 길목에서 계절적 변화를 조정하는 역할을 한다. 절벽처럼 급격한 계절의 변화를 진토가 조정하다보니 절벽으로 느끼지 않게 된다. 진토의 그런 역할 때문에 진월(辰月)에는 날씨의 변화가 많고 꽃샘추위가 기승을 부리게 되는 것이다. 특히 진토는 용을 상징하므로 변화를 주도한다. 진토가 사주에 있으면 다른 글자보다 변화의 폭이 큰 이유이다.

미토는 여름의 토이다. 여름의 끝이자 가을의 시작을 알린다. 계절의 변화를 가져온다. 아마도 한 여름의 장마철이 미토일 것이다. 본질은 토이지만 화로서 역할을 많이 한다. 그리고 목의 저장고이기도 하다. 따라서 본질은 토이지만 목의 창고로서 역할을 하고 화로서도 활동한다. 수는 찾아볼 수 없을 정도로 온통 말라 있다. 그리고 금의 출발점이기도 한다. 대부분의 토가 그렇듯이 종착점이면서 출발점이다. 그래서 변화가 많은 것이다.

술토는 가을의 끝이며 겨울의 시작점이다. 가을과 겨울의 중간에서 두 계절의 변화를 조정한다. 계절의 변화가 무서워 때로는 무서운 태풍이 불기도 한다. 술토는 본질은 토이지만 금의 역할을 한다. 금의 마지막이면서 수의 시작점이기도 한다. 술토가 있어서 가을에서 겨울로, 계절의 변화가 이루어질 수 있다. 만약 술토가 없다면 한없이 가을이 팽창하고 확산되었을 것이다. 그러면 인류는 지금의 모습이 아닐 것이다. 술토는 화의 저장고이기도 한다. 즉 화를 저장하였다가 다시 화가 활기를 띨 수 있도록 수렴하는 역할을 한다. 때문에 술토는 토이기도 하고 화이기도 하고 금이기도 하고 수의 시작점이기도 하는 것이다.

축토는 겨울의 끝이고 봄의 시작이다. 겨울과 봄을 잇는 매개체이며 조정의 역할을 한다. 양력1월, 음력 12월에 해당하며 가장 추울 때이다. 추위가 가장 깊으면 더위가 잉태되는 순간이기도 하기 때문에 겨울과 봄의 길목에 있는 것이다. 그래서 수의 끝이지만 목의 시작점이기도 하다. 오행으로는 토에 해당하지만 계절적으로는 수에 해당하며 삼합으로는 금에 해당한다. 축은 꽁꽁 얼어있는 얼음덩어리의 형상이며 차갑고 예리하고 습기 가득한 토이다. 이렇듯 토는 다양한 역할을 하며 가장 대표적인 역할은 조정의 역할이다. 그래서 토는 변화와 조정이라는 키워드를 가지고 있다.

(표 27) 토의 변화

지지	본질오행	계절	계절오행	삼합오행	순서	지장간
진(辰)	토(土)	봄	목(木)	수(水)	목생화	을(목), 계(수), 무(토)
미(未)	토(土)	여름	화(火)	목(木)	화생금	정(화), 을(목), 기(토)
술(戌)	토(土)	가을	금(金)	화(火)	금생수	신(금), 정(화), 무(토)
축(丑)	토(土)	겨울	수(水)	금(金)	수생목	계(수), 신(금), 기(토)

진술축미 4개의 토는 지구의 지축(地軸) 및 천문(天門)과도 관련이 있다. 축과 미는 지축의 라인에 있는 토이고 진과 술은 천문의 라인에 있는 토이다. 천문은 지구가 하늘과 통하는 문이라 해서 천문이라 하며 하늘의 모든 기운을 받아들이는 통로라고도 한다. 때문에 천문라인인 진토와 술토는 하늘과 직결되는 길이기에 신비스러움이 더해진다. 축미는 지구의 자전 중심축인 지축라인에 있다. 지구의 중심에 있는 것이다. 그래서 축미라인은 토로서 역할이 다른 토에 비해 더 확실한 것이다. 특히 미토는 더욱 그렇다. 가장 토다운 토가 미토인 것이다.

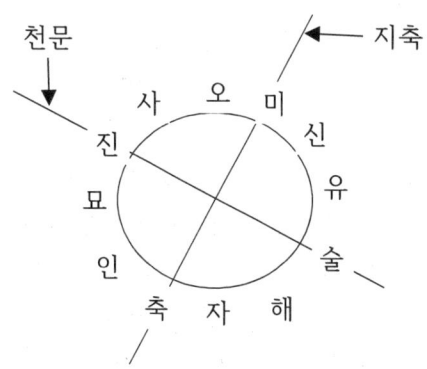

7. 삼합의 음양

오행을 음양으로 구분하면 목, 화는 양이고 금, 수는 음이다. 그리고 토는 중앙에서 중립을 유지한다. 만약 합이 되어 오행이 바뀌면 음양도 바뀌게 된다. 천간합을 기준으로 설명하면 갑기합토는 갑목이 토가 되어 중립이 되어 목의 성향이 사라진다. 을경합금은 을목이 금으로 변하니 양이 음으로 바뀐 상황이다. 병신합수는 병화가 수로 바뀌니 양이 음이 되는 경우이고 신금이 수가 되니 음이 음이 되는 경우이다. 정임합목은 정화가 목으로 바뀌어 양이 양이 되고 임수가 목으로 바뀌어 음이 양으로 바뀐 형국이다. 무계합화는 무토가 화가 되어 양이 되고 계수가 화가 되어 음이 양으로 바뀐 것이다.

육합, 즉 지지합도 마찬가지이다. 자축합토는 자수와 축토가 합하여 토가 된 형국이며 인해합은 인목과 해수가 합이 되어 목이 되니 해수는 음에서 양이 된 것이다. 묘술합화는 묘목과 술토가 합이 되어 화가 된 것이니 묘는 양에서 양으로 술은 토에서 양으로 바뀐 것이다. 진유합금은 진토와 유금이 합히여 금이 되니 음이 음으로 된 것이다. 사신합수는 사화와 신금이 합하여 수로 변하니 사화는 양에서 음이 되고 신금은 음에서 음이 된 것이다. 오미합화는 화가 화로 화하니 양이 양이 된 것이다.

방합의 경우에는 변함이 없다. 그래서 방합은 그 성향이 너무 뚜렷한 것이다. 인묘진은 목이고 봄이며, 사오미는 화이고 여름이다. 신유술은 금이고 가을이며 해자축은 겨울이고 수이다. 지지의 오행이 변함이 없고 다만 토의 변함만 있을 뿐이다. 그래서 토는 변화를 상징한다고 한 것이다.

그러나 삼합은 지지의 오행이 변한다. 목국을 이루는 해묘미합목은 지지 해, 묘, 미가 합하여 목이 되므로 모두 양이 된다. 해수가 목으로 변하고, 미토가 목으로 변하여 모두 양이 된 것이다. 특히 미토는 화의 토이므로 화의 토가 목이 된 것이다. 인오술합화는 화국을 이루니 모두 양이 된 것이다. 인목이 화가 되니 양이 양이 된 것이고 오화가 화가 된 것이니 양이 양이 된 것으로 크게 변하지는 않지만 술은 토에서 화가 된 것이니 양으로 변한 것이다. 특히 술은 금의 토인데 화가 된 것이니 음이 양이 된 것이다. 사유축합금은 금국을 이루니 모두 음이 된 것이다. 사화는 양에서 음으로 유금은 음에서 음으로 축토는 수국에 해당하니 음에서 음이 된 것이다. 신자진합수는 수국을 이루니 음이 된 것이다. 신금은 음에서 음으로 자수는 음에서 음으로 그리고 진토는 양에서 음으로 변한 경우이다.

이상을 정리하면 크게 본질이 바뀌는 것은 바로 토이다. 토는 본질이 조정의 역할이므로 그 역할을 수행하기 위해서는 어쩔 수 없이 본질을 훼손하게 된다. 그래서 다른 오행과 결합을 주도하고 변화를 주도하는 것이다. 그러한 역할이 없거나 임무를 완수했을 때는 다시 토로 환원한다. 토의 역할이 절대적으로 중요한 이유이다.

제3장

형·충·파·해
(刑·沖·破·害)

제1절 형

1. 형의 개념

형(刑)이란 형벌(刑罰), 법(法), 꼴, 모양, 국그릇, 형벌하다(刑罰--), 벌하다(罰--), 제어하다(制御·制馭--), 모범(模範)이 되다, 준거(準據)하여 따르다, 본받다, 다스리다, 되다, 이루어지다, 죽이다, 살해하다(殺害--) 등의 의미를 가지고 있다. 鉶(형)과 통자(通字). 체형(體刑)을 가하다의 뜻을 나타내는 선칼도방(刂(=刀)☞칼, 베다, 자르다)部와 음(音)을 나타내는 동시에 규칙의 뜻을 가진 幵(견→형)으로 이루어졌다. 체형(體刑)을 가하여 규칙에 복종(服從)시킨다는 뜻이다.

정리하면 벌을 받거나 체형을 가한다는 의미로서 좋지 않다. 사건, 사고가 일어난다. 육체적, 정신적으로 얽매이거나 제어 당한다는 의미이다. 형은 사회질서나 규범을 유지하기 위해 어느 정도의 희생을 감수하더라도 잘못된 것을 도려내거나 수술하는 것과 같은 것이다. 이런 의미에서 형을 형살(刑殺)이라고 부른다.

형은 12지지 12글자 사이에서 나타나는 형상이다. 글자와 글자 사이에는 서로 좋은 관계에 있는 글자도 있는 가하면 그렇지 않는 글자도 있다. 특히 만나면 뭔가 사건, 사고가 일어나는 글자도 있다. 형은 글자와 글자가 만나 사건, 사고가 일어난다는 의미이다. 특히 형은 그 효과가 크게 나타나기 때문에 지지에서 발생하는 여러 가지 변화 중에서 사주팔자의 변화에 미치는 영향력이 강력하다고 할 것이다.

주로 대인관계의 불협화음과 생각지도 않는 사건, 사고를 일으키는 흉살이다. 사주팔자 원국, 즉 본체에서 드러난 형을 비롯해서 행운에서 형을 만나도 관재구설, 신체장애, 부부불화, 고집불통, 안하무인 등의 강한 기운이 발생하여 내외적으로 마찰과 흉살이 발생한다.

형은 방합과 삼합의 관계에서 발생한다. 방합은 의무합이어서 합한 이후에도 본질이 크게 변하지 않는다. 예를 들면 인묘진은 목국인데 인과 묘도 목에 해당하므로 오행 목이 방합이 되어 목국을 이루니 목의 기운이 더욱 강해진다. 그럼에도 인과 묘의 본질인 목의 성질이 변화지 않는 것이다. 사오미 화 방합도 마찬가지이다. 사와 오는 본질이 화인데 사오미 방국이 되면서 화의 기운이 더욱 강렬해진다. 그렇게 합을 했음에도 사, 오는 그 본질이 변하지 않고 오히려 더욱 강렬해진다. 신유술 금 방합도 해자축 수 방합도 마찬가지이다. 결과적으로 방합은 본질이 변하지 않고 오히려 그 본질의 기운이 더욱 강렬해지는 특징이 있다.

이의 방합에 목적합인 삼합이 나타났다고 가정해보자. 그러면 방합과 삼합의 관계는 어떻게 될 까. 세 가지로 추정해 볼 수 있다. 첫째는 반길 것이다. 둘째는 크게 반발하거나 거부할 것이다. 셋째는 무덤덤할 것이다. 그런데 합끼리 만남이므로 무덤덤할 수는 없다. 서로 강력한 세력이 만난 것인데 무덤덤하다는 것은 불가능하다. 최소한 긴장감이라도 돌게 된다. 그래서 세 번째 가정은 제외하고 반기든지 아니면 한판

붙든지 할 것이다. 그런데 둘 다 합으로서 강한 세력을 형성하고 있는데 아무리 우군(友軍)이라도 반갑다기보다는 귀찮다는 생각이 먼저 들 것이다. 그래서 합에 합이 오면 서로 반기기보다는 견제하고 반발하는 등 긴장감이 먼저 들 것이다. 만약 방합에 삼합이 와서 누가 더 강한 지 한 판 붙는다면 그 결과가 어떻게 될 까. 승패를 떠나서 둘 다 상처뿐인 영광이 될 것이다. 결과가 둘 다 좋지 않게 된다는 것은 뻔한 이치이다. 이것이 바로 형이다. 물론 삼합에 방합이 와도 마찬가지이다.

(표 28) 형의 구조

삼합	신 자 진	인 오 술	사 유 축	해 묘 미
형의 발생	⇅ ⇅ ⇅	⇅ ⇅ ⇅	⇅ ⇅ ⇅	⇅ ⇅ ⇅
방합	인 묘 진	사 오 미	신 유 술	해 자 축

(표 28)을 보면 인묘진 목 방합국에 신자진 수 삼합국이 나타나서 목 방합을 자극한다. 비록 수 삼합국이 목 방합국을 생하는 역할을 하지만 목 방합국 자체가 기본적으로 강력한 세력을 이루고 있었기 때문에 수 삼합의 생은 좋다기보다는 오히려 부담이 된다. 그래서 아무리 수 삼합국이 도와준다고 해도 목 방합은 좀 세게 반발할 것이고 이의 과정에서 신과 인, 자와 묘, 진과 진의 형이 발생하는 것이다.

사오미 화 방합국에 인오술 화 삼합이 오면 당연히 사오미 화 방국은 화의 기운이 더욱 강화되어 서로 세력 다툼이 일어날 것이고 화 방국의 반발이 예상된다. 그래서 인과 사, 오와 오, 술과 미가 형이 형성된다. 또한 신유술 금 방국도 사유축 금 삼합국이 오면 사와 신, 유와 유, 축과 술이 형을 이루게 된다.

그런데 해자축 수 방국에 해묘미 목 삼합국이 오면 해자축 방국의 기운을 설기하려고 덤비는 형국이다. 수 방국의 반발은 더욱 커진다. 삼합에 세력을 뺏길 수가 없기 때문이다. 그래서 해와 해, 묘와 자, 미와 축의 형관계가 이루어지게 된다.

이렇듯 형은 기존의 세력에 추가로 세력이 더해져서 그 세력이 더욱 강해짐으로서 발생하는 형(수삼합→목방국, 수방국→목삼합)과 같은 세력이 만나서 서로 내가 더 세다고 세력다툼을 하면서 발생하는 형(화삼합⇄화방국, 금삼합⇄금방국), 그리고 기존의 세력의 힘을 설기하겠다고 덤비는 세력에게 강력하게 반대하면서 발생하는 형(목삼합→수방국, 목방국→수삼합)이 이루어지게 된다.

2. 형의 작용과 유형

형은 충돌하여 깨뜨리고 무시해 버린다는 의미가 있다. 사주에 있으면 그 사주의 본질이 그렇다는 의미이고 대운, 행운에서 오면 그 시기에 그렇다는 의미이다. 특히 사주에서보다는 행운에서 올 때 질병이나 사고, 수술, 소송, 형액을 많이 당하게 된다.

형살이 있으면 성격이 냉정하고 잔인성이 있으며 예의를 모르고 자기주장이 매우 강하여 타인의 말을 듣지 않고 독선적인 행동을 잘한다. 또한 오만 무례하고 언행이 거칠며 이익이 되는 일이라면 부모, 형제, 친구, 은인이라도 배반을 한다. 그러나 끈기 있고 의지가 굳고 강하여 추진하는 일은 결과를 보아야 한다.

비겁이 형살이면 형제자매의 관계가 불편해지거나 친구관계가 배신의 관계가 되며 식상이 형살이면 건강이 악화되거나 직업적 변동이 생길 수 있고 처가와의 갈등이 생길 수 있다. 여자의 경우 산액이나 자식과의 갈등이 조장된다. 재성이 형살이면 사업이 부진하거나 부부불화, 부친과의 불화, 손재수 등이 따른다. 관성이 형살이면 직업적으로 관련된 직업이 적합하다, 인성이 형살이면 모친이 쇠약하거나 문서와의 인연이 박하다. 주로 법률, 의료, 기술과 관련된 공부나 자격을 취득하게 된다.

사주 내에 형살이 있어서 오히려 좋은 역할을 하면 경찰, 교도관, 변호사, 검사, 의사, 약사, 군인 등의 직업에서 많이 볼 수 있는데 스스로 형살을 사용해 권력을 갖게 되므로 직업적으로 성공한 경우가 많지만 좋지 않는 역할을 할 때는 그 반대의 직업에서 활동하게 된다. 형살이 비록 흉살이라고만 알려져 있으나 사주의 환경에 따라서는 좋게 작용할 때도 있으니 잘 살피어 해석하여야 한다.

성격적인 면에서는 명체가 강하고 긍정적이면 의지와 소신이 강하고 과묵하며 자존심이 강하다. 의리와 인정도 많아 희생정신이 있다. 그러나 명체가 그 반대이면 무정하거나 냉정하고 비정하거나 잔인하며 배신하거나 은혜를 저버리는 경우가 많고 파괴적, 공격적이면서 거칠고 위협적이다.

가정적으로는 형제, 친인척 사이에 무정하고 부부불화가 잦거나 이별수가 많다. 사회적으로는 배신이나 모략, 범법으로 인한 구속 등의 관재구설이 따르고 신체적으로는 찢고 째는 수술이나 불구의 염려가 있고 여자는 산고나 산후고생이 심하다.

직업적으로는 미용, 이발, 패션, 포목, 석공, 보일러공, 카센타, 석유, 정육, 도축, 수산업, 창고업, 목욕, 숙박, 관광, 오락사업, 약사, 의사, 경찰, 수사기관, 검사, 판사, 등 법조계 및 언론인, 감사, 군인, 별정직, 권력기관 등과 인연이 있다.

형은 삼형, 상형, 자형 등이 있다. 삼형은 삼형살이라고도 하는데 3가지 글자로 이루어져서 삼형살이라 부른다. 즉, 인신사와 축술미가 삼형살에 해당한다. 삼형살은 3가지 글자가 모인 것이므로 그 위력이 대단하다. 때에 따라서는 3글자 중 하나가 빠진 상태에서도 형살이 이루어지는데 인신, 인사, 신사 등이 그것이다. 비록 두 글자만 이루어져 있지만 형살로서 작용을 하며 사주팔자에 있으면 행운에서 나머지 한 개의 글자가 올 때 그 형살을 더욱 크게 작용을 한다.

상형은 자묘형을 말한다. 그리고 자형은 같은 글자끼리의 형을 말한다, 삼형과 상형에서 빠진 글자가 같은 글자끼리 모일 경우를 자형이라 한다. 같은 글자끼리 스스로 형한다는 의미이다. 진진, 해해, 오오, 유유가 자형에 해당한다.

3. 인사신 삼형살

형 중에서 신은 인을 형하고 인은 사를 형하고 사는 신을 형하고, 다시 신은 인을 형하고 인은 사를 형하고 사는 신을 형하는 구조가 반복됨을 알 수 있다. 이렇듯 인, 신, 사는 삼단논법처럼 서로 얽히고설키어 형을 이루기 때문에 인사신(寅巳申) 삼형살(三刑殺)이라 한다.

특히 삼합과 방합의 구조에서 서로의 관계가 인수, 비견, 식상의 관계로 얽혀 있지만 막상 글자 하나하나씩 대입하면 인과 신은 극의 관계에 있고 신과 사도 극의 관계에 있다. 때문에 합이 되어 있는 모습으로는, 즉 겉으로는 우호적인 모습이지만 개별적인 모습은 극의 관계에 있는 것이다.

인사신 삼형살은 무은지형(無恩之刑)이라고도 한다. 인(寅) 중 병화(丙火)가 사(巳) 중 무토(戊土)를 생해주면 무토의 생(生)을 받은 사(巳) 중의 경금(庚金)은 아버지에 해당하는 인(寅) 중 갑목(甲木)의 편재를 극하기 때문이다.

또한 사(巳) 중의 무토(戊土)는 신(申) 중의 경금(庚金)을 생(生)하지만 경금(庚金)의 자식에 해당하는 신(申) 중의 임수(壬水)는 아버지에 해당하는 사(巳) 중의 병화(丙火)를 극하며 신(申) 중의 임수(壬水)는 인 중 갑목(甲木)을 생하나 갑목(甲木)의 자식인 병화(丙火)는 신(申) 중의 경금(庚金)을 극하기 때문이다.

이렇게 인(寅), 신(申), 사(巳)의 지장간이 생하는 듯하면서 극하고 극하는 듯하면서 생하는 구조를 이루고 있다. 다시 말하면 겉은 생하나 속은 극하는 구조이다. 그래서 인사신 삼형살은 은혜를 모르는 배반의 형살이라는 의미에서 무은지형이라 하는 것이다.

다른 한 편, 인신사 삼형살을 지세지형(持勢之刑)이라고도 부른다. 인, 신, 사가 각각 목(寅), 화(巳), 금(申)의 록지(祿地)에 해당되어 매우 강하고 동시에 화(寅), 금(巳), 수(申)의 생지(生地)에 해당하므로 해당 오행의 세력을 대표하는 것이기 때문에 강항 글자끼리 형을 한다고 해서 세력다툼을 의미하는 지세지형이라 부르기도 한다.

명리학 전문 서적들을 보면 무은지형이라 표현한 경우도 있고 지제지형이라 표현한 경우도 있다. 명리학을 배우는 석하들은 혼돈을 가질 수 있다. 두 가지의 해석은 12운성을 기준으로 하는가 아니면 지장간을 기준으로 하는 가의 차이이다. 지장간을 중히 여기면 무은지형이 되고 12운성을 중히 여기면 지세지형이 된다. 무엇이 옳고 그름을 분간하기 이전에 이는 단지 용어에 불과하다는 점을 중시하여야 한다. 즉 용어가 중요하는 것이 아니고 형의 실체와 작용이 더 중요하다는 의미이다.

인사신 삼형살이 명체, 즉 사주팔자에 있으면 타인을 누르거나 업신여기려는 경향이 있으며 매사를 속전속결로 처리하려는 성질이 있어 급하게 덤벼들다가 후회를 하는 일이 종종 있다. 명조가 좋은 모양일 때는 남자는 출세하여 이름을 떨치는 경향이 있으나 여자는 천한 직업에 종사하여 동분서주하는 생활을 한다.

일생 중 운의 흐름이 험할 때는 관재(官災), 구설(口舌), 교통사고, 약물중독, 총상(銃傷) 등이 우려되며 소장이나 편도선 등에 고질병이 생겨 시달리거나 수술을 경험하는 수가 있다. 그리고 대인관계에 있어서는 형제, 친척, 친구, 동기간에 배신으로 반목하거나 시비가 벌어지며 종국에서는 송사(訟事)나 관재(官災)로 이어진다.

(표 30) 인사신 삼형살의 사주의 예[1]

(윤보선 대통령 사주)				(박정희 대통령 사주)			
시	일	월	연	시	일	월	연
계(癸)	임(壬)	무(戊)	정(丁)	무(戊)	경(庚)	신(辛)	정(丁)
(겁재)	(일간)	(편관)	(정재)	(편관)	(일간)	(겁재)	(정관)
묘(卯)	인(寅)	신(申)	유(酉)	인(寅)	신(申)	해(亥)	사(巳)
(상관)	(식신)	(겁재)	(정인)	(편재)	(비견)	(식신)	(편관)

그리고 인사형은 해(害)의 작용이 가중되어 그 영향력이 훨씬 커지며 사신은 합이 되면서 형이 되기 때문에 처음에는 결합하여 유정(有情)하다가 결국은 원수로 변하게 된다. 인신형은 충(冲)의 작용도 한다. 아무튼 인사신 삼형살은 남자는 어리석고 여자는 고독한 경우가 많다.

위 사주는 윤보선 대통령과 박정희 대통령의 사주이다. 윤보선 대통령 사주에는 인과 신이 있어 인신 삼형살에 해당하며 박정희 대통령 사주에는 인신사 3글자가 모두 있는 삼형살이다. 모두 직업적으로는 좋게 쓰인 사주이나 삼형살의 본질이 있기 때문에 그런 성향을 겪게 된다. 특히 박정희 대통령 사주는 인, 신, 사, 해 모두 있어서 삼형살을 극복하고 오히려 더 큰 권세를 누리는 사주라고 전해진다.

4. 축술미 삼형살

축(丑), 술(戌), 미(未)는 모두 오행의 토(土)로서 형살을 이루는 형국이다. 같은 오행끼리 형살관계를 형성하는 것은 토(土)의 변화 때문이다. 지지의 토는 토로서의 역할보다는 다른 역할로의 변화를 더 자주 한다, 예를 들면 축(丑)은 비록 토이지만 삼합의 금국(金局)을 이루고 방합의 수국(水局)을 이룬다, 때문에 토로서의 형살을 이룬다기보다는 삼합이나 방합으로서 형살을 이룬다고 할 것이다.

(표 30)의 형의 구조에 따르면 술은 미를 극하고 미는 축을 극하고 축은 술을 극하므로서 축술미가 서로 번갈아 극하는 구조를 가지고 있다. 이렇게 삼단논법식으로 전개되기 때문에 삼형살이라 하는 것이다.

축의 지장간은 계(癸), 신(辛), 기(己)이다. 술의 지장간은 신(辛), 정(丁), 무(戊)이다. 그리고 미의 지장간은 정(丁), 을(乙), 기(己)이다. 축술미 3개의 글자에 각각 속한 지장간이 서로 극하는 구조로 이루어져 있다. 예를 들면 축 중 계수(癸水)가 세력을 얻어 술 중 정화(丁火)를 극하고 있고 술 중 신금(辛金)은 가을철의 왕한 기운을 얻어 미 중 을

---

[1] 김기승, 격국용신정해, 다산글방, 2013, pp.325~326

목(乙木)을 형극하는 모양이다.

　이렇게 서로 지장간을 통해 극하는 관계로서 본질이 같은 토끼리 서로의 세력다툼을 하면서 야기되는 형살이므로 지세지형(持勢之刑)라고도 부른다. 한편, 음양이 다른 축술미 속의 지장간 들이 같은 오행인 토를 친하게 믿고 있다가 서로 형극하는 관계를 이룬다고 해서 무은지형(無恩之刑)이라고도 한다. 겉모양은 친한 관계이지만 속모양은 극하는 관계인 것이다.

　축술미 삼형살이 지세지형이면 인사신 삼형살은 무은지형이고 축술미 삼형살이 무은지형이면 인사신 삼형살은 지세지형이 된다. 의미가 오락가락 하는 것은 앞서 말했듯이 어느 기준으로 보느냐에 따른 관점의 차이이다. 필자의 입장에서는 아무거나 관계없다고 본다. 용어보다는 의미가 중요하기 때문이다.

　그럼에도 축술미는 본질이 토이므로 토로서의 형살로 이해하는 것이다. 그래서 토끼리 형을 이루므로 같은 무리, 동료, 친구간의 형살이라 하여 붕형(朋刑)이라 부르기도 한다.

　축술미 삼형살이 명체, 즉 사주에 있으면 친한 사람이었는데도 사소한 일로 인하여 원수가 되는 경우가 있거나 평소에 다정하게 지내다가도 사소한 이익관계나 금전관계 또는 권리다툼으로 인하여 불신, 배신, 투쟁 등이 생기고 일생동안 말을 않고 지내는 경우도 많다. 특히 여자의 사주에 축술미 삼형살이 있으면 부부불화, 배신, 이별 등으로 고독하다고 본다. 만약 축술미 삼형살이 행운에서 오면 그 기간 동안은 그러한 운세가 전개된다고 할 것이다.

　또한 축술미 삼형살은 성격이 냉혹하며 친구 및 은인을 해하며 적에게 내통을 잘한다. 남자의 경우 불량기가 있으며 여자의 경우 산고의 위험이 있다.

　축술미 삼형살이 있는데 좋은 역할을 하면 만인을 능가하는 장수가 될 수 있고 생사의 결정권한을 휘두를 수 있는 권력을 쥘 수 있으며 공사분별이 엄정한 위인이 되어 그 이름을 세상에 알릴 수 있으나 그렇지 않고 그 역할이 불량하면 매사 하는 일이 지체되고 쉽게 성사될 수 있는 일도 어렵게 꼬이면서 풀리거나 허망하게 망치는 경우가 종종 있다.

　특히 건강상 축술형이 될 때는 뇌, 신경, 정신계통의 이상이나 심신의 장애가 있을 수 있고 심장판막증 환자가 많다. 술미형은 비장, 위장 질환이 많고 좌골 신경통으로 고생한다.

　축술형은 겉으로는 같은 토의 형이지만 방국으로 보면 수와 금, 즉 가을과 겨울의 형이고 삼합으로 보면 화와 금의 형이므로 그 위력이 크고 술미형은 방국으로는 여름과 가을의 형이며 화와 금의 형이다. 그리고 삼합으로 보면 화와 목의 형이다. 축미형은 방합으로는 겨울과 여름의 형이며 남, 북의 형이고 삼합으로 보면 금과 목의 형이다. 그리고 축과 미는 충도 되므로 붕형 중에서도 가장 강력하다고 할 것이다.

(표 31) 축술미 삼형살의 사주의 예[2]

（김영삼 대통령 사주）				（전두환 대통령 사주）			
시	일	월	연	시	일	월	연
갑(甲)	기(己)	을(乙)	무(戊)	무(戊)	계(癸)	신(辛)	신(辛)
(정관)	(일간)	(편관)	(겁재)	(정관)	(일간)	(편인)	(편인)
술(戌)	미(未)	축(丑)	진(辰)	오(午)	유(酉)	축(丑)	미(未)
(겁재)	(비견)	(비견)	(겁재)	(편재)	(편인)	(편관)	(편관)

 위 사주는 김영삼 대통령과 전두환 대통령의 사주이다. 김영삼 대통령의 사주는 진, 술, 축, 미, 4개의 토가 지지에 배치되어 있다. 여기에서 진을 빼면 축술미 삼형살이다. 삼형살을 사주에 갖고 있어서 그런지 파란만장한 삶을 살았다. 결국은 본인의 꿈인 대통령이 되었으나 IMF라는 불명예를 안기도 하였다. 대통령이 된 것은 진, 술, 축, 미 4개의 토를 가지고 있어서 오히려 삼형살의 악영향 보다는 4개의 토를 모두 갖추어 그 격이 높아진 것으로 풀이된다.

 전두환 대통령 사주는 연지와 월지가 미와 축으로서 축미형살을 이루었다. 술토가 없어서 삼형살은 아니나 축미형살은 붕형 중에서 으뜸이기 때문에 삼형살과 버금간다. 그런 의미에서 형살을 사주에 갖고 있는 전두환 대통령의 직업이 군인이었다는 점과 일치한다, 행운에서 술토를 만나면 형살이 강해지니 그 시기에 성공, 아니면 실패의 굴곡이 심했을 것이다.

5. 자묘 상형

 자와 묘가 만나면 형살을 이루는데 자가 묘를 형하고 묘도 자를 형하여 서로 형한다고 해서 상형살(相刑殺)이라고도 한다. 자수(子水)가 묘목(卯木)을 생하는 것이 일반적인데 묘목이 자수를 감당하지 못하고 부담스럽게 여긴다는 의미이다. 상생이 반극의 현상으로 나타난 것이다. 배부른 사람이 오히려 배탈이 난 상황과 유사하다.

 다른 한편, 묘목의 입장에서 자수는 12운성으로 목욕(沐浴)에 해당한다. 십성으로 보면 자수는 묘목의 편인이므로 계모에 해당하는데 이것이 욕지이므로 자와 묘가 염모하는 사이가 되어 불륜이나 패륜으로 해석할 수 있게 된다.

 또한 뜻밖의 불청객이 찾아와 주인행세를 하는 것처럼 염치나 수치를 모르는 비윤리성을 내포하기도 한다. 그래서 자묘형을 무례지형(無禮之刑)이라고도 표현한다.

 자묘형은 대인관계에 있어서 난폭하거나 패륜적인 행동이 나오고 남의 이목이나 체면은 안중에도 없이 행동하는 경우가 많다. 특히 행운에서 오면 이성관계에서 불륜, 무례, 간통, 변태, 성욕 등으로 인하여 구설, 시비, 형액 등이 따른다.

 질병으로는 성병이나 자궁, 비뇨기, 간장 계통의 질환이 많이 발생하고 약물중독이

---

[2] 김기승, 전게서, pp327~328

나 마약, 음독의 문제까지 나타날 수 있다. 명체가 긍정적이면 병원을 운영하거나 창조적인 분야에서 두각을 나타내지만 그렇지 않으면 형살을 악영향을 겪게 된다.

(표 32) 자묘 형살의 사주의 예3)

(이승만 대통령 사주)				(이명박 대통령 사주)			
시	일	월	연	시	일	월	연
경(庚)	정(丁)	기(己)	을(乙)	신(辛)	신(辛)	경(庚)	신(辛)
(편재)	(일간)	(식신)	(편인)	(비견)	(일간)	(겁재)	(비견)
자(子)	해(亥)	묘(卯)	해(亥)	묘(卯)	축(丑)	자(子)	사(巳)
(편관)	(정관)	(편인)	(정관)	(편재)	(편인)	(식신)	(정관)

위 사주는 이승만 대통령과 이명박 대통령의 사주이다. 이승만 대통령은 월지 묘목과 시지 자수가 자묘 상형을 이루고 있다. 그리고 이명박 대통령도 월지의 자수와 시지의 묘목이 자묘상형을 이루고 있다. 두 대통령의 차이는 자와 묘의 위치가 바뀐 것이다. 이승만 대통령은 관성이 많아 신약한 사주이고 이명박 대통령은 비겁이 많아 신강한 사주이다.

6. 자형(辰辰, 午午, 酉酉, 亥亥)

자형(自刑)이란 스스로 형한다는 의미이다. 같은 글자가 만나면 스스로 형벌을 당한다는 뜻으로 해석된다. 이에는 진진(辰辰), 오오(午午), 유유(酉酉), 해해(亥亥)가 있다. 진, 오, 유, 해가 자형이 되는 이유는 (표 84)를 살펴보면 알 수 있다. 형이 발상하는 이유는 삼합과 방합의 충돌에서 발생하는데 진. 오, 유, 해 4개의 글자는 충돌하지 않고 오히려 같은 글자를 만났으니 동지를 얻은 거와 같다. 전쟁터에서 적군과 싸우는데 적군 속에서 가족, 형제를 만났으니 어쩌면 좋은 가. 자학(自虐)하는 마음으로 스스로를 극하게 되니 자화자초(自禍自招)하는 모양이 된다. 이것이 자형(自刑)이다.

(표 33) 형의 구조

삼합	신	자	진	인	오	술	사	유	축	해	묘	미
형의 발생	↕	↕	↕	↕	↕	↕	↕	↕	↕	↕	↕	↕
방합	인	묘	진	사	오	미	신	유	술	해	자	축

자형이 사주팔자 내에 있으면 사고나 자해행위로 인한 신체장애가 생겨서 불구가 되거나 정신적으로 박약한 경향을 나타내며 쌍둥이나 장애아를 출산할 확률이 높고 중년이후에는 안질이나 그 밖의 이유로 실명할 가능성이 높다. 정체성이 불분명하고 의타심이 강해지며 처음에는 화려하나 끝이 흐지부지 되는 성향이 강하다. 다혈질적

---
3) 김기승, 전게서, pp327~328

이며 폭발적인 성향을 갖기도 한다.

진진 자형은 수국(水局) 삼합의 고지(庫地)로서 수재(水災)나 냉해(冷害), 매몰(埋沒), 익사(溺死) 등의 사고와 피부병, 위장병 등이 우려된다. 이기적이며 배려심이 부족하다. 직업적으로는 창고업, 보관업, 수산업, 법조계 등에서 두각을 낼 수 있다.

오오 자형은 화(火)의 기운이 왕성하여 화와 관련된 사고, 즉 화기사고(火器事故), 폭발(爆發), 충돌(衝突), 총상(銃傷) 등의 사고와 노이로제, 히스테리, 조울증 등 정신 및 신경계통의 질병이 우려된다. 오오 자형은 자기주장이 강하고 다혈질이며 극단적 성향을 보인다. 나서기를 좋아하고 잘난 체를 잘해서 때로는 구설수가 따른다. 직업적으로는 신기가 발달하여 무속업에 종사하거나 보일러, 전기설비업, 가스, 주유소 등의 사업을 경영하기도 한다.

유유 자형은 만물을 숙살(肅殺)하는 숙살지기(肅殺之氣)가 강하여 칼이나 연장, 기계 등으로 인한 상해, 수술 등을 경험하게 되고 수족(手足)의 절단 등이 염려되며 여자는 생리통 등의 질병에 시달리기도 한다. 욱하는 성질이 있고 민감하며 신경질적이다.

해해 자형은 수기(水氣)가 왕하여 해일(海溢)이 일어나는 것과 같은 피해가 발생하는데 수재(水災), 폭설(暴雪), 폭풍(暴風), 한파(寒波) 등의 피해를 입거나 혈액이나 비뇨기에 관한 질병 즉, 고혈압, 당뇨병, 신장계통의 질병이 우려된다. 해해 자형은 게으르고 시작은 있으나 끝이 흐지부지하며 의기소침하거나 시기질투가 많다. 직업적으로는 목욕탕, 세탁업, 청소업, 주점 등을 경영하기도 한다.

(표 34) 자형살의 사주의 예[4]

	(이승만 대통령 사주)				(탈랜트 고 안재환-자살)		
시	일	월	연	시	일	월	연
경(庚)	정(丁)	기(己)	을(乙)	병(丙)	경(庚)	병(丙)	임(壬)
(편재)	(일간)	(식신)	(편인)	(편관)	(일간)	(편관)	(식신)
자(子)	해(亥)	묘(卯)	해(亥)	자(子)	오(午)	오(午)	자(子)
(편관)	(정관)	(편인)	(정관)	(상관)	(정관)	(정관)	(상관)

위 사주는 이승만 대통령과 자살한 탈랜트 고 안재환의 사주이다. 이승만 대통령의 사주는 연지와 일지가 해해의 자형이다. 중간에 묘가 끼워져 있어 그 작용력이 약간 떨어지긴 하지만 일지가 자형이므로 만만치 않다. 그리고 고 안재환의 사주는 오오 자형의 사주이다. 일지와 월지의 자형이니 그 작용력이 무척 클 것이다.

---

[4] 김기승, 전게서, p325, p352

제2절 충

1. 충의 개념

　명리학에서 충은 형과 더불어 굉장히 중요한 해석 도구로 사용하고 있다. 충을 이해하면 명리학의 반은 이해한 것으로 믿어도 된다는 말이 있듯이 충의 기능과 역할이 사주팔자 명리학에서는 대단히 중요한 비중을 차지하고 있는 것이다.

　사전적으로 볼 때 충(沖, 속어로 冲)은 화할 충, 빌 충, 찌를 충이라는 의미이다. 그 뜻을 보면 1) 화하다(和--: 따뜻하고 부드럽다), 겸허하다(謙虛--), 2) 담백하다(淡白--), 3) 비다, 공허하다(空虛--), 4) 깊다, 심원하다(深遠--), 5) 어리다, 6) 오르다, 솟구치다, 7) 높이 날다, 8) 꺼리다, 상충되다(相衝--), 9) 찌르다, 부딪치다, 10) 사물(事物)을 형용(形容)하는 말 등으로 해석한다.

　충이란 세력이 가장 반대에 있는 오행끼리 충돌하여 발생하는 모든 현상을 말한다. 성질이 다른 것이 아니라 세력이 다른 것이다. 즉 서로 대립되는 오행끼리 충돌하면서 발생하는 변화의 작용을 말한다. 반대의 성향이 충돌하기 때문에 그 파장도 크게 나타난다.

　충은 동과 서, 남과 북, 봄과 가을, 여름과 겨울, 목과 금, 화와 수 등 서로 대립하는 관계끼리 충돌하여 발생하는 파괴력을 말하는 것이다. 합과 비교하면 합은 서로 인연을 맺어 다른 오행을 생산하거나 강력한 집단으로 뭉쳐서 새로운 세력을 구성하는 것이라면 충은 고요하게 머무는 것은 움직이게 하고 모여 있는 것은 해산하게 하거나 분리시키는 등 그 결과가 크게 변화를 일으키는 작용을 한다.

　극하고 다른 점은 대립하는 정 반대의 세력끼리 충돌한다는 점이다. 극은 성질이 다른 하나의 오행이 거의 일방적으로 자극을 하는 것이라면 충은 대립관계에서 충돌한다는 점이 다르다. 그래서 극보다는 더욱 적극적이고 구체적이며 더 강력한 파괴력을 갖는 것이 충이다.

　충이 이루어지려면 음양의 부조화, 즉 음과 음, 양과 양의 충돌이 이루어져야 한다. 성질은 같으나 세력은 서로 대립관계에 있는 상황이다. 그리고 오행 상극으로 이루어진다. 목과 금, 수와 화 등 서로 극한 대립 상태에 있는 것끼리 이루어진다. 이런 의미에서 토는 토로서의 역할보다는 방합이나 삼합, 그리고 계절이나, 방향의 입장에서 존재하기 때문에 토로 해석하지 않고 해당 합이나 계절로 해석한다. 다시 말하면 토끼리도 충돌이 가능해진다는 의미이다. 방향과 위치가 정 반대에 있기 때문이다.

　사주 내에서 충이 있으면 항상 하는 일이 지연되고 매사 이루어지는 일이 없으며 가족 간의 원망이 늘고 배신이 많고 덕이 없으며 이동과 변동이 많다. 한 곳에 정착해 안정된 삶을 추구하지 못하게 되는 경우가 많다. 건강운도 흉하고 사고나 흉사를 많이 당한다. 그러므로 충은 충돌, 해산, 분리, 파괴, 살상 등의 부정적으로 작용하는 것으로 알려져 있다.

하지만 새로운 움직임, 즉 발동, 충전, 분발, 개척, 가속, 공격 등이 긍정적인 역할도 하며 또 다른 생산의 역할도 하므로 사주팔자의 구조를 자세히 살피어 그 결과를 판단하여야 한다.

2. 천간 충

충은 반대세력끼리 충돌하는 것이다. 따라서 반대편에 있는 글자끼리 충이 된다. 목은 금과 충하고 수는 화와 충한다. 봄과 가을이 충하고 여름과 겨울이 충한다. 천간은 천간끼리, 지지는 지지끼리 충한다.

천간의 경우 10개의 글자가 있는데 이 중에서 중앙의 위치에 있는 무토, 기토를 빼면 갑을목(甲乙木), 병정화(丙丁火), 경신금(庚辛金), 임계수(壬癸水)가 있다. 각각 정 반대의 글자끼리 대입하면 갑을목과 경신금, 병정화와 임계수가 대립관계가 된다. 여기서 양은 양과 충하고 음은 음과 충하므로 갑목(甲木)과 경금(庚金), 을목(乙木)과 신금(辛金)이 충한다. 병화(丙火)와 임수(壬水)가 충하고 정화(丁火)와 계수(癸水)가 충한다.

천간의 충은 글자의 순서에 따라 배열하면 갑, 을, 병, 정, 무, 기, 경, 신, 임, 계인데 갑에서부터 7번째에 해당하는 글자가 경이고 갑경충이므로 결과적으로 7번째 글자가 충이 됨을 알 수 있다. 그래서 충을 다른 말로 7충 또는 7살이라고도 한다.

천간 충은 지지충에 비해 작용력이 빨리 일어나며 심리적인 갈등과 함께 직장이나 사업 등의 외형적인 변화와 대인관계의 변화를 나타낸다. 어떤 술사는 천간의 충은 충보다 극으로 해석해야 한다고 주장하기도 한다. 천간은 하늘의 기운이므로 현실적인 모습이 아니라는 것이 이유이다. 그 대신 극의 관계는 더 확실하게 해석해야 한다고 주장한다. 즉, 천간은 충보다는 극의 역할이 더 중요하다는 의미이다. 천간의 극은 충보다 더 현실적으로 나타난다고 주장한다. 이해되는 주장이다.

(표 35) 천간 충의 구조

방향	동		남		중앙
계절	봄		여름		중앙
오행	목		화		토
양의 영역	양	음	양	음	양
	갑	을	병	정	무
충	↓	↓	↓	↓	
	갑경충	을신충	병임충	정계충	
	↑	↑	↑	↑	
음의 영역	경	신	임	계	기
	양	음	양	음	음
오행	금		수		토
계절	가을		겨울		중앙
방향	서		북		중앙

3. 지지 충

지지의 경우 12개의 글자가 있는데 각각 토를 포함해서 방향, 계절, 음양오행을 이루고 있다. 동방(東方)은 인묘진(寅卯辰)으로서 목국(木局)을 이루며 계절로는 봄에 해당한다. 정반대의 세력은 서방(西方)인 신유술(申酉戌)이며 금국(金局)을 이루고 계절로는 가을에 해당한다. 그래서 인묘진과 신유술은 충의 관계가 된다. 양(陽)은 양(陽)과 충하고 음(陰)은 음(陰)과 충하므로 인(寅)과 신(申)이 충하고 묘(卯)는 유(酉)와 충한다. 그리고 진(辰)은 술(戌)과 충한다.

마찬가지로 북방(北方)은 해자축(亥子丑) 수국(水局)을 이루며 계절로는 겨울이다. 남방(南方)은 사오미(巳午未) 화국(火局)을 이루며 계절로는 여름에 해당한다. 그래서 해자축과 사오미가 정반대의 세력을 이루며 충하게 된다. 양(陽)은 양(陽)과 충하고 음(陰)은 음(陰)과 충하므로 해(亥)와 사(巳)가 충하고 자(子)와 오(午)가 충하며 축(丑)과 미(未)가 충하게 된다.

(표 36) 지지 충의 구조

				남방					
				여름					
				화					
				양	음	음			
				사	오	미			
		양	진	↖	↑	↗	신	양	
동방	봄	목	음	묘	←	충	→	유	음	금	가을	서방
		양	인	↙	↓	↘	술	양	
				축	자	해			
				음	음	양			
				수					
				겨울					
				북					

지지 충도 그 순서에 의하면 자, 축, 인, 묘, 진, 사, 오, 미, 신, 유, 술, 해 등 12개의 지지가 자신으로부터 7번째에 해당하는 지지와 충을 하게 된다. 자부터 7번째 해당되는 지지는 오다. 따라서 자와 오는 충의 관계이다. 이렇게지지 충도 7번째 글자에서 충이 된다고 해서 7충 또는 7살이라 한다.

지지 충은 지지 그 자체가 충이 되면서 동시에 지지안의 지장간도 충이 되어 모두 튀어 나오는 현상을 보인다. 지지의 지장간이 그동안 정적으로 있다가 충에 의해 동적으로 활동함으로서 충에 의한 변화가 커지게 된다. 지장간이 충하면 모든 충은 목금상충, 수화상충이 이루어져서 사방이 충하게 된다. 즉 동서남북이 충하고 봄여름가을겨울이 충하니 그 변화가 크다고 할 것이다.

충은 일지를 중심으로 일지와 월지, 일지와 연지, 일지와 시지 등의 충이 그 파급력이 크다. 일지는 사주의 주인공이기 때문에 일지의 충은 그 만큼 변화가 크게 나타난다.

1) 자오충

자오(子午) 충은 수(水)의 왕지(旺地)와 화(火)의 왕지(旺地)가 세력 다툼을 하는 형국이다. 서로 왕지이므로 그 싸움이 만만치 않다. 즉 충의 효과가 무척 크게 나타난다. 자의 지장간에는 임, 계가 있고 오의 지장간에는 병, 기, 정이 있다. 임과 병이 상충하고 계와 정이 상충하니 자오상충이라 한다. 지장간의 상충 이전에 이미 자수와 오화가 상충하니 왕지 충은 오직 싸우는 데 집중하고 있다.

명체, 즉 사주팔자에 자오충이 있으면 소심해지는 것이 특징이다. 심성(心性)은 좋으나 매사에 전전긍긍한다. 처음에는 무턱대고 결정했다가 시간이 갈수록 그 선택에 대한 확신을 갖지 못하고 교환하거나 철회하는 경우가 자주 발생한다. 그러니 매사 걱정이 가득하다.

자오 충이 있으면 외국에 나가서 기거하는 경우가 많이 발생한다. 사주팔자에 있어도 그렇고 행운에서 찾아와도 그렇다. 또한 오행 수(水)와 화(火)의 충이므로 심장(心臟)이나 신장(腎臟)계통이 약해져서 고생하거나 치질(痔疾), 정신계통의 질환이 발생한다. 특히 자오 충은 한번 질병이 발생하면 잘 낫지 않는 특징이 있다.

자오오, 자자오 등 자가 2개 있거나 오가 2개 있는 경우 자오 충으로 해석하기 보다는 오히려 균형 잡힌 모양으로 해석한다. 이를 두고 사주첩경에서는 '자오쌍포'라 하여 균형 잡힌 사주라고 하였다.

(표 37) 자오 충 사주의 예

(창작 사주)				(탈랜트 고 안재환-자살)			
시	일	월	연	시	일	월	연
경(庚)	정(丁)	경(庚)	갑(甲)	병(丙)	경(庚)	병(丙)	임(壬)
(편재)	(일간)	(정재)	(정인)	(편관)	(일간)	(편관)	(식신)
자(子)	해(亥)	오(午)	자(子)	자(子)	오(午)	오(午)	자(子)
(편관)	(정관)	(비견)	(편관)	(상관)	(정관)	(정관)	(상관)

위 사주는 지지의 자오충 사주이다. 앞의 것은 창작한 것이고 뒤의 것은 고 탈랜트 안재환의 사주이다. 충 작용은 일지 충이 강력하다. 창작한 것은 연지와 월지의 충이고 안재환 사주는 4개의지지 모두 자오 충을 하고 있다.

2) 묘유충

묘유(卯酉) 충도 왕자 충이다. 묘(卯)는 목국(木局)의 왕지이고 유(酉)는 금국(金局)의 왕지이다. 왕끼리 충하니 그 파급효과가 크다 할 것이다. 특히 묘의 지장간 갑, 을과 유의 지장간 경, 신이 갑경충, 을신충 하여 상충하니 묘유상충이라 한다. 지지의 모습으로도 목금상충이고 지장간에도 목금상충이니 그 싸움이 치열한 것이다.

한편 묘유충은 충 중에서도 원수(怨讐)충이라 하여 가장 꺼리는 충이다. 이기심이 강하여 자기의 실리 앞에서는 타인을 의식하지 않는다. 그래서 배반의 소지가 많고 대인관계에서 충돌할 소지가 많다. 내가 친절과 호의를 베풀고도 좋은 소리를 못 들으며 오히려 욕을 얻게 되는 일이 종종 있으니 후회하거나 원한을 품게 된다.

묘유 충은 부부불화를 많이 겪게 되며 친인척 사이에 상쟁(相爭)이 많이 발생하고 배반이나 배은(背恩) 또한 많이 발생한다. 특히 주거의 변동이 많으며 사주팔자 중 일(日)과 시(時)에 있으면 말년에 가택(家宅)이 없어지는 상황이 발생한다.

질병으로는 오행 목, 금의 충이므로 간, 폐질환이나 신경통이 많이 발생하고 수족(手足)을 다칠 우려가 많다.

(표 38) 묘유 충 사주의 예[5]

(윤보선 대통령 사주)				(만화가 고 고우영)			
시	일	월	연	시	일	월	연
계(癸)	임(壬)	무(戊)	정(丁)	경(庚)	기(己)	갑(甲)	기(己)
(겁재)	(일간)	(편관)	(정재)	(상관)	(일간)	(정관)	(비견)
묘(卯)	인(寅)	신(申)	유(酉)	오(午)	유(酉)	술(戌)	묘(卯)
(상관)	(식신)	(겁재)	(정인)	(편인)	(식신)	(겁재)	(편관)

위 사주는 윤보선 대통령의 사주와 만화가 고 고우영의 사주이다. 윤보선 대통령의 사주는 연지가 유이고 시지가 묘이므로 묘유 충이고 연지와 시지의 충이다. 그리고 고 고우영 사주는 연지가 묘이고 일지가 유여서 묘유충이니 일지, 연지의 충이다. 일지의 충이 더 심각하니 고 고우영 사주의 충이 더 심각하다. 고 고우영 만화가는 최고의 인기 만화가였으나 지병으로 66세에 세상을 떠났다.

3) 인신 충

인신(寅申) 충은 인목(寅木)과 신금(申金)이 서로 충하는 목금상충(木金相沖)이다. 또한 삼합의 생지(生地) 충이기도 하다. 인(寅)은 화국(火局)의 생지(生地)요, 신(申)은 수국(水局)의 생지(生地)이니 화국과 수국이 충하는 관계에 있다. 지지 자체로도 상충이지만 인의 지장간 무, 병, 갑과 신의 지장간 무, 임, 경이 있어 병임상충(丙壬相沖)이고 갑경상충

---
[5] 김기승, 전게서, p325, p339

(甲庚相沖)이니 지장간끼리 충하고 있는 것이다.

인신충은 생지 충이므로 역마(驛馬)의 기운이 강하니 역마충이라고도 한다. 역마충이란 일찍 고향과 부모형제를 떠나 자수성가하게 된다는 의미이며 역마, 즉 여행길이나 출타 중에 사고, 사건에 휘말릴 위험이 높다는 의미이다.

인신충은 또한 인사신 삼형살이기도 하기 때문에 형과 충이 동시에 발생하므로 살벌한 느낌이다.

인신충은 활동적인 충이다. 활동력은 강하나 너무 서두르는 경향이 있고 시작은 좋으나 끝이 흐린 용두사미(龍頭蛇尾)격이다. 오라는 곳은 없어도 항상 바쁘며 매사 적극적이어서 시키지도 않는데 앞장서서 스스로 고생을 사서하는 경향이 많다.

일찍부터 직업을 갖게 되며 장남이라도 객지에서 자수성가하는 경우가 많다. 행운에서 충이 되면 생지 충이므로 옛 것을 버리고 새 것을 탐하게 되어 전직(轉職), 전업(轉業), 주거변동, 남녀 이별 등이 일어난다.

또한 사고, 질병이 발생하며 특히 교통사고를 당하는 경우가 있다. 원거리 출타할 일도 생기며 간(肝), 대장(大腸), 신경통(神經痛) 등도 발생한다.

(표 39) 인신 충 사주의 예

(윤보선 대통령 사주)				(김대중 대통령 사주)			
시	일	월	연	시	일	월	연
계(癸)	임(壬)	무(戊)	정(丁)	병(丙)	갑(甲)	갑(甲)	계(癸)
(겁재)	(일간)	(편관)	(정재)	(식신)	(일간)	(비견)	(정인)
묘(卯)	인(寅)	신(申)	유(酉)	인(寅)	신(申)	자(子)	해(亥)
(상관)	(식신)	(겁재)	(정인)	(비견)	(편관)	(정인)	(편인)

위 사주는 윤보선 대통령과 김대중 대통령의 사주이다. 윤보선 대통령 사주는 인사신 삼형살에서 이미 소개한 사주이다. 윤보선 대통령 사주는 월지 신과 일지 인이 인신상충하는 사주이다. 묘유충도 있어서 지지의 변동성이 무척 크다고 할 것이다.

그리고 김대중 대통령의 사주는 일지 신과 시지 인이 인신상충하고 있다. 인신은 삼형살도 해당되므로 형과 충을 모두 이루고 있다고 할 것이다. 인신충, 형살은 생지이며 역마충, 형살이므로 이와 관련된 사건, 사고의 위험이 상존하고 있다.

4) 사해충

사해(巳亥) 충도 생지(生地)의 충이므로 인사 충과 비슷하다. 사해충은 사화와 해수의 충이므로 수화쌍전(水火雙戰)의 충이다. 또한 사는 삼합 금국의 생지이며 해는 삼합 목국의 생지이니 목금쌍전(木金雙戰)의 충이기도 하다.

사의 지장간 무, 경, 병과 해의 지장간 무, 갑, 임도 동시에 충하니 지장간의 충의 관계가 크게 나타난다. 이미 지지의 사화와 해수가 충하고 지장간의 갑목과 경금이 충하며 병화와 임수가 충하니 지지 충은 곧 지장간의 충과 같은 것이다.

사해 충은 긁어 부스럼 내는 꼴이다. 좋은 일을 만들어 놓고도 걱정하는 모양이며 매사 조령모개(朝令暮改) 식으로 후회하는 일을 반복하고 소심해지는 경향이 강하다. 타인의 일을 도와준다고 하지만 괜히 간섭하는 꼴이 되어 오히려 구설이나 분쟁으로 비화된다. 그러니 결과적으로는 후회하는 일만 남는다. 항상 대인관계를 신중히 하여야 한다.

사해충이 이루어지면 생지 충이니까 역마충이기도 하여 교통사고의 우려가 많다. 수화쌍전이므로 폭발(爆發), 화재(火災) 등의 위험이 있고 심장(心臟), 혈압(血壓), 당뇨(糖尿), 비뇨기(泌尿器) 질환 등의 질병이 많이 발생한다. 행운에서도 마찬가지이다.

(표 40) 사해 충 사주의 예

(박정희 대통령 사주)				(노태우 대통령 사주)			
시	일	월	연				
무(戊)	경(庚)	신(辛)	정(丁)	무(戊)	을(乙)	신(辛)	임(壬)
(편관)	(일간)	(겁재)	(정관)	(정재)	(일간)	(편관)	(정인)
인(寅)	신(申)	해(亥)	사(巳)	자(子)	사(巳)	해(亥)	신(申)
(편재)	(비견)	(식신)	(편관)	(편인)	(상관)	(정인)	(정관)

위 사주는 박정희 대통령과 노태우 대통령의 사주이다. 박정희 대통령은 일지 신과 월지 해가 신해상충으로 충한 사주이다. 박정희 대통령의 사주는 삼형살, 인신충, 사해충을 모두 갖추고 있다. 지지 구성이 살벌하게 이루어져 있음을 알 수 있다. 그의 파란만장한 삶을 증명하고 있다. 단, 인신사해 즉 생지를 모두 가지고 있어서 항상 역동적이며 새로운 것을 추구하는데 일가견이 있고 리더의 자질도 갖춰져 있으며 세상 사방천지를 지배하려는 욕심도 많다고 할 것이다.

그리고 노태우 대통령의 사주는 일지 사와 월지 해가 상충하고 있다. 이 또한 변동성이 크다고 할 것이다. 더구나 일간 을과 월간 신이 을신상충하고 있으니 천간도 상충이고 지지도 상충이다. 이 경우를 천충지충이라 하는데 좋으려면 한없이 좋고 나쁘려면 한없이 나쁜 사주이다. 사주와 행운의 균형이 달려있다고 할 것이다.

5) 진술충

진술(辰戌)충은 같은 오행의 충이라서 붕충(朋冲)이라 한다. 겉으로는 토(土)끼리 충이지만 방합(方合)이나 삼합(三合)의 경우에는 토가 아닌 합국(合局)의 일원으로서 충을 이루기 때문에 자세히 살펴보아야 한다. 예를 들면 인묘진(寅卯辰)과 신유술(申酉戌)의 충하면 방합 목국(木局)과 방합 금국(金局)의 방합끼리 충하는 것인데 이 때의 진과 술은 토(土)라기 보다는 목과 금의 역할을 함으로서 목금의 충이 된다. 그리고 신자진과 인오술의 삼합의 충은 삼합 수국과 삼합 화국의 충이므로 수화상충(水火相沖)이다. 이 때의 진(辰)과 술(戌)은 수(水)와 화(火)로서 역할을 한다.

특히 삼합의 충에서 진과 술은 고지(庫地)에 해당되므로 상충이 되면 많은 변화가 생긴다. 대표적인 것이 개고작용(開庫作用)이다. 다른 충도 마찬가지이지만 상충이 되면 지장간의 천간(天干)이 움직이기 시작함으로서 변화를 가져오는데 다른 상충은 이미 지장간이 열려서 활동하고 있는 것과 같지만 고지의 지장간은 잠겨 있다가 충이되어 열리는 형국이므로 다른 상충에 비해 충격보다는 변화가 겉보기 보다 더 크게 나타난다고 할 것이다.

개고가 되면 지장간이 움직이므로 십성·육친도 움직이는 것이다. 동시에 억부관계도 움직이는 것이다. 그래서 변화가 크다고 할 것이다. 예를 들면 진의 지장간은 을, 계, 무이고 술의 지장간은 신, 정, 무이다. 진술상충이 되면 을과 신이 충하고 계와 정이 충하여 목과 금 상충, 수와 화 상충이 이루어진다. 그럼에도 정작 충이 되지 않는 무, 무의 충, 다시 말하면 오행 토끼리의 충으로 이해하는 것은 잘못된 것이다.

그래서 진과 술, 즉 토끼리 충이어서 붕충(朋沖)이라고 가볍게 여길 것이 아니라 지지에 갇혀져 있는 지장간의 변화이므로 지장간의 변화를 자세히 살펴야 한다. 이런 이유로 진술충을 개고의 충이라고 하는 것이다. 지장간이 개고가 되면 나쁜 결과만 나타나는 것이 아니라 좋은 결과도 나타나기 때문에 지장간의 변화를 상세히 살펴보는 것이 좋다.

명체, 즉 사주팔자에 진술충이 있으면 토의 특성이 그렇듯이 강직과 과단성을 주장하며 대체로 남녀를 막론하고 과묵한 편이다. 대인관계에 있어서는 남에게 신뢰를 잘 베풀지만 자신의 일에 곤란한 입장이 생길 때는 속수무책이거나 방관하고 때로는 힘에 겨운 일을 무리하게 도모하여 곤경에 빠지는 경우가 가끔 있다.

이성관계로 말썽이 일어날 수 있고 혼사가 쉽게 성립되지 않으며 귀인의 도움을 받기가 어려워 고독의 충이라고도 한다. 특히 행운이 불리한 운으로 흐르면 졸지에 몰락하거나 명예를 잃어버리지만 좋은 명조를 이루고 행운을 잘 만나면 고위 공직에 오를 수도 있다.

질병으로는 토의 충이니까 위장(胃腸)이나 피부의 질환이 많고 수와 화의 충이므로 신장(腎臟), 심장관련 질환도 자주 발생한다. 특히 부동산과 관련된 관재(官災), 구설(口舌), 송사(訟事), 투쟁사건(鬪爭事件) 등이 많이 발생한다.

(표 41) 진술 충 사주의 예

(김영삼 대통령 사주)				(노무현 대통령 사주)			
시	일	월	연				
갑(甲)	기(己)	을(乙)	무(戊)	병(丙)	무(戊)	병(丙)	병(丙)
(정관)	(일간)	(편관)	(겁재)	(편인)	(일간)	(편인)	(편인)
술(戌)	미(未)	축(丑)	진(辰)	진(辰)	인(寅)	신(申)	술(戌)
(겁재)	(비견)	(비견)	(겁재)	(비견)	(편관)	(식신)	(비견)

위 사주는 김영삼대통령과 노무형대통령의 사주이다. 김영삼대통령의 사주는 연지의 진과 시지의 술이 진술상충하고 있다. 동시에 축술미 삼형살이기도 한다. 형살과 충이 겹쳐 있어서 김영삼 대통령 역시 파란만장한 삶을 살았다. 삼형살과 상충이 동

시에 있는 것은 박정희 대통령과 유사하지만 그 유형이 다르다. 김영삼 대통령은 진술축미 4고가 모두 있기 때문에 오히려 사방팔방 우주의 모든 기운을 한 몸에 받는 사주라고 알려져 있다.

그리고 노무현 대통령의 사주는 연지가 술이고 시지가 진이어서 진술상충을 이루고 있다. 특히 월지 신과 일지 인이 삼형살을 이루고 있다. 일지의 영향력이 크므로 삼형살의 영향을 많이 받은 사주이다. 그래서 역동적이면서 법률가이면서 대통령에 오르기까지 했지만 결국 마지막 삶의 모습은 아름답지 못했다.

6) 축미충

축미(丑未)충도 붕충이고 겉은 오행 토의 충이지만 지장간의 충이므로 축(丑)의 지장간 계, 신, 기와 미(未)의 지장간 정, 을, 기가 충하는 것이니 정계상충(丁癸相沖)이 되어 수화상충(水火相沖)이고, 을신(乙辛相沖)이니 목금(木金相沖)이 된다. 즉 동서남북이 모두 충하게 되는 것이다. 토의 충이 아니라 지장간의 충이니 이 또한 상세히 살펴보아야 한다.

축미충은 상친상소(相親相疏)의 충이라 하여 자칫, 형제나 친구, 친척들과 멀어지거나 소외당하기 쉽고 내가 가진 것이 많을 때는 주변에 사람들이 북적대지만 내가 실패하면 모두 냉정히 돌아서는 형국을 보인다. 그러니 가족, 친지, 친구들과 화목을 위해서는 배우자의 조력이 필요하니 배우자의 선택이 중요하다고 할 것이다.

형제, 친척 간에서 도움을 주거나 베풀어도 공덕은 적고 괜히 원한을 사거나 손재수가 따르니 매사 신중히 생각하고 느긋하게 행동하여야 한다. 절대 급하게 서두르는 것은 피해야 한다. 질병은 토의 충이므로 위장(胃腸), 소화기 계통을 주의 하여야 한다.

〈표 42〉 축미 충의 사주의 예6)

(김영삼 대통령 사주)				(전두환 대통령 사주)			
시	일	월	연	시	일	월	연
갑(甲)	기(己)	을(乙)	무(戊)	무(戊)	계(癸)	신(辛)	신(辛)
(정관)	(일간)	(편관)	(겁재)	(정관)	(일간)	(편인)	(편인)
술(戌)	미(未)	축(丑)	진(辰)	오(午)	유(酉)	축(丑)	미(未)
(겁재)	(비견)	(비견)	(겁재)	(편재)	(편인)	(편관)	(편관)

위 사주는 김영삼 대통령과 전두환 대통령의 사주이다. 일지 미와 월지 축이 축미상충을 하고 있다. 김영삼 대통령은 4고지를 모두 가지고 있어서 형살, 충살이 많다. 전두환 대통령은 연지 미와 월지 축이 축미상충하고 있다. 축미는 축술미 삼형살이기도 하다.

이처럼 역대 대통령의 사주를 살펴보면 형살, 충살을 기본적으로 가지고 있다. 비

---
6) 김기승, 전게서, pp327~328

록 말년이 좋지 못했거나 삶의 과정이 파란만장했지만 대통령이라는 최고의 직위에 올랐다. 형살과 충살의 이미지를 대변하는 것으로 보면 틀림이 없다.

4. 충의 작용력과 특징

만약 천간에 충이 이루어져 있으면 지지에도 그 영향을 미치고 지지에 충이 이루어져 있으면 천간에도 그 영향을 미친다. 천간 충은 사주팔자에 미치는 영향력이 크지 않다. 다만 그 속도는 빠르게 나타난다. 반면, 지지 충은 뿌리가 흔들리거나 뽑히는 현상이므로 그 영향력이 크게 작용한다. 그리고 천간에도 충을 하거나 극을 하고 지지에서도 충을 하고 있으면 이를 천충지충(天冲地冲) 또는 천극지충(天剋地冲)이라 하는데 그 영향력은 어느 때 보다도 파급력이 크다고 할 것이다.

충은 인신사해(寅申巳亥)로 이루어지는 사생지(四生地)의 충이 있고 자오묘유(子午卯酉)로 이루어지는 사왕지(四旺地)의 충이 있으며 진술축미(辰戌丑未)로 이루어지는 사고지(四庫地)의 충이 있다.

사생지의 충은 변화가 빠르게 나타난다. 대체로 마음이 넓으나 걷잡지 못하며 다정다감한 것이 병이 되어 타인의 일에 괜시리 간여함으로서 쓸데없이 화를 좌초하고 매사 처음은 있으나 끝이 없어 그 결과가 시원치 않으며 마무리가 잘 되지 않는다. 특히 직업변동이나 이사 등 지역적인 변동이 많다.

사왕지의 충은 그 영향력이 크고 변수가 많으며 사고지의 충은 반드시 열려야 하고 열려서 활용하여야 하니 자세히 살펴야 한다. 마음이 곧고 직선적인 성격인데 자주 흔들리거나 불안해하는 경우가 많다. 극한적인 투쟁이나 배신으로 원한이 쌓이고 주거불안, 신병 등이 자주 발생한다.

사고지의 충은 항상 타인을 능가하려는 심성과 함께 고집이 세고 냉혹한 점이 많다. 지역변동은 많지 않으나 내부의 이동이 발생하므로 지장간의 천간들이 어떤 작용을 하는 지 잘 살펴야 한다.

특히 사고지는 진술축미는 지장간의 역할이 중요하다. 사고지의 지장간은 항상 창고에 저장되어 있는 상태이다. 그래서 평소에는 활동을 하지 않다가 충이되어 개고되면 이것이 창고의 열쇠 역할을 하게 되어 그동안 창고에 갇혀있던 지장간이 튀어나와 활동하게 된다. 그 지장간이 사주팔자의 격을 높여주는 역할을 하는 것이면 좋겠지만 그 반대이면 무척 괴롭다. 더구나 진술축미가 천간의 뿌리 역할을 하는데 충이 되어 그 뿌리가 흔들리거나 뽑히게 되면 사건, 사고의 폐해를 면할 수 없으니 유의하여야 한다.

사고지의 충은 지장간의 충인데 1개의 지지를 2개의 지지가 충할 때는 단순 충의 효과 외에는 다른 문제가 없으나 3개 이상이 1개를 충할 때는 해당 지지의 지장간은 거의 파괴되어 무용지물이 되는 형국이니 유의하여야 한다.

큰 세력이 길(吉) 작용을 하는 경우, 작은 세력을 충하거나 작은 세력이 길 작용을 하는 큰 세력에게 충을 하면 발전, 개척, 분발 등으로 오히려 더 발전하지만 언젠가는 반드시 패할 수 있으니 주변 환경을 잘 살펴보아야 한다.

반대로 큰 세력이 흉(凶) 작용을 하는 경우, 길 작용을 하는 작은 세력을 충하면 손재(損財), 부상(負傷), 파산(破産), 충돌(衝突) 사고 등이 일어나며 여기에 흉신(凶神)이나 형살(刑殺) 등이 추가되면 사업부도(不渡), 관재(官災), 송사(訟事), 중병(重病)수술, 사별(死別), 살상(殺傷) 등 중대한 재난이나 사고가 발생하게 된다.

지지 글자의 간격이 가까이 있을수록 충의 파괴력이 강하게 나타난다. 따라서 멀리 있을수록 그 작용력이 약하다. 가까이 있는 충은 빠르게 나타나며 멀리 있는 충은 단순히 동요하는 정도의 작용만 일어난다. 또한 왕(旺)한 글자를 충하면 대노(大怒)하고(旺者沖大怒) 약한 글자를 충하면 그 글자는 사멸(死滅)한다.

만약 사생지, 사왕지, 사고지 등 4글자(寅申巳亥, 子午卯酉, 辰戌丑未)가 모두 있어 서로 충하면 충이 이루어지지 않으며 오히려 남자의 경우에는 대부(大富), 대귀(大貴)하게 되나 여자의 경우에는 그 반대로 해석하는 경우가 많다.

천간은 합이 되고 지지는 충이 될 경우 천간은 겉모습이고 지지는 속 모습이므로 겉으로는 화목하고 생산적인 것 같지만 속으로는 곪은 상태로 서로 갈등이 심한 관계가 되고 반대로 지지가 합이 되고 천간이 극, 충이 되면 겉은 반목하고 갈등을 겪지만 속은 화목하고 생산적으로 된다.

충 옆에 합이 있으면 합이 먼저 이루어져서 충의 작용을 약해진다. 그러나 합이 깨지면 충의 작용이 일어난다. 그리고 명체인 사주팔자가 행운을 충하는 것을 내충(內沖)이라 하여 길흉작용이 신속히 나타나고 행운이 명체를 충하면 외충(外沖)이라 하여 길흉작용이 더디게 나타나는 것이 특징이다.

천간과 지장간이 합하는 것을 암합(暗合)이라 하는데 암합이 있으면 충의 작용력이 약해진다. 합을 먼저 하기 때문이다. 암합의 대표적인 형태가 사해(巳亥)충이다. 지지 사해(巳亥)가 충하는데 천간에 정(丁)이나 계(癸)가 있으면 정임암합, 무계암합이 이루어져서 충의 작용력이 약해지는 것이다.

제3절 파

1. 파의 개념

파(破)는 깨뜨리다, 깨다, 부수다, 파괴하다(破壞--), 째다, 가르다, 지우다, 패배시키다(敗北---), (일을)망치다, 쪼개지다, 갈라지다, 흩뜨리다, 다하다, 남김이 없다, 깨짐, 깨는 일, 깨진 곳, 악곡(樂曲) 이름, 무너지다 (피) 등의 의미를 말한다. 단어를 뜻풀이 하면 깨어지거나 찢어지거나 또는 상하거나 한 흠집, 또는 사람의 흠집이나 결함(缺陷)을 말한다.

한마디로 정의하면 사람 관계, 어떤 일이나 사물이 깨진다는 의미이다. 다른 의미로 정리한다라는 뜻도 있다. 그동안의 관계를 정리한다는 의미도 된다. 처음부터 초지일관 밀고 가는 것이 아니라 중간에 계획을 수정하거나 진로를 바꾸거나 의외의 사건을 만난다는 의미도 포함되어 있다.

따라서 파를 해석할 때는 직업, 사업, 계획, 일, 인간관계, 애정 등의 변동, 이동, 분리 등의 작용을 하는 것으로 판단하여야 하며 수술, 절단, 치료, 완치 등의 작용을 하는데 인간관계 보다는 질병이나 사건 등에서 작용을 하는 것이 특징이다.

파의 작용은 독립적일 때는 형이나 충에 비해 그다지 위력을 발휘하지는 않지만 다른 신살과 연계되면 파급력이 커진다. 예를 들면 형, 충이 있는데 파가 가세하면 본래의 형, 충 작용이 배가 되어 훨씬 파급력이 커진다고 할 수 있다.

2. 파의 구성

파는 기존의 것을 정리하는 의미가 강하다. 기존의 것이란 대부분 오래 묵은 것을 말한다. 수리적으로 설명하면 숫자 1은 시작이요, 숫자 9는 완성이다, 그래서 1부터 9까지는 하나의 과정이 완성되는 것을 상징한다. 그리고 10은 완성품을 정리하는 단계이다. 없애거나 파괴하거나 정리하는 단계가 10의 단계이다. 그리고 다시 11부터는 1과 같이 새로운 시작이고 19가 되면 11에서 새롭게 시작한 것이 완성된다, 그 다음 20은 새롭게 시작한 것을 정리하고 다시 21부터 시작한다. 여기서 알 수 있는 것은 1부터 9까지가 하나의 과정이란 점이다. 그리고 10은 정리단계가 된다. 그것이 파괴이든 회복이든 일단 기존의 것을 정리하게 된다.

이와 같은 원리로 특정 지지에서 시작해 10번째 해당하는 지지가 오면 정리단계가 되는 것이고 이 10번째 해당하는 것이 바로 파(破)이다. 예를 들면 자(子)와 파(破)의 관계인 것은 자(子)에서 10번째 해당하는 지지(地支)가 유(酉)이다(①자→②축→③인→④묘→⑤진→⑥사→⑦오→⑧미→⑨신→⑩유→⑪술→⑫해). 그래서 자(子)와 유(酉)는 파(破)의 관계가 성립된다.

여기에는 나름대로 원칙이 있다. 음(陰)과 양(陽)에 따라서 다르게 적용한다는 점이다. 음은 시계 반대방향으로 계산하고 양은 시계방향으로 계산하는 것이다. 양에 해당되는 지지는 자(子), 인(寅), 진(辰), 오(午), 신(申), 술(戌)이고 음에 해당하는 지지는 축(丑), 묘(卯), 사(巳), 미(未), 유(酉), 해(亥)이다. 따라서 자, 인, 진, 오, 신, 술은 시계방향이고 축, 묘, 사, 미, 유, 해는 시계반대방향이다. 음양은 항상 순역(順逆)의 관계이기 때문이다.

그러면 양의 지지는 자유파(子酉破)가 있고 인해파(寅亥破, 인부터 시작해서 10번째 지지, 이하 같다), 진축파(辰丑破), 오묘파(午卯破), 신사파(申巳破), 술미파(戌未破) 등이 성립된다. 그리고 음의 지지는 축(丑)은 진(辰)과 파의 관계가 성립되어 축진파(丑辰破)가 된다. 축(丑)에서 시계반대방향으로 10번째 지지가 진(辰)이기 때문이다(①축→②자→③해→④술→⑤유→⑥신→⑦미→⑧오→⑨사→⑩진→⑪묘→⑫인). 이렇게 진행하면 묘오파, 사신파, 미술파, 유자파, 해인파가 성립된다.

자세히 보면 자유나 유자는 결국 같은 글자들이고 묘오와 오묘, 신사와 사신, 술미와 미술, 축진과 진축, 인해와 해인은 각각 같은 글자들이니 결과적으로 파는 자유파, 축진파, 인해파, 오묘파, 사신파, 술미파 등 6개의 파가 성립된다.

한편 파의 성립을 사혹십악(四惑十惡)의 개념으로 설명하는 경우도 있다. 사혹십악이란 인간관계에서 4살 또는 10살 터울은 서로 유혹하기도 쉽고 유혹하여 파괴되기도 쉽다고 하는데서 유래되었다. 파의 성질이 이와 같아서 사혹십악이 그 근거라고 주장하는 경우이다.

(표 43) 파의 구성

	①	②	③	④	⑤	⑥	⑦	⑧	⑨	⑩	⑪	⑫	
	⑫	⑪	⑩	⑨	⑧	⑦	⑥	⑤	④	③	②	①	
해	자	축	인	묘	진	사	오	미	신	유	술	해	자
자	축	인	묘	진	사	오	미	신	유	술	해	자	축
축	인	묘	진	사	오	미	신	유	술	해	자	축	인
인	묘	진	사	오	미	신	유	술	해	자	축	인	묘
묘	진	사	오	미	신	유	술	해	자	축	인	묘	진
진	사	오	미	신	유	술	해	자	축	인	묘	진	사
사	오	미	신	유	술	해	자	축	인	묘	진	사	오
오	미	신	유	술	해	자	축	인	묘	진	사	오	미
미	신	유	술	해	자	축	인	묘	진	사	오	미	신
신	유	술	해	자	축	인	묘	진	사	오	미	신	유
유	술	해	자	축	인	묘	진	사	오	미	신	유	술
술	해	자	축	인	묘	진	사	오	미	신	유	술	해

사혹십악에 의하면 4번째 지지 또는 열 번째 지지가 파가 된다는 것이다. 10번째 지지는 앞에서 설명한 거와 같고 4번째 지지가 파가 된다는 것은 10번째 지지가 파가 된다는 개념과 반대의 상황을 말한다. 다시 말하면 자에서 시작해서 4번째 지지가 파라는 의미이다. 다만 이번에는 수리적인 해석과 반대이다. 즉 양은 시계반대방향이고 음은 시계방향이다. 예를 들면 양의 지지인 자는 역순으로 4번째 해당하는 유가

파가 된다(①자→②해→③술→④유→⑤신→⑥미→⑦오→⑧사→⑨진→⑩묘→⑪인→⑫축). 그리고 음의 지지인 축은 순방향으로 4번째 지지(①축→②인→③묘→④진→⑤사→⑥오→⑦미→⑧신→⑨유→⑩술→⑪해→⑫자)가 진이다. 그래서 축진파가 된다.

3. 파의 종류

1) 자유파

자유파는 자수와 유금이 파의 관계이다. 일상생활에서 믿었던 약속이 깨지거나 이행되지 않아 신의를 잃을 수 있다. 매매, 취직, 금전 거래 등에서 믿었던 결과가 갑작스런 약속위반으로 일이 깨지는 경우가 많다. 파기 가중되면 계획과 추진하는 일에 혼선이 가중된다.

질병으로는 자수와 유금과 관련된 신장, 비뇨기, 생리불순, 요도염, 방광염, 전립선, 자궁 등의 문제와 수술 등이 우려되고 신경통, 요통, 폐질환 등이 우려된다. 주색잡기나 불륜으로 인한 사건이 발생하기도 한다. 유금은 흔히 세균성으로 해석하기 때문에 세균성 질환에 노출 될 수 있다.

2) 축진파

축진파는 토의 파이면서 겨울과 봄의 파이다. 자신의 능력만 믿고 욕심을 내어 경험하지 않는 일에 참여하였다가 명예나 재산상의 손실을 가져올 수 있으며 가정파탄의 원인이 되기도 한다.

일지에 파가 있는데 또 파가 오면 남자의 경우 배우자를 곤란하게 하거나 재산 손실을 볼 수 있으며 여자의 경우에는 배우자가 사회적으로 물의를 일으킬 수 있다. 특히 주변과의 경계선 때문에 다툼이 일어나는데 만약 오래된 다툼이라면 오히려 해소될 수도 있다.

질병으로는 토와 관련하여 위장, 비장, 맹장, 복막염 등의 질병으로 고생하거나 수술한 경험을 얻고 피부, 습진, 냉병 등을 앓을 수 있다.

3) 인해파

인해파는 인목과 해수의 파이다. 인과 해는 파이면서도 동시에 합이다. 먼저 합을 이루고 나중에 파를 이룬다. 이를 선합후파라고 한다. 이런 이유로 인해파는 파의 종류 중 가장 약한 파이다. 명조에서 인해합, 파로 이루어져 있는데 이를 깨는 파가 올 때 가장 미묘한 변화가 온다.

인해파는 주로 해수의 영향에 따라 자궁, 유산, 임신중절의 문제가 생기며 방광염, 담석증의 문제가 생긴다.

4) 사신파

사신파는 사신합도 되고 사신형도 된다. 때문에 합이 먼저 발생하므로 화합, 단합, 동업, 합의 등이 일어나서 일이 순조롭게 가다가 도중에 의견충돌, 불화, 배신, 투쟁 등이 발생하고 일이 꼬여서 손재, 파산, 불화, 분리, 이별 등이 발생한다. 사신파는 이렇듯 합, 형, 파가 동시에 일어나므로 명체, 행운 등을 잘 살피어 관찰하여야 한다.

사신파는 사화와 신금의 파이기 때문에 이와 관련된 질병에 노출되기 쉽다. 소장, 심장 계통의 질환에 유의하여야 한다.

5) 오묘파

오묘파는 오화와 묘목의 파이다. 매사 신중하지 못하고 서두르는 경향이 있으며 안이하게 판단하기 때문에 실패하거나 손해 보는 경향이 많다. 오묘파는 마치 불난 산에 거센 바람이 부는 모습과 같아서 여유를 가지지 않으면 안 된다. 자신의 능력을 냉철히 판단해서 선택하여야 하고 침착하게 행동하여야 한다. 절대 과욕은 금물이다.

오묘파는 도박, 유흥, 색정문제에 노출되기 쉬우며 방탕해져서 명예실추와 손재수가 발생하기 쉽다. 공금횡령, 뇌물수수 등에 연류 되기 쉬우니 조심하여야 한다.

질병으로는 안질, 난시, 백내장 등 주로 눈과 관련된 질병을 얻거나 간장 계통의 질환에 시달리게 된다. 특히 화재나 폭발사고 등도 조심하여야 한다.

6) 술미파

술미파는 토의 파이다. 또한 형이기도 한다. 따라서 형과 파가 동시에 일어나므로 다른 파보다 좀 강한 편이다. 거래관계, 주종관계 등에서 시비가 발생하며 구설, 질투, 모함 등이 따르고 서류나 문서로 인한 착오 또는 실수로 인해 사고가 발생한다.

인간관계에서는 배신, 실망 등이 생기며 믿었던 사람들로부터 적반하장으로 배신을 당하거나 억울한 누명을 뒤집어쓰기도 한다. 특히 행운에서 오면 그 파장이 더 크다.

질병은 신경쇠약 증세나 편두통, 노이로제, 조울증 등 신경정신적인 질환이 많고 신경통, 요통 등으로 고생하거나 입원하는 일이 생긴다.

4. 파의 작용

파는 기존 인연과의 관계성이 변동, 정리, 파괴되기 때문에 기존 인연에 미치는 영향이 크다. 만약 명체나 행운이 좋지 못할 때는 장기적으로 진행되어 오는 사업, 직장생활, 공직생활 등의 전업, 파산, 좌천, 해임, 파면 등을 흉사가 발생하게 된다. 동시에 오랫동안 고질적으로 앓아온 장기질환이나 고질병 등은 파운이 오면 오히려 회복되거나 완치되는 수가 있다. 왜냐 하면 파는 잘못된 부분을 교정하여 적합한 상태로 회복시키는 작용도 하기 때문이다.

십성 중 비겁이 파가 되면 믿는 도끼에 발등을 찍히거나 동업이 깨지고 배신을 당하기가 쉽다. 식상이 파가 되면 주거문제나 주거관련 사건이 생기고 부하나 아랫사람으로 인한 문제가 발생하고 직장에 파란이 생긴다. 재성이 파하면 손재수가 생기거나 처에 대한 우환이 발생하고 관성이 파하면 좌천, 파직, 파면, 해고 등을 의미한다. 그리고 인성이 파하면 계약이나 문서의 수정, 해약, 인허가의 취소되거나 오랫동안 보류되어 온 인허가가 해결되기도 한다.

　연지가 파이면 조상의 묘 이장이나 고향을 떠나 타향살이를 하게 되는 경우가 생기고 월지가 파이면 직업변동이나 사업장 이전의 문제가 발생하며 일지가 파이면 배우자나 자기 자신의 신변변동이나 부부불화, 사고, 수술의 문제가 생긴다. 다른 지지에 비해 일지의 파 작용이 가장 크게 나타난다. 시지의 파는 아랫사람이나 거래처의 변동이 발생한다.

　파 작용으로 사고지가 개고되는 일은 없고 개고는 형, 충만이 가능하다. 이에서 알 수 있는 것은 파의 작용이 형, 충보다는 크게 미약하다는 점이다.

제4절 해

1. 해의 개념

해(害)라는 것은 1) 해하다(害--), 2) 거리끼다, 3) 해롭다(害--), 4) 시기하다(猜忌--), 5) 훼방하다(毀謗--), 6) 방해하다(妨害--), 7) 재앙(災殃), 8) 요새, 9) 손해(損害), 10) 이롭지 못함, 11) 손상(損傷)시킴 등으로 해석한다. 대법원 인명용으로는 해. 집(갓머리(宀 ☞집, 집 안)部)에 들어앉아 사람을 헐뜯고 어지럽히는(☞ 丯) 말을(☞口) 한다는 뜻이 합(合)하여 남을 '해치다', '방해하다'를 뜻으로 사용된다. 한마디로 이롭지 아니하게 하거나 손상을 입힌다는 의미이다.

따라서 해란 없어야 할 방해물이 중간에 끼어서 하는 일을 방해하거나 훼방을 함으로서 손실이나 손상을 입힌다는 의미가 된다. 방해물이 중간에 있으니까 되는 일이 순탄치 않는다는 의미도 된다. 특히 중간에서 이간질을 하거나 모리배처럼 쌍방의 단합을 방해하거나 피해를 준다.

때문에 해가 있으면 무언가 자꾸 방해 요인이 발생하며 가까운 사이에서도 자주 다툴 수 있는 요인이 발생하게 된다. 적개심, 질투, 암투, 모략, 공격, 투쟁, 소송 등이 자주 발생하게 된다.

해의 작용은 일상생활의 장애물이 잇따라 생기는 일이며 부모 형제와 원망할 일이 생기며 업무에 장애가 따르고 골육 간에 서로 방해하며 부부가 화합하지 못한다. 시비구설, 사고가 잦고 형액, 중상모략 등의 일이 생긴다. 본인의 의지와 관계없이 이런 일들이 발생한다면 틀림없이 해의 작용 때문인 것이다.

2. 해의 구조

기본적으로 해(害)가 방해하고자 하는 것은 육합(六合)이다. 육합을 질투하고 육합이 이루어지는 것을 방해하는 것이다. 따라서 해는 육합과 관련이 있고 육합에서 파생된다. 육합이란 자축합, 인해합, 묘술합, 진유합, 사신합, 오미합 등 음양의 합을 말한다.

만약 나와 경쟁 관계에 있는 사람이 다른 사람과 친하게 지낸다면 그 사람을 좋아하지 않을 것이다. 그래서 경쟁관계에 있는 사람과 친하게 지내는 사람을 질시하게 되고 그 사람이 하는 일에 대해 방해하게 될 것이다. 이것이 바로 해(害)의 작용인 것이다. 때문에 해는 육합을 깨는 경쟁관계(충, 冲)에서 나타난다.

예를 들면 자축합인데 자(子)와 충(冲) 관계인 오(午)는 자(子)와 합(合)하는 축(丑)이 싫은 것이다. 그래서 자(子)와 축(丑)의 합을 훼방하고 싶은 것이다. 때문에 오(午)는 축(丑)과 해(害)의 관계를 이루게 된다. 축(丑)과 충(冲) 관계인 미(未)도 마찬가지이다. 축

(丑)과 합(合)하는 자(子)가 싫은 것이다. 그래서 훼방하고 싶은 것이다. 자(子)와 미(未)는 해(害)의 관계가 된다.

같은 행렬로 보면 인해합은 인(寅)과 충(沖) 관계인 신(申)이 해(亥)와 해(申亥害)를 이루고 해(亥)와 충(沖) 관계인 사(巳)는 인(寅)과 해(寅巳害)의 관계를 이룬다. 그리고 묘술합은 묘(卯)와 충(沖) 관계인 유(酉)와 술(戌)이 해(酉戌害)를 이루며 술(戌)과 충(沖) 관계인 진(辰)은 묘(卯)와 해(卯辰害)를 이룬다.

이렇게 해서 자미해, 축오해, 인사해, 묘진해, 신해해, 유술해 등 6가지의 해(害)가 이루어진다. 해는 육합과의 관계에서 파생되었기에 육합과 비교하여 육해(六害)하고도 한다. 주로 육친관계에서 강한 작용이 발생한다하여 육친지해(六親之害=六害)라고도 한다.

형제, 동료, 친인척간의 무정, 방해, 훼방 등의 작용이 크다는 특징이 있으며 행운에서 연지와 월지에 해가 이루어지면 조부모, 부모 또는 처가에서 상을 당하는 경우가 있고 일, 시에서 이루어지면 선후배나 아랫사람과 불화하며 자식으로 인한 근심이 생기고 여자의 경우에는 자궁이 불미하거나 고부간의 갈등, 의처증 등으로 시달리기도 한다. 주로 일, 시를 중심으로 판단한다.

(표 44) 해의 구성

해	자미		오축
	자	충	**오**
합충	합	✗	합
	축	충	**미**
해	축오		미자

인사			신해
인	충	**신**	
합	✗	합	
해	충	**사**	
해신			사인

묘진		유술	해
묘	충	**유**	
합	✗	합	합충
술	충	**진**	
술유		진묘	해

3. 해의 유형과 특징

자미해는 해 중에서 가장 강하게 나타나는 해이다. 자와 미가 만나 해가 되면 서로 지지 않으려는 자존심의 싸움이 된다. 특히 육친이나 골육 간에 불신과 불화, 원한을 갖게 되며 함께 살지 못하고 멀리 떨어져 살아야 하는 경우가 많다.

축오해는 친척간의 재물에 관한 암투와 오해로 인하여 관재나 송사가 많이 발생한다. 시비가 잦고 쉽게 화를 내는 특성이 있다.

인사해는 삼형살도 성립된다. 그래서 형과 해가 동시에 겹쳐서 작용하니 가볍지 않는 작용이 발생한다. 인생이 파란만장하고 사고나 신체적인 수술이 발생하며 관재수나 배신 등의 일어난다.

묘진해는 가까이 있는 사이에서 해가 발생한다. 같은 동방이며 목국 사이에서 나타나는 해이다. 그러니 가까운 관계에 있는 사람에게 신세지는 처지인데도 무시하거나 원망하고 배신하는 형태를 보인다. 서로 암투와 멸시를 하는 형상이다.

유술해도 마찬가지이다. 가까운 사이이다. 가까운 사이에 중상모략, 배신은 물론 가산을 탕진하는 경향이 있다.

신해해는 지장간의 관계에서 서로 극하는 관계이다. 신중 경금이 해중 갑목을 치고 해 중 갑목이 신 중 무토를 치니 재해가 발생하게 된다. 신과 해는 모두 오행 수의 기능을 하고 있어서 수액의 사고나 선박, 차량 사고의 위험이 높다.

제4장

신살·귀인론
(神殺·貴人論)

제1절 신살의 이해

1. 신살의 의의

신살(神殺)은 신(神)과 살(殺)이라는 글자의 복합어이다. 주로 역학에서만 사용하는 용어이므로 일반적으로는 해석하기가 어렵다. 여기서 신(神)은 종교적 의미를 갖는다. 신(神)은 종교의 대상으로 초인간적, 초자연적 위력을 가지고 인간에게 화복(禍福)을 내린다고 믿어지는 존재로서 이해된다.

신(神)은 뜻을 나타내는 보일시(示(=礻)☞보이다, 신)部와 음(音)을 나타내는 申(신)이 합(合)하여 이루어졌다. 즉, 申(신)과 만물(萬物)을 주재하는 신(示)의 뜻을 합(合)하여 '정신'을 뜻한다. 申(신)은 번갯불의 모양, 示(시)변은 신이나 제사에 관계가 있음을 나타낸다. 神(신)은 天體(천체)의 여러 가지 변화를 부리는 신, 아주 옛날 사람은 천체의 변화를 큰 신비한 힘을 가진 신의 행위라 생각하고 그것을 번갯불로 대표시켜 神(신)자로 삼았다.

신은 1) 귀신(鬼神), 2) 신령(神靈), 3) 정신(精神), 혼(魂), 4) 마음, 5) 덕이 높은 사람, 6) 해박한 사람, 7) 초상(肖像), 8) 표정(表情), 9) 불가사의(不可思議)한 것, 10) 신품(神品), 11) 신운(神韻: 고상하고 신비스러운 운치), 12) 영묘하다(靈妙--), 신기하다(神奇--), 13) 화하다(化--), 14) 삼가다(몸가짐이나 언행을 조심하다), 15) 소중(所重)히 여기다, 16) 영험이 있다 등의 뜻을 가졌다. 정리하면 인간보다 더 높고 신비스러운 존재로서 불가사의함을 보여주는 존재라는 의미이다. 따라서 신은 인간에게 벌도 주시만 상도 주는 존재로서 위기에 빠뜨리기도 하지만 위기에서 구해주기도 한다는 특징이 있다.

그리고 살(殺)은 죽일 살의 의미로 1) 죽이다, 2) 죽다, 3) 없애다, 4) 지우다, 5) 감하다(減--), 6) 얻다, 7) 사람을 해치거나 물건을 깨뜨리는 모질고 독한 귀신의 기운 등의 의미가 있으며 대법원 인명용으로는 살, 쇄. 뜻을 나타내는 갖은 등글월문(殳☞치다, 날 없는 창)部와 음(音)을 나타내는 글자 杀(살)이 합(合)하여 이루어짐. 杀(살☞나무와 풀을 베다)와 때려잡는다는(殳(수)☞부수(部首) 글자) 뜻이 합(合)하여 '죽이다'를 뜻한다. 따라서 살은 죽인다. 죽는다. 없앤다는 등의 의미로 사용된다.

한편, 살(殺)보다는 살(煞)이라는 단어를 사용하는 경우도 많다. 살(煞)은 죽일 살의 의미로 1) 죽이다, 2) 총괄하다(總括--), 3) 결속하다(結束--), 4) 단속하다(團束--) 5) 이기다, 제약하다(制約--), 6) 흉신(凶神·兇神: 사람을 해치는 독한 기운) 등의 의미가 있는데 자세히 보면 살(殺)과 거의 같은 의미로 사용되고 있음을 알 수 있다. 따라서 살(殺)과 동의어(同義語)라고 할 수 있다. 때문에 살(殺)과 살(煞)은 같은 의미로 이해하면 되겠다.

결국 신살이라 함은 사람에게 부여되는 기운으로서 좋은 기운과 나쁜 기운을 모두 일컫는 용어라고 할 것이다. 그런 의미에서 합·회 및 형·충·파·해도 일종의 신살인 것이다. 신살은 사람에게 기회요인을 제공하기도 하지만 위협요인을 제공하기도 하는 기운들을 총합적으로 지칭하는 용어라고 이해할 수 있을 것이다.

이 중에서 기회요인에 해당하는 신살을 귀인(貴人)이라 부르고 위협요인에 해당하는 것을 그냥 신살이라 부르는 경우도 있다. 신살에서 기회요인만을 별도로 구분 지칭하여 귀인이라 하고 귀인을 제외한 모든 신살을 신살이라 하여 위협요인으로 분류하는 방법이다. 중요한 것은 용어가 아니라 어떤 기운을 제공하느냐 하는 것이므로 그다지 구분의 실익은 없다고 본다. 다만 총칭하는 차원에서 구분하고자 신살과 귀인으로 나눌 뿐이다.

2. 신살의 구조와 기준점

신살은 주로 지지에서 많은 관계성을 가진다. 때문에 오행의 변화를 일간을 기준으로 해석하는 자평명리학에서는 신살과 관련성을 부인한다. 이런 이유로 자평명리학 중심으로 사주팔자를 배운 사람은 신살에 대한 의미를 가볍게 둔다. 그러나 자평명리학 보다 먼저 탄생한 당사주에서는 신살의 의미를 중요히 여긴다.

다시 말하면 신살의 구조는 자평명리학보다는 당사주에서 더 유용하게 이용된다고 할 것이다. 그런데 자평명리학도 그 기본적인 구조는 당사주와 유사하다. 천간과 지지를 가지고 해석하는 것도 같다. 다만 그 기준점이 자평명리학은 일간이 기준점이고 당사주는 연지(태어난 띠)가 기준점이기 때문에 그 해석이 크게 다르다.

그래서 당사주를 중심으로 신살을 해석한다면 연지가 기준이 되고 자평명리학으로 해석한다면 일간이 기준이 된다. 단, 일간은 지지 신살에 해당하지 않으므로 일간의 몸체라고 할 수 있는 일지가 그 기준이 된다. 그래서 오늘날 신살의 기준점을 연지 또는 일지로 본다고 한다.

그러나 여기에는 모순이 있다. '연지신살'과 '일지신살'이 같으면 문제가 안 되는데 같지 않을 경우에는 무엇을 우선으로 할 것이냐 하는 문제이다. 자평명리학의 입장에서는 당연히 일지가 기준이 될 것이고 당사주 입장에서는 당연히 연지가 기준이 될 것이다. 중요한 것은 자평명리학에서는 신살의 존재를 부정한다는 점이다. 그럼에도 굳이 일지가 맞다고 주장하는 것은 모순이다.

모순이 있기는 당사주도 마찬가지이다. 자평명리학이 등장하면서 당사주는 사실상 그 존재가치가 유명무실화 되었다. 사주팔자의 구성도 그렇고 그 해석도 논리성을 갖지 못하기 때문이다. 따라서 당사주에서 파생된 신살도 당연히 모순이 되는 것이다.

그렇다면 자평명리학은 왜 부정적인 신살을 사용하고 있는 것일까? 이런 의문에 대해 추정해본 바 술사들의 해석 때문이라는 결론이다. 즉 술사들이 자평명리학의 오행 변화만을 가지고 사주팔자를 해석하기에는 한계가 있었기 때문이라는 판단이다. 그러니 당연히 해석상 더 많은 도구가 필요할 것이고 그래서 이야기꺼리가 많은 신살을 최대한 동원했을 것이란 추정이 가능해지는 것이다.

또 하나의 추정은 신살의 유용론이다. 자평명리학에서 아무리 신살을 부정시하여도 현장 술사들이 신살을 사용한다는 점은 현장술사들은 신살의 유용성을 인정하고 있기 때문이라는 점이다. 그렇지 않다면 맞지도 않는 신살을 굳이 사용할 필요가 없기 때문이다.

특히 신살이 오랜 역사를 가졌고 현재까지도 사라지지 않고 전해온다는 점은 신살의 유용론을 더욱 뒷받침하고 있다. 그 많은 역사 속에서도 사라지지 않고 전해온다는 것은 그 만큼 유용하다는 것을 입증하는 것이라 할 것이다. 그렇지 않다면 오래전에 소멸되어 버렸을 것이기 때문이다. 신살의 모태라고 할 수 있는 당사주도 사양화되었는데 신살이 유지된다는 것은 신살의 유용성을 더욱 신뢰하게 하는 것이다.

그렇다면 신살의 기준점은 연지가 더 정확하다고 할 것이다. 왜냐 하면 자평명리학보다 당사주에서 먼저 사용했고 그 기준이 연지이기 때문이다. 이를 자평명리학에서 응용하면서 일지를 기준점으로 삼았기 때문에 오늘날 일지기준점이 된 것이라 추정되므로 연지를 기준점으로 하는 것이 맞다고 할 것이다. 다만 처음부터 일지를 기준으로 신살을 만들었다면 그것은 일지가 기준이 될 것이다. 그래서 그 시대가 자평명리학 이후의 신살이라면, 그리고 신살을 만들 때부터 일지를 사용했다면 일지가 기준점이 되는 것이 맞고 그 이전, 즉 자평명리학 이전의 신살이라면 연지를 기준점으로 하는 것이 맞다고 해야 가장 합리적이라 할 것이다.

하지만 신살의 탄생이 언제인지를 신살마다 개별적으로 추정하기란 너무 어렵다. 설사 추정한다고 해도 실익이 별로 없다. 그래서 신살의 적용도 쉽지 않는 것이다. 오늘날 술사들은 현명하여 그 기준점을 연지와 일지를 동시에 두면서 해석하지만 막상 깊이 관찰하면 연지와 일지 둘 중 하나에 중점을 둔다는 것을 알 수 있다. 왜냐 하면 연지와 일지가 다르기 때문이다. 그러면 해석도 완벽하게 달라지게 된다. 그러니 분명하게 구분할 필요가 있다. 적중률을 높이기 위해서는 반드시 구분하여야 한다.

자세히 살펴보면 경험이 많은 술사일수록 연지에 그 기준점을 둔다는 것을 이해할 수 있을 것이다. 왜냐 하면 오행의 변화만을 지향하는 자평명리학으로 인간의 운명을 논하기에는 그 소재가 너무 간단하기 때문이다. 그래서 자꾸 신살을 동원하고 결국에는 신살 중심으로 해석해 버리기 때문이다. 하지만 자평명리학은 일간의 비중이 너무 크기 때문에 일지를 기준으로 하는 것을 버릴 수가 없다. 그러니 술사들이 현명한 판단이 선행되어야 하며 그것은 수많은 간명과 실험을 통해서 찾아야 할 것이다.

3. 신살의 유형과 특징

신살은 글자와 글자가 만나서 이루어지는데 이에는 천간과 천간, 천간과 지지, 지지와 지지가 만나서 신살을 이루게 된다. 천간과 천간의 신살은 합, 극, 충이 대부분의 신살에 속한다.

그리고 천간과 지지는 그 종류가 무수히 많다. 특히 지지와 지지의 신살은 그 수를 헤아릴 수 없을 정도로 많다. 어떤 사람은 신살이 수백 개에 이른다고 하고 또 다른 사람은 신살이 수천 개에 이른다고 한다. 역학자들이면 누구나 적용하는 보편적인 신살이 있는 가하면 때로는 듣도 보도 못한 신살도 있다. 그런 의미에서 신살과 관련이 없는 사람은 어느 누구도 없을 것이다.

특히 지지와 지지의 신살은 더욱 그렇다. 전통적으로 내려오는 신살도 있고 새로 만들어지는 신살도 있다. 실제 간명을 통해서 창조되는 신살도 있다. 신살에 대해 신뢰가 떨어지는 이유 중의 하나가 신살이 너무 많고 어떤 경우는 중복되기도 하고 어떤 경우는 터무니없기도 하기 때문이다.

하지만 신살 중에서는 오행의 변화 못지않게 사주팔자에서 그 비중이 큰 것도 많다. 이런 이유로 신살을 너무 신뢰해서도 안 되지만 너무 도외시해서도 안 된다. 신살에 대한 공부가 필요한 이유이기도 한다. 모든 신살을 공부하기에는 분명 한계가 있다. 혹은 의미가 없을 수도 있다. 그래서 반드시 필요하다고 인정할 수 있는 산살만을 추려서 연구하고 그것을 중심으로 공부하는 것이 가장 이상적이라는 판단이다.

제2절 신살의 유형

1. 원진살

1) 개념과 작용

원진(怨嗔, 元嗔)이란 이유 없이 원망하거나 미워한다는 의미이다. 이유가 있다 하더라도 이유 같지 않는 하찮은 이유로 원망하거나 미워하는 것을 말한다. 원진은 만나면 원망하고 미워하지만 헤어져 있으면 오히려 그립고 보고 싶어 하는 것도 원진이다. 원진살이란 이렇게 만나면 밉고 원망스럽고 다툼이 생기지만 헤어지고나면 보고 싶고 그리워하는 신살을 말한다.

때문에 원진살은 서로 마주보고 만나기를 꺼려하며 증오하고 혐오하거나 상호 불신과 시기, 질투, 원망, 권태로움이 혼합되어 서로를 밀어내는 모습이다. 그래서 고독, 별거, 이별, 이혼 등으로 연결하여 해석하는 경우가 많다.

그래서 원진살은 남녀관계나 대인관계에서 자주 인용된다. 특히 남녀가 궁합을 볼 때도 원진살을 유용하게 적용된다. 남녀가 연지끼리 원진이면 겉궁합이 안 좋고 일지끼리 원진이면 속궁합이 안 좋다고 한다. 그러나 남녀관계나 대인관계에서 궁합을 볼 때는 일지를 기준으로 보는 것이 더 유용하므로 일지 원진을 더 많이 적용한다.

한편 원진은 근원적인 것, 선천적인 것의 결함이나 부족함에 대한 원망을 나타내기도 한다. 어쩔 수 없는 신체적 결함이나 부모로부터 물려받은 유전적인 콤플렉스, 불우한 환경 등에 대한 원망 등도 원진에 해당한다.

또한 원진살을 대모살(大耗殺)이라고도 한다. 대모란 크게 없어지거나 사라진다는 의미이다. 따라서 대모살은 재산, 명예 등이 크게 손상되거나 흔들린다는 것을 의미하기도 한다. 원진살이 흉살인데 재성과 만나면 재물이 바람처럼 날아가듯 손해를 보거나 파산하기 쉽고 흉살에 해당하는 원진살이 관성과 만나면 외풍이나 구설로 인하여 직위가 흔들리거나 좌천, 징계 등이 예상되고 타인의 잘못으로 인한 책임이나 타인의 죄를 자신이 대신 받거나 뒤집어쓰는 억울한 누명을 당하는 경우가 발생한다.

식상이 원진살이면 매사 입조심과 비밀유지에 신경을 써야 한다. 말로 인한 시비나 구설이 끊이지 않으니 괜히 씹는 사람이 따라다니며 특히 남자의 경우 처가와의 갈등이나 시비에 휘말릴 수 있다.

2) 구조

원진은 충(冲)과 관련이 있다. 지지가 충하고자 하는데 그 옆 글자가 충을 방해하는 역할을 한다. 그렇다고 충이 안 일어나는 것도 아닌데 괜히 방해하고 있으니 때로는 원망스럽기도 하지만 충을 방해하니 충으로 인한 스트레스를 해소할 수 있어 때로는 그립기도 하는 것이다.

그런데 바로 옆 글자가 방해를 하는데 방해하는 글자가 앞 글자인지 뒷 글자인지가 분명하여야 한다. 여기에는 일정한 규칙이 있다. 즉, 양에 해당하는 지지는 뒷 글자가 방해하고 음에 해당하는 글자는 앞 글자가 방해하는 것이다.

(표 45) 원진 조견표

충	양(陽)	양(陽)	음(陰)	양(陽)	음(陰)	양(陽)	음(陰)
	자(子)	축(丑)	인(寅)	묘(卯)	진(辰)	사(巳)
	오(午)	미(未)	신(申)	유(酉)	술(戌)	해(亥)
뒷글자	자미		묘신		사술	
	축오		인유		진해	
앞글자		자미		묘신		사술
		축오		인유		진해

예를 들면 자(子)와 오(午)가 충하는데 자와 오는 양에 해당하므로 뒷 글자가 원진이 된다. 따라서 자는 오의 뒷 글자 미와 자미 원진을 이루고 오는 자의 뒷글자인 축과 축오 원진을 이룬다. 같은 방법으로 축과 미는 음의 충이니까 앞 글자가 원진이 된다. 그래서 축은 미의 앞글자인 오와 축오 원진을 이루고 미는 축의 앞글자인 자와 자미 원진을 이룬다.

이와 같은 방법으로 인은 신과 충을 이루는데 양의 충이므로 뒷 글자가 원진이 된다. 따라서 인은 신의 뒷 글자인 유와 인유 원진을 이루고 신은 인의 뒷글자인 묘와 묘신 원진을 이루게 된다. 반면 묘유충은 음의 충이므로 앞글자가 원진이 된다. 따라서 묘는 유의 앞글자인 신과 묘신 원진을 이루며 유는 묘의 앞글자인 인과 인유 원진을 이루게 된다.

또한 진과 술은 양의 충을 이루기 때문에 뒷 글자가 원진이 된다. 그래서 진은 술의 뒷 글자인 해와 진해 원진이 되고 술은 진의 다음 글자인 사와 사술 원진이 된다. 그리고 사해충은 음의 충이므로 앞글자가 원진이 된다. 그래서 사는 해의 앞글자인 술과 사술 원진을 이루고 해는 사의 앞글자인 진과 진해 원진을 이루게 된다. 이렇게 해서 원진은 자미, 축오, 인유, 묘신, 진해, 사술 등 6개의 원진이 탄생한다.

다른 방법으로 원진을 유출하면 60갑자의 갑자순 짝을 짓는 12지지가 충을 방해하는 작용을 하게 되는데 이것이 원진이 된다는 설도 있다. 예를 들면 60갑자의 짝은 자축, 인묘, 진사, 오미, 신유, 술해인데 자축과 오미가 상호 충이 되고 인묘와 신유가 충이 되며 진사와 술해가 충이 된다. 이의 충관계에서 대각선 관계가 바로 원진이라는 의미이다. 때문에 자축과 오미의 충은 대각선 관계인 자와 미가 자미원진이 되고 축과 오가 축오 원진이 된다. 인묘와 신유가 충이 되는데 대각선 관계인 인과 유가 인유 원진이 되고 묘와 신이 묘신 원진이 된다. 그리고 진사와 술해가 충이 되는데 대각선 관계인 진해와 사술이 원진이 되는 것이다.

한편 원진을 동물들의 관계에서 해석하는 경우도 있다. 고서에서는 원진의 관계를 12지지의 동물관계에서 비유하고 있다. 예를 들면 쥐는 양의 뿔을 싫어하고, 호랑이는 닭이 새벽에 우는 것을 싫어하고, 소는 말이 일은 안하고 선비만 태우고 다닌다고 싫어하고, 용은 돼지의 검은 털과 못생긴 얼굴을 싫어하고, 토끼는 자신의 눈처럼 생긴 원숭이의 엉덩이를 싫어하고, 뱀은 개짖는 소리를 싫어한다는 것이 그것이다.

3) 원진의 작용과 특징

원진은 부부관계나 대인관계를 중요하게 생각하는데 대부분 흉작용을 한다. 사주팔자 명체에 원진이 편중되어 있으면 용모가 아름답지 못하거나 음성이 크며 탁하고 도량이 좁아 주위사람과 불화는 물론, 경거망동으로 시비와 구설을 일으키거나 선악의 분별 능력이 떨어지고 음식을 탐하는 경향이 높다.

연지와 월지가 원진이면 조상과 부모의 관계가 원진 관계이고 월지와 일지가 원진이면 부부와 부모가 원진관계이며 일지와 연지가 원진이면 부부와 조상의 관계가 원진관계이다. 일지와 시지가 원진이면 부부와 자식이 원진관계이며 시지와 연지가 원진이면 조상과 자식이 원진관계이다. 그리고 시지와 월지가 원진이면 자식과 부모가 원진관계이다. 따라서 나를 중심으로 원진을 계산한다면 일지를 중심으로 보는 것이 가장 합당하다고 할 것이다.

원진이 되면 불화, 투쟁, 별거, 이별 등이 예상되며 같이 살더라도 한 지붕 안에서 별거 상태가 된다. 그렇지 않으면 한 쪽의 몸이 약해지거나 고질병에 시달리는 경향이 있다.

원진이 형, 충과 함께 있으면 불구자식을 출산하거나 자식이 양육 중에 장애자가 될 가능성이 크므로 궁합 볼 때 참조하여야 한다. 원진이 기신일 때 합이 되면 흉이 해소되고 충, 파가 되면 재액이 발생한다. 행운에서 기신이 원진이 되면 길하고 희신이 원진이 되면 흉사가 발생한다.

여자의 경우 재성이 원진이면 시어머니와 불화 및 갈등이 되며 식상이 원진이 되면 자식과 우환이 계속되거나 산액의 후유증이 발생한다. 여자가 원진이 겁살이나 망신살 또는 양인 등과 동궁하면 용모는 아름답더라도 비천하거나 음란하고 매사 천박하게 행동하며 색욕에 눈이 어두워 불륜관계에 빠질 수 있다.

자미 원진은 자식 덕이 부족하며 사고수가 많다. 축오 원진은 폭발적이며 다혈질이 많다. 항상 불만스럽고 불평이 많으며 고독한 경향이 강하다. 인유 원진은 잔병치레를 많이 하고 자만심과 무례함이 있어 가끔 하극상을 일으킨다. 진해 원진은 집요하게 물고 늘어지는 경향이 있다. 그래서 같은 말과 같은 행동을 반복하거나 잔소리를 많이 하는 성향을 갖는다. 그리고 사술 원진은 감정기복이 심하고 엉뚱한 면이 있다. 고집이 세고 고독하다.

2. 귀문관살

1) 개념과 구조

귀문관살(鬼門關煞)이란 귀문 또는 귀문관이라 하는데 귀신이 들어와 빗장을 잠근다는 의미이다. 귀신이 들었다는 의미로도 해석되는데 일종의 빙의 현상이나 공황장애 같은 증세가 이와 유사하다. 원래 머리가 좋은 사람에게서 많이 발생하는 것이 특징이다.

귀문관살은 원진살과 그 구조가 유사하다. 지지가 자(子)일 때와 인(寅)일 때를 제외하면 원진살과 같다. 다만 자(子)의 경우 원진살은 미(未)였으나 귀문관살에서는 유(酉)가 된다. 자유 귀문관살은 지유파와도 같다. 그리고 인(寅)은 원진살에서는 유(酉)가 인유 원진살이었으나 귀문관살에서는 미(未)가 인미 귀문관살이 된다. 그래서 어떤 경우에는 아예 원진살에 해당하는 자미, 인유도 귀문관살에 포함하기도 한다.

(표 46) 귀문관살 조견표

일지	자	축	인	묘	진	사	오	미	신	유	술	해
귀문	유	오	미	신	해	술	축	인	묘	자	사	진
원진	미	오	유	신	오	술	축	자	묘	인	사	진

귀문관살은 일지를 기준으로 해석한다. 일지가 사주의 몸체이기 때문에 그 중요성을 부여한다. 그리고 행운에서도 해당된다. 귀문이 성립되면 매사 하는 일이 늦어지고 지체된다. 이럴 때 미래에 관한 불안감이 밀려들고 판단력을 상실하게 된다. 귀문관살이 생기는 이유는 사주에서 오행이 서로 상극하고 있거나 조후가 편협적일 때 많이 생긴다.

2) 작용

좋은 의미로는 머리가 비상하고 기억력이 좋으며 예지력이 뛰어나다. 총명하고 학문이 높아서 훌륭한 인재가 되는 경우가 많다. 한마디로 천재적 기질이 있고 영혼이 맑다. 재능이 비범하니 예능, 문학, 창작 부문에서 일하는 것이 유리하다.

하지만 나쁜 의미일 때는 신경이 예민하고 과대망상에 빠지는 경우가 많다. 기억력이 좋으니까 자꾸 과거를 들먹이며 과거로 회귀하려는 본능이 강하다. 매사 한가지 일에 몰두하는 경향을 보이기 때문에 정신적 편향성이 있고 편집증세가 강하다. 외부의 평판에 신경을 더 쓰며 의도적인 행동으로 스트레스를 푸는 기질이 있다. 때문에 가끔 폭력성을 드러낸다. 의부증, 의처증, 변태적 성향을 보이기도 하고 히스테리하고 인격파탄, 정신이상, 집요하고 광적인 기운이 강하여 때로는 신들린 듯한 모습을 보인다. 본인과 의견이 불일치하면 상대방을 집요하고 강제적으로 원망하거나 물고 늘어지는 성향이 강하다. 변덕이 심하여 일관성 있는 행동을 유지하기가 어렵다.

가장 특징적인 것은 감성과 이성이 자주 교차함으로서 변덕스럽고 종잡을 수 없으며 편집증세를 가지다 보니 자주 착각을 한다. 그리고 원망, 불평, 불만 등을 많이 하며 조금만 소홀해도 상대를 원망하고 배타심과 증오심으로 확대된다. 엉뚱한 생각을 많이 하고 그것에 집착하다보니 정신착란으로 빠질 수 있다. 일방적이다 보니 대화가 안 되고 폭력적이다. 자꾸 과거를 들먹이는 반복현상을 보여 상대를 피곤하게 한다. 아무것도 아닌 것으로 상대방을 들볶는 경향이 매우 강하다.

대체적으로 대인관계에서 억울하다는 생각을 많이 하고 자신을 알아주기를 바란다. 하지만 폐쇄적이어서 비밀이 많고 아무에게 속내를 꺼내지 않는다. 특별한 기가 흐르기 때문이다. 따라서 그 기를 잡아 주는 사람과 대화가 된다. 그 외에는 자신을 드러내지 않는다.

귀문관살은 주로 여자들, 특히 인물이 좋은 여자들에게 많이 발생한다. 여자의 관성이 귀문관살이면 남편이 변태적이거나 이별할 가능성이 많다. 남성에게는 재성이 귀문관살이면 처가 변태적이거나 정신적인 문제가 있다.

귀문관살이 있으면 불안감, 정신적 피곤함, 화병, 우울증, 스트레스를 많이 받는다. 때문에 귀문관살이 있으면 그 사람을 그대로 받아주는 것이 좋다. 그래야 속내를 나타낼 수 있다. 그렇게 대화하면서 풀어주는 것이 좋다 그렇지 않으면 속으로 앓기 때문에 심각한 문제를 야기한다.

귀문관살이 있으면 무조건 혼내면 오히려 부작용이 날 수 있다. 항상 달래주어야 한다. 자기 스스로 자신의 마음을 잘 다스릴 수 있게 해주어야 한다. 신앙을 가지는 것도 하나의 방법이다. 종교생활을 통해서 마음의 안정을 취하는 것도 바람직하다. 하지만 오히려 맹신자가 될 위험도 있다.

3) 유형별 특징

자유(또는 자미 포함) 귀문관살은 공주병, 왕자병이 특징이다. 의타심이 많고 변덕이 심하며 자신만을 생각하는 경향이 강하다. 주기적으로 떼쓰는 버릇이 있다. 무절제하고 무책임하다. 무속에서는 동자신, 선녀신으로 애들 같은 짓을 많이 한다.

축오 귀문관살은 폭발적이고 다혈질이 많다. 폭력적이고 과격하다. 자칫 음독이나 분신의 가능성이 높다. 조급하고 자학적이다. 무속에서는 객사한 귀신, 흉사한 귀신을 의미하며 몹쓸 병으로 죽은 귀신을 표현하기도 한다.

인미(또는 인유) 귀문관살은 남자에게서 주로 나타나는데 애늙은이처럼 행동한다. 혼자 넋 놓고 멍하니 앉아 있는 모습을 보이며 눈동자가 풀어져 있어져 있다. 무표정, 무관심, 나태, 무반응, 불분명한 태도를 보인다. 가만히 있다가 갑자기 사고를 내는 스타일이다. 무속에서는 어른 귀신, 늙은이 귀신으로 표현한다.

묘신 귀문관살은 잘난 척하며 자기주장이 강하다. 즉흥적이며 급하다. 허세, 허풍, 자기과신이 강하다. 자기는 항상 옳으며 남들이 오히려 이상하다고 생각한다. 과대망상증이 심하다. 무속에서는 장군귀신, 도화살 귀신으로 표현한다.

진해 귀문관살은 굉장히 집착, 집요하다. 결벽증이 있고 대인 기피증이 심하다. 폐쇄적이며 상당히 까다롭고 앙칼지고 사납다. 히스테리칼하고 자기 소속감이 강하여 남을 터부시하고 자기 하고만 친해야 한다는 욕구가 강하다. 무속에서는 처녀귀신, 애 낳다 죽은 귀신으로 표현한다.

사술 귀문관살은 능구렁이처럼 음흉하고 기만적이다. 극단적으로 이기적이며 앞과 뒤가 다른 표리부동형이다. 고집이 세고 갑자기 돌변하는 경우가 많다. 도사귀신, 애를 못 낳고 죽은 귀신 등으로 표현한다.

3. 백호대살

백호(白虎)살 또는 백호대살(白虎大殺)이라 한다. 대(大)를 붙인 이유는 그만큼 크고 강하게 작용하기 때문이다. 백호는 하얀 호랑이를 뜻하는데 흰색은 오행의 금을 의미하고 금은 숙살지기로 살(殺)을 뜻한다. 그리고 호랑이는 옛날에는 사람을 잡아가는 가장 무서운 동물로서 상징되었다. 따라서 백호살은 사람을 다치게 하는 흉살이며 옛날 같으면 길을 가다가 호랑이한테 물려가는 것과 같은 흉측함이 발생한다는 의미이다. 오늘날에는 생각지도 않는 의외의 사고, 특히 교통사고, 산액 등을 의미하며 예측할 수 없는 흉사, 총사, 횡사, 요절, 자살, 급사, 변사 등을 지칭한다.

풍수지리에서 백호는 사호신 중 서쪽 방향을 지키는 신으로 상징된다. 동청룡, 서백호, 남주작, 북현무가 그것이다. 특히 서쪽은 오행의 금 방향이고 금은 백색을 상징하므로 백호라 불리우고 상스러운 동물이며 횡액, 급변, 병난, 살생을 주관하는 동물로 여겨졌다.

원래 백호대살의 출처는 자평명리학이 아니다. 기문둔갑[7]의 구궁도(九宮圖)에서 중앙의 궁(중궁(中宮)), 즉 오황성(五黃星)을 이르는 말이다. 오황성은 토성을 의미하는데 오행의 토가 중앙을 차지하므로 중궁이라 부른다. 구궁도는 자평명리학 보다 훨씬 이전의 시대에 탄생한 것으로 보아 백호대살은 자평명리학 이전의 신살임이 분명하다.

백호대살의 구성은 천간과 사묘지의 관계로 형성된다. 천간은 갑을병정무기경신임계를 말하며 사묘지는 진미술축을 말한다. 사묘지는 곧 오행의 토이며 토는 중궁이므로 천간과 중궁의 만남이 백호가 되는 것이다. 천간 중에서 오행 금에 해당하는 경(庚)과 신(辛)은 같은 백호의 기운이니까 제외한다. 그러면 갑을병정무기임계 등 8개가

---

[7] 병법 술수의 하나로, 하도(河圖:주역 팔괘의 근본이 되는 55개점의 점)·낙서(洛書:중국 우왕 때 洛水에서 나온 거북의 등에 있었던 9개의 무늬)의 수(數) 배열원리 및 이를 이용한 《주역》 건착도(乾鑿度)의 구궁(九宮)의 법이 그 원형이다. 둔갑술(遁甲術)이라고 부르기도 한다. 하도·낙서는 원래 음양오행설(陰陽五行說)을 적용한 것으로 수의 배열은 음수와 양수로 되어 있고, 포진법(布陣法)은 동서남북 및 중앙으로 되어 있어서 음양의 화합과 오행의 상생을 이루도록 만들어져 있다. 후대에는 이런 간단한 원리에 많은 이론을 첨가하여 복잡한 은신술(隱身術)로 변형되었다. 기문둔갑의 시작은 《고금도서집성(古今圖書集成)》에 따르면 헌원황제(軒轅皇帝)가 치우천왕(蚩尤天王)과의 전쟁에서 고전하고 있을 때 우연히 꿈에 천신(天神)에게서 부결(符訣)을 받았고, 이를 풍후(風后)가 명을 받아 문자로 완성한 것이라고 한다. 삼국시대에 와서는 제갈공명(諸葛孔明)이 더욱 발전시켜 병법에 이용하여 큰 성과를 거둔 것으로 유명하다. 중국 당(唐)나라 태종 때 이정(李靖)이 기문둔갑을 병법과 정치에 활용하여 당나라를 세우는데 큰 역할을 하면서 이것은 정치적 목적에 따라 금서(禁書)로 정해졌다.

남고 여기에 사묘지가 결합하여 백호살을 이룬다. 순서를 열거하면 갑진, 을미, 병술, 정축, 무진, 기미, 임술, 계축이 된다.

(표 47) 백호대살

천간	갑(甲)	을(乙)	병(丙)	정(丁)	무(戊)	기(己)	임(壬)	계(癸)
지지	진(辰)	미(未)	술(戌)	축(丑)	진(辰)	미(未)	술(戌)	축(丑)
백호살	갑진	을미	병술	정축	무진	기미	임술	계축

백호살이 있으면 장점으로는 강성기질이 있으며 자존심이 강하고 기백이 좋다. 추진력과 폭발력이 있고 끊고 맺음이 분명하며 배짱이 두둑하다. 단점은 참을성이 부족하고 다른 사람의 간섭을 싫어하며 과격하다. 그래서 백호살이 있으면 의외로 성공하는 사람도 많다. 또한 크게 성공하거나 크게 실패한 경우도 많다. 그만큼 백호살은 굴곡이 심하다. 일간이 신강하면 성공하는 경우가 많고 신약하면 실패하는 경우가 더 많다. 특히 기술적인 분야에서 성공하는 경우가 많다.

백호살은 육친에 따라 해당 육친과의 관계가 흉작용을 한다. 특히 지장간에 암장되어 있는 육친에게도 영향을 미치므로 그 영향권이 광범위하다. 무진, 기미는 비겁 백호이다. 비겁이 백호살이면 형제자매와 불화, 반목, 이별하기 쉽고 부모재산을 탕진하기 쉽다. 병술과 정축은 식상이 백호이다. 식상이 백호이면 남자는 처갓집과 인연이 고달프고 여자는 자식과의 문제가 발생한다. 산액, 유산 등 자식 인연 박하고 부부이별이 많다. 갑진, 을미는 재성 백호이다. 재성이 백호이면 부친의 횡액, 처의 흉사가 발생하며 부부가 이별하기 쉽다. 임술, 계축은 관성 백호이다. 관성이 백호이면 남자에게는 자식이, 여자에게는 남편이 횡액을 겪으며 관재수가 따른다.

백호살은 본인은 물론 그 윗대와의 관계가 흉하며 남자는 본가 쪽 여자는 친가 쪽과 더 연관을 갖는다. 왜냐 하면 백호대살은 조상이 저지른 악업의 대가를 후손이 받는 구조이기 때문이다. 백호살이 많으면 더 강하게 작용하며 형, 충, 파, 해가 되면 더 나쁜 작용을 한다.

4. 괴강살

괴강(魁剛)이란 귀신 중의 우두머리라는 의미이다. 괴(魁)는 괴수를 뜻하며 괴수 중에서도 가장 으뜸이며 우두머리를 말한다. 귀신귀(鬼☞귀신, 영혼)部와 음(音)을 나타내는 鬼(귀→괴)가 합(合)하여 이루어졌다. 북두칠성(北斗七星)의 머리 쪽에 있는 네 개의 별 뜻을 나타내며 북두칠성의 첫 번째 별, 즉 으뜸을 의미한다.

강(罡)은 북두칠성를 나타낸다. 강(罡)은 岡(강)의 속자(俗字). 岡(강)을 변형시킨 것이며 하늘에서 가장 강력한 별의 뜻으로 쓰인다. 따라서 괴강이란 하늘에서 가장 강력하고 으뜸인 우두머리 별, 즉 귀신 중에서도 가장 으뜸 귀신을 의미하는 것이다. 따라서 괴강이 있으면 일단 세다, 강하다, 으뜸이다, 우두머리라고 해석하면 된다.

괴강살은 일단 강하다는 점이 핵심이다. 좋은 기운이든 나쁜 기운이든 강하다는 것이 특징이다. 따라서 길과 흉도 극단적으로 강하게 나타난다. 비단 나쁘다고만 할 수 없는 것은 괴강살이 있는 경우 오히려 더 큰 인물이 되는 경우도 많기 때문이다.

장점으로는 통솔력이 있고 모험을 좋아하며 정직하고 똑똑하며 비범하고 리더로서 자질이 있다. 그래서 충신열사, 군인 등으로 크게 성공한 사람이 많다. 단점으로는 대재앙, 극빈살상을 만들기도 한다는 점이다.

자존심이 강하고 절대로 굽히지 않으며 강직하고 고집이 세다. 매사 추진력이 좋고 의협심, 봉사, 희생정신이 있다. 때로는 단순하고 순수한 면이 있다. 반면 자기중심적이고 극단적이며 예측불허의 행동을 한다. 대체로 보수적이다.

신강하면 길작용을 하고 신약하면 흉작용을 많이 한다. 특히 형충을 만나면 거의 무자비한 흉작용으로 나타난다. 특히 남, 여의 경우가 달라서 남자는 긍정적으로도 해석하나 여자는 거의 부정적으로 해석한다. 그러나 현대 사회에서는 여자의 지위가 상향되어 남자다운 여자도 선호하는 경향이 높기 때문에 시대에 따라 해석을 달리할 필요가 있다.

괴강살은 지지 중에서 진, 술과 관계가 있다. 진(辰)은 땅을 상징하며 지괴(地魁)라고 하며 땅 귀신의 우두머리가 되며 지망(地網)이라고도 한다. 그리고 술은 천괴(天魁)라고 하며 하늘의 우두머리라고 하며 라망(羅網)이라고 한다. 따라서 진술은 천라지망(天羅地網)이라 하여 하늘과 땅의 그물이라는 뜻으로 도저히 벗어날 수 없는 경계망(警戒網)이나 피할 수 없는 재앙(災殃)을 뜻하기도 한다.

또한 진은 수의 고장이고 술은 화의 고장으로서 수화상쟁의 의미가 강하다. 특히 진은 양의 전 단계이자 음의 마지막 단계이고 술은 음의 전 단계이자 양의 마지막 단계로서 가장 강력한 세력을 가진 지지이다. 그래서 진, 술은 지지에서도 가장 강한 지지라고 해석한다.

(표 48) 괴강살

천간	갑	갑	병	병	무	무	경	경	임	임
지지	진	술	진	술	진	술	진	술	진	술
괴강	갑진	갑술	병진	병술	무진	무술	경진	경술	임진	임술

진과 술이 천간 중에서 양의 천간, 즉 갑, 병, 무, 경, 임 등 5개의 천간과 관계에서 괴강살이 발생한다. 그래서 갑진, 갑술, 병진, 병술, 무진, 무술, 경진, 경술, 임진, 임술이 괴강살을 이룬다. 여기서 갑진, 병술, 무진, 임술은 백호살과 겹친다.

5개의 양천간 중에서 특히 무, 경, 임에서 강하게 나타난다. 갑과 병은 괴강의 기운이 있기는 하나 약하고 특히 강한 것은 경과 임이다. 그래서 경과 임만 괴강살이 된다는 학설이 대부분이다. 그러나 약하지만 갑, 병, 무도 괴강살의 기운이 있음을 인지하여야 한다.

남녀 모두 괴강살이 있으면 남성적 기질이 강하다고 할 수 있다. 남자의 경우 우두머리 기질이 다분하여 분위기를 압도하고 당당하며 강직하다. 화술에 능하고 재능이 많으며 명예를 중시하고 리더십이 있다. 여자도 마찬가지이다. 한마디로 남자답다고 할 수 있다. 이것이 때로는 장점일 수 있지만 남편 위에 군림하려는 성향이 강해서 남자 입장에서는 가장 꺼리는 단점이 된다. 또한 활동성이 많다 보니 상대적으로 남편이 백수로 지낼 확률이 높아서 오히려 남편 복이 없을 수 있다. 만약 남편이 사회적으로 활동성이 크다면 독수공방하거나 남편이 다른 여자에게 관심을 갖을 수 있으니 가급적 떨어져 사는 것이 유리하다. 그래서 괴강살이 있으면 남자 복이 작다고 한다. 독신으로 사는 것도 하나의 방편이다. 괴강이 있으면 사주가 편중된 것이므로 가난한 집은 부자로 만들지만 부자의 집은 가난하게 만들 수 있다.

　남녀 모두 기술직, 전문직, 검찰, 경찰, 군인, 운동선수, 교사 등의 직업군이 유리하다. 여자 입장에서는 좀 험악한 직업군을 이루기 때문에 팔자가 세다는 소릴 자주 듣는다.

〈표 48〉 괴강살 사주의 예

　　　　　　　흥선 대원군　　　　　　　　　　　김유신 장군

시	일	월	연	시	일	월	연
계(癸)	임(壬)	기(己)	경(庚)	경(庚)	경(庚)	경(庚)	경(庚)
묘(卯)	진(辰)	축(丑)	진(辰)	진(辰)	진(辰)	진(辰)	진(辰)

5. 천라지망

　천라지망(天羅地網)이란 하늘과 땅에 그물을 씌웠다는 의미이다. 천라는 하늘의 그물이요, 지망은 땅의 그물이다. 천라는 천문성(天門星)이라고도 하는데 하늘을 드나드는 문이라는 의미이다. 지지의 술과 해의 위치가 천문의 위치여서 그런 의미가 붙는다. 따라서 지지가 술, 해이면 천라라고 하고 특히 일주를 중심으로 해석하며 정신적인 면에서 탁월하다고 해석한다. 정신적인 면이 탁월하니 독특한 정신의 세계, 신앙, 활인업, 역학, 무속, 의술, 기공술, 수련, 수행 등과 인연이 많다. 종교인들이 많이 나타난다.

　지망은 땅에 그물망이 쳐져 있다는 의미이니 현실적으로 장애가 많음을 나타낸다. 땅에 해당하는 지지가 진, 사이므로 진, 사가 있으면 지망이라 하며 특히 일지가 지망이면 더욱 강하다. 지망은 인생행로에 장애가 많고 매사 걸리는 것이 많으며 관재구설이나 송사에 휩쓸리기 쉽다.

　천라지망은 상당히 강한 신살이다. 이 때는 주로 활동하기 보다는 정신수양이나 학문 등에 전념하는 것이 좋다. 매사가 여의치 않고 이혼소송, 별거, 인연단절, 관재구설, 신경쇠약, 손재수 등이 발생한다. 하극상이 다반사로 일어나는 것도 천라지망의 특징이다. 남자는 술해를 더 꺼리고 여자는 진사를 더 꺼린다.

직업적으로는 경찰, 검찰, 법관, 의료, 역술, 종교인이 많고 기술계통에서 두각을 낸다,

6. 양인살, 음인살, 비인살, 일인살

1) 양인살

양인살(羊刃殺)은 양(羊)을 잡는 칼(刃)이라는 의미이기도 하고 양(陽) 천간의 적용하는 칼(刃), 태양 볕에 빛나는 칼이란 의미이기도 한다. 양천간은 즉 갑, 병, 무, 경, 임 등 5개의 천간을 말한다. 그리고 인(刃)은 특정 기운이 너무 과도하여 악기(惡氣)나 살기(殺氣)로 변해버린 현상을 말한다. 즉, 오버페이스한 양천간의 기운을 양인이라 한 것이다.

양인의 구성은 양천간과 지지에서 해당 오행의 겁재(제왕)이 만나서 이루어진다. 예를 들면 갑의 겁재는 을이고 을과 같은 지지는 묘이므로 갑과 묘는 양인의 관계가 된다. 병은 오가 겁재이므로 병오가 양인이 되며 경은 유가 겁재이므로 경유가 양인이 되며 임은 자가 겁재이므로 임자가 양인이 된다.

다만 무는 오가 양인이 되는데 오가 무의 인성이어서 인성 양인이 된다. 무(戊)가 미(未)나 축(丑)이 아닌 오(午)를 양인으로 하는 이유는 첫째 삼합의 제왕지를 양인으로 하는 까닭이며 두 번째는 오의 지장간에 기토(己土)가 있어 오가 무의 겁재 역할을 하므로 무오를 양인으로 취급하는 것이다. 그러므로 양인은 양천간과 삼합의 제왕지에 해당하는 자오묘유(子午卯酉)의 결합으로 이루어진다.

(표 49) 양인살의 구조

천간	갑	을	병	정	무	기	경	신	임	계
지지	묘(卯)		오(午)		오(午)		유(酉)		자(子)	
양인	갑묘		병오		무오		경유		임자	

천간에서의 겁재도 일종의 양인이므로 때로는 양인처럼 해석하는 경우도 있다. 겁재를 굳이 양인이라 표현한 것은 겁재의 기능인 극처와 탈재의 성향이 겁재보다는 훨씬 더 강하고 극렬하고 무지막지하게 나타나기 때문이다.

양인은 한마디로 칼과 같은 것인데 칼을 사용함에 있어서 반드시 악행으로만 사용하는 것이 아님을 이해하여야 한다. 때로는 의사가 사람을 구하기 위해 수술용으로도 칼을 쓰는 경우도 있으니 어떤 사람이 칼을 어떤 용도로 사용하느냐에 따라 극과 극의 해석이 가능해진다.

일단 양인은 형벌을 관장하는 살이다. 길할 때는 죽어가는 생명을 구하는 의기(義氣)가 되며 장군에게는 위엄과 권위의 칼이 될 것이며 애국하는 인물이 될 수 있지만 흉할 때는 편중된 성격으로 나타나서 불량배나 깡패의 기질이 되어 흉기나 살인도구가

될 수 있다. 어찌되었든 칼은 칼인지라 형벌, 수술 등 흉액을 경험하게 되는 것이 양인이다.

장점은 자존심이 강하며 외유내강형이다. 겉으로는 냉정해 보이나 비교적 대인관계가 원만하고 사교성이 좋아 친구, 동료가 많이 따른다. 리더십이 좋고 자신감이 넘치며 추진력과 끈기가 있어 한 번 정하면 끝까지 밀고 가는 성향이다. 자주적이고 독립적이며 배짱이 좋다. 무에서 유를 창조하듯이 자수성가 하는 사람들은 양인격이 많다.

단점으로는 고집이 세고 자존심이 강하여 오만해 보이며 속마음이 냉혹하다. 타인에게 굴복하지 않으려는 마음에 자주 충돌하여 오히려 적을 만들기도 한다. 누구에게나 자기주장을 양보하지 않으며 성미가 까다롭고 갑자기 폭군이나 독선적으로 변하기도 한다. 저돌적이어서 다른 사람의 의견은 잘 듣지 않고 감정이 치우친 결정을 하기 쉽다. 낭비벽이 심한 것도 단점이다.

성정이 너무 강하여 자기중심적이며 독선적이며 고집이 강하고 타협을 용납지 않으며 집요하고 끈질기다. 양인살이 있는 사람은 목표의식이 분명하고 의지력과 투지력이 강하여 역경을 잘 극복한다. 리더십과 카리스마가 있어 지도자 및 영웅의 면모가 있다.

2) 음인살

음인살(陰刃殺)은 두 가지 유형이 있다. 하나는 양인살(陽刃殺)과 대비되는 음인살(陰刃殺)이다. 양인살은 양천간과 지지의 제왕지가 결합하여 구성되는 살인데 반해 음인살은 음천간과 지지의 사묘지에 해당하는 진술축미가 결합한 경우가 해당한다. 이를 양인(陽刃)과 대비하여 음인(陰刃)이라 표현한다. 이 둘을 합하여 양인(羊刃)이라 부르기도 한다.

서자평의 연해자평에서는 양천간의 양인(羊刃)은 사왕지인 자오묘유에서 좌하고, 음천간의 양인(羊刃)은 사고지인 진술축미에서 좌한다고 정의하였듯이 양천간은 자오묘유가 양인(羊刃)이 되고 음천간은 진술축미가 양인(羊刃)이 된다.

(표 50) 음인살의 구조

천간	갑	을	병	정	무	기	경	신	임	계
지지		진(辰)		미(未)		미(未)		술(戌)		축(丑)
음인		을진		정미		기미		신술		계축

음인(陰刃)도 양인(羊刃)과 같은 작용을 한다. 그러나 일부 술사들은 양인(陽刃)은 양인(羊刃)의 성격이 뚜렷하지만 음인(陰刃)은 그렇지가 않기 때문에 양인(羊刃)으로 취급하지 않는 경우도 있다. 누가 맞다고는 할 수 없지만 고전에서는 분명 음인(陰刃)도 양인(羊刃)으로 취급하고 있다는 사실이다. 그렇다면 음인(陰刃)도 양인(羊刃)으로 취급하여야 할 것이다. 다만 그 성향이 양인(陽刃)처럼 겉으로 뚜렷이 나타나는 것이 아니라 속으로 더 강하게 잠재된다고 할 것이다. 비록 드러나진 않지만 그러한 속성을 품고 있는

것이 오히려 더 무서운 것이라는 것을 인정할 수 있어야 음인(陰刃)살을 이해할 수 있을 것이다.

또 하나의 음인(陰刃)살은 양인(陽刃)처럼 제왕지의 결합의 의한 양인(羊刃)살을 말한다. 양천간과 그 제왕지인 겁재의 결합에 의해 양인(陽刃)이 되듯이 음천간과 그 제왕지인 겁재에 의해 음인(陰刃)이 된다는 논리이다.

음천간은 을, 정, 기, 신, 계 등이다. 지지 겁재는 을은 인, 정은 사, 기는 진술, 신은 신, 계는 해가 된다. 여기서 기는 양천간과 같이 삼합의 기준에 의해 인성 양인이 되기 때문에 진술이 아니라 정과 같은 사가 양인이 되어 인성 양인이 된다. 이 중에서 가장 강하게 작용하는 것이 정사, 기사, 계해 일주이다. 이 세 가지는 일간과 일지가 하나로 이루어지기 때문에 일주의 기운이 가장 강한 음인살인 것이다.

(표 51) 음간의 겁재와 음인살의 구조

천간	갑	을	병	정	무	기	경	신	임	계
지지	묘(卯)	인(寅)	오(午)	사(巳)	오(午)	사(巳)	유(酉)	신(申)	자(子)	해(亥)
양인	갑묘	을인	병오	정사	무오	기사	경유	신신	임자	계해

이와 같은 음인살은 겁재의 성향을 적용하기 때문에 이미 겁재로서의 작용을 하고 있다. 굳이 양인으로 분류할 필요가 있을 것인가라는 논란의 소지가 많다. 그렇지만 겁재가 중중하여 그 작용이 강하고 크게 나타난다면 이 역시 양인으로서 작용을 하는 것이므로 사주전체의 강약에 따라서 해석해 봄이 가장 합당할 것이다.

3) 비인살

양인(羊刃)이 칼집에 있는 칼이라면 비인(飛刃)은 실제 사용되고 있는 칼이다. 양인이 볕에 의해 번쩍거리는 칼이라면 비인(飛刃)은 칼집을 벗어나 활동하는 칼이다. 따라서 양인(羊刃)보다 더 잔인하고 가혹하게 작용한다. 물론 사주팔자에 따라서 때로는 길흉을 달리하지만 기본적으로 비인(飛刃)은 흉한 재앙을 가져온다. 이에 비해 양인(羊刃)은 겁재로서 때로는 일간의 재앙이 되기도 하지만 때로는 일간의 수호신이 되기도 한다는 점이 차이점이라 할 수 있다.

비인은 양인의 지지를 충하는 지지가 된다. 예를 들면 갑묘 양인은 묘를 충하는 유가 갑과 결합하면 갑유 비인이 된다. 병오 양인의 경우도 오를 충하는 자가 병하고 결합하여 병자가 되면 비인이 된다. 무오 양인은 무자가 비인이 되고 경유 양인은 경묘가 비인이 되며 임자 양인은 임오가 비인이 된다.

비인이 양인과 다른 점은 호기심은 왕성하나 지구력이 약하다는 점이다. 그래서 새로운 일을 많이 만들기도 하지만 쉽게 포기하는 경향이 강하다. 한마디로 용두사미격이다. 한탕주의도 강하여 도박성을 즐기며 예능과 기술적인 분야에 흥미를 많이 갖는다. 밖으로 표출하기 보다는 속으로 억제하는 기운이 강해서 오히려 이것이 반발심과 복수심을 양상하는 결과가 된다. 때문에 매사 부정적인 사고방식을 갖는다.

(표 52) 비인살의 구조

천간	갑	을	병	정	무	기	경	신	임	계
지지	묘(卯)	진(辰)	오(午)	미(未)	오(午)	미(未)	유(酉)	술(戌)	자(子)	축(丑)
지지충	유(酉)	술(戌)	자(子)	축(丑)	자(子)	축(丑)	묘(卯)	진(辰)	오(午)	미(未)
비인	갑유	을술	병자	정축	무자	기축	경묘	신진	임오	계미

양천간은 제왕지가 양인이고 음천간은 관대지가 양인에 해당하므로 이의 충에 해당하는 지지는 태지나 묘지가 된다. 따라서 양천간은 태지가 비인이며 음 천간은 묘지가 비인이다.

4) 일인살

일인(日刃)이란 일간이 일지에 양인을 구성하는 것을 말한다. 양인을 양천간의 양인과 음천간의 양인으로 구분할 때 양천간의 양인은 갑, 병, 무, 경, 임이 있는데 이 중에서 일지에 양인을 갖는 경우는 병, 무, 임 등 3가지이다. 이것을 일인이라 한다. 즉, 병오, 무오, 임자가 일인이다. 일지를 깔고 있기 때문에 다른 양인에 비해 더 강력하게 나타난다. 신약하면 오히려 일간을 돕는 역할을 한다.

일인은 권력과 형을 주관하는 성향을 가지며 목표가 뚜렷하고 결단성이 높으며 자신감이 크고 경쟁심이 강하다. 외골수의 기질이 있어 마찰과 구설수가 따른다. 자기중심적이다.

재물을 심하게 탈(奪)하고 배우자를 극한다. 특히 사고나 조난의 뜻을 내포한다. 칠살이 있으면 구성상 균형을 이루어 오히려 좋은 구조를 갖는다.

7. 도화살, 홍염살

1) 도화살

도화(桃花)란 복숭아꽃을 말한다. 복숭아꽃에 대한 일화나 상징성은 수없이 많다. 그 중에서도 여성에 대한 것이 유달리 많다. 모든 꽃은 여인을 상징하지만 특히 복숭아꽃은 맑고 아름다운 여성을 상징한다. 그래서 아름다운 여자의 얼굴을 도검(桃瞼)이니 도화검(桃花瞼)이니 말한다. 또 뛰어난 미인을 "복숭아꽃이 부끄러워하고 살구꽃이 사양을 한다(桃羞杏讓)"라고 표현하였다. 그리고 여인들의 아름답고 진한 화장을 도화장(桃花粧)이라고 한다.

복숭아를 먹으면 여인의 얼굴이 예뻐진다고 한다. 특히 달밤에 복숭아를 먹다가 복숭아에 기생하는 벌레를 자신도 모르게 먹으면 미인이 된다고 했다. 그래서 "복숭아는 밤에 먹고 배는 낮에 먹으랬다"라는 속담이 생겨났다. 이것은 아름다운 것을 먹으면 아름다워진다는 이류보류(以類補類)의 생각에서 나온 것일 것이다.

우리 선조들은 복숭아나무를 집안에 심는 것을 꺼려했다. 복숭아꽃은 그 아름다운 분홍색 때문에 집안에 심으면 부녀자의 치마폭 안에 봄바람이 일어난다고 해서다. 즉 복숭아꽃이 여인들의 풍기를 문란하게 하는 자극제가 되는 것으로 여겼던 것이다. 화사한 봄기운에 마음이 들떠 있는 과년한 여식이 복숭아꽃의 화사함에 자극받아 바람이 들까 걱정한 부모의 마음이 작용했을는지 모른다.

매화꽃이 담화장(淡化粧)한 여인이라면 복숭아꽃은 화장이 짙은 여성의 모습을 연상하게 한다. 복숭아꽃은 아름다운 여인 가운데서도 요염한 여자, 신라의 진지왕이 도화녀에게 반한 것처럼 남자의 정신을 산란하게 할 정도로 색감(色感)이 있는 여인에 비유되었다.

복숭아 특히 수밀도(水蜜桃)의 익은 과실은 둥글고 연한 도색(桃色)으로 물들여져 윤기가 나는데다 표면에 가는 봉합선의 골이 있어 여근을 닮았다고 한다. 그래서 복숭아는 여근을 상징하고 노골적으로 섹스와 연결된다.

또 복숭아 모양새는 여자의 벗은 엉덩이 같다고 했다. '만화본춘향가(晚華本春香歌)'에서는 "복숭아 같은 엉덩이 치마 밑에 둥실(桃花團月掩羅裙)"이라고 하고 있다. 서양에서는 서양배처럼 생긴 엉덩이를 미인으로 쳤다고 하지만 동양에서는 복숭아처럼 생긴 엉덩이를 미인으로 쳤다고 한다.

복숭아를 여인의 젖가슴에 비유하는 경우도 볼 수 있다. 시인 이상화(李相和)는 "아, 너도 먼동이 트기 전으로 수밀도의 네 가슴에 이슬이 맺히도록 달려오너라……"고 하여 아름다운 여인의 가슴을 복숭아 중에서도 맛과 향이 좋은 수밀도로 표현했다.

복숭아 열매는 산모가 아기를 가지면 먹는 과일의 하나로 잉태의 상징이기도 하다. 또 화류계에서는 월경을 도화라고 했다 한다. 도색(桃色)이라는 말은 원래 복숭아꽃 빛깔의 연분홍색을 가리켰지만 이보다 타락한 여색(女色) 또는 남녀 사이의 정사에 관한 것을 의미하는 성격이 강하다. 도색 사진, 도색 영화 등의 말은 다 이러한 뜻을 담고 있는 것이다. 근래의 유행어인 핑크빛이라는 말도 남녀 간의 사랑을 은유적으로 표현한 것이다[8].

속담에 여자의 얼굴이 불그스레한 홍조가 돌아 아름답게 보이는 것을 도화살이 끼었다고 하는데 이 도화살은 인간의 본능인 성욕과 깊은 관계를 가지고 있다. 조선시대에 여자의 개가를 인정하지 않았을 때 이 살은 멸문의 살로 인식되었는데 도화살이 있는 여자는 성욕이 강해서 한 남자로는 만족할 수 없다고 인식되어 남편과 사별하는 원인이 된다고 믿었다.

도화살은 이런 배경 하에서 탄생한 것이다. 여기서의 도화는 호색과 음란을 뜻한다. 이 살이 있으면 남자는 호색하는 성질이 있어 주색(酒色)으로 집안을 망하게 하는 수가 있고 여자는 음란한 성질 때문에 일신을 망침은 물론 한 집안을 망친다는 이유로 남녀를 불문하고 혼인에 있어서는 이를 기피하는 사례가 많았다.

도화살은 목욕(沐浴)살, 함지(咸池)살, 욕패(浴敗)살이라고도 한다. 목욕은 옷을 모두 벗고 더러운 것을 씻어내는 행위이다. 여기서 옷을 벌거벗는 행위에 중점을 두고 음란

---
[8] 꽃으로 보는 한국문화 3, 2004. 3. 10., (주)넥서스

을 상징한 것으로 해석한다. 함지는 해가 멱을 감는다는 하늘 위의 연못을 말한다. 또는 해가 지는 서쪽바다를 함지라고도 한다. 이 역시 목욕을 한다는 차원에서 음란의 상징으로 해석한다. 욕패도 비슷한 의미이다.

도화살은 미색을 탐하고 아름다움을 추구하며 성욕이 과한 편이다. 항상 이성문제가 따르며 화려한 직업에서 빛을 발한다. 때로는 이성을 매혹시켜 자신의 주위에 머물게 하는 힘이 있고 한 남자로 만족을 채우기 어렵다고 보는 사주로서 옛날에는 기생사주로 여겼다. 하지만 현대에 들어서는 풀이를 좋게 하고 있는데 대인관계가 좋고, 사교적이며 인기를 한 몸에 받는 연예인들에게 도화살이 많고, 화려한 언변으로 청중을 사로잡는 사회, 진행 등의 직업에 좋은 살이라고도 한다.

도화살은 태어난 해와 태어난 날의 두 가지를 적용하여 보는데 삼합의 첫글자 즉, 생지 다음 글자를 연지라고 하며 연지를 도화살이라 한다. 예를 들면 신·자·진(申子辰) 삼합은 신 다음 글자인 유(酉)가 도화이며, 인·오·술(寅午戌) 삼합은 인의 다음 글자인 묘(卯)가 도화이다. 그리고 사·유·축(巳酉丑) 삼합은 오(午)가 도화이고 해·묘·미(亥卯未) 삼합은 자(子)가 도화이다. 연지나 일지를 기준으로 해당 삼합이 있고 도화가 있으면 도화살이 있다고 하고 삼합이 없더라도 자, 오, 묘, 유가 사주에 있으면 도화살이 있다고 한다. 자오묘유 그 자체를 도화로 보기 때문이다.

연주나 월주에 있으면 장내도화라고 하며 부부가 서로 사랑하며 일주와 시지에 있으면 장외 도화라고 하여 대외적으로 인기가 있거나 배우자 외 다른 사람과 정을 나누게 된다. 의처, 의부증이 있고 늦바람이 날 수 있다.

도화살은 곤랑(滾浪)도화, 나체(裸體)도화, 도삽(倒揷)도화, 편야(遍野)도화, 칠살(七殺)도화 등이 있다. 주로 일지와 시지의 관계를 중히 본다.

곤랑도화는 천간은 합이고 지지는 형인 경우(이를 간합지형(干合支刑)이라 한다)를 말하는데 천간이 상합이고 지지가 형이 되면서 도화인 경우를 말한다. 예를 들면 병자일주가 신묘 시에 때어났다면 천간은 병신합이 되고 지지는 자묘형이 되므로 곤랑도화에 해당한다. 갑자일주의 경우도 기묘시에 때어났다면 곤랑도화이다. 곤랑도화는 색을 너무 밝혀 장신을 잃을 정도이며 심할 경우 동성애, 변태, 정사(情死)하는 경우도 있다.

나체도화는 갑자, 을사, 정묘, 경오, 신해, 계유 일주가 주중에 도화를 보면 벌거벗고 놀 정도로 한량기를 보인다고 한다. 호색적인 기질이 강하다. 두뇌회전이 빠르고 적극적이다.

도삽도화는 꽃을 거꾸로 꽂는다는 의미로서 연지가 도화일 때를 말한다. 남자는 연상의 여자를 여자는 연하의 남자를 선호하는 다시 비정상적인 관계에 관심을 갖는다.

편야도화는 사주에 자오묘유가 3개 이상 있을 때를 말한다. 행운에서 와도 같이 취급한다. 특히 시지를 포함한 경우에는 유흥업소 근무나 유랑생활을 즐긴다. 주로 주색을 좋아하고 음란함을 즐긴다.

칠살도화는 을유, 기묘처럼 음간의 칠살도화를 말한다. 칠살이 도화이므로 바람기가 있거나 포악한 남편 때문에 고통을 받거나 일찍이 성폭력 등의 흉화를 암시하므로 조심하여야 한다. 인성으로 설기하거나 식상으로 제살하여야 길하다.

도화살이 충, 파가 되면 그 흉 기운이 더욱 강해진다. 십성에 따라 도화작용이 나타난다. 남자는 반항심이 강하고 원망을 잘하며 일주가 도화이면 부부해로가 어렵다.

2) 홍염살

홍염(紅艷)은 화색이 돌고 빛깔이 붉으며 탐스럽다는 의미이다. 외모가 화려하고 풍류를 즐긴다. 홍염은 함지에 닮은 신으로 특히 여자 사주에서 이 신살이 있으면 다정다감하며 주색을 좋아하고 희희낙락하는 풍류인이다. 홍염은 남몰래 밀통하여 사생아를 낳는 일이 있다고 한다. 남녀 모두 허영심과 사치를 좋아하고 배우자 이외의 정을 나눈다. 타고난 외모와 매력으로 주위의 모든 사람들을 이끄는 살이다.

도화살과 유사하나 다른 점은 도화살은 외모가 뛰어나지 않아도 본인도 모르게 끼를 발산해서 이성을 홀리지만 홍염살은 대부분 외모가 뛰어나고 일부러 모든 사람들을 유혹한다. 도화살은 파국으로 치닫게 하지만 홍염살은 파국으로 치닫지 않는다고 한다. 홍염살을 지닌 경우 마음속에는 지고지순한 순정파의 면을 가지고 있어 자신의 짝을 만났다 생각될 경우 앞 뒤 재지 않고 그 짝에게 헌신을 하는 것도 도화살과 다르다.

홍염살은 유명인사가 될 팔자, 만인에게 사랑받는 팔자이다. 만인의 사랑을 받아 순정적이고 지고지순하며 한 사람과 사랑을 하고 오랜 시간을 함께 하길 원하는 것이라 할 수 있으며 도화살은 많은 사람들에게 사랑을 받고 그것을 누리고 만끽하며 책임감 없이 마음을 움직이는 것이라고 표현 할 수 있다.

홍염살은 외모도 굉장히 매력적이지만 애교가 많고 귀염성이 많은 성격이며 사랑스럽고 대인관계가 원만한 것이 특징이다. 화려하고 자신을 꾸미는 것을 좋아하여 예술가적인 성향이 강하여 주로 연예인이나 예술가, 디자이너 등 화려하고 보여 지는 직업을 선택하게 된다.

타인과 투쟁은 거의 없으나, 이성과 정분이 많이 나게 된다. 성격이 명랑하나, 정조관념이 약하고 허영과 사치를 굉장히 좋아한다. 바람피우는 것을 즐긴다. 홍염살이 해당하는 오행이 길신이면 연예인, 유흥업, 영업 등 타인의 시선을 받는 직종에서 성공하게 된다. 홍염살이 강한 사람은 외모가 뛰어나지 않더라도 이성의 호감을 쉽게 얻어낼 수 있다. 홍염살이 나쁘게 작용되면 화류계로 진출하거나 많은 이성과 복잡한 관계로 얽힐 수 있다.

(표 53) 홍염살의 구조(일간을 기준으로 보는 방법)

천간	갑(甲)	을(乙)	병(丙)	정(丁)	무(戊)	기(己)	경(庚)	신(辛)	임(壬)	계(癸)
홍염	오(午)	오(午)	인(寅)	미(未)	진(辰)	진(辰)	술(戌)	유(酉)	자(子)	신(申)

홍염살은 적용하는 방법은 2가지가 있다. 하나는 일간을 기준으로 적용하는 방법이고 다른 하나는 일지를 기준으로 시지를 보는 방법이다. 일간을 기준으로 볼 때는 연, 월, 일, 시 어디에 있어도 적용된다.

일지를 기준으로 보는 방법은 일지와 시지를 비교하는 방법이다. 일지가 인묘진에 해당하고 시지가 오(午)일 때 홍염이 되며 일지가 사오미에 해당하고 시지가 유(酉)일 때, 일지가 신유술이고 시지가 자(子)일 때, 그리고 일지가 해자축이고 시지가 묘(卯)일 때 홍염이 된다.

(표 54) 홍염살의 구조(일지와 시지를 비교하는 방법)

띠	인묘진	사오미	신유술	해자축
홍염	오(午)	유(酉)	자(子)	묘(卯)

8. 남연, 여연, 음욕, 음양, 음양차착살

1) 남연, 여연

남연(男戀)이란 남자가 배우자 몰래 애인을 숨겨 둘 여지가 많다고 하는 것이며 여연(女戀)이란 여자가 배우자 몰래 애인을 숨겨 둘 여지가 많다고 하는 살이다. 남자의 경우 일지 지장간에 편재를 두는 경우이고 여자의 경우 일지 지장간에 편관을 두는 경우이다.

(표 55) 남연, 여연살의 구조

천간		갑	을	병	정	무	기	경	신	임	계
일지	편재	인,신	-	-	축	신	축	-	미	인	미
	편관	-	축	신	축	-	미	인	미	인,신	-
남연		인,신	-	-	축	신	축	-	미	인	미
여연		-	축	신	축	-	미	인	미	인,신	-

일간 대비 일지의 지장간에서 편재와 편관을 찾으면 된다. 찾는 방법은 첫째. 지장간의 본기는 제외한다. 이는 원래의 배우자가 되기 때문이다. 따라서 지장간의 여기와 중기가 편재 또는 편관이 되어야 한다. 둘째, 왕지에 해당하는 자오묘유는 일단 제외한다. 왜냐 하면 자오묘유는 편재나 편관이 될 수 없기 때문이다. 셋째. 사, 오, 해, 자는 제외한다. 왜냐 하면 체용이 바뀌기 때문에 일지에서 편관, 편재를 만들 수 없다. 그렇다면 남는 글자는 인, 진, 미, 신, 술, 축 등 여섯 글자인데 여기서 진, 술은 제외한다. 이는 천라지망에 해당하므로 하늘과 땅의 뜻과 같아서 어긋나는 행동을 할 수 없기 때문이다. 그래서 최종적으로 남는 글자는 인, 미, 신, 축 등 4개이다. 이 4개의 지지에 있는 지장간 중 중기와 여기가 편재 또는 편관이면 남연 또는 여연이 된다.

일간이 양간이면 인(寅)과 신(申)이 되며 일간이 음간이면 축(丑), 미(未)가 된다. 예를 들면 갑의 경우, 인과 신이 일지를 구성할 수 있는데 둘 다 편재가 가능하므로 남연으로 갑인, 갑신이 된다. 여연의 경우 갑의 편관은 경이므로 신의 지장간에 경이 있지만 이는 본기에 해당하므로 적용할 수 없다. 따라서 갑일간의 경우 여연은 적용되지 않는다.

을의 경우 미와 축이 있는데 을의 편재는 기(己)이므로 미, 축이 가능하나 본기는 제외하므로 아무것도 해당되지 않는다. 따라서 을(乙) 일간은 남연은 존재하지 않는다. 을 일간의 편재는 신(辛)이다. 지장간에 신이 있는 경우는 축이 있으므로 을축은 여연이 된다.

이런 방식으로 산출하면 남연은 일주가 갑인, 갑신, 정축, 무신, 기축, 신미, 임인, 계미 등이 성립되고 여연은 일주가 을축, 병신, 정축, 기미, 경인, 신미, 임인, 임신 등이 성립된다. 특히 정축, 신미. 임인 일주는 남연도 되고 여연도 된다.

2) 음욕, 음양

음욕(淫慾)은 음란하고 방탕한 욕심을 말한다. 불교에서 말하는 삼욕(三慾), 즉 사람의 세 가지 욕심인 식욕(食慾), 수면욕(睡眠慾), 음욕(淫慾) 중 음욕을 말한다. 색정, 색욕, 성욕 등으로 표현 한다.

음욕살(淫慾殺)은 욕망살이라고도 한다. 끊임없이 성적 욕구를 추구하는 것이 특징이다. 때문에 부부간의 갈등적 요소를 항상 가지고 있다. 존친(尊親) 및 처자(妻子)와 인연이 박하고 고생하는 뜻이 있다. 특히 남자는 배우자의 인연이 중도에 단절되는 뜻이 있고 여자는 부모의 인연이 박한 암시가 있으며 생시에 있으면 남녀 모두 자녀의 신상문제로 고민하게 된다.

음욕살은 때로는 남자에게는 진취적 기상의 근원이 되기도 하며 여자에게는 질투와 원망을 자주하게 하여 구설수를 가져오기도 한다.

(표 56) 음욕살의 구조(일간을 기준으로 보는 방법)

천간	갑	을	병	정	무	기	경	신	임	계
음욕	인(寅)	묘(卯)	-	미(未)	술(戌)	미(未)	신(申)	유(酉)	-	축(丑)

음양(陰陽)은 납음오행의 정음에 속하는 병자와, 정양에 속하는 무오를 음양살이라 한다. 때로는 무자를 포함시키기도 한다. 일주를 이루면 용모가 수려하고 이성으로부터 유혹을 받게 된다. 남녀 모두 인물이 좋고 달변가이다. 이성으로부터 관심의 대상이 된다. 설혹 바람을 피더라도 가정에는 일체 흔적을 남기지 않을 정도로 치밀함을 보인다. 도화살과 합하면 연예인의 끼를 발휘한다.

남자가 병자일이면 많은 미녀와 만나거나 미녀와 결혼하고 여자가 병자일이면 많은 남자들로부터 유혹을 받게 되며 특히 내조를 잘한다. 남자가 무오일이면 많은 여자를 거느리게 되며 특히 부인을 사랑한다. 여자가 무오일이면 미남자와 결혼하고 여러 남자들과 통정할 수 있다.

3) 음양차착살

음양차착살(陰陽差錯殺)은 음차착살과 양차착살을 통칭하는 것이다. 주로 배우자와 배우자의 친인척 등과의 관계성을 나타내는 살이다. 배우자와 그 집안에 대한 기대치가 없고 자주 시비가 발생한다. 양차착살은 고독과 관련이 있고 직접적으로 나타나며 음차착살은 쇠퇴하고 몰락하는 것과 관련이 있으며 간접적으로 나타난다.

음양차착살은 한마디로 극부극처(剋夫剋妻)한다는 뜻이다. 이 신살이 1개 있으면 1회, 2개 있으면 2회 부부의 인연이 변한다는 것인데, 사주 중에 3개 있으면 부부의 인연에 3회 이상 이변이 있다고 본다. 사주마다 오행의 구성에 따라서 달라지는 것으로 반드시 적중하는 것은 아니다.

음양차착살은 주로 일시(日時)에서 찾되, 일(日)에 있으면 외삼촌에 작용하고 시(時)에 있으면 처남에게 작용한다. 음착살(陰錯殺)이 있으면 외삼촌이나 처남이 없고, 양차살(陽差殺)이 있으면 외삼촌이나 처남이 독자(獨子)이다.

음양차착살이 생일(生日)에 있으면 외삼촌에게 작용하고, 생시(生時)에 있으면 처남에게 작용한다. 여명(女命)은 시댁이 영락(零落)하고 남편이 작첩(作妾)하며 시형제와 불화한다. 음착살(陰錯殺)의 작용이 더 강하다. 남녀 모두 부부금슬이 나쁘다.

음양차착살은 60갑자와 관련이 있다. 60갑자를 4계절 순환으로 비유하면 4개의 구간으로 나눌 수 있는데 각 구간은 15일이 된다. 이를 1후(15일)라 하여 60갑자는 4후(候)가 된다. 1후가 시작되는 간지를 진신이라 하고 13번째 해당하는 간지를 교신, 14번째 해당하는 간지를 퇴신, 15번째 해당하는 간지를 복신이라 표현한다. 여기서 교신(交神), 퇴신(退神), 복신(伏神)이 바로 음양차착살(陰陽差錯殺)의 근원이다.

(표 57) 음양차착살의 구조(일시를 기준으로 본다)

1	2	3	4	5	6	7	8	9	10	11	12	13	14	15
진신												교신	퇴신	복신
갑자	을축	병인	정묘	무진	기사	경오	신미	임신	계유	갑술	을해	병자	정축	무인
기묘	경진	신사	임오	계미	갑신	을유	병술	정해	무자	기축	경인	신묘	임진	계사
갑오	을미	병신	정유	무술	기해	경자	신축	임인	계묘	갑진	을사	병오	정미	무신
기유	경술	신해	임자	계축	갑인	을묘	병진	정사	무오	기미	경신	신유	임술	계해

(표 57)에서 보듯이 60갑자를 4후로 구분하여 각 후마다 13, 14, 15번째에 해당하는 간지를 음양차착살이라 하며 음간지의 경우 음차착살이고 양간지의 경우를 양차착살이라 한다. 음착살(陰錯殺)에는 정축(丁丑), 정미(丁未), 신유(辛酉), 신묘(辛卯), 계해(癸亥), 계사(癸巳) 등이 있고 양차살(陽差殺)에는 병자(丙子), 병오(丙午), 무인(戊寅), 무신(戊申), 임진(壬辰), 임술(壬戌) 등이 있다.

9. 진신, 교신, 퇴신, 복신,

진신(進神)이란 60갑자를 4등분(4후)하여 각 후의 시작이 되는 간지를 말한다. 계절의 처음이라 할 수 있고 후의 처음이라 할 수 있다. 4등분 하였으니 4개가 있다. 갑자(甲子), 기묘(己卯), 갑오(甲午), 기유(己酉) 등이 그것이다. 자신이 좋아하는 일에만 전념하는 스타일이며 냉철하면서도 방랑적인 기질이 있다. 문장력이 뛰어나다. 구속되는 것을 싫어하며 개방적이다. 삼명통회에서는 진신은 업적이 드러나서 형통하다고 했다.

교신(交神)은 머물러 있다는 의미로서 자아심이 강하다. 60갑자를 4등분(4후)하여 각 후의 13번째에 해당하는 간지를 말한다. 병자(丙子), 신묘(辛卯), 병오(丙午), 신유(辛酉) 등이 있다. 개성이 강하여 주위를 의식하지 않고 행동한다. 배타성이 강하여 대중적인 화합이 어렵다. 혼자서 하면 성공해도 동업이나 협동하면 실패할 확률이 많다. 삼명통회에서는 여러 일에 화합과 협동을 못한다고 했다,

퇴신(退神)은 전진하면 재앙이 생기고 퇴보하면 오히려 길한 신이다. 4후의 14번째에 해당하는 간지로서 정축(丁丑), 임진(壬辰), 정미(丁未), 임술(壬戌) 등이 있다. 이 날 태생은 태평스러우며 명쾌한 성질이 있으나 처세에 있어서 물러서면 의외로 안심입명(安心立命)을 얻을 수 있다. 그래서 청개구리 살이라 하기도 한다. 뭐든지 속단하여 실행하면 실패할 확률이 높다. 삼명통회에서는 녹봉이 내려 깎인다고 했다.

복신(伏神)은 엎드려 있다는 의미이다. 때문에 매사가 지연, 지체된다는 의미와도 같다. 가만히 있는 것이 제일이라고 생각하면 된다. 60갑자 4후의 각 후마다 15번째에 해당하는 간지이다. 무인(戊寅), 계사(癸巳), 무신(戊申), 계해(癸亥) 등이 있다. 기대한 만큼 만족한 결과를 얻을 수 없고 경솔하게 결정하면 후회할 수도 있다. 삼명통회에서는 복신은 행하는 모든 것이 지체된다고 하였다. 따라서 새로 무엇을 하는 것 보다는 있는 것을 지키는 것이 현명하다고 할 수 있다.

10. 고란, 고신, 과숙,

1) 고란살

고란(孤鸞)이란 '외로울 고, 난새 란' 즉 외로운 새가 구슬피 우는 형상을 말한다. 이는 밤을 외로이 지새는 여인을 은유한 것으로 이혼, 이별, 유명무실한 남편, 사별 모두가 해당된다. 그래서 신음(呻吟)살, 공방살(空房殺), 고독(孤獨)살이라고도 한다.

남자보다는 여자의 팔자 위주로 본다. 일지가 식신, 상관(傷官)이나 비겁이 있을 때를 말하는데 식상이나 비겁이 관성과 대립되기 때문에 여자의 경우 부부궁(夫婦宮)을 해(害)롭게 하고 있다는 것을 의미하는 것이다. 때문에 남편과의 애정생활이 부족하거나, 남편이 무능력(無能力)해져서 부득이 자신이 직업을 가지고 생활을 담당하게 되는 경우가 많다. 부부간(夫婦間)에 생이별(生離別) 아니면 사별(死別)하고 과부(寡婦)소리 듣게 되고 우울(憂鬱)과 고독(孤獨)을 많이 느끼게 된다. 결혼생활이 불안정하고 불평불만이

많다.

고란살(孤鸞殺)의 일주는 갑인(甲寅), 을사(乙巳), 정사(丁巳), 무신(戊申), 신해(辛亥) 등이다. 관성이 절지에 임하거나 관성이 상관견관으로 날아가는 경우이다. 특히 갑인(甲寅), 정사(丁巳), 무신(戊申), 신해(辛亥)는 배우자가 끊어지니 남편의 능력이 없거나 있으면 이혼할 만큼 불화갈등을 겪는다. 을사(乙巳)는 남편이 상관견관되어 제구실을 못하므로 외로워진다. 무신(戊申), 기유(己酉), 신해(辛亥) 등은 자녀를 낳은 후 남편의 기세가 하강(下降)하여 남편보다 자녀에 대한 애착심이 강해지므로 부부애정이 소원해지게 된다. 독신의 운명이므로 종교에 의탁하는 것도 하나의 방법이다.

2) 고신살, 과숙살

고신(孤辰)이란 고진살, 고신(孤身)살, 상처(喪妻)살이라고도 한다. 독수공방하는 남자사주, 홀아비살을 말한다. 몸과 마음이 외롭게 된다는 살이다. 처를 괴롭히고 억압하고 멸시하는 경향이 있어 이혼하기 십상이다.

반면 과숙(寡宿)살은 과부살 또는 상부(喪夫)살이라고도 한다. 독수공방하는 여자사주, 과부살을 말한다. 남편을 극하여 사별하거나 생이별하거나 남편이 있어도 유명무실해서 홀로 밤을 지새야 하는 서글픈 살이다.

고신살과 과숙살은 연지로 본다. 즉 태어난 띠가 기준이 된다. 태어난 띠를 기준으로 방합의 다음 글자가 고신살이고 방합의 앞 글자가 과숙살이다. 예를 들면 쥐띠에 태어났다면 쥐띠의 방합은 해자축이다. 따라서 고신살은 해자축 다음 글자인 인(寅)이고 과숙살은 해자축 앞 글자인 술(戌)이다. 남자는 양(陽)이므로 순방향이고 여자는 음(陰)이므로 역방향이다.

특징적인 것은 고신살은 인, 신, 사, 해이고 과숙살은 진, 술, 축, 미이다. 다시 말하면 고신살은 역마살과 같고 과숙살은 화개살과 같다. 따라서 역마살이 많은 남자는 홀아비가 되기 쉽고 화개살이 많은 여자는 과부가 되기 쉽다는 것과 같은 의미이다.

(표 58) 고신살과 과숙살의 구조

띠	인묘진	사오미	신유술	해자축
고신	사(巳)	신(申)	해(亥)	인(寅)
과숙	축(丑)	진(辰)	미(未)	술(戌)

고진살이나 고숙살(과부살)을 피하려면 1) 초혼에 실패한 사람과 결혼하거나, 2) 고신살과 과숙살을 지닌 사람끼리 결혼하거나, 3) 만혼을 하거나, 4) 나이차가 아주 많이 나는 결혼을 하면 해소시킬 수가 있다고 한다.

12. 격각살, 곡각살, 급각살, 단교관살, 단장관살

1) 격각살

격각(隔角)이란 사이 뜰 격, 뿔 각으로 이루어진 흉살이다. 사이가 뜬다는 의미는 지지가 한 글자씩 떨어져 있다는 의미이다. 예를 들면 자(子) 다음에 축(丑)인데 축(丑)은 뛰고 그 다음의 인(寅)이 있는 것을 말한다. 축(丑)은 묘(卯)가 격각이고 인(寅)은 진(辰)이 격각이다, 반대로 거꾸로 가는 것도 격각이다. 자(子) 앞글자는 해(亥)인데 한 칸 뛰고 술(戌)이 있으면 술(戌)과 자(子)는 격각이 된다.

격각을 중히 여기는 술사가 있는 가하면 아무런 가치를 부여하지 않는 술사도 있다. 하지만 신살의 하나로 유지되고 있는 것은 버려지지 않았거나 버릴 수 없다는 의미와도 같다. 가볍게 넘어가서는 안 될 것이란 판단이다.

지지 배열에 의하면 바로 옆(앞, 뒤)의 지지는 상생의 의미를 갖고, 한 칸 뛰는 지지는 상극의 의미를 갖는다. 따라서 격각이 되면 상극의 의미를 갖기 때문에 충과 같은 작용을 한다. 괜히 시비수가 생기고 하는 일이 잘 되지 않으며 누군가 방해하는 등 되는 일이 없다.

구체적으로 격각살을 이루면 해당 육친과의 인연이 희박하다. 유년기에 존친과 인연이 박하던가, 초년기에 집을 나와서 타인에게 부양을 받든지 하며 고독한 뜻이 있다. 또 형제가 없거나 있어도 박록하여 중도에 인연이 끊기고 때로는 형죄(刑罪)에 저촉되는 경우가 있다.

2) 곡각살

곡각살(曲脚殺)은 굽어진 글자의 모양을 두고 하는 말이다. 글자의 뜻 그대로 뼈가 부러지고 굽는 것을 말한다. 팔과 다리에 장애가 생기니 일찍이 병약(病弱)한 몸으로 자랄 수 있으며 심하면 부모슬하에 장애를 안고 태어나게 된다는 흉살(凶殺)이다.

곡각살(曲脚殺)이란 몸이 건강하더라도 일생(一生)에 한번 이상 큰 사고를 당할 염려가 있으며 성인으로 성장한 후에도 교통사고나 낙상(落傷)을 당하여 팔과 다리가 다치게 되는 위험이 있다.

신경통, 관절통, 골절사고, 수족장애, 신체장애, 소아마비, 자폐증, 후천적뇌질환, 뇌성마비, 수술 등에 취약하다. 천간과 지지의 글자 중에서 굽어진 글자는 을(乙), 기(己), 축(丑), 사(巳) 등이 있다. 해당되는 글자를 보면 을축, 을묘, 을사, 을미, 을유, 을해, 기축, 기묘, 기사, 기미, 기유, 기해, 신사, 계사 등이 있다. 천간과 지지가 간지를 이루니 각 주마다의 곡각의 글자가 있음은 그러한 위험에 노출되어 있다고 할 것이다.

3) 급각살

급각살(急脚殺)은 갑작스럽게 다리를 상한다는 의미를 가진 신살이다. 다리를 전다거나, 팔다리에 병이 있다거나 사고 등으로 사지(四肢)가 정상적이지 못하게 된다는 것이다. 심하면 기형아, 소아마비, 골다공증, 풍질, 반신불수, 수족이상, 골절, 풍치, 낙상이나 팔다리를 잘 삐는 특징이 있다. 전생에 타인의 신체에 해를 끼친 업보의 살이라고도 한다. 해당 십성, 육친에 따라 부정적인 심리가 발생한다.

급각살은 월지를 기준으로 판단한다. 태어난 달이 봄(인묘진)에 해당하면 해(亥), 자(子)가 급각살이 된다. 여름(사오미)에 태어나면 묘(卯), 미(未)가 급각살이 된다. 가을(신유술)에 태어나면 인(寅), 술(戌)이 급각살이고 겨울(해자축)에 태어나면 축(丑), 진(辰)이 급각살이다.

(표 59) 급각살의 구조

월지	인묘진	사오미	신유술	해자축
지지	해(亥), 자(子)	묘(卯), 미(未)	인(寅), 술(戌)	축(丑), 진(辰)

4) 단교관살

단교관살(斷橋關殺)은 넘어지거나 떨어져서 팔 다리를 상할 수 있다는 살로 심하면 소아마비 또는 팔 다리에 이상이 있다는 살로 급각살과 유사하다. 잘 부딪치고 멍도 잘 드는 경우에 해당된다.

타인을 모함하거나 거짓말을 잘하며 뻔뻔한 행동을 태연하게 한다. 신경이 예민해지는 것이 특징이다. 여자의 경우 기형아를 출산할 수 있으므로 조심하여야 한다. 단교관살의 운에서는 낙상, 골절, 근육통, 두통, 혈압, 중풍 등에 주의하여야 한다.

월지를 기준으로 보며 다른 지지에 해당하는 육친과 관련성이 있다.

(표 60) 단교관살의 구조(월지를 기준으로 보는 방법)

월지	1월	2월	3월	4월	5월	6월	7월	8월	9월	10월	11월	12월
지지	인(寅)	묘(卯)	신(申)	축(丑)	술(戌)	유(酉)	진(辰)	사(巳)	오(午)	미(未)	해(亥)	자(子)

5) 단장관살

단장관살(斷腸關殺)은 장이 끊어진다는 의미로서 대장이나 소장에 질환이 있게 된다는 신살이다. 갑오(甲午), 을미(乙未), 병진(丙辰), 정사(丁巳), 기묘(己卯), 경인(庚寅), 계축(癸丑) 일주가 해당된다. 가축을 도살하는 것을 보면 화를 면하기 어렵다고 한다.

12. 상문살, 조객살, 현침살, 평두살, 효신살

1) 상문살, 조객살

상문(喪門)살은 죽음으로 인해 발생하는 부정함을 말하거나 '상문살(喪門煞)'이라는 표현에서 드러나듯 그러한 죽음의 부정한 기운을 말하는 것이 보통이다. 상문은 죽음이 원인이 되어 발생한 부정이나 나쁜 기운이다.

또 하나의 의미는 죽음과 관련된 모든 것에서 상문이 발생할 수 있다는 것이다. 이는 그만큼 죽음이 인간 삶을 위협할 수 있는, 흔히 상문·상문살로 표현되는 문제를 일으키는 강력한 원인이라는 것을 말해 준다.

상문살은 사람이 죽으면 그 죽은 사람의 몸에서 나오는 귀신의 기운이다. 그 귀신은 사람을 해치거나 물건을 깨뜨리는 모질고 독한 기운을 가졌다. 속설에 의하면 문상을 갔다 오는 사람에게 붙게 되면 그 사람에게 좋지 않은 일이 발생하게 된다고 한다. 그래서 집안 식구가 상가에 갔다 오면 집에 들어서기 전에 식구들이 소금이나 팥을 뿌리는 등 상문살의 부정을 물리치기 위한 주술행위를 했다.

상문살은 상을 당하니 상복을 입게 된다는 의미의 살이다. 특히 부모형제의 사별을 뜻하기에 이사, 이장, 제사의 시기와 상문이 맞물리면 화를 면하기 어렵다고 한다.

조객(弔客)살은 사상효복(死喪孝服)을 관장하는 신이다. 조객은 가정에 장사(葬事)가 있다고 하는 신인데, 육친에 소원한 뜻이 있다. 상을 당하여 조객을 맞거나 상을 당한 집에 조문을 갈 수 있게 된다. 조객살은 통곡할 일이 있거나 있게 되며 가정불화, 각종 질병에 시달리게 되고 본인이 아니면 친인척에게서 그런 일이 발생하게 된다.

상문과 조객을 하나로 묶어서 상문·조객살이라고도 한다. 상문·조객살은 연지, 즉 띠를 중심으로 보며 해당 띠에서 한 칸 앞으로 가면 상문살이고 뒤로 한 칸 가면 조객살이 된다. 예를 들면 쥐띠의 경우 자(子)에서 한 칸 건너뛰면 인(寅)이고, 뒤로 한 칸 건너뛰면 술(戌)이므로 인은 상문이고 술은 조객이다. 해당 띠를 이렇게 해석하면 된다.

상문·조객살은 모든 신살 중에서 연지를 보는 방법으로 가장 많이 적용한다. 즉, 띠를 중심으로 판단해야 하며 띠와 세운의 관계에서 가장 많이 적용한다. 해당 띠가 세운에서 상문·조객살을 보면 상문·조객을 당할 가능성이 높다고 할 것이다.

(표 61) 상문조객살의 구조(연지를 기준으로 보는 방법)

연지	자(子)	축(丑)	인(寅)	묘(卯)	진(辰)	사(巳)	오(午)	미(未)	신(申)	유(酉)	술(戌)	해(亥)
상문	인(寅)	묘(卯)	진(辰)	사(巳)	오(午)	미(未)	신(申)	유(酉)	술(戌)	해(亥)	자(子)	축(丑)
조객	술(戌)	해(亥)	자(子)	축(丑)	인(寅)	묘(卯)	진(辰)	사(巳)	오(午)	미(未)	신(申)	유(酉)

2) 현침살

현침살(懸針煞)은 '매달 현, 바늘 침'으로서 바늘, 침, 붓, 펜, 칼 등 끝이 뾰족한 것을 의미하며 간지 중에서 끝이 뾰쪽한 글자들을 모두 현침이라 한다. 글자 모양을 본 뜬 것으로서 자형살(字形煞)이라고도 한다.

　현침살을 지니면 섬세하고 날카롭고 비판적이다. 왠지 모르게 기분이 묘하게 상하게끔 단어를 선정해 툭툭 던지듯 말하며 냉정하면서도 언변이 강하다. 말이나 언어, 성격에 가시가 돋혀 있듯이 표현한다. 현침살이 흉(凶)으로 작용하면 수술, 사건, 사고, 관재구설 등을 겪을 수 있다. 여기서 흉이란 현침이 내게 기신이 된 경우를 말하며 충, 형으로 묶여도 순(順)기능을 기대하긴 어렵다.

　성격이 꼼꼼하다가도 한번 욱하면 잔인할 정도의 막말을 서슴치 않으며 광기(狂氣)를 분출하기도 한다. 또한 윗사람에게 직언(直言)도 서슴치 않으며 현침살이 있으면 손재주가 뛰어나서 섬세한 직업이 어울린다. 헤어디자이너, 의상디자이너, 의사, 세공사, 문필가, 비평가, 평론가, 분석가, 조각가, 화가, 재단사, 정육점, 고물상, 요리사, 자동차 수리공, 한의사, 간호사, 보석세공사 등이 적합하다.

　현침살은 글자에서 연상할 수 있듯이 바느질, 수술 등 활인(活人)의 기질과 화가, 조각가 같은 예술적 재능을 함께 연상할 수 있다. 역술인도 활인업에 속하므로 역학계에서도 두각(頭角)을 나타낼 가능성이 크다. 예술과 기술분야에 소질이 다분하며 종교 성향을 보이기도 한다.

　현침이란 끝이 뾰족한 글자인 천간은 갑(甲)과 신(辛)이 있고 지지에서는 신(申), 묘(卯), 미(未), 오(午) 등이 있다. 모두 글자 끝이 뾰족한 공통점이 있다. 이 글자가 두 개 겹치면 더 강하게 작용한다. 현침살은 연주, 월주보다 일주를 더 중시한다. 일주는 다음과 같다. 갑신(甲申), 갑오(甲午), 갑자(甲子), 갑술(甲戌), 갑진(甲辰), 갑인(甲寅), 을묘(乙卯), 정묘(丁卯), 기묘(己卯), 병신(丙申), 경신(庚申), 임신(壬申), 무오(戊午), 신묘(辛卯), 신사(辛巳), 신미(辛未), 신축(辛丑), 신해(辛亥), 신유(辛酉), 계묘(癸卯) 등이다.

3) 평두살

　평두(平頭)란 ① 뭉뚝한 머리, ② 끝이 뭉뚝한 화살촉 등을 말한다. 평두살이란 글자의 윗부분이 뭉뚝한 간지를 지칭한다. 일종의 자형(字形)살이다. 자형살로서 현침살과 곡각살이 있다. 해당 간지로는 갑(甲), 병(丙), 정(丁), 임(壬), 자(子), 진(辰) 등이 있다. 이러한 간지가 팔자 내에 4개 이상 있거나 3개 이상 있고 행운에서 만나면 평두살이 작용한다. 일주로는 갑자(甲子), 갑진(甲辰), 병인(丙寅), 병진(丙辰), 병술(丙戌) 등이 일과 시에서 중첩되어도 평두살이라 한다.

　평두살이 있으면 이성의 인연이 희박하고 종교에 독실한 뜻을 가진다. 평두는 남녀 모두 혼담에 걸림돌이 있어서 어쩌다 결혼을 하여도 파혼하기 쉬우며 올바른 가정생활이 힘들다. 결혼을 하지 않거나 돌아온 싱글이 많다. 사주 내에 평두가 많게 되면 대부분 스님, 수녀, 신부, 목사 등 성직자 등 종교계에 종사하는 일이 많고 무당, 역술인과 관련된 직업이 많다.

　촉이 좋고 개성이 뚜렷하며 자기주장이 강하고 호전적이어서 공직생활에 부적당하다. 부부무정. 독신주의자이다.

4) 효신살

효신살(梟神殺)이란 올빼미 효, 귀신 신 즉 '올빼미 귀신'이란 뜻이다. 효(梟)는 올빼미로 예전에는 '동방불인지조(東方不仁之鳥)'라고 하여 어미 새의 아낌없는 보살핌에서 태어나 독립할 만큼 성장하면 어미 새의 배를 쪼아 죽이는 습성을 가진 악조(惡鳥)로 알려져 있다. 새끼 때는 어미의 보살핌을 받지만 다 자란 후에는 어미의 배를 쪼아 죽인다는 천하의 잡새다. 때문에 집안에 올빼미나 부엉이의 그림이라든가 박제 등을 두는 것을 금기시 하였다.

일주를 중심으로 일지가 인성이면 효신살이라 한다. 효신살이 있으면 모친과의 불화, 이별, 고부갈등, 시모갈등 등이 야기된다. 모친과 불화하거나 일찍 헤어지는 등 인연이 박하다. 이성에게는 잘하는 편이나 이해타산적이다. 정인보다는 편인효신이 더 심하다. 편인 효신은 문장력이 좋으며 재치가 있고 판단력이 좋으나 질투심이 강해고 심적 변화가 심하게 나타난다.

(표 62) 효신살의 구조(일지를 기준으로 본다)

일간	갑(甲)	을(乙)	병(丙)	정(丁)	무(戊)	기(己)	경(庚)	경(庚)	신(辛)	신(辛)	임(壬)	계(癸)
일지	자(子)	해(亥)	인(寅)	묘(卯)	오(午)	사(巳)	진(辰)	술(戌)	미(未)	축(丑)	신(申)	유(酉)

13. 탕화살, 유하살

1) 탕화살

탕화살(湯火殺)은 뜨거운 물에 대이거나 불에 화상(火傷)을 입는 경우를 말하며 심하면 폭발에 노출되어 파편으로 흉터가 심하거나 뼈가 부러지는 것을 말한다. 탕화란 펄펄 끓는 액체나 불을 말한다. 그래서 탕화살이 있으면 끓는 물, 기름, 가스, 화재, 인화물질, 폭발물 등과 관련이 되므로 음독자살, 가스중독사, 총포화기사고, 약물중독, 식중독, 전기사고, 교통사고 등이 많이 발생한다.

탕화란 전생에 나쁜 짓을 많이 해서 사약을 받고 죽은 사람이 환생했다는 설 또는 전생에 약물이나 화마로 사망한 혼령들의 환생설이 있다. 탕화살이 있으면 성격적으로 염세적이고 회의적이고 자살충동을 느낀다. 신체적으로 파편, 화상, 부상, 식중독에 걸리고 애정적으로 감성적이고 즉흥적이고 엉뚱하다. 말은 형이상학적이지만 행동은 동물적이다. 탕화살이 있으면 약사, 소방관, 독극물 및 화공약품 취급자로 종사한다.

탕화살이 운에서 와서 작용하면 그 해는 부부싸움을 하더라도 더 격렬해지며 사고가 나더라도 더 크게 손상을 입을 수 있으니 더욱 조심하여야 한다. 탕화살은 편인의 안 좋은 요소인 부정적, 의심증, 종교 염세적, 과민 반응 등 흡사한 요소를 많이 가지고 있다.

 탕화살은 일주만을 사용한다. 일주가 인일(寅日), 오일(午日), 축일(丑日)에 해당하면 탕화살이 발생한다. 예를 들면 인일(寅日)의 경우 인(寅), 사(巳), 신(申), 즉 3형살이 오면 탕화살이 일어난다. 그리고 오일(午日)의 경우에는 또 다시 오(午)가 와서 자형이 되거나 축(丑)이 오면 축오가 원진도 되고 귀문도 되면서 탕화살도 된다. 그리고 진(辰)이 오면 격각이 되면서 상문살이 되면서 탕화살이 된다. 그리고 축일(丑日)은 오가 오면 탕화살이 되고 충의 관계인 미(未)가 와도 탕화살이 된다. 그리고 술(戌)이 오면 삼형살이면서 탕화살이 된다.

 이를 기준으로 보면 일지 인, 오, 축인 경우 지지에서 형이나 충이 오면 일단 탕화살이 된다고 할 수 있을 것이다. 만약 축일생(丑日生)이 술토(戌土), 미토(未土)를 만나 충형이 되거나 오화(午火)를 원진귀문이 되면 음독하거나 흉터를 남기게 된다. 축일(丑日)생은 생식기질환, 하체부실, 혈액관련 질환이 많다.

 인일생(寅日生)이 사화(巳火), 신금(申金)을 만나 삼형을 이루면 폭팔, 화상, 골절, 음독을 하게 된다. 신경계, 임파선, 갑상선, 중풍 등의 질환에 노출되기 쉽다.

 오일생(午日生)이 진토(辰土), 축토(丑土)를 만나서 원진귀문이나 자형이 되면 음독, 화상, 자살이 발생한다. 순환기질환, 심혈관, 안질환 당뇨 등의 질환이 많다. 불과 물로 인한 화재가 발생하여 신체가 훼손되고 심하면 중독 및 비관자살에 이르기까지 일신(一身)이 버려지는 일이 일어난다.

(표 63) 탕화살의 구조

일지	인(寅)	오(午)	축(丑)
지지	인(寅), 사(巳), 신(申)	오(午), 축(丑), 진(辰)	미(未), 오(午), 술(戌)

2) 유하살

 유하(流霞)란 흐를 유(流), 멀 하(霞) 또는 놀 하(霞)의 의미로서 흘러서 멀리 사라지는 물처럼 마음을 한 곳에 두지 못한 채 이리저리 떠돌아다닌다는 의미를 가졌다. 의미상으로는 역마살과 비슷하나 역마살은 호기심이 넘치고 의욕도 넘쳐서 오지랖이 넓은 반면 유하살은 한 곳에 오래 붙어 있지 못하면서 끈기도 없고 의욕도 없고 뒷심도 없이 떠돌아다니는 것을 말한다.

 일관성이 없고 항상 변화를 꾀하지만 그 결과가 시원치 않는 경우가 많다. 하는 일마다 오래 하는 일이 없고 이성을 사귀더라도 오래 사귀지를 못하며 여러 명과 교제를 하지만 그 때마다 차이는 형국이다. 정착하려는 마음 자체가 부족하여 어느 하나에 몰두하지 못하고 항상 새로운 것을 찾아 떠돌아 다니는 상황이다.

 유하살(流霞殺)은 다분히 끼가 많은 살(殺)이다. 타고난 능력과 재능이 뛰어난 팔방미인이지만 끈기가 부족하고 쉽게 싫증을 낸다. 다정다감(多情多感)하여 외정(外政)을 즐기는 수도 있으며 연예계나 화류계에 나가는 사람도 있다.

남자는 타향에서 객사를 당하고 여자는 산망(産亡)한다는 흉살(凶殺)이다. 그리고 피나는 노력으로 쌓은 재물이 모르는 사이에 사라질 수도 있으니 매사에 주의가 필요하다.

유하살은 일간을 기준으로 지지를 본다. 어느 위치에 있어도 유하에 해당하며 행운에서 와도 그 기운이 작용한다.

(표 64) 유하살의 구조(일간을 기준으로 보는 방법)

천간	갑	을	병	정	무	기	경	신	임	계
유하	유(酉)	술(戌)	미(未)	신(申)	사(巳)	오(午)	진(辰)	묘(卯)	해(亥)	인(寅)

14. 간여지동, 전지살, 복음, 반음, 퇴신살

1) 간여지동

간여지동(干與支同)이란 천간과 지지 오행이 같은 주(柱)를 말한다. 천간과 지지가 같은 오행일이라 함은 비견 또는 겁재로 구성된 간지를 말한다. 하늘의 계획 그대로를 땅에 실현하는 스타일들이라 생각도 담백, 단순하고 곧바로 실천한다. 행동이 빠르고 담대하며 지나치면 오만방자할 수가 있다.

간여지동은 비겁을 지지에 깔고 있는 구조이므로 같은 기운이 무척 강하다. 때문에 자기주장이 강하여 고집이 세고 아집이 많다고 알려져 있다. 물론 사주팔자 전체의 강약에 따라 다소 해석을 달리할 수 있다. 기본적으로는 배타적이고 이기적이며 자기중심으로 해석하려는 경향이 강하다. 주체성이 크기 때문에 양보심이 약하며 호전적이고 자만심이 많다. 특히 여자가 간여지동이면 자기주장이 강하니 센 여자로 취급받는다.

일주가 간여지동이면 일지에 날 사칭하는 복제품이 존재하니 배우자가 그 자리를 온전히 잡을 수 없다. 때문에 부부 갈등 및 이별을 암시한다. 배우자를 극하거나 다투거나 소원해 진다. 비겁에 해당하므로 재관과의 이연이 없음을 의미한다. 때문에 간여지동 일주가 이혼율이 높다고 한다.

간여지동은 갑인(甲寅), 을묘(乙卯), 병오(丙午), 정사(丁巳), 무진(戊辰), 무술(戊戌), 기미(己未), 기축(己丑), 경신(庚申), 신유(辛酉), 임자(壬子), 계해(癸亥) 등이 있다. 간여지동 일주는 비겁이 건록, 제왕지에 있어서 재성을 간섭하므로 지출이 많고 관운이 약하여 돈과 명예도 때로는 일장춘몽이 될 수 있다.

2) 전지살

전지살(轉祉殺)은 사주의 간지와 동일한 간지가 사주 내에 있거나 또는 행운에서 동일한 간지가 오는 것을 말한다. 전지살은 잘 구르는 것이 멈추는 것으로 두 개의 내가 생겨 마치 임금이 2명인 것처럼 이럴까 저럴까 고민하고 갈등하는 기운이다. 혼자 속을 끓이며 자기 자신에 관한 갈등 원망을 많이 한다. 대운과 연운이 함께 오면 더욱 강하게 작용한다.

전지살 그 자체는 본래 대단한 영향은 없는 것이지만 동일 간지가 있거나 후천 운에 동일 간지의 운이 오는 것은 그 영향력이 강하게 나타난다. 따라서 사주에 길 효과를 미칠 때는 전지살은 오히려 좋아해야 할 것이고 악 효과를 미칠 때는 흉이 배가 하는 것이 되므로 가장 꺼리는 것이 된다.

〈표 65〉 전지살의 구조

시	일	월	연
기(己)	병(丙)	임(壬)	병(丙)
축(丑)	오(午)	자(子)	오(午)

세운
임(壬)
자(子)

위 사주는 생일 간지와 생년 간지가 동일하기 때문에 전지살이 되고 생월 간지의 임자(壬子)와 세운 간지가 또 전지살이 된다. 병오(丙午)의 간지 자체는 결코 흉은 아니지만 사주 중에 동일한 것을 보는 것은 2인(刃)이 붙기 때문에 좋지 않다. 세운에서 임자(壬子)년을 맞이하면 더욱 흉하다. 이 예와 같이 생일과 생년이 전지살이 되는 것은 금신살(金神殺)[9]이라고도 한다[10].

3) 복음

복음(伏吟)에 대한 해석은 두 가지다. 하나는 세운의 지지에서 일지를 7충 하는 것을 말한다. 흔히 이를 외전(外戰)이라고도 한다. 즉 사주팔자 일주의 일지를 세운이 와서 충하는 것을 복음(伏吟)이라 한다. 복음이 되면 외부로부터 압박이나, 비난, 박해 등을 받기 쉬운 시기이므로 대외적으로 행동을 신중해야 함이다. 그 밖에 사고나 병질, 불화, 구설수 등이 따른다.

또 다른 복음(覆吟)이 있다. 사주팔자의 일주 간지보다 한 단계 앞의 간지를 행운에서 만나는 경우를 말한다. 흔히 압일운(壓日運)[11]이라고도 한다. 복음이 되는 것은 그 해의 불화 내지는 손실 등을 관장하고 다망한데 비해서 수재(收財)는 뜻대로 되지 않으며 심신이 지치게 된다.

4) 반음

반음(反吟)은 일지에서 세운의 지지를 칠충하는 것이다. 내전(內戰)이라고 한다. 복음

---

[9] 금신살(金神殺) : 생년간지가 생일간지와 동일한 것이다. 여자 사주에서 이 금신살에 대하여 신왕하면 남편을 극하여 결국 이별을 하게 된다. 행운(行運)에 이 살이 오면 가정 내에 불화설이 많은데 별거 아니면 이별하게 된다.
[10] [네이버 지식백과] 전지살 [轉祉殺] (역학사전, 2006. 2. 10., 백산출판사)
[11] 생일 간지와 동일한 간지가 되는 해의 전년(前年)운이다. 이 운을 맞이하면 자아의 주장이 강해지고 그 때문에 타인과 불화나 손해가 생긴다.

과 다른 점은 세운에서 일주의 일지를 충하는 것이 복음이라하여 외전이라 하는데 반해 반음은 반대로 일지에서 세운의 지지를 충하는 것이 반음이다. 그래서 내전이라하는 것이다.

반음이 되는 것은 내가 원인이 되어서 칠충의 인연을 만드는 것인데, 이 해에는 무슨 일이든 신중할 것이 요구된다.

5) 퇴신

퇴신은 일반인과는 다른 독특한 가치관을 가진 경우를 말한다. 타인에게 두드려 보이려는 성격을 지녔다. 너무 속단하여 일을 저지르고 나서 나중에 후회하는 일이 많이 생긴다. 정축(丁丑), 정미(丁未), 임진(壬辰), 임술(壬戌) 일에 해당하는 일주가 퇴신이다.

15. 대장군살, 삼살, 태백살

1) 대장군살

대장군방은 팔장신(八將神)[12]이 관장하고 있는 여덟 방위를 말한다. 여기서 팔장신은 태세(太歲), 대장군(大將軍), 태음(太陰), 세형(歲刑), 세파(歲破), 세살(歲煞), 황번(黃幡), 표미(豹尾) 등으로 원래 음양가(陰陽家)의 신들이다.

대장군 방위는 삼년마다 한 번씩 바뀌는 것으로 방합을 기준으로 본다. 예를 들면 인묘진 방합의 대장군살은 그 전 단계의 방합인 해자축의 자(子)가 대장군살이 되는데 자가 북방을 지칭하므로 인묘진, 즉 인, 묘, 진의 세운 때나 범띠, 토끼띠, 용띠는 북방이 대장군 살이 되는 것이다. 주로 띠와 관련되므로 해당 띠가 아니면 크게 개의치 않아도 된다.

(표 66) 대장군살의 구조

연지	인묘진	사오미	신유술	해자축
대장군살 방위	북	동	남	서

대장군살이 들면 대장군 방위에서는 만사를 삼가야 한다. 그 방향으로 이사를 하거나 이동을 하면 좋지 않다. 아무리 잘 자라던 나무도 대장군살로 옮겨 심으면 성장이

---

12) 팔장신(八將神) : 음양가가 모시는 길흉의 방위를 맡아본다는 여덟 신. 태세(太歲), 대장군(大將軍), 태음(太陰), 세형(歲刑), 세파(歲破), 세살(歲煞), 황번(黃幡), 표미(豹尾)이다. 태세는 목성의 다른 이름으로 간지(干支)의 방향에 따라 순행하는데, 그 방위에서는 길사(吉事)를 하면 복을 받지만 나무를 베면 액운을 맞는다고 한다. 태음 방위에서는 혼인이나 출산을 삼가야 한다. 세형 방위에서는 창업을 삼가야 한다고 한다. 세파는 물을 다스리는 신으로 그 방위에서는 배를 타거나 이사하는 것을 삼가야 한다. 세살 방위(천살방향)에서는 어떤 사람과도 교유를 삼가야 한다. 황번 방위에서는 흙을 다루는 일을 삼가야 한다. 표미(표범의 꼬리) 방위는 그 방위로 장가드는 것을 삼가야 한다.

잘 안된다고 한다.

2) 삼살

삼살(三殺)은 그 작용이 대장군살과 유사하다. 다른 점은 대장군살은 삼년마다 한 번씩 바뀌는 것에 비해 삼살은 해마다 바뀌는 살이다. 또한 대장군은 방합과 관련이 있지만 삼살은 삼합과 관련이 있다. 그래서 삼살이 더 강하다고 할 수 있다.

삼살은 겁살, 재살, 천살을 통칭하여 부르는 명칭이다. 즉 삼합에서 겁살, 재살, 천살에 해당하는 것이 삼살인 것이다. 그리고 이 방위를 지칭하는 것이 삼살방위이다.

삼살방은 세살(歲煞), 겁살(劫煞), 재살(災煞) 등 불길한 살이 낀 세 방위를 말한다. 이들 방위에 집을 짓거나 묘를 쓰거나, 심지어 화장실을 고치더라도 불길한 살이 동하여 액운을 당한다고 한다. 예컨대 세살은 천살(天煞)이라고도 하며, 이 방위를 범하면 자손 또는 가축이 해를 입거나 수해나 냉해로 농사를 망친다고 여긴다. 겁살은 대살(大煞)이라고도 하며, 이 방위를 범하면 재산을 탕진하거나 칼부림이 난다고 한다. 재살은 수옥살(囚獄煞)이라고도 하며, 이 방위를 범하면 관재구설 또는 송사에 휘말리거나 질병에 걸린다고 한다. 한편 삼불복(三不伏)이라고 해서 삼살방에서는 어떠한 경우에도 절을 하지 말아야 한다.

삼살은 삼합과 관련이 있다. 해당 연지나 세운의 삼합의 왕지를 충하는 방향이 삼살방향이다. 예를 들면 해당 띠나 세운이 인, 오, 술에 해당하는 경우는 오의 충인 자가 삼살방향이 된다. 즉, 자의 방향인 북방이 삼살방향이다.

(표 67) 삼살의 구조

연지	인오술	사유축	신자진	해묘미
삼살 방위	북	동	남	서

3) 태백살

태백(太白)살은 흔히 "손 없는 날"이라고 알려진 것을 말한다. 여기서 손은 흉기(凶氣)를 말한다. 예부터 우리 조상은 나쁜 기운을 높여 부르는 관습이 있었다. 특히 손님으로 취급하는 경향이 있어서 도둑이 들면 밤손님이라 칭한 것과 같은 맥류이다. 그래서 손 없는 날이란 흉한 기운이 없는 날이라는 뜻이다.

태백살의 유래는 태백성(太白星)과 관련이 있다. 태백성은 금성(金星)을 뜻한다. 태양에서 두 번째에 해당하는 행성인 금성은 서양에서는 아름다운 여성의 상징인 '비너스'라 칭하고 그리스 신화에서는 아름다운 여신인 '아프로디테'라고 부른다. 다른 행성과 달리 새벽에 빛을 낸다고 해서 동양에서는 '샛별'이라고도 한다. 기독교에서는 "빛을 가져 오는 자"라는 뜻을 가진, 나중에 지옥으로 떨어지는 타락전사의 이름으로 알려진 라틴어 '루시퍼(Lucifer)'라 부르기도 하였다.

금성이 다른 행성과 다른 점은 유일하게 공전의 방향이 시계방향이라는 점이다. 다른 행성들은 모두 시계의 반대방향으로 공전을 하는데 금성은 시계방향으로 공전을 함으로서 다른 행성과 다른 기운을 품어내고 있다. 혹자는 이를 두고 사주 팔자에 금 기운이 있으면 반골(反骨)의 기질이 다분히 있다고 말하기도 한다.

이런 금성을 태백성이라 부르는데 태백성에서 발생하는 기운은 대부분 인간의 삶에 나쁜 영향을 미친다고 믿었다. 그래서 금성이 어느 방향에서 어떤 기운을 발생시키느냐에 따라서 해당 방향으로 흉기가 품겨 나오며 흉사나 불길한 일이 발생한다고 믿게 되었다. 이런 나쁜 기운을 손님 또는 손이라 부르며 이를 태백살이라 하는 것이다.

음력을 기준으로 금성이 정동방(정동쪽)이면 1일, 11일, 21일에 해당하고 동남방이면 2일, 12일, 22일에 해당하며 정남방이면 3일, 13일, 23일에 해당한다. 그리고 서남방이면 4일, 14일, 24일에 해당하고 정서방이면 5일, 15일, 25일이 해당하며 서북방이면 6일, 16일, 26일에 해당하며 정북방이면 7일, 17일, 27일에 해당한다. 동북방이면 8일, 18일, 28일에 해당하여 8방위의 위치에 따라 해당 일에는 흉기가 미치어 흉사 등이 발생한다는 것이다. 다만 9일, 19일, 20일과 10일, 20일, 30일에 해당하는 날은 금성이 태양에 가려 그 기운을 발휘하지 못하여 흉사가 발생하지 않는다고 하여 그 날을 손 없는 날이라 한 것이다.

(표 68) 태백살의 구조

북서방 6, 16, 26	정북방 7, 17, 27	동북방 8, 18, 28
정서방 5, 15, 25	손 없는 날 9, 19, 29 10, 20, 30	정동방 1, 11, 21
서남방 4, 14, 24	정남방 3. 13. 23	동남방 2, 12, 22

태백살은 이방살(移方殺)이라고도 한다. 본래의 의미는 서방의 금기로 상징되는 숙살지기로서 생기를 제거하여 고독과 병마에 시달리는 빈천지명의 흉살로 취급되었다.

16. 계비관, 낙정관, 뇌공관, 취명관, 철사관, 화상관, 단명살

1) 계비관

계비관(鷄飛關)이란 어릴 적에 가축을 살생하는 장면을 보면 질병에 노출된다는 의미의 신살이다. 어릴 적이란 대부분 10세 미만의 나이를 말하며 10세가 지나면 자연 소멸된다고 한다. 현대 의학의 발달로 이러한 문제는 해결이 가능하다고 해서 현대 명리학에서는 적용하지 않는다.

계비관살은 일간과 지지의 관계에서 찾는다. 일간이 갑과 기(갑기합)이면 지지가 사유축(금국 삼합)에 해당하면 작용하고 일간이 을, 병, 정, 무이면 지지가 자일 때 작용한다. 그리고 일간이 경, 신, 임, 계이면 지지가 인오술(화국 삼합)일 때 작용한다.

(표 69) 계비관살의 구조

일간	갑, 기	을, 병, 정, 무	경, 신, 임, 계
지지	사, 유, 축	자	인, 오, 술

2) 낙정관살

낙정관(落井關)이란 우물에 빠진다는 의미이다. 낙정관살은 우물, 인분통, 맨홀, 강물 등에 빠지게 되거나 그런 경험을 가질 수 있다는 살이다. 흉살이므로 다른 흉살과 겹겹되면 더욱 흉하게 된다. 따라서 물과 관련된 재난을 특별히 조심하여야 한다. 특히 어린이들은 더욱 조심하여야 한다. 수산업, 제방업, 생수업 등도 직업적으로는 길하지 않으므로 주의하여야 한다.

낙정관살은 비단 수재(水災) 뿐만 아니라 낙상, 타박, 모함, 사기 등과도 관련을 가질 수 있으므로 주의를 살펴야 한다. 낙정관살은 일간을 기준으로 지지와의 관계에서 작용을 한다. 예를 들면 일간이 갑, 기(갑기합)의 경우는 지지가 사(巳)일 때 작용하며 일간이 을, 경(을경합)이면 지지가 자(子)일 때 작용한다. 일간이 병, 신(병신합)이면 지지가 신(申)일 때 작용하고 일간이 정, 임(정임합)이면 지지가 술(戌)일 때 작용하고 일간이 무, 계(무계합)이면 지지가 묘(卯)일 때 작용을 한다.

(표 70) 낙정관살의 구조

일간	갑, 기	을, 경	병, 신	정, 임	무, 계
지지	사(巳)	자(子)	신(申)	술(戌)	묘(卯)

3) 뇌공관살

뇌공관(雷公關)살은 뇌공타뇌관살(雷公打雷關殺)이라고도 한다. 일주와 관련이 있으며 해당 일주는 벼락, 전기 감전, 화재, 연탄가스, 교통사고, 폭발사고 등의 위험에 노출되어 있는 경우이다. 해당직종과 관련된 업무는 가급적 가까이 하지 않는 것이 좋다. 병자(丙子), 무술(戊戌), 경인(庚寅), 계해(癸亥) 일주가 해당된다.

4) 취명관살

취명관(取命關)이란 어린이들이 사당이나 절 등에 가면 떠도는 혼령에 의해 질병을 얻을 수 있다고 해서 어린이들이 주로 대상이 된다. 10세가 지나면 소멸된다. 병약하여 사람들이 많이 모이는 곳에 가면 전염병 등에 취약할 수 있다. 병진(丙辰), 기해(己亥) 일주가 해당한다.

5) 철사관살

철사관(鐵蛇關)은 철사 줄과 같은 질기고 강한 사슬에 자신이 묶이어 고통을 받는 다는 살이다. 스스로 스트레스를 받는 것이 특징이다. 예민하고 다혈질이며 강박관념이 강하다. 자존심이 강하여 사회생활이나 부부생활에 악영향을 미친다. 심신쇠약증세가 있으며 성욕이 강하고 정력이 지나쳐서 욕정을 주체하기에 어려움이 많다.

그리고 돌림병이나 희귀병에 걸려 단명할 수 있으므로 주의를 요하는 살이다. 갑진(甲辰), 병신(丙申), 정미(丁未), 무인(戊寅), 경술(庚戌), 계축(癸丑) 일주가 이에 해당한다.

6) 화상관살

화상(和尙)이란 불교용어로 ① 수행을 많이 한 승려, ② '승려(불교의 출가 수행자)'를 높여 이르는 말이다. 아사리[13]와 함께 수계사인 스님을 지칭하는 말이며 일반적으로 덕이 높은 스님을 가리켜 부르는 호칭이다.

화상관살은 해당 육친과 이별하고 중이 될 수 있음을 암시하는 살이다. 10세 이전에 절, 사당, 신당 같은 데를 데리고 가지 말아야 한다. 일지를 기준으로 시지와 비교한다.

자오묘유 일생(日生)은 진술축미 시(時)에 태어났을 경우에 작용하고 진술축미 일생은 자오묘유 시에 태어났을 경우 해당한다. 인신사해 일생은 인신사해 시에 태어났으면 이에 해당한다.

7) 단명살

명이 길지 못하는 살로 어릴 때 어릴 때 가장 위험하며 명이 50~60을 넘지 못하다고 한다. 일지와 시지를 본다. 신자진 일생 사시(巳時), 사유축 일생 인시(寅時), 인오술 일생 진시(辰時), 해묘미 일생 미시(未時) 등이 이에 해당한다.

17. 현량살, 천전살·지전살, 육수

1) 현량살

현량살은 나무에 목을 매고 자살할 수 있다는 흉살이다. 연지와 시지를 비교하여

---

13) 아사리(阿闍梨) : <불교> 제자를 가르치고 제자의 행위를 바르게 지도하여 그 모범이 될 수 있는 승려. [비슷한 말] 궤범사·규범사·도려·도리·사리(闍梨).

해석한다. 연지가 신자진에 해당하고 임자(壬子) 시에 태어났으면 현량살에 해당한다. 연지가 사유축 년이면 신유(辛酉) 시, 연지가 인오술 년이면 경오(庚午) 시에, 그리고 연지가 해묘미이면 을묘(乙卯) 시일 때 현량살에 해당한다.

2) 천전살·지전살

천전살(天轉殺)은 일정한 직업에 종사하기 어렵고 아무리 노력을 하여도 초기에는 좋으나 결국에는 깨진다고 하는 살이다. 그리고 지전살(地轉殺)은 노력에 비해 결과가 없고 처음에는 성사되나 결국에는 불의의 지변으로 깨지고 만다. 천전살이나 지전살은 월지를 기준으로 간지를 본다.

월지가 인묘진이면 천전은 을묘(乙卯), 지전은 신묘(辛卯)가 해당하며 월지가 사오미이면 천전은 병오(丙午), 지전은 무오(戊午)가 해당되고 월지가 신유술이면 천전은 신유(辛酉), 지전은 계유(癸酉)가 해당하며 월지가 해자축이면 천전은 임자(壬子), 지전은 병자(丙子)가 이에 해당한다.

(표 71) 천전살·지전살의 구조

월지	인묘진	사오미	신유술	해자축
천전살	을묘	병오	신유	임자
지전살	신묘	무오	계유	병자

3) 육수

육수(六秀)란 두뇌회전이 빠르고 요령이 좋다. 이해타산과 이기심이 강하고 성격변화가 심하다. 성격은 급하고 재치가 있는 반면 자기의 이익을 먼저 생각하는 습성 때문에 독단적인 기질이 있다. 동업이 안 좋다. 병오(丙午), 정미(丁未), 무자(戊子), 기축(己丑), 기미(己未) 일주가 이에 해당한다.

18. 구추방해, 십악대패, 의부의처, 철쇄개금

1) 구추방해

구추방해(九醜妨害)란 아홉 가지의 추하고 나쁜 일을 겪게 된다는 살이다. 매사에 방해가 있고 남이 겪지 않는 일을 자주 겪게 된다는 흉살이다. 수술, 구속, 승진누락 등을 겪거나 이성관계가 복잡하게 얽히어 시비를 만들기도 한다. 일주를 기준으로 하되 시주에서 발생하면 본인 말년이나 자식에게서 문제가 발생한다.

을묘(乙卯), 을유(乙酉), 무오(戊午), 무자(戊子), 기묘(己卯), 기유(己酉), 신묘(辛卯), 신유(辛酉), 임자(壬子), 임오(壬午) 일주가 해당된다.

2) 십악대패

십악대패(十惡大敗)란 10가지 크게 흉한 것을 십악이라 하고 크게 패한다는 것을 대패라고 하니 십악대패란 10가지 크게 패하는 흉살이라는 의미이다. 여기서 십악은 육십갑자 중 10일간을 말하는데 모두 록이 공망인 10일간을 말한다.

장사를 지내는 일 빼고는 모든 것이 흉하다고 알려져 있다. 사업 확장에 불리하고 심신이 피곤하며 사고수가 따른다. 시작은 있으나 끝이 없고 하나를 얻으면 더 많은 것을 잃는다. 택일은 십악대패일을 무조건 피해야 한다.

육십갑자의 갑자순(甲子旬)은 술해가 공망이다. 따라서 갑자순에서 술, 해가 록을 가진 것은 임신(壬申)이므로 임신이 십악대패가 된다. 갑술순에서는 신유가 공망이다. 갑술순에서 신유가 록이 되는 것은 경진(庚辰)과 신사(辛巳)이다. 따라서 경진과 신사가 십악대패일이다.

또한 갑신순에서는 오미가 공망인데 오미가 록인 경우는 정해(丁亥)와 기축(己丑)이다. 경해와 기축이 십악대패일이다. 갑오순에서는 진사가 공망이므로 진사가 록인 경우는 병신(丙申)과 무술(戊戌)이다. 그리고 갑진순에서는 인묘가 공망인데 인묘가 록인 경우는 갑진(甲辰)과 을사(乙巳)이다. 갑인순에서는 자축이 공망인데 자축이 록인 경우는 계해(癸亥)이다.

이렇게 해서 임신(壬申), 경진(庚辰), 신사(辛巳), 정해(丁亥), 기축(己丑), 병신(丙申), 무술(戊戌), 갑진(甲辰), 을사(乙巳), 계해(癸亥) 등 10일이 십악대패일이다.

3) 의부의처

의부의처(疑夫疑處)는 배우자에게 집착하는 경향이 유독 강하여 배우자의 불륜을 의심하는 지경에 이르는 흉살이다. 망상적인 상황인데 일종의 정신병으로 취급된다. 대개 본인의 과거 행적과 비교하여 배우자도 그럴 것이라고 추측 단정한다. 특징적인 것은 이혼은 절대적으로 인정하지 않는다는 점이다.

남녀모두 일주를 기준으로 해석하며 중첩되면 더욱 가중된다. 남자는 갑오(甲午), 병술(丙戌), 무진(戊辰), 경진(庚辰), 임술(壬戌) 등의 일주가 해당하며 여자의 경우에는 을사(乙巳), 정해(丁亥), 기해(己亥), 신사(辛巳), 계해(癸亥) 일주가 이에 해당한다.

4) 철쇄개금

철쇄(鐵鎖)란 쇠로 된 자물쇠를 말하며 개금(開金)이란 자물쇠를 여는 열쇠를 말한다. 따라서 철쇄개금이란 쇠로 된 자물쇠를 여는 열쇠라는 뜻이다. 쇠로 된 자물쇠는 유(酉)를 지칭하며 묘(卯)와 술(戌)은 종일토록의 의미가 있다. 따라서 묘술유가 있으면 종일토록 쇠로된 자물쇠에 묶이어 있으며 이를 풀어준다는 의미를 품고 있어서 묘, 유, 술이 있으면 철쇄개금이 있다고 한다.

철쇄개금은 질병을 가진 사람을 치료하거나 정신적인 고통을 치유하는 직업이나 인생을 산다고 한다. 질병을 치료하는 직업은 의사, 간호사, 물리치료사, 간병인 등 의술행위가 있고 정신적인 치유는 종교인, 무속인, 역술인, 상담사 등이 있다. 특히 활인업, 교육업, 의약업 등에서 타인에게 컨설팅, 카운슬링, 멘토의 역할을 하면서 위안을 주거나 억울함을 풀어주는 역할을 한다.

19. 그 밖의 신살

그 밖에도 신살은 무수히 많다. 신살이 모두 몇 개인지도 모를 정도로 수많은 신살이 난무하고 있다. 그 출처나 근거가 확실한 것도 있고 도무지 어디서 왔는지 알 수 없는 신살도 있다.

신살은 운명적으로 흉한 작용을 한다는 점에서 과히 즐겁지 않는 것이 현실이다. 가급적 적용을 배제하고 싶지만 어떤 경우는 도저히 무시할 수 없을 정도로 작용력이 큰 경우도 있기 때문에 너무 도외시하기에도 한계가 있다. 적당히 응용하는 것이 합리적이라는 생각이다.

앞서 실용적으로 사용되고 있는 신살 위주로 설명을 하였고 그 외의 신살들은 그 명칭만 나열하면 다음과 같다.

① 건각살 ② 관부살 ③교록살 ④국인살 ⑤농아살 ⑥당부살 ⑦맹인살 ⑧배곡살 ⑨부벽살 ⑩상배일살 ⑪생이별살 ⑫세합년살 ⑬소실살 ⑭심수살 ⑮야제관살 ⑯오귀살 ⑰익수살 ⑱자결살 ⑲장명성살 ⑳재고살 ㉑절도살 ㉒절방살 ㉓정록살 ㉔지모살 ㉕지세지형살 ㉖진실살 ㉗천라성살 ㉘천랑살 ㉙천모살 ㉚천사성살 ㉛천옥살 ㉜천재살 ㉝천희신살 ㉞홍란성살 ㉟환살 ㊱홍락살 ㊲태양년살 ㊳도액살 ㊴금강살 ㊵팔문살 ㊶경문살 ㊷휴문살 ㊸사문살 ㊹진압살 ㊺백신불침살 ㊻영생정토살 등

제2절 귀인

1. 귀인의 의의

 귀인(貴人)이란 수많은 신살 중에서 길(吉)작용을 하는 신살을 종합하여 칭하는 말이다. 신살은 신과 살의 복합어로서 신은 길작용을 하는 것들을 표현한 것이고 살은 흉에 귀인이라 함은 대부분 신(神)에 해당하는 것들을 표현한 것으로서 길(吉)작용을 하는 것이고 앞서 설명한 신살 들은 대부분 흉(凶)작용을 하는 것, 이른바 살(煞)에 대한 설명이었던 것이다.
 사전적 의미로 귀인이란 ① 신분(身分)이 높은 사람, ② 존귀(尊貴)한 사람, ③ 사회적 지위가 높고 귀한 사람, ④ <역사> 조선 시대에 후궁에게 내리던 종일품 내명부의 품계(빈의 아래에 해당) 등으로 해석되었다. 즉 신분이나 관직의 명칭이었으며 영어로 귀인을 'nobleman'이라 부르며 신분·인품 등이 높은 사람을 지칭한다.
 명리학에서 귀인이라 함은 신살의 일종으로서 유독 귀인의 역할을 하는 것들을 말하는 것이다. 굳이 신살의 유형에서 별도로 취급하는 것은 그만큼 길 작용이 강하게 나타나기 때문이다.

2. 귀인의 구조와 기준점

 귀인이 이루어지는 것은 ① 천간과 천간, ② 천간과지지, ③ 지지와지지 등의 관계성에서 나타난다. 즉 사주팔자의 글자와 글자가 만나서 새로운 기운을 발생시키는데 그것이 사주팔자의 전체에 길작용을 하게 되는 것이다.
 신살에서와 마찬가지로 그 구조와 작용방법은 같다. 다만 그 작용결과가 길하다는 차이만 다르다. 때문에 신살처럼 그 적용범위가 명리학에서 배제될 수도 있고 적당하게 응용될 수도 있다. 술사들은 대부분 응용하지만 현대명리학을 고수하는 경우에는 음양, 오행의 원리만을 주장하기에 귀인에 대해서 배제하는 경우도 많다. 다시 말하면 귀인의 구조도 신살처럼 자평명리학보다는 당사주에서 더 유용하게 이용된다고 할 것이다.
 그러다 보니 그 기준점을 적용하는데 오류가 발생하게 된다. 자평명리학은 일간이 중심이므로 일간과 일지를 기준점으로 삼지만 당사주의 경우에는 연지를 기준점으로 삼기 때문에 그 기준점이 다르게 적용하게 된다. 분명 그 기준점에 따라서 해석이 크게 달라지게 되므로 이는 중요한 문제가 된다. 때문에 술사들은 연지 또는 일지를 기준점으로 삼는다고 하는데 이는 더욱 더 혼란만 가중시킨다.
 귀인도 신살과 같이 그 적용과 해석이 같기 때문에 신살처럼 이해하면 된다. 천간의 경우는 일간을 중심으로 해석하기 때문에 크게 어려움이 없다. 다만 몇 가지 귀인살은 천간끼리 작용하는 것이라 해서 굳이 일간을 강조하지 않는 경우도 있다. 그러나 가급적 일간이 포함되는 것을 중시하므로 일간이 포함될 때 그 작용력은 배가된다고 할 것이다.

천간과 지지의 관계도 마찬가지이다. 일간이 기준이 되어 지지와의 관계성을 따진다면 일간과 연지, 일간과 월지, 일간과 일지, 일간과 시지의 관계성이 된다. 이 중 그 비중에 따라서 작용력이 달라지는데 연지를 중히 여기는 사람은 연지의 비중을 높게 둘 것이고 월지를 중히 여기는 사람은 월지의 비중을 높게 둘 것이다.

지지의 비중은 월지가 가장 높다고 한다. 이는 누구나 같은 생각을 한다. 그런데 그 다음 비중으로 일지가 먼저라고 하는 술사와 시지가 먼저라고 하는 술사들이 있다. 일지는 바로 나 자신이기 때문에 비중이 높다고 하는 가하면, 지지에서의 기준은 일지가 되므로 일지가 더 높다라고 하는 경우가 있다.

그런가 하면 시지가 비중이 높다라고 하는 경우가 있다. 왜냐 하면 시지는 기온과 관련이 있고 월지가 기후와 관련이 있기 때문에 일맥상통한다는 점에서 월지 다음으로 시지의 비중을 높게 취급하는 술사도 있다. 이는 일간이 기운이 강하지 약한지에 따라서 적용하는 방법과 일간의 기운이 한난조습의 여부에 따라서 적용하는 방법이 다른 것이다. 즉, 처음부터 적용방법이 무엇인지에 따라서 그 비중을 다르게 둔다는 것이다. 다시 말하면 술사의 취향에 따라서 적용방법이 달라지게 되는 것이다.

연지의 경우는 그 적용방식이 다르다. 일간의 강약으로 해석할 때는 그 거리가 너무 멀어서 연지의 비중이 극히 약하다. 그러나 그 뿌리를 기준으로 한다면 연지의 적용기간이 가장 길고 오래가므로 연지의 비중을 높게 적용하는 경우도 많다. 즉 연지의 작용력이 강하지는 않지만 오래간다는 것이다.

이는 지지와 지지와의 관계에서도 나타난다. 지지와 지지와의 관계에서 그 기준점을 무엇으로 할 것이냐에 대해 연지 중심과 일지 중심으로 나뉜다. 일지 중심을 강조하는 경우는 일지가 내몸과 같은 역할을 하므로 지지에서는 곧 일간과 같다고 보기 때문이다. 이 역시 강약의 논리이다. 연지를 기준으로 하는 경우는 지지의 뿌리를 연지에 두고 그 연지의 작용기간이 시지에 이르기까지 오랜 간다는 논리이다. 현명한 술사라면 이러한 해석을 모두 적용해 봄이 합리적이라 할 것이다.

3. 귀인의 유형과 특징

1) 천을귀인

천을(天乙)은 천인사(天人事)를 비교하여 헤아린다는 하늘의 별자리이다. 하늘의 수많은 별 중에서 천을(天乙)은 천사(天事)를 집행(執行)하는 역할을 한다.

우리 별자리는 북쪽 하늘의 중심에 하늘나라 임금이 사는 곳인 자미원, 신하들이 임금을 보좌하며 정사를 펼치는 태미원, 백성들의 시장이 있는 천시원 등 3원(三垣)이 있다. 또 하늘의 지방에 해당하는 28수(宿)는 각각 동방, 서방, 남방, 북방으로 7개씩 별자리가 속해 있다.

하늘의 제일 위쪽에 놓여 있다 해서 상원(上垣)이라고도 불리는 태미원, 그리고 가운데 중원(中垣)이라고 불리는 자미원, 그리고 제일 아래 있다고 해서 하원(下垣)이라고 하는 천시원 등 옛 선조들은 하늘의 중심에 거대한 세 원(三垣)이 놓여 있다고 믿었다. 여기서 원(垣)은 담장을 말한다.

하늘의 중심 자미원에는 하늘나라 임금격인 북극성이 있다. 만물의 생장소멸을 주관한다는 북극성은 천추성(天樞星) 혹은 구천상제(九天上帝)라고도 하는데 이 북극성을 중심으로 하늘나라의 궁궐인 자미궁을 이루고 있다.

자미궁은 크고 튼튼한 담으로 둘러쳐져 있다. 오른쪽에 7개, 왼쪽에 8개의 담이 둘러 하늘나라 임금과 그 신하들을 보호하고 있는 것이다. 이를 자미궁의 담이라 해서 자미원이라고 한다. 그 중에서도 우추성과 좌추성이 있는 입구를 남문 혹은 정문이라고 하고 좌소승성과 우상승성이 넓게 벌리고 있는 곳을 후문 또는 북문이라고 한다.

천을(天乙)은 자미궁의 오른쪽 담 밑에 위치하고 있으며 천일성(天一星)이라고도 한다. 하늘에 있는 모든 것을 포괄하며 하늘을 주재하는 천제(天帝)의 신에 해당한다. 전투를 주관하고 길흉을 미리 예측하는 천을성은 지황씨(地皇氏)의 정수(精髓)가 하늘로 올라가 별이 된 것이다.

자미원의 남문 입구 근처에 천을성과 붙어 있는 태을성(太乙星)은 천제(天帝)의 신으로 태일(太一) 혹은 태일(泰一), 태을(太乙)14)이라고도 한다. 고대 중국의 전설적인 임금인 삼황에 대비하면 인황씨가 하늘로 올라가 별이 된 것이 바로 태을성이며, 천일성과 함께 천황대제를 도와 만물을 다스리는 일을 도맡아 한다.

천을귀인(天乙貴人)이란 바로 여기의 천을, 즉 천일성(天一星)을 지칭한다. 귀인이라 칭하므로 인간의 생명, 재산, 길흉, 건강, 명예, 사회, 가정 등에서 좋은 기운을 가져온다고 하는 신이다.

천을귀인이 있으면 총명하고 지혜가 있으며 남의 도움을 얻을 수 있다. 심성(心性)이 곱고 선(善)을 추구(追求)하며 흉살(凶殺)이 있어도 흉변위길(凶變爲吉)한다. 문장력(文章力)이 출중(出衆)하다. 조숙(早熟)하고 타인이 존경(尊敬)한다. 인덕(人德)이 좋고, 부모의 유산을 받는다. 인간으로 하여금 눈부신 공(功)이나 업적을 세워 명성을 떨치게 하며 출세해 높은 지위에 오르게 하는 길신이다. 인간에게 예기치 않은 행운, 즉 벼락출세를 할 수 있도록 도와주는 것이며 위기에 처하더라도 뜻밖의 원조자나 조력자, 귀인(貴人)의 출현으로 도움을 받게 은덕을 베풀어 준다. 부부가 다정하고 좋은 자식을 갖는다.

본인의 사주에 천을 귀인이 있고 특히 희신(喜神)에 해당한다면 바르고 훌륭한 인격을 지니고 있으며 총명하고 만약 사주가 흉하더라도 상당 부분을 보안할 수 있는 힘이 있으나 형·충·파·해·공망이 있으면 제대로 사용할 수 없고 오히려 흉한 작용을 하게 된다. 특히 공망이 되면 가무(歌舞)를 좋아하고, 기예(技藝)에 소질이 있으며 박학다식(博學多識)하고 유능해도 직업을 방황하고 유랑인생길을 걷는다. 합(合)이 일어나면 되

---

14) 자미원의 남문 입구 근처에 천을성과 붙어 있는 태을성은 천제(天帝)의 신으로, 태일(太一) 혹은 태일(泰一)이라고도 한다. 고대 중국의 전설적인 임금인 삼황에 대비하면 인황씨가 하늘로 올라가 별이 된 것이 바로 태을성이며, 천일성과 함께 천황대제를 도와 만물을 다스리는 일을 도맡아 한다.

면 액운을 없애고 사회적으로 크게 출세할 수 있다. 간합(干合) 또는 지합(支合)이 되면 다복하고 경사가 많으며 흉사(凶事)가 적다. 년월지(年月支)에 있으면 부모의 은덕으로 편하게 생활한다.

비겁이 귀인이면 형제, 친구, 종료의 덕이 있으며 형제자매가 발전한다.

식상(食傷)이 천을귀인이면 일생(一生) 식록(食祿)이 많고 유복(有福)하다. 평생 일거리가 풍족하고 다양한 재능이 있으며 능력 있는 후배의 협력이나 좋은 제자를 두게 된다. 식신이 귀인이면 의식풍족, 장수, 달변, 외교에 능하다. 남자는 처가 덕이 있다. 여자는 자식이 크게 성공한다. 상관이 귀인이면 기예가 만능이고 여자는 자식이 수재이거나 총명하다.

재성이 귀인이면 남자의 경우 재물운과 배우자운이 좋고 처덕(妻德)이 있고 재벌(財閥)이 될 수 있는 기회가 찾아오며 여자의 경우 시가 덕을 보거나 부를 축적할 수 있다.

관성(官星)이 천을귀인이면 대관(大官)으로 명예를 성취하고 국가기관에 출입하는 일을 한다. 남자는 자식발전이 크며 여자는 남편운이 좋고 출세운이 있다. 혼인당시에 무능해도 앞으로 반드시 출세하게 된다.

인수에 있으면 뛰어난 학문성을 지니고 있다. 부모가 인자하고 후덕하며 외가 덕을 많이 볼 수 있다.

육합(六合), 삼합(三合)과 장생(長生)이 같이 있으면 문학(文學)이 우수하다. 역마와 같이 있으면 용모가 위엄이 있고, 모사(謀事)가 많다. 따라서 객지나 외국에서 많은 발전을 이룬다. 망신(亡身)과 같이 있으면 문학에 뜻이 있고, 고담웅변(高談雄辯)을 좋아한다. 화개살과 함에 있으면 의지가 높고 지혜가 있으며 문장력과 예능의 끼가 특출하여 격이 좋으면 고위직이나 대권과도 인연이 있다. 괴강과 함께이면 성격이 활달하고 웅변에 능하여정치나 할인업에서 두각을 나타내고 모든 사람이 우러러보는 지도자가 될 수 있다.

삼기성과 함께 있으면 대귀명으로 인품이 후덕하고 관직이나 직장에서 크게 두각을 나타낼 수 있다. 문창성과 함께 있으면 학문이 뛰어나고 박사학위와 인연이 있으며 학계에서 이름을 알린다. 행운(行運)이 천을귀인이면 개운(開運)의 길을 얻는다.

귀인이 중복되면 좋지 않다. 남자는 일찍 상처하기 쉽고 여자는 중혼하거나 음천지명으로 예술인이나 화류계에서 종사할 수 있다. 귀인은 공협을 꼭 본다.

용신(用神)이면 평생 재난을 당하지 않는다. 사절(死絶)되면 자기주장이 강하고 독주(獨走)하며 유랑(遊浪)을 즐긴다. 귀격, 흉격을 막론하고 인덕이 있다. 계사일(癸巳日), 정유일(丁酉日), 계묘일(癸卯日), 정해일(丁亥日)은 일주 자체가 천을귀인이다.

천을귀인은 음양에 따라 양귀인(陽貴人)과 음귀인(陰貴人)이 있다. 남자는 양귀가, 여자는 음귀가 더욱 좋다. 사주팔자 원국에 두 개 모두 나타나면 최상(最上)이고 하나만 나타나도 귀인(貴人)이 임한다고 말한다.

(표 72) 천을귀인의 구조

일간(日干)	양귀인(陽貴人)	음귀인(陰貴人)
갑(甲)	미(未)	축(丑)
을(乙)	신(申)	자(子)
병(丙)	유(酉)	해(亥)
정(丁)	해(亥)	유(酉)
무(戊)	축(丑)	미(未)
기(己)	자(子)	신(申)
경(庚)	축(丑)	미(未)
신(辛)	인(寅)	오(午)
임(壬)	묘(卯)	사(巳)
계(癸)	사(巳)	묘(卯)

* 진술은 천문을 깨뜨리는 것이라 해서 귀인에 해당하지 않는다.

2) 삼기성

삼기성(三奇星)이란 천간의 세 글자가 모여서 만들어내는 기운을 말한다. 여기서 기(奇)는 기이하다는 의미로 이상하리 만큼 특이한 재능이 있거나 보통사람과는 다른 총명함과 재능이 있거나 천재지변으로부터 보호되는 행운이 있다는 의미이다.

종류는 3가지인데 첫째가 천상삼기(天上三奇)라고 해서 머리가 총명하고 학문에 통달한다는 을병정(乙丙丁)을 말함이고 두 번째는 지상삼기(地上三奇)라고 해서 부귀와 장수를 누린다는 갑무경(甲戊庚)을 말함이고 세 번째가 인중삼기(人中三奇)라고 해서 수재(秀才), 신동(神童)소리를 들으나 음란하다고 하는 신임계(辛壬癸)를 말함이다. 천간 10개의 글자 중 기토(己土)만 빠졌다.

일간을 기준으로 월간, 연간으로 이어지면 최고의 조합이 된다. 특히 일간은 반드시 포함하여야 한다. 모두 통근하고 천을귀인과 동주하면 금상첨화(錦上添花)이다. 삼기성이 완벽하게 이루어지는 행운이 오면 예기치 않았던 특별하고 특이한 일이 벌어진다.

삼기성이 천을귀인과 같이 있으면 포부가 크고 높으며 다재다능하다. 학문에도 능통하여 다른 사람을 돕거나 구해주어 그 이름이 널리 빛나게 된다. 삼합을 이루면 국가의 주춧돌과 기둥감이 될 수 있다.

형충파해 등이 있으면 그 기운이 반감되며 겁살과 함께 있으면 기품은 탁월하나 헛된 욕심이 많고 고집이 세며 권력을 남용하게 된다. 공망이 함께 있으면 그 기운이 반감되며 생왕하면 부와 권력에 아첨하지 않고 속세를 초월한 세월을 보낸다.

3) 문창귀인

문창(文昌)이란 북두칠성[15]의 여섯 째 별인 '개양(開陽)'을 달리 이르는 말이며 학문

---
[15] 북두칠성(北斗七星)은 ① <불교> 탐랑(貪狼), 거문(巨門), 녹존(祿存), 문곡(文曲), 염정(廉貞), 무곡(武曲), 파군(破軍) 따위 일곱 개의 별. 이것을 섬기면 천재지변 따위를 미리 막을 수 있다 하여 북두 만다라를 본존으로 하는 북두법이 최대 비법이었다. ② <천문> 큰곰자리에서 국자 모양을 이루며 가장

을 맡아 다스린다고 한다. 이 별에 기원하면 과거에 급제한다는 믿음이 있었다. 학문과 지혜가 특출하고 박식하며 화술이 능하여 명예가 드높아진다. 기억력, 연구력, 추진력, 발표력, 창의력 등에서 천부적인 자질을 갖게 된다. 학문과 문학에서 두각을 나타내며 교육직, 예능직, 광고, 디자인 등 창의력을 요구하는 분야가 적합하다.

관성이나 인성이 함께 사주에 있으며 더욱 빛나며 교육, 공직 등에서 두각을 낼 수 있고 국가 등 공직에서 일하게 된다. 문창과 관성이 합을 하면 문예뿐만 아니라 필체도 최고 경지에 오른다. 일지 문창이 가장 비중이 크고 다음으로 월지, 시지, 연지의 순이다. 천의성(天醫星)과 함께 있으면 이로공명16)이라 해서 외국에 까지 그 이름을 떨치게 된다.

문창성의 구성은 일간을 기준으로 하며 양일간의 경우에는 장생(長生)지를 충(冲)하는 지지(地支)가 문창이며 음일간의 경우에는 장생지 그 자체가 바로 문창이다. 다른 방법으로는 일간의 식신(食神)이 문창이며 다만 병(丙), 정(丁)은 편재가 문창이다. 또한 지지를 천간으로 바꾸어서 해석해도 된다. 예를 들면 갑(甲)일간의 식신은 사(巳)인데 천간으로 바꾸면 병(丙)이 되므로 천간의 병(丙)이 문창성이 된다.

(표 73) 문창성의 구조(일간을 기준으로 본다)

천간	갑	을	병	정	무	기	경	신	임	계
장생지	해(亥)	오(午)	인(寅)	유(酉)	인(寅)	유(酉)	사(巳)	자(子)	신(申)	묘(卯)
문창	사(巳)	오(午)	신(申)	유(酉)	신(申)	유(酉)	해(亥)	자(子)	인(寅)	묘(卯)

4) 문곡귀인

문곡(文曲)이란 문곡성(文曲星)을 말한다. 탐랑성(貪狼星), 거문성(巨門星)17), 록존성(祿存星), 문곡성(文曲星), 염정성(廉貞星), 무곡성(武曲星), 파군성(破軍星), 좌보성(左輔星), 우보필성(右輔弼星)의 9별 가운데 넷째 별인 문곡성이다.

주로 글과 관련된 문운(文運)을 관장하며, 일명 문성(文星)이라고도 한다. 문곡귀인(文曲貴人)은 사후문장(死後文章)으로 역사에 이름이 남을 학자가 된다고 한다. 특히 문학과 예술부문에서 두각을 나타낸다는 길성이다. 학문에 흥미가 많고 창의적 재능이 높다. 학자, 교육자, 문학가, 예술인 등의 직업적 성향을 갖는다.

문곡귀인의 구조는 문창귀인의 충에 해당하는 지지가 문곡귀인에 해당한다. 일간을 기준으로 지지와의 관계성을 살핀다. 문창귀인과 함께 대표적인 학문의 별이다.

뚜렷하게 보이는 일곱 개의 별. 이름은 각각 천추(天樞), 천선(天璇), 천기(天璣), 천권(天權), 옥형(玉衡), 개양(開陽), 요광(搖光)이라 하며 앞의 네 별을 괴(魁), 뒤의 세 별을 표(杓)라 하고 합하여 두(斗)라 한다. 위치는 천구(天球)의 북극에서 약 30도 떨어져 있으며, 천추와 천선을 일직선으로 연결한 곳에서부터 그 길이의 다섯 배만큼 떨어진 거리에 북극성이 있다. 국자의 자루 끝에 있는 요광은 하루에 열두 방위를 가리키므로 옛날에는 시각(時刻)의 측정이나 항해의 지침으로 삼았다.
16) 이로공명(異路功名) : 없는 글자나 공망(空亡)의 글자는 열심히 추구해도 끝내 이루지 못하고, 그 노력의 결과로 다른 분야에서 성공하는 것을 말한다.
17) 방위(方位)를 괘효(卦爻)에 배치하여 길흉을 점치는 구성(九星)의 2번째 별.

(표 74) 문곡성의 구조(일간을 기준으로 본다)

천간	갑	을	병	정	무	기	경	신	임	계
장생지	해(亥)	오(午)	인(寅)	유(酉)	인(寅)	유(酉)	사(巳)	자(子)	신(申)	묘(卯)
문창	사(巳)	오(午)	신(申)	유(酉)	신(申)	유(酉)	해(亥)	자(子)	인(寅)	묘(卯)
문곡	해(亥)	자(子)	인(寅)	묘(卯)	인(寅)	묘(卯)	사(巳)	오(五)	신(申)	유(酉)

5) 학당귀인

학당(學堂)이란 ① 한문(漢文)을 사사로이 가르치던 곳, ②학생을 가르치는 교육기관, 즉 초등학교, 중학교, 고등학교, 대학교 및 특수학교 등을 말한다. 즉 오늘날의 학교를 말한다. 따라서 학당귀인이란 학문으로 인한 좋은 기운이 있음을 의미 한다. 문창귀인과 비슷한 작용을 하지만 오히려 더욱 강하다고 할 수 있다.

학당귀인이 있으면 지혜롭고 총명하며 학문을 좋아하고 훌륭한 문장가가 된다. 대학총장 등 교육계에서 높은 지위에 오르며 박사학위를 취득하는 등 학문적으로 높은 자리에 오른다. 문장가로서도 대성한다. 천부적으로 두뇌가 총명하다. 공부 운이나 문서 운이 좋아지는 힘이 되기도 합니다. 실제로 문장가(글 쓰는 사람)나 학원관련으로 남을 가르치는 사람의 사주에 자주 등장한다.

사주가 청하면 부귀가 강하고 형충이 되거나 공망이 되면 그 작용력을 상실한다. 월지와 일지에 있을 때 작용력이 더욱 강하다. 일간을 기준으로 판단하며 장생지가 학당귀인이 된다. 예를 들면 갑(甲)의 장생지는 해(亥)이므로 갑(甲)은 해(亥)가 학당이다. 을(乙)은 오(午), 병(丙)은 인(寅), 정(丁)은 유(酉), 무(戊)는 인(寅), 기(己)는 유(酉), 경(庚)은 사(巳), 신(辛)은 자(子), 임(壬)은 신(申), 계(癸)는 묘(卯)가 학당이다. 때문에 음일간은 문창과 같은 구조를 가졌다는 것을 알 수 있다.

(표 75) 학당귀인의 구조(일간을 기준으로 본다)

천간	갑	을	병	정	무	기	경	신	임	계
학당	해(亥)	오(午)	인(寅)	유(酉)	인(寅)	유(酉)	사(巳)	자(子)	신(申)	묘(卯)
문창	사(巳)	오(午)	신(申)	유(酉)	신(申)	유(酉)	해(亥)	자(子)	인(寅)	묘(卯)
문곡	해(亥)	자(子)	인(寅)	묘(卯)	인(寅)	묘(卯)	사(巳)	오(五)	신(申)	유(酉)

6) 태극귀인

태극(太極)은 클 태(太), 극진할 극 또는 다할 극(極)으로 이루어졌으며 ① 우주 만물의 근원이 되는 실체, ② 하늘과 땅이 분리되기 이전의 세상 만물의 원시 상태를 말한다. 역학(易學)에서 시작(始作)하여 송(宋)나라 때에 대성(大成)한 철학 사상이다. 때문에 태극은 시작과 끝을 관장하는 시종(始終)의 자리라고도 한다.

태극귀인(太極貴人)은 태극이란 이름을 단 귀인이다. 선천의 덕이 있고 조상의 음덕이 후하다. 이 신이 있으면 일체의 흉재를 풀고 평안한 사주로 변화한다. 다만 형충이 있으면 길이 흩어져서 그 효능을 잃게 된다.

태극귀인(太極貴人)은 태어날 때부터 갖고 있는 복이 많아서 온갖 사고도 피해가고 질병도 피해가며 사주에서 나쁜 운이나 살이 오더라도 복의 도움을 받아 편안해진다고 하는 길성이다. 즉 태극귀인이 사주에 있으면 다른 사람의 도움을 많이 받게 되어 사회적으로 성공하고 일생이 편안하며 뜻하지 않은 행운이 찾아와 자신을 돕고 부귀영화를 누리게 된다.

또 태극귀인 사주는 어떤 어려움이 찾아오더라도 손쉽게 이겨낼 수 있고 취직, 시험도 쉽게 통과하며 온갖 일들이 자신의 뜻대로 잘 풀려서 명예와 돈 모두를 이룰 수 있다.

태극귀인 사주를 가진 사람이 조심해야 할 것은 대인관계이다. 태극귀인이 있으면 타고난 복도 엄청나지만 타인의 도움을 특히나 많이 받게 되는데 이처럼 남의 부러움을 사는 사람은 그와 걸맞게 타인의 질투와 미움도 한 몸에 받게 되기 때문이다. 따라서 태극귀인 사주를 갖고 있다면 무조건 자신의 이익만 쫓아가며 사람을 사귀는 걸 금하고 대인관계를 진실 되고 참되게, 오는 것이 있으면 주는 것이 있게 행동하는 게 좋다.

즉 태극귀인이 아무리 좋은 기운을 내뿜는다고 해도 자신이 도움 받은 이상으로 남들에게 돌려주고 잘해주려는 노력과 남을 도와주려는 따뜻한 마음씨가 뒷받침되어야 자신의 운세가 내뿜는 기운을 제대로 활용하는 것이라 할 수 있다.

태극귀인은 일간을 기준으로 해서 연지(年支)나 일지(日支)를 대조해서 보는데 보통 연지(年支)에 있을 때 제일 좋다. 하지만 태극귀인 사주가 2개로 중첩되거나 형(刑)이나 충(沖), 사절(死絶) 공망(空亡)이 될 경우, 길성이 아니라 흉살로 바뀌게 되어 사회적으로 명예가 추락하고 큰돈을 잃어버리며 자신의 신상에 해로운 일이 자주 찾아오게 된다.

(표 76) 태극귀인의 구조(일간을 기준으로 본다)

천간	갑(甲), 을(乙)	병(丙), 정(丁)	무(戊), 기(己)	경(庚), 신(辛)	임(壬), 계(癸)
태극	자(子), 오(午)	묘(卯), 유(酉)	진(辰), 술(戌), 축(丑), 미(未)	인(寅), 해(亥)	사(巳), 신(申)

7) 관귀학관

관귀(官貴)란 관운이 크게 이루어진다는 의미이다. 공직생활이나 직장생활에 있어서 남들보다 빠른 승진과 출세가 이루어진다. 시험에서도 합격의 길운이 작용한다. 학문적으로도 우월성을 나타낸다. 지혜가 있고 총명하여 학문에 전념을 하며 교육자, 문학가로서 성장할 수 있다.

일간을 기준으로 지지를 살펴보는데 일간의 장생지가 관귀학관이 된다. 단 음간의 경우에도 양간의 장생지를 따른다. 사주팔자 명체에 없을 때는 대운, 세운 등 행운에서 올 때도 해당된다.

(표 77) 관귀학관의 구조(일간을 기준으로 본다)

천간	갑(甲), 을(乙)	병(丙), 정(丁)	무(戊), 기(己)	경(庚), 신(辛)	임(壬), 계(癸)
관귀	사(巳)	신(申)	해(亥)	인(寅)	인(寅)

8) 천록귀인

천록(天祿) 또는 천록수(天祿獸)라고 하는 고대 중국의 상상의 동물이다. 사슴 또는 소와 비슷하며 꼬리가 길고 외뿔을 가졌는데 사악을 물리친다고 하여 도장이나 묘비에 새기기도 한다. 이와 유사하여 천록은 하늘이 주는 복록이라는 의미를 갖는다.

천간에서 4지지의 어느 것이든 맞추어봐서 건록이 되는 것이다. 만약 일간의 건록이 된다면 일록(日祿)이라고 하는데 이를 포함하여 천간 어느 것이라도 지지에서 건록을 만나면 이를 천록이라 하며 그 오행의 기(氣)가 강하다고 본다.

천록이 있으면 의식주가 유여하고 시험이나 취직 등이 유리한 길성이다. 형충파해 되거나 공망이면 그 기운이 사라진다.

(표 78) 십간 천록 표

십간	갑(甲)	을(乙)	병(丙)	정(丁)	무(戊)	기(己)	경(庚)	신(辛)	임(壬)	계(癸)
천록	인(寅)	묘(卯)	사(巳)	오(午)	사(巳)	오(午)	신(申)	유(酉)	해(亥)	자(子)

9) 천복귀인

천복(天福)은 하늘이 내려 준 복을 말한다. 천복귀인(天福貴人)은 수복과 명예의 신으로 평생 록(祿)이 후하며 반드시 리더가 되어 존경을 받는 덕이 있다. 천복귀인은 정관에 붙는 신인데 사주의 내용이 양호하고 이 신이 있으면 능히 성공하여 자손번영의 기반을 구축하는 덕이 있다.

천복귀인은 천간에 있는 일간의 정관이 지지에 건록을 가지고 있는 경우를 말한다. 지지 어느 곳에서도 성립이 되나 특히 월지의 경우가 가장 귀하게 여긴다. 정관이 일간을 극하는 기능을 하므로 신왕하여야 그 복록이 이루어질 수 있다. 만약 신약하면 정관의 기운이 너무 강하여 일간을 극하게 되므로 오히려 그 복록이 흉한 기운으로 바뀔 수 있다.

형충파해 및 공망을 맞으면 그 기운이 반감되며 중첩되어도 그 귀함이 사라진다. 천복귀인은 공직자에게는 승진운이 따르며 지위상승이나 재물복이 융숭하여 윤택한 생활을 할 수 있다.

(표 79) 천복귀인

십간	갑(甲)	을(乙)	병(丙)	정(丁)	무(戊)	기(己)	경(庚)	신(辛)	임(壬)	계(癸)
천복	유(酉)	신(申)	자(子)	해(亥)	묘(卯)	인(寅)	오(午)	사(巳)	오(午)	사(巳)

10) 천주귀인

천주(天廚)란 ① 하늘의 주방, ② 천신(天神)이 사자(使者)를 시켜 음식물을 보내 주는 일을 비유적으로 이르는 말이다. 즉 천주는 하늘에 있는 왕궁의 부엌으로서 하늘에서 식록(食祿)을 보장 해준다는 의미로 사용된다. 때문에 곡식이나 의식이 넉넉하고 복록이 풍부함을 의미한다.

천주(天廚)는 식신을 나타낸다. 식신은 의식주(衣食住)의 신으로 특히 식록을 관장함이 중하다는 이론에서 이러한 이름이 있다. 식신은 능히 재관(財官)을 능가하는 복덕의 신이다. 때문에 천주(天廚)는 봉흉화길(逢凶化吉)의 덕신으로 식록에 인연이 후하다. 의식주를 관장하며 생애를 통하여 길사가 많고 흉사가 적은 덕이 있다.

천주귀인(天廚貴人)은 일명 천주록(天廚祿)이라고도 하는데 재복이 있고 만사가 순탄하는 길신이다. 천주귀인의 구조는 일간의 식신이 지지에서 건록을 만난 경우이다. 다시 말하면 천간에 식신이 있고 식신의 건록이 지지에 있는 경우이다.

(표 80) 천주귀인

십간	갑(甲)	을(乙)	병(丙)	정(丁)	무(戊)	기(己)	경(庚)	신(辛)	임(壬)	계(癸)
식신	병(丙)	정(丁)	무(戊)	기(己)	경(庚)	신(辛)	임(壬)	계(癸)	갑(甲)	을(乙)
천주	사(巳)	오(午)	사(巳)	오(午)	신(申)	유(酉)	해(亥)	자(子)	인(寅)	묘(卯)

11) 천덕귀인

천덕(天德)이란 ① 만물을 성성하게 하는 하느님의 덕, 또는 ② 임금님의 덕. ③ 길일(吉日)과 길방(吉方)을 통틀어 이르는 말이다. 천덕귀인은 남에게 알려지지 않은 덕이 있고 난관에 처하더라도 타인의 도움을 받을 수 있는 신이다.

천덕귀인이 있으면 하늘에서 은총이 베풀어지고 흉함은 감소하고 길함은 더욱 길해져서 재앙없이 장수한다는 길신이다. 특히 일주나 시주에 있으면 남자는 처자식의 복이 있고 여자는 편모양처가 된다는 길성이다.

형충파해나 공망을 만나면 길함이 없어지거나 흉함으로 변하기 때문에 꺼리게 된다. 특히 여성과 관련하여 택일을 정할 때 천덕일을 참조한다. 천덕일에 결혼하면 훌륭한 배우자와 인연을 맺고 자식이 현달하게 된다.

천덕귀인은 월지를 기준으로 본다. 월지가 인, 신, 사, 해 즉 생지이면 해당 생지가 사지가 되는 천간이 천덕귀인이 된다. 예를 들면 월지가 인(寅)이면 인이 생지가 되는 천간은 병(丙)이고 사지가 되는 천간은 정(丁)이다. 따라서 월지가 인이면 천덕귀인은 정이 된다. 마찬가지로 월지가 신(申)이면 신이 생지가 되는 것은 임(壬)이고 사지가 되는 것은 계(癸)이므로 계가 신의 천덕귀인이다. 사(巳)는 신(辛)의 사지이므로 신이 천덕귀인이 되고 해(亥)는 을(乙)의 사지이므로 을이 천덕귀인이 된다.

그리고 월지가 묘, 오, 유, 자 등 왕지이면 천간이 아니라 지지가 천덕귀인이 되는데 인, 신, 사, 해 등 사생(四生)지가 해당된다. 묘는 목왕절인데 수국 생지인 신이 천덕귀인이 되며 오는 화국 왕지인데 목국 생지인 해가 천덕귀인이 되며 유는 금국 왕지인데 무토의 생지인 인이 천덕귀인이 되며 자는 수국 왕지인데 금국의 생지인 사가 천덕귀인이 된다. 따라서 월지가 왕지인 경우에는 삼합 인성의 생지가 천덕귀인이 된다.

월지가 진, 술, 축, 미 등 묘지이면 해당 삼합의 오행(五行) 양(陽) 천간이 천덕귀인이 된다. 예를 들면 진(辰)의 경우 수국 삼합에 해당하므로 수(水)의 양 천간은 임(壬)이므로 임이 천덕귀인이 된다. 술(戌)은 화국 삼합이므로 화의 양 천간은 병(丙)이니까 병이 천덕귀인이 된다. 축은 금국 삼합이므로 금의 양 천간은 경(庚)이니까 경이 천덕귀인이 된다. 미는 목국 삼합이므로 목의 양 천간은 갑(甲)이므로 갑이 천덕귀인이 된다.

(표 81) 천덕귀인 표

월지	인(寅)	묘(卯)	진(辰)	사(巳)	오(午)	미(未)	신(申)	유(酉)	술(戌)	해(亥)	자(子)	축(丑)
천덕	정(丁)	신(申)	임(壬)	신(辛)	해(亥)	갑(甲)	계(癸)	인(寅)	병(丙)	을(乙)	사(巳)	경(庚)

한편, 천덕귀인에 간합하는 신을 천덕합(天德合)이라 하는데 천덕합은 천덕귀인에 닮은 성향을 나타낸다. 천덕합의 구조는 천덕과 합을 이루는 것이다. 예를 들어 월지가 인(寅)이면 천덕은 정(丁)이 되는데 정과 합하는 임(壬)이 천덕합이 된다. 천덕귀인과 같은 기능을 한다.

(표 82) 천덕합 표

월지	인(寅)	묘(卯)	진(辰)	사(巳)	오(午)	미(未)	신(申)	유(酉)	술(戌)	해(亥)	자(子)	축(丑)
천덕합	임(壬)	사(巳)	정(丁)	병(丙)	인(寅)	기(己)	무(戊)	해(亥)	신(辛)	경(庚)	신(申)	을(乙)

12) 월덕귀인

월덕(月德)귀인은 태어날 때부터 부모의 덕이 있어서 재물이 풍부하고 인덕이 많으며 훌륭한 인재가 된다. 흉을 물리치고 선을 이루는 유덕(有德)한 오행으로 길성(吉星)이다. 월덕귀인이 있으면 좋은 배우자를 만나게 된다. 그래서 혼인궁합 등 택일 시에 중요하게 여긴다.

월덕귀인은 관재구설 등 흉사가 있어도 순조롭게 넘어간다는 길성이다. 재앙이 함부로 범접하지 못하며 매사 만사형통의 운을 타고났다고 한다. 일생을 호위호식하며 부귀공명을 이루게 된다. 심성이 반듯하고 다정다감하며 여성은 현모양처이다.

월덕귀인은 월지를 기준으로 천간과 대조하여 본다. 월지가 신자진 수국 삼합에 속하면 천간의 수국인 양천간이 월덕귀인이 된다. 따라서 신자진은 임(壬)이 월덕귀인이다. 월지가 인오술 화국 삼합이면 천간 병(丙)이 월덕귀인이 되며 해묘미 목국 삼합이면 천간 갑(甲)이 월덕귀인이며 사유축 금국 삼합이면 천간 경(庚)이 월덕귀인이다.

(표 83) 월덕귀인 표

월지	자(子)	축(丑)	인(寅)	묘(卯)	진(辰)	사(巳)	오(午)	미(未)	신(申)	유(酉)	술(戌)	해(亥)
월덕	임(壬)	경(庚)	병(丙)	갑(甲)	오(午)	진(辰)	병(丙)	갑(甲)	임(壬)	진(辰)	병(丙)	갑(甲)

한편, 천덕귀인과 월덕귀인을 합하여 천월이덕(天月二德)이라 부른다. 천덕귀인과 월덕귀인은 각각 천을귀인을 닮은 성질이 있고 사주의 내용이 길한 것은 발복이 있고 사주의 내용이 흉한 것은 흉이 반감한다. 재관인식(財官印食)에 임할 때에는 복력은 배가하여 편인, 칠살, 겁재, 상관 등의 흉신에 임할 때도 횡폭을 화(化)하여 오히려 길명이 된다. 다만, 형충파해 또는 공망에 대할 때에는 소용이 없다.

13) 복성귀인

복성귀인(福星貴人)은 건강과 재물에 대한 길성이다. 선천적으로 복을 가지고 태어났다는 길성이며 어려울 때 타인이 도와주니 인덕도 많다. 위기가 닫혀도 벗어날 수 있고 주위의 조력이 많다. 장상의 후원도 받으며 무슨 일에든 점차 발전하여 행복을 얻는 덕(德)이 있는 신이다.

복성귀인(福星貴人)은 일간을 중심으로 지지와의 관계를 살핀다. 지지 어디에도 관련이 있으며 연지가 복성귀인이면 조상의 음덕이 있거나 어린 시절 유복하게 자랐음을 의미한다. 월지가 복성귀인이면 부모의 혜택을 받으며 일지가 복덕이면 자수성가하고 시지가 복성귀인이면 말년의 재복과 자식 복을 의미한다.

복성귀인의 구조는 일간을 기준으로 갑(甲)부터 계(癸)까지 순서의 반대순서로 지지가 결합하는 구조이다. 예를 들면 갑(甲)은 인(寅)과 의 관계에서 복성귀인이 되는데 이를 기준으로 갑(甲)과 인(寅), 을(乙)은 축(丑 : 지지의 반대 순서로 간다), 병(丙)은 자(子), 정(丁)은 유(酉)를 만나면 복성귀인이 된다.

순서에 입각해서 정(丁)은 해(亥)를 만나야 하는데 지지에서 해(亥)와 술(戌)은 천문(天門)성이라 해서 수명(壽命)과 재물(財物)을 관장하는 복성귀인과는 인연이 없다하여 제외한다.

그래서 정(丁)은 유(酉)와 복성귀인을 이룬다. 다음으로 무(戊)는 신(申), 기(己)는 미(未), 경(庚)은 오(午), 신(辛)은 사(巳), 임(壬)은 진(辰), 계(癸)는 묘(卯)가 복성귀인이다.

(표 84) 복성귀인

십간	갑(甲)	을(乙)	병(丙)	정(丁)	무(戊)	기(己)	경(庚)	신(辛)	임(壬)	계(癸)
복성	인(寅)	축(丑)	자(子)	유(酉)	신(申)	미(未)	오(午)	사(巳)	진(辰)	묘(卯)

14) 재고귀인

일간의 재성에 해당하는 삼합의 고지를 지지에 가지고 있을 때 재고 귀인이라 한다. 지지에 재고를 가지고 있어서 재산이 많이 모인다고 한다. 출신이 빈천해도 부귀를 이루며 공명을 이루게 된다는 것이다. 주로 투기성 재물을 축적하는 것이 특징이다.

이에 해당되는 일주로서 갑진, 병술, 정축, 무술, 기축, 신미, 임술 일주가 이에 해당한다.

15) 일귀

일귀(日貴)는 사주 일간에서 일지를 보고 천을귀인이 되는 것이다. 즉 일간이 일지에 천을귀인을 깔고 있는 것을 일귀 또는 일귀격이라 한다.

정해(丁亥), 정유(丁酉), 계해(癸亥), 계묘(癸卯)일 4간지는 모두 일지에 천을귀인이 붙게 되므로 이들 4일생을 일귀일생이라 한다.

천을귀인은 곤란한 일을 맞게 될 때 타인에 도움을 받을 수 있고 남에게 알려지지 않은 덕이 있다고 보는 신이다. 상기 4일생을 일귀일생이라 하며 형충파해가 되면 이에 해당하지 않는다.

(표 85) 일귀일생(日貴日生)

정해(丁亥)일	정유(丁酉)일	계해(癸亥)일	계묘(癸卯)일

16) 일덕

일덕(日德)도 일귀와 마찬가지로 남에게 알려지지 않은 덕이 있다고 보는 날이다. 그러나 형충파해가 되면 이에 해당하지 않는다. 일주 일덕은 인정스럽고 자수성가하며 진취적이다. 사상이 건전하여 계도하는데 앞장서며 통솔력과 자비심이 있다.

(표 86) 일덕일(日德日)

무진(戊辰)일	경진(庚辰)일	갑인(甲寅)일	갑진(甲辰)일	임술(壬戌)일

17) 건록

건록은 천간과 같은 오행을 말한다. 천간에서는 같은 천간이 되며 지지에서는 천간과 음양이 같은 오행이다. 이를 12운성으로 건록이라 한다. 따라서 12운성에서 건록에 해당하는 것을 말한다. 다만 무토와 기토는 같은 오행이 아니라 12운성의 건록에 해당하는 것으로 본다. 그래서 무, 기는 병, 정과 같다.

예를 들면 갑과 인, 을과 묘, 병과 사, 정과 오, 무와 사, 기와 오, 경과 신, 신과 유, 임과 해, 계와 자가 그것이다.

건록은 독립성을 의미한다. 부귀공명하고 장수하며 사회 각 분야에서 리더로서 활동할 수 있다. 만약 훼손되면 빛 좋은 개살구 꼴이 되며 꿈만 원대하고 실현성이 극히 낮아진다.

연지에 있으면 선대가 번창한 것이고 월지에 있으면 부모형제 자수성가, 본인은 고집이 세고 활동성이 높다. 일지에 있으면 독립적이고 의지가 강하며 계획적이며 주관이 뚜렷하다. 시지에 있으면 말년이 다복하다.

월지에 있을 때 건록이라 하며 일지에 있을 때는 일록, 시지에 있을 때는 귀록이라 한다. 월지에 있을 때를 가장 귀하게 취급한다. 일간에서 봐서 건록에 대하고 사주 중 중요한 오행에서 봐서도 건록에 대하는 것은 귀기(貴氣)가 깊다고 하여 최상으로 평가한다. 이것을 호환건록(互換乾祿)이라 한다. 성인이 되어 혈기왕성하고 사회활동의 중추에 위치하여 크게 권위를 떨치며 성공한다는 뜻이다.

(표 87) 십이운 건록 표

십간	갑(甲)	을(乙)	병(丙)	정(丁)	무(戊)	기(己)	경(庚)	신(辛)	임(壬)	계(癸)
건록	인(寅)	묘(卯)	사(巳)	오(午)	사(巳)	오(午)	신(申)	유(酉)	해(亥)	자(子)

한편 건록과 같은 개념을 정록이라고도 한다. 정록은 관록과 의식주가 풍부하며 출세가 빠르다. 신체가 건강하며 혈기가 왕성하고 정직하여 국록을 먹을 수 있는 자격이 있다. 고집이 세다는 특징이 있다.

18) 암록

암록(暗祿)은 유용한 재능이 있고 남이 알지 못하는 선천적인 음덕(陰德)이 있으며, 곤란에 처했을 때 타인의 원조를 받을 수 있는 길신이다. 총명하고 영라하며 선천적인 재능이 있어 개척정신과 창조성이 우수하다. 명예가 높아지고 의외의 행운이 따른다. 귀인의 도움으로 난관을 극복하는 등 강한 후원력을 갖고 있다.

일간에서 지지를 볼 때 4개의지지 어느 곳에서 건록에 해당하는 지지에 지합하는 지지를 암록이라 한다. 암록이 임하는 지지를 충형하거나, 충형하는 지지가 근첩[18] 하거나, 공망하여 있으면 암록의 효능은 사라진다.

(표 88) 암록 표

일간	갑(甲)	을(乙)	병(丙)	정(丁)	무(戊)	기(己)	경(庚)	신(辛)	임(壬)	계(癸)
건록	인(寅)	묘(卯)	사(巳)	오(午)	사(巳)	오(午)	신(申)	유(酉)	해(亥)	자(子)
암록	해(亥)	술(戌)	신(申)	미(未)	신(申)	미(未)	사(巳)	진(辰)	인(寅)	축(丑)

---

18) 근첩(近貼) : 사주 내에 있는 특정한 오행에 대한 타 오행의 영향도는 가깝게 있는 것을 강하게 보고 멀리 있으면 그 영향력이 약한 것으로 보게 된다. 근첩이란 가까이 있는 것에 대한 표현으로 길흉 공히 그 영향도는 크다고 할 수 있다.

19) 금여

　금여(金輿)란 임금이 타던 수레로서 금수레를 탄다는 것을 의미하는 것으로서 꽃가마살, 또는 금여록이라고도 한다. 이는 전생에서 영화를 누렸거나 명문가문의 후손 집안 출신임을 나타내기도 하고 자연의 온후한 도움이 있을 것임을 암시하는 것이기도 하다. 흔히 성공한 가문에서 많이 나타난다.

　인품이 온후하며 유순하여 사람들로부터 존경을 받는다. 배우자 복도 좋고 자식복도 좋다. 용모도 좋고 인덕도 많다.

　구조는 일간의 건록에서 세 번째에 해당하는 지지가 금여록에 해당한다. 예를 들면 갑의 건록은 인이므로 인에서 세 번째에 해당하는 지지가 진이다. 따라서 진은 갑의 금여록이 된다. 을도 마찬가지이다. 을의 건록은 묘이다. 묘에서 세 번째는 사이므로 사가 을의 금여록이 된다. 이렇게 하면 병과 무는 미가 금여록이 되고 정과 기는 신, 경은 술, 신은 해, 임은 축, 계는 인이 금여록이 된다.

(표 89) 금여록

일간	갑(甲)	을(乙)	병(丙)	정(丁)	무(戊)	기(己)	경(庚)	신(辛)	임(壬)	계(癸)
건록	인(寅)	묘(卯)	사(巳)	오(午)	사(巳)	오(午)	신(申)	유(酉)	해(亥)	자(子)
금여	진(辰)	사(巳)	미(未)	신(申)	미(未)	신(申)	술(戌)	해(亥)	축(丑)	인(寅)

20) 천의성

　천의성(天醫星)은 활인성(活人星)이라고도 한다. 사람을 살리고 죽이는 문제를 다루는 별이다. 천의성(天醫星)이 있으면 의약, 종교, 침술, 간호 등의 직업성을 갖는다. 주로 의약계에 종사한다. 양천간의 경우에는 의사, 한의사 등이 많고, 음 천간의 경우에는 약사, 간호사 등이 많다.

　양인(羊刃)이 있으면 외과의사가 많고 인, 신, 사, 해 등 생지는 외과의사가 많고 자오묘유(子午卯酉) 등 왕지는 잡과(雜科)가 많으며, 진술축미(辰戌丑未) 등 묘지는 잡과(雜科) 또는 내과(內科)가 많다.

(표 90) 월덕귀인 표

월지	자(子)	축(丑)	인(寅)	묘(卯)	진(辰)	사(巳)	오(午)	미(未)	신(申)	유(酉)	술(戌)	해(亥)
천의	해(亥)	자(子)	축(丑)	인(寅)	묘(卯)	진(辰)	사(巳)	오(午)	미(未)	신(申)	유(酉)	술(戌)

　천의성(天醫星)이 있어도 기신(忌神)이면 의대, 약대를 나와도 사용하지 않는다. 천의성(天醫星)이 있다고 해서 반드시 의사, 약사는 아니지만 천의성(天醫星)이 있는 사람 중에 의사, 약사가 많다.

　구조는 월지(月支)를 기준하여 역(逆)으로 바로 뒤에 있는 지지(地支)가 천의성(天醫星)

이다.

21) 천문성

천문성(天門)은 통상적으로 천문성, 또는 천문이라고 하며 지지에 묘(卯), 술(戌), 해(亥), 미(未)가 지지에 있는 것을 말하는데 술해(戌亥)가 가장 강하게 나타난다 하여 술해(戌亥)만 천문성이라고 학자나 책도 있다. 천문성이 있으면 감각과 사람을 읽는 능력이 탁월하고 예지력이 탁월하여 활인업이나 형벌을 다루는 직업에 적합하다.

직업으로는 역학 예술 종교 의료 법조 연예계 등에서 탁월한 능력을 발휘한다. 특히 역술, 천체, 의약, 종교 분야에 특히 많다. 두뇌회전이 빠르고 임기응변에 능하며 신비한 것이나 영험한 것에 관심이 많다. 직관력과 영감력이 뛰어나다.

제3절 공망, 삼재

1. 공망

1) 개념

공(空)은 비어있다는 의미이다. 없거나 있어도 쓸데가 없는 경우를 말한다. 헛되고 공허하며 부질없음을 나타내는 단어이다. 속이 텅 빈 것이나 실체(實體)가 없는 것도 공(空)이라 한다. 뜻을 나타내는 구멍혈(穴☞구멍)部와 음(音)을 나타내는 工(공)이 합(合)하여 이루어졌다. 工(공☞도구(道具)를 이용하여 무언가를 만드는 모양)과 구덩이를 판 구멍(穴)은 비어 있다는 뜻이 합(合)하여 '비다'를 뜻한다. 불교에서는 실체가 없고 자성(自性)이 없음을 이르는 말이다.

망(亡)은 망하다는 의미이다. 망하다(亡--), 멸망하다(滅亡--), 도망하다(逃亡--), 달아나다 등의 의미가 있고 잃다, 없어지다, 없애다 등의 의미도 있다. 따라서 망하거나 없어진 것을 망(亡)이라 한다. 亾(망)이 본래의 글자(本字)이다. 사람(☞人)이 망하고 도망해 와서 숨는다는 뜻이 합(合)하여 '망하다'를 뜻한다.

따라서 공망(空亡)이란 망하여 없어졌거나 비워있거나 있어도 없는 거와 같거나 인연이 박하거나 헛되고 부질없는 것을 말한다. 사주팔자에서 공망이 있으면 해당 간지와의 인연이 박하거나 해당 간지가 있어도 없는 거와 같음을 의미하는 것이다.

사주팔자 중에서 대체적으로 천간은 양(陽)으로서 남자이고 부(父)라고 표현하며 지지는 음(陰)으로서 여자이고 모(母)라고 표현한다. 예로부터 양이 없으면 생할 수 없고(不生) 음이 없으면 성할 수 없다(不成)고 했다. 따라서 지지는 있고 천간이 없는 것은 모(母)는 있되 부(父)가 없는 것과 같아서 만물을 생할 수 없고 천간은 있고 지지가 없으면 부(父)는 있되 모(母)가 없는 것과 같아서 만물을 성할 수 없다고 했다.

공망이란 이러한 이치로 현세에 인연이 없거나 있어도 없는 것과 같고 그 자체의 역량 내지는 의미하는 것이 망했거나 비어있다고 본다. 신살의 하나로 천중살(天中殺)이라고도 한다.

2) 공망의 구조

공망은 60갑자에 의해 발생한다. 천간 10개와 지지 12개가 한 조를 이루어 순환하는데 결과적으로 지지 2개는 천간을 만나지 못하게 된다. 이 때 천간을 만나지 못한 지지를 공망이라 하는 것이다.

갑(甲)은 십간의 처음이고 자(子)는 12지지의 시작이다. 십간과 십이지를 각각 순서에 따라서 상하로 짝을 맞추어 가게 되면 위 표처럼 되는데 갑자(甲子)는 간지 번호가 첫 번째이고 을축(乙丑)은 2번, 병인(丙寅)은 3번으로 이하 10번까지 짝을 맞추어 가면 11번, 12번에 해당하는 술(戌)과 해(亥)의 위에는 천간이 없게 된다. 이것은 지지가 12

개가 있는데, 천간은 10개 밖에 없기 때문에 이 천간이 들어있지 않는 술(戌)과 해(亥)를 공망이라 한다. 이것을 갑자(甲子)의 순은 술(戌)과 해(亥)가 공망이라고 한다.

이와 같이 하여 술(戌)과 해(亥) 위에는 천간이 없으므로 또 그 위에 십간을 처음부터 갑을병정(甲乙丙丁) … 순으로 가면 위의 표처럼 병(丙)과 정(丁)의 아래에는 십이지지의 자(子)로부터 순서대로 축인묘진(丑寅卯辰) … 순으로 가면 신(申)과 유(酉)의 위에 천간이 없게 된다. 이 신(申)과 유(酉)를 갑술순중(甲戌旬中)의 공망이라고 한다. 이렇게 하여 갑신(甲申)의 순중공망(旬中空亡)은 오미(午未)이고 갑오순중(甲午旬中)은 진사(辰巳), 갑진순중(甲辰旬中)은 인묘(寅卯), 갑인순중(甲寅旬中)은 자축(子丑)이 공망에 해당한다.

(표 91)순중공망표(旬中空亡表)

순중	갑(甲)	을(乙)	병(丙)	정(丁)	무(戊)	기(己)	경(庚)	신(辛)	임(壬)	계(癸)	공망
갑자	갑자	을축	병인	정묘	무진	기사	경오	신미	임신	계유	술해
갑술	갑술	을해	병자	정축	무인	기묘	경진	신사	임오	계미	신유
갑신	갑신	을유	병술	정해	무자	기축	경인	신묘	임진	계사	오미
갑오	갑오	을미	병신	정유	무술	기해	경자	신축	임인	계묘	진사
갑진	갑진	을사	병오	정미	무신	기유	경술	신해	임자	계축	인묘
갑인	갑인	을묘	병진	정사	무오	기미	경신	신유	임술	계해	자축

3) 공망을 찾는 방법

공망을 찾는 방법은 여러 가지가 있다. 그 중에서 가장 대표적인 방법으로 손가락으로 찾는 방법이 있다. 왼손을 기준으로 엄지를 뺀 4손가락을 외곽으로 빙 돌리면 12개이 마디가 있다. 아래쪽 4마디는 새끼손가락부터 해, 자, 축, 인으로 지정하면 중지의 맨 밑 부분이 인이 된다. 중지는 인부터 시작해서 인, 묘, 진, 사도 지정하면 중지의 끝 부분이 사가 된다. 4손가락 끝부분을 사, 오, 미, 신으로 지정하면 새끼손가락 끝은 신이 된다. 다시 새끼손가락 마디를 내려가면 신, 유, 술, 해가 된다. 이렇게 손가락 마디에 지지를 지정해 놓고 천간과 지지를 연결하면 공망을 찾을 수 있다.

예를 들면 갑자일 경우 지지의 자에 해당하는 손가락 마디는 약지 맨 아래 마디이다. 여기를 천간 갑으로 두고 갑부터 해까지 지지의 순서대로 계까지 가면 술과 해가 남는다. 바로 술, 해가 공망인 것이다. 또 하나의 예로서 병자의 공망을 찾아보자. 자에 해당하는 손가락 마디를 병으로 두고 병부터 계까지 옮겨가면 약지 맨 위부분에서 끝난다. 그 다음은 새끼손가락 맨 윗부분인 신이 되는데 바로 신과 유가 공망이 된다. 이렇게 육십갑자를 계산하면 공망이 된다. 그런데 이 방식은 가장 오래된 방법이고 가장 쉽게 찾는 방법이어서 가장 많이 사용하는 있는데 일일이 손가락을 짚으면서 계산해야 한다는 단점이 있다. 모양새도 별로 좋지 않다.

다른 방법으로는 오행과 삼합을 이용하는 방법이 있다. 천간이 목이라면 지지의 앞 글자가 곧 공망이다. 천간의 갑, 을은 목에 해당하므로 해당 지지의 앞 글자 그룹이 공망이다. 예를 들면 갑자의 경우 천간이 목이므로 지지 자의 바로 앞 글자인 술해가 공망이 된다. 천간이 화인 경우는 해당 지지 삼합의 앞 글자가 공망이다.

예를 들면 병자의 경우 자의 삼합이 신자진이니까 자의 앞 글자는 신이다. 따라서 신유가 공망이다. 천간이 토인 경우는 더 간단하다. 해당 지지를 충하는 글자가 공망이 된다. 예를 들면 무인의 경우는 인을 충하는 지지가 신이므로 신유가 공망이다. 천간이 금인 경우는 해당 지지의 삼합의 뒷 글자가 공망이다. 예를 들면 경진의 경우 진은 신자진 그룹이므로 진의 뒷 글자는 다시 신이 된다. 따라서 신유가 공망이다. 경자는 진사가 공망이다. 천간이 수인 경우는 해당 지지의 다음 글자가 공망이다. 임자의 경우는 자의 다음글자는 축인데 축은 계축과 만나므로 그 다음에 해당하는 인묘가 공망이 된다. 이 방법은 처음에는 적용하기가 어려운 것 같으나 하다보면 훨씬 쉽다는 것을 알 수 있다.

4) 공망의 작용

공망은 연주를 기준으로 보거나 일주를 기준으로 본다. 이렇게 기준이 다른 것은 자평명리학의 등장 때문이다. 일간을 중시하는 자평명리학은 일주를 중심으로 보고 그 이전의 명리학은 연주를 중심으로 본다. 따라서 자평명리학에 뿌리를 둔 현대 명리학에서는 일주를 중심을 보는 경우가 많고 당사주라고 하는 사주명리학에서는 연주를 보는 경우가 많다. 그 기준이 애매한 경우는 둘 다 기준으로 삼는 경우도 많다.

사주팔자에 공망이 있다는 것은 그 기능과 역할이 없다는 것과 같고 그 인연이 없거나 있어도 빈약하다는 것과 같다. 어느 자리가 공망이 되었던 그 자리는 공망이 있으면 그 작용은 없거나 빈약하다. 또한 공망이 많으면 자신은 항상 방황하고 어디에든 정착하기 어렵다. 한 곳을 정하지 못하고 주거의 변동이 잦다.

5) 순중 공망의 유형별 작용

순중공망은 육십갑자 순서에 의한 공망을 말한다. 흔히 말하는 공망은 순중공망을 말한다. 이에는 자축, 인묘, 진사, 오미, 신유, 술해 등 6가지 묶음으로 이루어져 있다. 예를 들면 갑자 일주인 경우에는 술해가 공망이다. 그런데 술도 공망이고 해도 공망인데 어느 것이 더 크게 작용하는 가. 이 경우 세 가지로 해석할 수 있다.

하나는 양간이면 양의 지지가 공망이고 음간이면 음의 지지가 공망이라 하는 경우이다. 이 경우, 양간(陽干)은 양(陽)이 공망이므로 음(陰)은 공망이 되지 않는다. 마찬가지로 음간(陰干)은 음(陰)이 공망이고 양(陽)은 공망이 되지 않는다. 이에 따라 갑자순중(甲子旬中)의 공망인 술과 해는 양간(陽干)이면 술(戌)이 공망이고 해(亥)는 공망이 되지 않는다. 동시에 음간(陰干)은 해(亥)가 공망이고 술(戌)은 공망이 되지 않는다. 이와 같이 갑인순중(甲寅旬中)의 자축(子丑), 갑진순중(甲辰旬中)의 인묘(寅卯), 갑오순중(甲午旬中)의 진사(辰巳), 갑신순중(甲申旬中)의 오미(午未), 갑술순중(甲戌旬中)의 신유(辛酉) 공망을 적용하면 된다.

두 번째는 두 글자 중에서 앞 글자를 중심으로 적용한다는 것이다. 이는 지지를 오행으로 해석할 때 주로 적용한다. 예를 들면 자축의 경우 자는 오행에서 수에 해당하고 축은 토에 해당하는데 어느 오행이 공망인지를 구분할 때 앞 글자인 자를 기준으로 오행 수 공망이라 하는 것이다.

세 번째는 둘 다 중요하게 적용한다는 것이다. 자와 축이 공망이라면 글자 그대로 자와 축이 공망이라는 것이다. 굳이 나눌 것이 아니라 공망으로 나타나면 나타나는 그대로 적용하는 것이다.

① 자축공망

자신의 인생행로를 스스로 쫓으며 반대 방향의 기운을 오히려 그리워하는 경향을 보인다.

② 인묘공망

자기 일을 중히 여기며 일 중독에 걸린 사람처럼 업무에 몰두하는 경향이 있다. 감정기복이 심하고 좋고 싫음이 분명하다. 대단히 현실적이고 내실 우위주의자다.

③ 진사공망

정신적인 영역에 관심이 많다. 따라서 보편적인 학문보다는 현실과 거리가 있는 자연현상과 우주현상, 종교적 현상 등에 관심이 많다. 이상주의 성향 때문에 인생의 굴곡이 많으나 인내심이 대단하여 잘 극복한다. 반면, 현실감을 잃거나 난관에 부딪치면 변명과 회피로 얼무버리는 것이 습관화되어 있다.

④ 오미공망

세상사에 관심이 많고 탐구정신이 대단하다. 자존심이 강하고 심리적인 변화가 심하여 대인관계의 어려움이 있다.

⑤ 신유공망

추진력이 강하여 신규확장에 유리하다. 지략적이어서 정치적인 성향이 강하다. 자신이 중심이 되어야 한다는 성향이 있다. 때문에 자만심이 넘쳐서 구설이 따른다. 호기심이 많다. 하지만 마음이 들지 않으면 꼼짝도 않는다. 조용한 듯하지만 눈에 띄는 행동을 자주 한다. 성깔이 대단하다.

⑥ 술해공망

정신적인 영역이지만 현실적인 영역을 지향한다. 개성이 독특하고 희생정신과 봉사정신이 투철하여 선행에 솔선수범한다. 배려심과 동정심이 있어 대인관계가 원만하며 명예를 중히 여긴다. 단 결백증이 있어서 스스로를 속박하는 기질이 있다. 경쟁심이 강하여 스스로 운명을 개척하려는 강골의 기질이다.

6) 연월일시 공망

연공망에는 2 종류가 있다. 첫 번째는 연지가 공망하는 것이고 두 번째는 세운(歲運)에서 공망이 되는 것이다. 연지(年支) 공망은 생년 공망으로 부조(父祖) 또는 친가에 인연이 박하다. 양친 또는 편친과 유년기에 생사이별하거나 일찍이 헤어진다. 이렇게 년지공망(年支空亡)은 인고(因苦)가 많다. 유년시절(幼年時節)에 고생이 많다. 사주 내에 연지공망이 있으면 조상과 부모의 인연이 희박하고 양친과 생사이별하거나 덕(德)을 바랄 수 없다. 조상이나 부모로부터 유산과 인덕의 수혜를 받을 수 없으니 일찍 고향을 떠나 타향에서 자수성가해야할 운명이다.

세운이 공망이 되는 것은 그 작용이 약하다. 재(財)가 공망이면 재물이 흩어지기 쉽고 관(官)이 공망하면 명예가 추락하기 쉽다. 그러나 사주의 기신(忌神)[19]이나 흉신(凶神), 악살(惡殺)[20] 등이 공망하는 세운에는 도리어 흉작용이 나타나지 않는다. 또한 사주 중에 이미 공망이 있으면 전실(塡實)이 있다고 보고 공망이 와도 공망으로 되지 않는다.

월지(月支) 공망은 부모 형제의 궁으로 부모형제와 인연이 약하다고 본다. 월지공망(月支空亡)은 형제(兄弟)가 없거나 있어도 도움이 안 된다. 월지는 격국용신의 자리이므로 그것이 공망하는 것은 용신의 역량이 저하하는 것을 뜻한다. 곧 신변에 이변이 생기기 쉽고 사업상 이변이 생긴다.

생일공망(生日空亡)은 본인과 배우자와의 인연을 말하는데 그 인연이 박하다고 할 것이다. 의처의부 증세가 나타나서 해로하기가 어렵다. 신경쇠약, 정서불안 등 감정변화가 심하다.

생시(時)공망은 노후이고 자녀의 관위이다. 그러므로 시지의 공망은 노후에 허공을 뜻하며 자녀에게 의지하지 못한다. 고독하며 박명(薄命)이다. 시지공망(時支空亡)은 자식(子息)이 없거나 있어도 도움이 안 된다. 노년(老年)에는 가족이 뿔뿔이 흩어지거나 무자(無子)나 양자(養子)가 있을 수 있으니 귀숙지(歸宿地)가 불편(不便)하다. 허영(虛榮)과 고집(固執)이고 심기(心氣)만 높다. 처자(妻子)와 이별하는 경우도 있고 외가(外家)가 망(亡)하여 후사(後嗣)가 없는 경우도 있다. 뜻이 있어도 이루지 못한다.

7) 오행 공망과 천간 공망

오행공망은 공망이 되는 해당 지지의 오행이 공망이 되는 것을 말한다. 공망을 확대해석하면 지지에서만 발생하는 것이 아니라 확장성을 갖고 작용하게 되기 때문에 그 해당 오행도 공망이 되는 것이다. 오행공망은 해당 지지의 두 글자 중 앞 글자에 의해서 적용된다. 예를 들면 인묘공망은 인(寅)이 기준이 되고 진사공망은 진(辰)이 기준이 된다. 오미공망은 오(午)가 기준이 되기 때문에 앞 글자에 비중을 두어야 한다.

따라서 자축공망은 자(子)가 기준이 되므로 자(子)공망, 즉 수(水)공망이 된다. 인묘

---

[19] 기신(忌神) : 사주에 대해서 불리하고 유해한 신이다. 일간의 발달을 저해하고 용신을 극하며 사주를 파격에 이르게 하는 신이다. 총체적으로 사주 중에 기신을 대하여 파격하고 구신(救神)이 없는 것은 조명(遭命)이라 하여 사주가 병들어 있다고 보고 선천의 분복이 박하고, 매사가 폐색하여 뜻대로 되지 않으며 가난한 사주로 본다.

[20] 악살(惡殺) : 사주에서 편관을 말하며 편관이 제화(制化)가 없어서 일간에 대하여 미치는 영향이 극히 심할 경우에 쓰이는 뜻이다. 편관이라는 것은 오행의 칠살의 이치처럼 일간을 정면에서 극하는 신인데 흉신의 하나로 본다. 제화 혹은 간합 중 어느 하나만 있으면 편관이라 하고 제화나 간합이 없으면 악살이라 한다.

공망은 목(木)공망이 된다. 진사공망은 토(土)공망이고 오미공망은 화(火)공망이다. 신유공망은 금(金)공망이고 술해공망은 술은 토(土)이고 해는 수(水)인데 이미 반영되어 있어서 오행을 적용하지 않는다.

오행공망을 천간에도 적용할 수 있다. 목(木)공망이면 목(木)에 해당하는 천간이 갑(甲), 을(乙)이므로 갑을이 공망이 된다. 화(火)공망은 병, 정(丙, 丁), 토(土)공망은 무(戊), 기(己), 금(金)공망은 경(庚), 신(辛), 수(水)공망은 임, 계(壬, 癸)가 공망이다.

(표 92) 순중공망과 오행공망

순중공망	오행공망	천간공망	오행 공망의 의미
자축	수	임계	수공즉청(水空則淸) : 맑고 청하다
인묘	목	갑을	목공즉절(木空則切) : 꺾이고 부러진다
진사	토	무기	토공즉붕(土空則崩) : 무너진다
오미	화	병정	화공즉명(火空則明) : 밝아진다
신유	금	경신	금공즉향(金空則響) : 소리가 울리고 퍼진다
술해	X		

① 목공망 : 목공즉절(木空則切)

목은 곡직이라 하여 솟아오르는 기운이다. 생명력을 의미하고 앞서려는 경향이 강하다. 자존심도 세고 솔직담백하다. 목 공망이면 이런 기운이 꺾이게 된다.

② 화공망 : 화공즉명(火空則明)

화는 염상이라하여 확산하려는 기운이다. 스스로 발현하고 정열적이며 진취적이다. 화공망이면 실체없이 허무한 정열이며 진취이다.

③ 토공망 : 토공즉붕(土空則崩)

토는 가색이라하여 중화의 기운이다. 음양의 조화를 중시하지만 공망이 되면 이러한 기운이 무너지게 된다. 일순간 허무함을 느끼기도 하고 자신을 책망하거나 후회하기도 한다.

④ 금공망 : 금공즉향(金空則響)

금은 종혁이라 하여 숙살지기의 기운이다. 단단하지만 여리고 순수한 면이 있다. 원칙주의자. 대의명분을 추종하며 비판적 사고력을 가졌다. 금 공망이면 실속없는 공명심을 쫓는 경우가 많다.

⑤ 수공망 : 수공즉청(水空則淸)

수는 윤하라고하여 순리를 쫓는 기운이다. 재물과 사람을 다루는 기운이다. 정신적 지향점이 크고 환경적응력이 좋다. 수공망이면 감정기복이 심하고 세속적 학문에 흥미를 가진다.

8) 십성공망

십성은 비견, 겁재, 식신, 상관, 정재, 편재, 정관, 편관, 정인, 편인 등을 말한다. 십성이 공망이 되면 해당 십성의 특징과 그 영향력이 약화된다. 만약 십성이 길신이면 그 작용을 흉신으로 변하게 된다. 그래서 낙공(落空)이라 한다. 즉 공망에 의해 길함이 흉함으로 변했음을 의미한다. 반대로 십성이 흉신이라면 그 흉함이 길함으로 변하게 된다. 이를 흉인봉공(凶刃逢空)이라 한다. 따라서 흉신은 오히려 공망함이 좋은 작용을 한다고 할 것이다.

또한 십성이 공망이면 해당 십성의 작용력이 약화되므로 해당 십성으로부터 극설을 당하는 십성은 오히려 그 작용력이 커지게 된다. 예를 들면 재성이 공망이면 재성으로부터 극을 당하는 인성은 오히려 그 작용력이 커지게 된다. 다른 십성도 모두 이와 같은 원리가 적용된다.

흔히 십성 중에서 재성, 정관, 정인, 식신을 길신 또는 4길신이라 한다. 그리고 겁재, 상관, 편관, 편인을 흉신 또는 4흉신이라 한다. 그래서 4길신이 공망이 되면 재락공망, 관락공망, 인락공망, 식락공망 등으로 표현한다. 여기에 천을귀인을 귀락공망이라 하여 포함시킨다.

① 비겁공망

비겁은 비견과 겁재를 말한다. 비견이 공망이면 겉으로는 있어 보이나 속은 비어있는 형국이다. 겁재가 공망이면 흉신이 공망이므로 오히려 객기가 지나쳐 만용을 부림으로서 기고만장하는 기질을 모인다. 비겁이 형제, 동료의 도움이 전혀 없다는 의미와 같다. 고독하고 쓸쓸하다. 그러니 자수성가할 수 밖에 없다. 비겁이 공망이면 재성을 극하지 못하니 재성의 기운이 오히려 발현될 수 있다.

② 식상공망

식상은 식신과 상관을 말한다. 식신은 근면하고 성실하는 기운인데 공망이 되니 오히려 나약해지며 무사안일에 빠지기 쉽다. 상관이 공망이면 어떤 일이든 관심을 갖게 되며 승패도 다양하게 나타난다. 식상은 호기심과 탐구심을 대변하므로 이런 기운이 공망이므로 시작은 있으나 끝이 흐지부지해진다. 한 곳에 안주하지 못하고 직업변동이 많다. 식상이 공망이면 관성을 극하지 못하므로 공직이나 직장생활에 어울린다.

③ 재성공망

재성은 편재와 정재를 말한다. 모두 길신으로 취급한다. 재성이 공망이므로 제물이 모이지 않고 흩어지는 작용을 한다. 재물을 이룰 수가 없다. 재물을 추구할수록 오히려 가정불화와 손재수가 커진다. 사업보다는 직장생활에 어울린다. 남자는 처복이 약하여 결혼을 늦게 하는 것이 좋다. 편재가 공망이면 욕심만 지나치고 정재가 공망이면 소심하고 진취성이 없어진다. 재성이 공망이면 인성을 극하지 못하므로 학문에 관심이 많아진다.

④ 관성공망

관성은 편관과 정관을 말한다. 직업적인 것은 의미하며 남자는 자식을 여자는 남편을 지칭한다. 명예를 중시하고 권위적인 성향을 나타낸다. 관성이 공망이면 이러한 성향이 취약해진다. 자칫 허영심이 높아지고 모사꾼으로 전락할 수 있다. 공명심이 크지만 유명무실할 수 있다. 직업적 변동이 잦고 남자느 자식과 여자는 남편과의 불화가 발생한다. 비겁이 극을 당하지 않으므로 자존심과 자립심이 높아지고 하고 싶은 대로 해버리는 심리가 나타난다.

⑤ 인성공망

인성은 편인과 정인을 말한다. 일간에게는 후원자의 역할을 한다. 그래서 인성이 공망이면 후원자를 상실하게 되므로 누군가의 도움을 기대할 수 없다. 학문이 부족하고 그 성과가 나타나지 않으며 학문에 매진해도 결과가 시원치 않다. 주거와 직업의 변동이 잦고 무례해지는 경향이 많다. 인성이 공망이면 식상을 극하지 못하므로 괜한 오지랖만 넓어진다. 바깥으로 떠도는 경향이 강하다.

9) 해공과 동공

해공(解空)이란 공망이 해소된다는 의미이다. 외부의 작용에 의해 공망이 없어지는 것을 해공이라 한다. 해공이 되는 원인은 형, 충, 파, 해 및 합(방합, 삼합, 육합)에 의해 이루어진다. 해공이 되면 공망의 기능과 역할이 상실된다.

그리고 동공(同空)이란 순중공망이 같은 것을 말한다. 동공이 되면 같은 기운이 의기투합 되어 그 관계가 원만해진다. 부부가 동공이면 사후에 무덤을 같이 쓸 정도로 유정하다고 한다. 동업자 관계도 동공이면 기가 잘 맞아 원만한 관계를 유지할 수 있다.

10) 사대공망, 호환공망, 만국공망

사대공망이란 육십갑자 중에서 갑자순, 갑술순, 갑신순, 갑오순, 갑진순, 갑인순 등 6개의 순 중에서 납음오행이 완전하게 갖춰진 경우는 갑진과 갑술이다. 갑자와 갑오는 수가 없고 갑인과 갑신은 금이 없다. 이렇게 납음오행이 완전하지 못한 갑자, 갑오, 갑인, 갑신을 사대(四大)공망이라 한다.

사대공망은 일주를 기준으로 정한다. 일주가 사대공망에 들면 육친과의 관계소원, 곤곤한 삶, 관재구설 등이 따르며 반드시 흉함을 거쳐야 반전의 기회가 주어진다. 사대공망은 장수하기가 어렵다고 한다.

호환공망(互換空亡)은 공망이 서로 뒤섞이는 것을 호환공망이라 한다. 일주와 연주가 서로 공망을 가지고 있거나 일주와 시주가 서로 공망을 가지고 있는 경우이다. 이렇게 공망이 호환되면 흉함이 배가 되어 전도가 불투명하고 모든 일이 성사되기 어렵다. 호환공망이 많은 사주는 인생의 굴곡이 심해 한 곳에 정착하기 힘들고 객지에서 곤곤한 삶을 산다. 호환공망은 연주와 일주가 상호 공망하는 것은 발달하기 어렵고 일주와 시주가 상호 공망은 형해(刑害)가 겹쳐서 우환(憂患)이 있다. 다만, 해공(解空)의 이법에 적합하여 공망이 풀린 것에 대해서는 이 이론은 적용하지 않는다. 상호 공망이 많은 사주는 일상에서 떠도는 경우가 많아서 주거(住居)가 불안정하다.

만국공망(滿局空亡)은 만공(滿空)이라고도 한다. 일주를 제외한 주중의 간지가 모두 공망에 해당하는 경우이다. 지지 전체가 공망이라서 빈천한 운명으로 취급될 수 있지만 오히려 만천하에 발복할 팔자이다. 부자들도 많다.

2. 방위와 인연

1) 공망과 방위

공망이 되는 방위는 되는 일이 없다. 공망 방위는 자주 이용된다. 시간, 방위, 좌석, 인테리어, 사업, 이주, 학교, 인연, 택일, 약속, 방문, 시험 등 일상생활에 적용되는 범위가 광범위하고 다양하다.

공망은 일주를 기준으로 한다. 공망일에 약속을 하면 깨지기 쉽고 공망일에 이사를 하면 재물손괴 또는 인간관계가 소원해 질 수 있다. 공망방위로 진학하거나 전학하면 성적부진과 교우관계의 다툼이 발생하고 공망일에 개업하면 손님이 없고 소송도 공망일에는 패소하기 십상이다. 부부싸움도 공망일에 자주 발생한다.

공망 반대방향은 오히려 좋다. 잠자는 방향과 책상의 위치도 공망 반대방향에 두면 좋다. 공망 심리는 자신의 반대방향을 바라보는 것을 지향한다.

2) 인연

공망과 인연도 중요하다. 같은 공망이면 추구하는 방향이 같아서 화합하고 해로한다. 일주공망이 같으면 죽어서도 같은 묘에 묻힐 정도로 의기투합하고 다정한 사람이 된다. 공같은 공망은 궁합도 보지 않는다고 했다. 부부는 물론 인간관계에서도 모두 적용된다.

일지에 상대방의 공망이 들면 인연이 박하고 파국에 든다. 일지는 배우자 궁인데 상대의 공망이 배우자 궁에 들면 공망된 배우자란 의미가 된다. 공망과 충되는 삼합 일지는 배합이 된다.

3. 삼재(三災)

9년마다 주기적으로 한번 씩 돌아오는 3재(災) 8난(難)이 있다. 3재란 인재(人災), 천재(天災), 지재(地災)를 말한다. 그리고 8난(難)이란 손재(損財), 주색(酒色), 질병(疾病), 부모(父母), 형제(兄弟), 부부(夫婦), 관재(官災), 학업(學業) 등을 말한다.

삼재팔난(三災八難)이 들면 관재(官災), 구설(口舌), 패재(敗財), 이별(離別), 조상(弔喪), 병고(病苦), 파산(破産), 사고(事故) 등이 발생한다. 삼재팔난은 3년간 지속되는데 첫해는 들삼재, 두 번째는 누울삼재, 세 번째는 날삼재라 부른다. 가장 불길한 삼재년은 들삼재이고, 그 다음 불길한 삼재년은 누울삼재, 날삼재의 차례이다.

심재는 띠를 중심으로 해석한다. 그래서 현대 명리학에서는 그 비중이 극히 약하다. 삼재의 무용론을 주장하기도 한다.

삼재는 방합과 삼합으로 산출한다. 방합에 해당하는 첫 번째 띠와 충이 되는 띠의 삼합에 해당하는 띠들이 삼재에 해당한다. 방합은 생지만 적용한다. 그래서 3년 뒤에 새로운 방합이 시작되면 다른 삼재가 다시 시작된다. 예를 들면 금년이 병신년이라면 신과 충을 이루는 지지는 인이다. 따라서 인의 삼합인 인, 오, 술, 즉 호랑이 띠, 말 띠, 개 띠는 삼재에 해당한다. 병신년이 들삼재, 정유년이 눌삼재, 무술년이 날삼재에 해당한다.

삼재가 든 해는 가급적 외출을 삼가야 한다. 인간관계에서도 시시비비를 자제하여야 하며 새로운 것을 추진한다거나 기존의 것을 바꾼다는 것 등을 삼가야 한다. 일상생활의 변화를 겪는 것도 삼재의 영향이므로 삼재 자체만 가지고도 변화가 많은데 다른 변화를 꾀하는 것은 더욱 재난을 부채질하는 꼴이 된다.

제5장

12운성·12신살·12성

(12運星·12神殺·12星)

제1절 12운성

1. 개념

하늘의 기운을 대변하는 천간은 갑부터 계까지 10개가 있다. 그리고 땅의 기운을 대변하는 지지는 12개가 있다. 천간과 지지가 만나서 간지를 이루는데 이 간지가 곧 인간의 부귀빈천, 희로애락, 생로병사를 결정한다. 그래서 어떤 간지의 조합이냐에 따라 인간의 운명이 결정되어진다.

천간과 지지가 한 번씩 만난다면 모두 12개의 간지가 이루어진다. 그래서 인간의 천수(天壽)를 120살이라 했을 것이다. 다만 양양 음음에 따라 양간은 양지를 만나고 음간은 음지를 만난다는 전제로 하면 60개 이루어지므로 이를 60갑자라 하고 1화전을 환갑이라 하는 것이다.

하나의 천간은 지지를 한 번 씩 만나는데 12개의 간지가 되며 그래서 12가지의 기운을 만들어 낸다. 만나는 시간과 장소는 연주, 월주, 일주, 시주 등 명체에서 4번 만나고, 대운에서 12번 만나며 세운에서도 12번, 월운에서도 12번, 그리고 일운과 시운에서도 각각 12번 만나게 된다. 12번이 지나면 다시 처음의 지지를 만나므로 다시 12번 만나게 된다. 이렇게 하나의 천간은 12개의 지지를 만나면서 순환하게 된다.

그런데 천간이 어떤 지지를 만나느냐에 따라서 천간의 기운, 즉 생로병사, 부귀빈천, 희로애락이 결정되는데 그 과정이 마치 생명의 탄생부터 기억 속에서조차 소멸할 때까지 과정을 나타내는 것과 같고 그것이 지지 12개로 표현된다. 마치 하늘에 떠 있는 12개의 별과 같은 운행을 한다고 해서 이를 12운성이라 한다. 즉 12운성이란 천간 하나가 지지 12를 만나면서 그 기운에 따라 이루어지는 생로병사의 과정을 말하는 것이며 그것이 하늘에 떠 있는 12개 별들의 운행과 같다고 해서 붙여진 이름이다.

이렇듯 12운성이란 12개의 별자리를 운행하면서 인간의 운명이 진행되는 것을 말한다. 부귀빈천, 희로애락, 생로병사에 관련된 일이다. 누구나 태어날 때 사주팔자를 타고 나지만 어느 누구는 태평성대하게 잘 살고, 어느 누구는 고생과 고통과 시름 속에서 한시도 평안할 날이 없는 생을 살아가야 하는지를 그 운의 흐름을 알아보는 것이 12운성이다.

모든 만물은 봄에 싹이 돋아나고 자라서 여름이면 왕성함과 무성한 숲을 만들어 내고 가을이면 낙엽이지고 열매를 맺어 나가는 이치로서 겨울이면 앙상한 가지만 남게 되어 모든 식물의 물은 거꾸로 뿌리를 내려가는 이론이다. 이것은 우리 인간사와 모든 생명의 생애와도 다를 것이 없는 것이 12운성 법에 준해 있는 것이다.

12운성을 구체적으로 나열하면 장생(長生), 목욕(沐浴), 관대(冠帶), 건록(乾祿), 제왕(帝旺), 쇠(衰), 병(病), 사(死), 묘(墓), 절(絶), 태(胎), 양(養)의 12신으로 나눈다. 천간이 12지지를 만났을 때 이 12개 중 어느 기운에 속하느냐에 따라서 십간의 왕쇠강약이 측정되어 지는 것이다.

여기서 절(絶)을 포(胞)라고도 표현한다. 절은 모든 것을 단절한다는 의미인데 그 극단적인 끝에서는 새로운 것이 잉태된다는 의미이기도 하기 때문이다. 기운이 순환하는 과정에서 어떤 하나의 기운이 끝나는 극단적인 지점은 반대로 어떤 하나의 기운이 시작하는 극단적인 지점이기 때문이다. 이 지점을 기준으로 보면 시작점은 절 또는 포가 된다. 그 다음 순서가 태, 즉 잉태했다는 의미를 갖고 있는 지점이다. 그래서 이를 합하여 12운성은 포태법(胞胎法)이라 부르기도 한다.

또 하나는 양간의 절의 자리가 음간에서는 태가 되고 음간의 절의 자리가 양간에서는 태가 되므로 절태의 자리가 음양에 따라 이름만 바뀐다. 그래서 절태가 같다는 의미에서 절태법이라 하는데 절의 자리가 포의 의미를 가지고 있기 때문에 포태법이라 한다.

2. 12운성의 이론적 배경

흔히 12운성은 일본에서 도입된 이론이라고 알고 있는 경우가 많다. 그리고 12운성은 적중력이 낮아서 그 유용성이 떨어진다고 하여 실제 사주팔자를 관찰하는 방법에서 배제하는 경우도 많다. 한편으로 12운성을 사주팔자 해석에서 필수적으로 적용하는 부류도 많다. 12운성의 적중률은 물론이고 해석의 도구로 빼놓을 수 없는 중요한 수단으로 삼는 술사들도 많다. 그래서 국내 술사들 사이에는 12운성 배제파와 12운성 수용파로 크게 나뉘기도 한다.

사실 12운성은 인간의 운명이 순환한다는 전제하에서 해석하는 것이다. 인간의 운명이 고정적이라면 순환의 의미가 없기 때문에 태어나 팔자만 해석하면 되지만 순환한다면 순환의 과정과 단계, 그리고 그 단계별 특징이 있을 것이다. 대운, 세운, 월운, 일운, 시운의 변화에 따라서도 그 해석이 가능하지만 그것은 운세의 흐름을 해석하는 것이고 그 운세의 강약을 해석하는 것이 아니다. 설사 해석한다고 하더라도 일간 중심으로만 해석되는 것이지 일간과 십성 모두의 왕쇠강약을 해석하는데는 한계가 있는 것이다. 그래서 12운성의 유용론에 무게가 더 실리는 이유이다.

동시에 12운성의 이론적 배경이 일본이 아니라 중국이며 그 역사가 자평명리학 보다도 훨씬 이전이었다는 사실에 입각하면 오히려 12운성의 역사가 자평명리학의 배경이 될 수도 있었다는 추정이 가능해진다. 그러니까 일본 배경설이나 무용론은 사실상 12운성에 대한 이해부족에서 발생한 것으로 해석할 수 있다.

12운성은 중국 한나라 때와 당나라 때 "음양 동생동사(陰陽同生同死, 음과 양이 동궁에서 생하고 사한다)"한다는 이론을 적용한 바 있다. 송나라 때 서자평이 "연해자평"에서 '양순음역(陽順陰逆, 양은 순행하고 음은 역행한다)'의 적용방법을 제시함으로서 오늘날 12운성의 양순음역의 구조를 갖추게 된다. 명나라 때는 유백온의 "적천수"와 청나라 때 임철초의 "적천수 징의"에서는 신살 무용론을 주장함으로서 12운성의 무용론이 대두되었다.

청나라 때 진소암은 "명리약언"에서 12운성의 적용을 '음양동생동사'를 주장하였고 역시 청나라 때 "자평진전"의 저자 심효첨은 '양생음사(陽生陰死, 양이 생하는 자리에서 음이 사한다)'를 주장하였고 청나라 때 "궁통보감"의 저자 서낙오는 음양을 동일하게 취급하여 음양동생동사를 주장하였다. 이렇게 12운성은 발전하였는데 오늘날 가장 많이 이용하는 이로는 '자평진전'의 저자 심효첨이 주장한 "양생음사"설이다. 우리나라에서도 대부분 이 같은 이론에 뿌리를 두고 있다.

12운성에 대한 이론적 배경이 중국이라면 그 활용은 일본에서 가장 활발하게 전개되었다고 할 수 있다. 일본의 명리학자 "아부태산(阿部泰山)[21]"은 그의 저서 "아부태산 전집(총 23권)" 제2권에서 12운성 간명법을 봉법(逢法), 좌법(坐法), 거법(居法), 인종법(引從法) 등 4가지로 구분 설명하였다.

우리나라의 경우는 중국적인 해석과 일본적인 해석, 동생동사 해석과 음생양사 해석 등 그 방법이 너무 다양하고 자평진전 이후 오행설만을 간명법으로 사용하기를 주장하는 것까지 워낙 많은 이론이 중복되면서 그 적용방법도 혼선을 가져온 것이 사실이다. 다만 분명한 것은 신살과 마찬가지로 12운성에 대한 적용도 한나라 때부터 적용해 왔다는 점에서, 그리고 그것이 현재까지 이어져 온 것에 대해서도 인정된다면 배제하거나 배척될 이유가 없다고 본다. 적용방법의 다소 차이는 있을 수 있지만 그것이 무시된다면 그 오랜 과정을 부정하는 상황이 되기 때문이다.

3. 봉법, 좌법, 인종법, 거법 그리고 운용법

봉법은 일간을 기준으로 4개의 지지와 12운성 관계를 해석하는 방법이다. 예를 들면 임인(壬寅)년, 기유(己酉)월, 병자(丙子)일, 임진(壬辰)시의 사주가 있다고 하자. 일간으로 볼 때 연지의 인(寅)은 장생(長生)이며 월지의 유(酉)는 사(死)이고 일지의 자(子)는 태(胎), 시지의 진(辰)은 관대(冠帶)이다.

(표 93) 봉법의 이해

구분	시	일	월	연
천간	임(壬)	병(丙)	기(己)	임(壬)
지지	진(辰)	자(子)	유(酉)	인(寅)
운성	관대	태	사	장생

이렇게 일간 기준으로 사주의 12운성 관계를 보는 것이 봉법이다. 가장 일반적인 방법이며 기준이 되는 방법이다. 월지가 가장 중요하게 적용하며 그 다음이 일지의 순이다. 월지는 천성(天性)이요 일지는 개성(個性)을 나타낸다.

---

21) 아부태산(阿部泰山, 1888~1969) : 중일전쟁 이후 중국 고서들을 수집해서 일본으로 가져간 후 아부태산 학파를 형성. "월령 분일용사법"의 대 히트를 쳐서, 대만에 건너가 <아부태산 추명집> 출간. 70년대까지 사주명리학 최강이었다가 현재는 사주팔자술이 전멸된 상태. 일본의 사주명리학파도 거의 전멸.

좌법은 일지의 지장간을 기준으로 일간과 지장간의 십성을 파악하고 그 해당 십성이 일지의 운성과의 관계를 해석하는 방법이다. 통상 지장간이 3개 있다면 3개를 모두 동시에 적용 해석하는 방법이다. 예를 들면 '정축(丁丑)" 일주라면 축의 지장간은 계신기 이므로 계는 관성이고, 신은 재성이며 기는 상관이다. 계는 축에서 관대가 되고, 신은 축에서 양이 되며 기는 묘지가 된다. 이렇게 분석하는 것이 좌법이다.

인종법은 좌법으로 찾아 정할 수 없는 육친이 있을 때 각 육친궁에 해당 육친을 끌고와 12운성을 배정하는 방법이다. 예를 들면 정축 일주에서 지장간에 없는 을목의 상황을 적용해보고자 할 때 을과 축의 12운성 관계를 살펴보는 것이다. 정축일주에서 을은 편인성이므로 편인의 관계를 볼 수 있는데 축은 을의 12운성으로 쇠지에 해당한다, 편인성이 쇠지에 있는 것이다. 이렇게 없는 십성을 끌어와서 보는 방법을 인종법이라 한다. 인종법에는 일정한 규칙이 있는데 첫째는 인종할 때 60갑자를 기준으로 음은 음을 끌어오고 양은 양을 끌어 온다는 점이다. 따라서 축은 목을 끌어 올 때 갑이 아니라 을을 끌어오게 된다는 점이다. 그리고 또 하나는 기본적으로 봉법을 기준으로 삼아야 한다는 점이다. 봉법을 기준으로 삼고 그 다음에 좌법이나 인종법이 적용함으로서 인종의 12운성 상태가 기본적으로 봉법 하에 있음을 파악하여야 한다.

거법은 어디에 거처하고 있느냐는 의미로서 천간과 그 천간의 지지를 운성으로 분석하는 방법이다. 예를 들면 일간이 병(丙)일 때 월주가 임인(壬寅)이라면 월간 임는 일간의 관성이 된다. 만약 여자 사주라면 관성은 남편이 되는데 남편이 앉아 있는 자리가 인(寅)이고 인(寅)은 임(壬)에서 볼 때 12운성이 목욕지가 된다. 남편이 목욕지에 앉아 있는 것이다. 때문에 남편은 상당히 멋쟁이라 할 수 있다. 단 인은 일간의 장생지이기도 하니까 일간입장에서는 인은 남편의 목욕지이면서 나의 장생지이기도 하는 것이다. 이런 방법이 거법이다.

응용법은 특별히 규정된 것이 아니다. 12운성을 해석할 때 앞의 정해진 4가지 방법을 응용하는 것이다. 이의 접근방법은 두 가지다. 하나는 일간을 기준으로 하는 방법이다. 오늘날의 명리학은 일간을 중심으로 하기 때문에 가장 합당한 방법이다. 그리고 다른 하나는 지지만을 기준으로 할 때는 연지를 중심으로 분석한다. 연지가 지지에서는 주체라고 보기 때문이다.

우선 일간을 기준으로 한다면 일간의 십성을 뽑고 그 십성 각각의 12운성을 뽑아서 사주의 각 지지, 대운, 세운 등 행운의 지지에 대입하는 것이다. 그러면 십성의 변화와 흐름을 인지하게 될 것이다. 이 방법은 현대 사주명리학에서 가장 유용하다고 할 수 있다. 12운성의 해석방법이나 사주팔자의 해석방법에서 가장 편리하고 적중 가능성이 높은 방법이라 할 것이다. 이 방법의 실제 해석은 통변술에서 다시 하기로 한다. 그리고 연지 기준은 단순 삼합의 원리를 적용하는 것이다. 예를 들면 쥐띠의 경우 원숭이는 생지이고 용은 묘지의 관계에 있다는 것으로 의미를 두는 것이다.

4. 12운성 산출 방법

12운성의 구성은 천간, 오행 및 삼합과 관련이 있다. 오행을 기준으로 삼합의 구성을 보면 목(木)국의 삼합은 해묘미, 화(火)국의 삼합은 인오술, 토(土)국의 삼합은 화토동법에 의해 인오술, 금(金)국의 삼합은 사유축, 수(水)국의 삼합은 신자진이다. 천간이 목이면 해묘미에 해당하고, 천간이 화이면 인오술, 천간이 토이면 역시 인오술, 천간이 금이면 사유축, 천간이 수이면 신자진 그룹에 해당한다.

삼합의 첫 글자는 장생(長生)이라 하며 여기서부터 출발해서 장생(長生)→목욕(沐浴)→관대(冠帶)→건록(乾祿)→제왕(帝王)→쇠(衰)→병(病)→사(死)→묘(墓)→절(絶)→태(胎)→양(養)→장생(長生)의 순(順)으로 반복 순환한다. 마치 인생의 생노병사(生老病死), 라이프 사이클과 같다. 인오술 화국을 예로 들면 일간이 갑(甲)목인 경우는 해묘미 목국의 순환이므로 해(장생)→자(목욕)→축(관대)→인(건록)→묘(제왕)→진(쇠)→사(병)→오(사)→미(묘)→신(절)→유(태)→술(양)→해(장생)의 순으로 순환한다. (표 139)처럼 다른 오행의 삼합도 이와 같이 순환한다.

(표 94) 12운성의 구조

양간	장생	목욕	관대	건록	제왕	쇠	병	사	묘	절	태	양
음간	사	병	쇠	제왕	건록	관대	목욕	장생	양	태	절	묘
목국	해	자	축	인	묘	진	사	오	미	신	유	술
화국	인	묘	진	사	오	미	신	유	술	해	자	축
토국	인	묘	진	사	오	미	신	유	술	해	자	축
금국	사	오	미	신	유	술	해	자	축	인	묘	진
수국	신	유	술	해	자	축	인	묘	진	사	오	미

여기서 알 수 있는 것은 1) 반드시 순환한다는 것과 2) 방합을 기준으로 같은 국에 해당하면 건록, 제왕, 쇠의 위치에 있다는 점, 3) 반대편의 방합국이면 절, 태, 양의 위치에 있다는 점, 4) 바로 직전의 방합국은 장생, 목욕, 관대의 위치이며 5) 바로 다음의 방합국은 병, 사, 묘의 위치에 있다는 점이다. 예를 들면 천간이 화이면 인, 묘, 진은 장생, 목욕, 관대의 위치이며 같은 화국 방합인 사, 오, 미는 건록, 제왕, 쇠의 위치에 있고 다음 국인 금극 방합인 신, 유, 술은 병, 사, 절의 위치에, 그리고 반대편인 수국 방합인 해, 자, 축은 절, 태, 양의 위치에 있음을 알 수 있다.

또한 6) 인, 신, 사, 해는 반드시 생지, 건록, 병, 절의 위치에 있다는 점(그래서 흔히 인신사해를 장생지라 총칭하기도 한다)과 7) 자오묘유는 제왕, 사, 태, 관대의 위치에 있다는 점(그래서 자오묘유를 제왕지라 총칭한다)과 8) 진, 술, 축, 미는 관대, 쇠, 묘, 양의 위치에 있다는 점(그래서 진술축미를 묘지라고 총칭한다) 등을 알 수 있다.

한편, 삼합의 조합을 보면 4가지의 조합이 형성된다. 첫째, 생왕묘(장생+제왕+묘) 조합과 둘째, 절욕쇠(절+목욕+쇠) 조합, 그리고 셋째, 병태대(병+태+관대) 조합, 넷째는 록사양(건록+사+양) 조합 등이다. 조합의 모양을 보면 해당 조합의 왕쇠강약을 읽을 수 있고 해당조합에 운명을 묶어 해석하면 운명의 상태를 읽을 수 있다.

그리고 양간의 경우에는 순행하는데 반해 음간은 역행한다. 역행의 순서는 음생양사 또는 양생음사의 규칙에 의거 양간의 사(死)가 음간의 장생(長生)이 된다. 예를 들면 갑(甲)과 을(乙)을 비교하면 갑의 장생은 해(亥)이므로 해(亥)는 을의 사(死)가 되는 것이다. 건록는 제왕이 되고 제왕은 건록이 된다. 이를 정리하면 생사(生死), 록왕(祿旺), 묘양(墓養), 병욕(病浴), 쇠대(衰帶), 절태(絶胎) 등의 관계가 이루어짐을 알 수 있다. 즉, 음양의 순역순에 의해 같은 지지에서 이루어지는 관계를 나타내는 것이다.

5. 12운성의 해석

1) 장생(長生)

장생(長生)은 세상에 태어나는 것이다. 깨끗한 심성으로 세상에 태어나서 처음 울음을 터트리는 시기와 같다. 세상에 나오므로 사람들의 관심 대상이 된다. 하지만 아직은 미숙단계이다. 때문에 독립성이 부족한 상태이다.

장생은 흔히 "후견인 별"이라 칭한다. 보이지 않게 누군가 돕는다. 인덕이 많다. 때문에 직장인이면 좋다. 호기심이 많다. 자기주장이 강하지 않고 온순하며 원만한 성품이다. 초기의 어려움이 있으나 결과는 좋다. 복이 많고 장수. 번창, 행운, 예술기능과 창의력이 뛰어나며 어른을 공경하고 어린이를 보호할 줄 안다.

주요 키워드 : 출생, 시작, 출발, 지배, 수복, 은애, 증진, 행복, 번영, 원만, 온순, 인망

2) 목욕(沐浴)

목욕(沐浴)은 태어나서 발가벗긴 채 깨끗이 씻는 것을 말한다. 갓 출생한 아기를 깨끗이 씻는다는 뜻이다. 이 목욕은 일명 욕살, 또는 패살(敗殺)이라고 한다. 청결하다는 이미지를 가지고 있지만 한편으로는 음란하다는 의미도 갖고 있다. 자유 분망하면서 팔방미인 격이다. 모방하기를 좋아하며 멋쟁이가 많다. 갈등 기간을 상징하기도 한다. 시작은 있으나 끝이 없다. 금방 싫증을 낸다(일, 이성). 변화가 많다. 화려한 생활을 한다. 교육받는 과정. 새로운 경험, 시행착오, 한 가지에 집중하지 못한다. 주소를 자주 바꾸는 현상이 발생한다.

키워드 : 부침, 유혹, 실수, 색정, 노고, 파연, 청고, 화살, 홍염살, 패살. 풍파, 색정, 허영, 낭비, 실패, 좌절

3) 관대(冠帶)

관대(冠帶)의 뜻은 성장한 상태로 허리에 띠를 두르는 것을 의미한다. 따라서 관대란 성장과정이 끝나고 청년기에 접어들 시기가 되며 허리에 띠를 두른다는 의미이다. 사람의 성장기로 비교하면 청소년기에 해당한다. 때문에 경거망동하기 쉽고 세상이치에

어둡다. 첫 직장을 얻고 결혼도 하며 어른처럼 행동하나 자기방식을 고집하고 남의 말을 잘 안 듣는다. 힘과 패기 추진력은 있으나 경험이 없다. 자존심을 살려주면 충성한다. 남의 허물은 비판하고 나의 허물은 감춘다. 자신이 최고라 생각하며 인정과 자비가 없다. 고개를 숙일 줄 모르며 안하무인격이다. 고집이 세고 타인을 적대시하며 시기, 질투가 많다. 혈기가 왕성하고 책임과 의무를 다하며 발전과 성공을 하게 된다. 관대끼리 만나면 싸운다.

키워드 : 자립, 완성, 위엄, 고위, 발전, 성공, 존경, 유덕, 향상, 번영, 자비, 장식, 자존심, 주체성, 유아독존, 침소봉대, 반숙어른,

4) 건록(乾祿)

건록(乾祿)은 부모의 품을 떠나서 자립하여 독립하는 것을 의미한다. 부모의 품을 떠나 객지에서 자립하여 가정을 이루고 독립하는 시기이다. 최고의 힘을 가질 때이다. 철저하고 완벽함을 추구한다. 힘은 있으나 아직은 노련미가 부족한 상태이다. 남의 말을 안 듣는다. 그러니 남의 밑에 있을 수가 없다. 독립성향을 보인다. 자기사업을 하는 것이 좋다. 여자는 가정의 주도권을 갖는다. 인간애가 부족하다. 빈틈없는 행동을 보이고 몸과 마음은 성숙한 상태이다. 자존심과 책임감이 강하다.

흔히 "독립의 별"이라 칭한다. 때문에 자립, 자수성가를 이루거나 갈망한다. 하지만 기회를 놓치는 경우가 있다. 독선적이며 직선적인 성향이다. 여자는 부드러움이 없다. 부모와 일찍 떨어지는 경우가 있다. 오판이나 실수를 용납하지 않는다. 후견인 등의 인덕은 없다. 남자는 군인, 견직된 선비 스타일이다. 부모로부터 독립. 부정을 싫어한다.

키워드 : 진출, 활동, 관록, 안정, 고상, 발달, 명문, 풍후, 재록, 개운, 장수, 경직, 논리적, 날로 부유, 명예와 체면, 책임감, 장수

5) 제왕(帝旺)

제왕(帝旺)은 원기 왕성한 장년기를 의미한다. 원기가 왕성한 40대(代) ~ 50대 장년기에 해당한다. 인생의 역정을 딛고 삶의 진정한 맛을 느끼는 시기이다. 최고의 경지에 이르며, 경험에 의한 합리적인 선택을 한다. 유연성이 있고 매사 능숙하며 추진력이 좋다. 포부도 좋다. 일처리를 노련하게 한다. 지도자 또는 리더 격이다. 확고부동하며 뼈대 없는 짓은 안한다. 옳고 그름의 판단력이 분명하며 인간미가 있다. 남의 간섭이 싫고 독립적이다. 최고의 지위에 있으므로 자만심을 조심하여야 한다. 명예가 높고 지성과 학문 등으로 높이 그 이름을 떨치게 된다. 하지만 부부인연이 적다. 여성은 가장노릇을 하게 된다.

키워드 : 번창, 왕성, 통솔, 독단, 강건, 독립, 단행, 두령, 권위, 용왕, 지모, 이별, 황금기, 열매, 보람, 장년기.

6) 쇠(衰)

쇠(衰)는 원기가 서서히 쇠퇴하는 시기다. 원기가 서서히 쇠퇴하는 시기로 왕성했던 기운이 점차 약해져 가는 시기를 말한다. 참을성이 많다. 현모양처의 수준이다. 생각이 깊다. 노련미가 있고 인정이 많다. 아첨을 못한다, 경쟁심이 없다. 그러니 출세가 늦다. 독창성이 부족하고 자신감을 상실하며 심리적 타격이 많아 받는다.

어렸을 때는 어른들 말 잘 듣고 어른처럼 행동한다. 포용력이 좋으며 순종적이다. 성실하며 참을성이 많고 교양이 넘치고 인격적이다. 일을 줄여야 한다. 여성은 모범주부, 남성은 여성적이며 소극적이다. 은퇴할 시기이며 정리할 시기이다. 재산이 줄고 의욕과 용기가 저하된다. 조용한 분위기를 좋아하며 의지가 약하고 타향에서 고생한다. 불시에 불액이 오는 것을 주의하여야 한다.

키워드 : 쇠퇴, 이양, 후진, 정리, 온순, 단백, 약기, 박지, 파개, 재액, 파연, 부정. 착하다.

7) 병(病)

병(病)은 건강한 시기를 지나 병든 것처럼 시들해지는 시기이다. 병(病)이란 왕성함과 건강함을 지나 늙어서 병이 든 것과 같이 모든 것이 시들해지는 시기이다. 인생의 내리막길이다. 인정이 많고 마음이 약하다. 심리적 혼란기이다. 혼자 있기를 싫어하고 말이 많아진다. 정신적 분야 집중하는 경향을 띄며 학술, 종교, 철학 등에 관심이 많다. 신경질적이며 조울증을 앓게 된다. 때문에 고독을 싫어한다.

남을 도와주고 인정을 베푼다. 감상적이면서 비판적이다. 온후하며 고요함을 좋아한다. 병이 있으면 어린 시절 질병으로 고생한 경험이 있다. 성장 후에도 부모와 인연이 박하고 조실부모하는 경우가 많다. 배우자와 인연이 박하다. 성공이 어렵고 매사 온화하고 착하다. 의사, 간호사, 병원 등과 관련이 많다.

키워드 : 재앙, 은퇴, 질병, 부패, 온후, 독실, 정지, 허약, 과로, 단기

8) 사(死)

사(死)는 병든 후 죽는 시기이다. 병환 뒤 생명이 끝나는 시기이다. 체념한다. 정신적인 활동을 선호하며 즐긴다. 인생을 즐기고 싶은 마음이 간절해진다. 차분하고 안정적이며 욕심이 없다. 한 가지 일에 집중하는 경향을 보인다. 전통적 지식이나 학문을 습득한다. 활동력이 없고 생각이 깊으며 침착하고 담백하다. 사색적이고 연구적이며 탐구력을 갖는다. 돈이나 투자에는 관심이 낮도 대신에 지식, 예능, 예술, 의술, 철학, 점술 등에 관심을 갖는다.

운이 사지로 가면 일들을 멈추는 게 좋다. 쓸데없이 걱정이 많아지고 결단력은 떨어진다. 하지만 분별력은 오히려 더 좋다. 활동성이 결여되므로 큰 사업에는 부적절하다. 매사에 노고, 병액, 애로가 따르며 성사 없이 파국이 따른다.

키워드 : 휴식, 소멸, 무기력, 무능, 수축, 단기, 결단부족, 곤액, 병환, 파연조용, 고

요, 수줍음.

9) 묘(墓)

묘(墓)는 무덤이다. 죽어서 땅 속에 묻히는 것을 나타낸다. 사후(死後)에 묘(墓)에 들어가서 오히려 평안하게 된다. 활동이 중단된다. 때문에 있는 것을 아껴두어야 한다. 돈, 물질 등 현실적인 것에 관심이 많다. 돈에 대한 집착이 강하다. 낭비가 없다. 돈과 관련 있는 직업이 좋다. 여성은 경제적 독립(건록이나 제왕이 있으면 더욱 좋다)한다. 여성은 살림꾼이지만 무미건조하여 독수공방형이 된다. 실리적이다, 하지만 속마음을 알 수가 없다. 검소하고 절약하며 안정된 상태이다.

여성에게 진술축미는 모든 것이 돈이다. 현금을 은행에 저장한 상태이다. 부모형제의 복이 없고 근심과 걱정이 따른다. 부모와 이별하여 거주지를 전전하며 사회적으로 빈천한 생활을 한다. 가난한 집안의 출생자는 중년 후 발전하지만 부유한 집안의 출생자는 중년 후 오히려 빈약해진다. 부부 이별 수가 있다.

키워드 : 운둔, 동면, 연구, 예술, 이동, 별친, 쇠폐, 소침, 우고, 견탐

10) 절(絶)

절(絶)은 묘에 들어간 후 모든 것과 완전히 단절되며 무(無)로 돌아가는 단계이다. 그 후로 영혼은 완전히 절(絶)하여 무(無)로 된다. 고독하다. 판단력과 주관력이 없다. 독립성도 없고 일관성도 없다. 추진력이 없고 포기를 잘하며 자기주장이 없다. 남의 말을 쉽게 따르고 행동한다. 인정에 끌려 반항하지 못하며 여자는 거짓 사랑고백에 정조를 잃을 수 있다. 모든 게 허망하다. 애정에 대한 호기심이 많으며 연상을 좋아한다.

키워드 : 절처봉생, 불장난, 순박, 두절, 시종, 관재, 상신, 부침, 단절, 단기, 호색, 경신, 이별, 파산, 파연구름,

11) 태(胎)

태(胎)는 다시 모태에서 어느 오행의 씨앗을 만드는 시기이다. 부모가 교접하여 유계(幽界)에서 현세계로 되 돌아와 그 혼이 다시 모태에서 자리한다. 잉태의 시기이다. 뭔가 만들어지는 순간이며 많은 변화가 시작 되는 순간이다. 의존성이 강하며 독립성이 약하다. 인내심과 지구력이 약하다. 자기중심적이다. 아직 잉태의 단계이므로 불안하다. 금방 싫증을 내며 새로운 환경을 찾는다. 세상물정이 어둡다. 순진하고 착하다. 막연한 생각과 구상으로 앞날을 꿈꾸며 새로운 것을 추구하거나 창작에 심취한다. 이성교재를 못하고 사랑을 하면 쉽게 빠진다. 동정받기를 좋아해서 때로는 색정문제를 야기한다. 폭력을 싫어하고 능력도 없으면서 대답은 잘한다. 발명에 재능을 보이며 기억력이 탁월하다. 실천력과 활동성은 부족하다.

키워드 : 포태, 발심, 영태, 수옥, 온유, 변연, 전직, 곤고, 결단부족.

12) 양(養)

양(養)은 모태 내에서 각종 영양분을 섭취하며 새로운 생을 준비하는 시기이다. 모(母)의 태내에서 각종의 양분을 섭취하고 새로운 생의 준비기가 된다. 만삭의 상태이다, 모체의 분신으로서 "상속의 별"이라 칭한다. 누군가가 돕는다, 거짓이 없고 순수하고 호기심이 많다. 새로운 것을 시작하는 단계인데 그만큼 위험스럽다. 혈육과는 인연이 박하다. 가족과 헤어진다. 물질과는 인연이 있다. 하지만 속빈강정이다. 아무 간섭 없이 안정과 보호를 받으며 커간다. 체계적인 계획을 세운다, 건실하며 원만한 성격으로서 온화한 기품을 보인다. 태에 비해서는 안정기에 속한다. 영국신사형 스타일. 착실하며 낙천적, 봉사적이며 조용한 생활을 선호한다. 장자들이 많고 차남도 장자노릇을 한다. 양자이거나 양자를 들일 수도 있다. 투기나 모험을 싫어한다. 분가를 원하며 색정에 빠지기 쉽다. 항상 발전 가능성이 있다. 양육적인 직업이 좋다.

키워드 : 배양, 성안, 준비, 미숙, 색난, 양자, 집을 떠남, 양육.

6. 띠의 12운성 해석

12운성(運星)을 포태법이라고도 한다. 주로 봉법에 의해 일간을 중심으로 지지의 12운성을 해석하는 것이 상례이다. 그러나 12운성의 해석방법은 무궁무진하다. 일간이외의 천간을 12운성으로 해석할 수도 있고 띠를 중심으로 해석할 수도 있다. 또는 일지를 중심으로 지지만을 적용하여 해석할 수도 있다. 특히 지지만으로 해석할 때는 연지가 그 중심이 된다. 그래서 띠와 띠끼리의 관련성을 가진다. 단순히 띠와 띠와의 관계만 비교한다면 굳이 음양을 가릴 것이 없다. 단순히 띠와 띠와의 관계만 해석하면 되기 때문이다.

이를 기준으로 쥐 띠의 12운성을 살펴보면 쥐는 오행의 수(水)이므로 신자진(申子辰) 삼합으로 운행한다. 그렇다면 쥐의 12운성의 순서는 제왕(帝旺), 쇠(衰), 병(病), 사(死), 묘(墓), 절(絶), 태(胎), 양(養), 장생(長生), 목욕(沐浴), 관대(冠帶), 건록(乾祿)의 순서로 운행한다.

쥐가 쥐를 만나면 제왕이다. 최고의 경지에 이른 것이다. 합리적 선택, 유연성, 능숙함, 추진력, 포부 좋고, 노련하게 처리한다. 지도자, 리더. 인간미가 있다. 황금기이며 장년기이다. 남의 간섭이 싫고 독립적이다. 자만심을 조심하여야 한다.

갑자(甲子)가 쥐를 만나면 이러한 쥐의 성격에 더하여 목욕의 성격이 추가된다. 따라서 갑자는 '제왕 + 목욕'의 환경을 맞이하는 것이다. 목욕의 성격은 청결, 음란, 자유분방, 팔방미인, 멋쟁이, 갈등 기간, 시작은 있으나 끝이 없다. 금방 싫증을 낸다(일, 이성), 변화가 많다. 새로운 경험, 시행착오, 한 가지에 집중하지 못한다.

병자(丙子)와 무자(戊子)가 쥐를 만나면 '제왕+태'가 된다. 태(胎)란 뭔가 만들어지는 순간, 많은 변화가 시작 되는 순간이다. 의존성이 강하며 독립성이 약하다. 인내심과 지구력이 약하다. 자기중심적. 금방 싫증을 내며, 새로운 환경을 찾는다. 세상 물정에 어둡다. 순진하고 착하다. 막연한 생각과 구상으로 앞날을 꿈꾸며 새로운 것을 추구, 창작에 심취, 이성교재를 못하고 사랑을 하면 쉽게 빠진다. 동정받기를 좋아해 색정문제 야기, 폭력을 싫어하고 능력도 없이 대답한다. 기억력 탁월하나 실천력, 활동성이 부족하다.

경자(庚子)가 쥐를 만나면 '제왕+사'가 된다. 사(死)란 정신적 활동, 인생을 즐기고 싶은 마음이 간절하다. 한 가지 일에 집중, 전통적 지식 답습, 활동력이 없다, 생각이 깊고 침착, 사색, 연구·탐구력, 지식, 예능, 의술, 철학, 점술 등에 관심이 있고 돈이나 주식에는 관심이 없다. 하던 일들을 멈추는 게 좋다. 쓸데없이 걱정한다. 결단력은 없으나 분별력은 있다. 활동성 결여, 큰 사업에는 부적절.

임자(壬子)가 쥐를 만나면 '제왕+제왕'이 된다. 제왕의 기운이 더욱 강력해진다.

이번에는 쥐가 소를 만나면 쇠이다. 쇠는 착하고 참을성이 많다. 생각이 깊다. 노련미가 있고 인정이 많다. 경쟁심이 없다, 출세가 늦다, 독창성부족, 포용력, 순종격, 성실, 참을성이 많고 교양이 넘치고 인격적이다.

갑자가 소를 만나면 관대가 추가된다. 즉 '쇠+관대'의 현상으로 변한다.

병자와 무자는 '쇠+양'이 된다. 양은 상속의 별이다. 양자가 되거나 양자를 기른다. 양육직업이 적합하다. 그리고 누군가 돕는다. 거짓이 없고 순수하고 호기심이 많다. 새로운 것의 시작은 위험하다. 혈육과는 인연이 박하고 가족과 헤어진다. 물질과는 인연이 있다. 아무 간섭 없이 안정과 보호를 받으며 커간다. 영국신사, 착실하며 낙천적, 봉사적, 조용한 생활, 장자가 많고 차남도 장자노릇, 투기나 모험을 싫어한다. 항상 발전 가능성이 있다.

경자가 소를 만나면 '쇠+묘'이다.

임자가 소를 만나면 '쇠+쇠'이다. 원래의 성향이 더욱 강해진다. 따라서 쥐는 임자의 쥐가 원래 모습이고 갑자, 병자, 무자, 경자는 원래 쥐의 모습에서 천기를 받아 그 천기의 성향을 갖게 된 것이다. 그러나 원래의 성향은 변하지 않는다. 다만 새로운 천기가 더 왕성할 뿐이다.

쥐가 호랑이를 만나면 병이다. 인생의 내리막길에 다다른다. 마음이 약해지고 심리적 혼란스럽다. 혼자 있기를 싫어하고 말이 많아진다. 정신적 분야인 학술, 종교, 철학 등에 집중한다. 남을 도와주고 인정을 베푼다.

갑자가 호랑이를 만나면 '병+건록'이다. 기운이 훨씬 깡해진다.

병자와 무자가 호랑이를 만나면 '병+생'이다.

경자가 호랑이를 만나면 '병+절'이다.

임자가 호랑이를 만나면 '병+병'이다. 원래의 기운이 더욱 강해진다.

이렇게 쥐의 운이 12운으로 운행한다. 강한 기운을 만나면 더욱 강해지고 약한 기운을 만나면 약해진다. 쥐는 원숭이를 만나면 '생'이 되어 기운이 강해지기 시작해서 닭(목욕), 개(관대), 돼지(건록), 쥐(제왕), 소(쇠)까지 그 기운이 점차 강해지면서 유지되다가 호랑이(병), 토끼(사), 용(묘), 뱀(절), 말(태), 양(양) 등에서 그 기운이 점점 약해진다.

개, 돼지, 쥐, 소 등은 강한 기운이고 용, 뱀, 말, 양 등은 약한 기운이다. 개, 돼지, 쥐, 소 등을 만나면 더욱 강한 쥐의 성격이 나오는 것이고 용, 뱀, 말, 양 등을 만나면 원래 쥐의 성격이 약하게 변하는 것이다.

이렇게 12가지의 띠를 12운성으로 비교하여 운의 흐름과 강약, 그리고 관계성을 해석할 수 있다. 이것이 12운성을 띠와 비교하는 12운성 응용법이다.

7. 십성과 12운성의 해석

십성과 12운성과의 관계성을 해석하는 것은 12운성의 하이라이트이다. 한마디로 12운성 해석의 백미(白眉)라고 할 수 있다. 실제 경험상 실관에서도 가장 잘 먹히고 적중률도 높다고 할 수 있다. 해석방법은 간단하다. 일간을 기준으로 십성이 정해지면 그 해당 십성의 12운성을 추장하는 것이다. 그래서 그 결과에 따라 정해진 12운성의 운명대로 십성의 기운이 진행된다고 해석하는 것이다. 특히 해당 십성이 천간에 투출되어 있으면 더욱 그 해석은 더욱 확고해진다. 천간에 투출된 것은 이미 노출 된 것이기 때문에 그 추적에 따라 운명도 노출되기 때문이다.

예를 들면 일간이 갑(甲)인 경우의 십성 12운성을 해석해 보자. 일단 일간의 기운은 해묘미 삼합으로 운행한다. 즉 일간 그 자체의 운은 해묘미 삼합의 운동을 하는 것이다. 식상은 오행으로 화(火)이고 화의 운행은 인오술이므로 식상의 운행은 인오술의 기운으로 운행한다.

(표 95) 십성의 12운성(일간이 갑목인 경우)

구분	장생	목욕	관대	건록	제왕	쇠	병	사	묘	절	태	양
일간	해	자	축	인	묘	진	사	오	미	신	유	술
비견	해	자	축	인	묘	진	사	오	미	신	유	술
겁재	오	사	진	묘	인	축	자	해	술	유	신	미
식신	인	묘	진	사	오	미	신	유	술	해	자	축
상관	유	신	미	오	사	진	묘	인	축	자	해	술
편재	인	묘	진	사	오	미	신	유	술	해	자	축
정재	유	신	미	오	사	진	묘	인	축	자	해	술
편관	사	오	미	신	유	술	해	자	축	인	묘	진
정관	자	해	술	유	신	미	오	사	진	묘	인	축
편인	신	유	술	해	자	축	인	묘	진	사	오	미
정인	묘	인	축	자	해	술	유	신	미	오	사	진

재성도 식상과 마찬가지로 인오술 삼합 그룹으로 운행한다. 갑목 일간은 12운성의 운행과정에서 식상과 재성의 그룹의 같다. 때문에 경제적인 이득을 구하고자 할 때는 식상과 재성의 운행이 같으므로 식상과 재성이 같은 업종, 직종에서 일하는 것이 선천적으로 유리하다. 식상은 연구, 탐구, 끼, 재능 등을 나타내므로 직장생활을 하더라도 개인기가 한층 요구되는 직장의 직무가 유리하다고 할 것이며 개인기를 발휘하며

재물을 모으는 직종에서 독립적으로 일하는 것이 운의 흐름상 좋다고 할 것이다.

갑목 일간의 관성은 금국 삼합의 조합이므로 사유축으로 운행한다. 지지에서 사(巳)를 만나면 관성의 장생지가 되어 관의 운이 시작되며 그 흐름이 좋아진다고 할 것이다. 유에서 최고를 이루며 축에서 소멸하게 되는 것이다. 인성은 신자진 그룹이므로 신에서 인성이 장생하고 자에서 왕하며 진에서 멸하게 된다. 그 흐름에 따라 해당 십성의 운의 흐름이 결정된다고 할 것이다.

이처럼 일간의 종류에 따라 십성의 운세를 읽을 수 있다. 오행의 화는 화에 맞는 십성의 12운성을 대입하고 토는 화와 같고 금은 금 삼합에 해당 십성을 대입하고 수는 수 삼합에 해당 십성을 대입하면 해당 십성의 운세를 읽을 수 있다.

이렇게 되면 12지지의 글자 하나하나에 일간의 운세가 다양하게 접목되고 있음을 알게 된다. 즉 일간 갑을 기준으로 해(亥)는 갑(비견)에서는 장생이지만 을(겁재)에서는 사지가 되며 병(식신)에서는 절지이고 상관에서는 태지가 된다. 또한 화토동법에 의해 토는 화와 동행하므로 무(편재)에서 해는 절지이고 기에서는 태지가 된다. 그리고 경(편관)에서는 병지이며 신(정관)에서는 목욕지가 된다. 임(편인)에서는 건록지이며 계(정인)에서는 제왕지이다.

이를 해석하면 갑목 일간의 경우 대운이나 세운에서 지지 해(亥)가 오면 기본적으로 비견, 편인, 정인은 그 기운이 강력해지고 확대 되는 것을 알 수 있다. 비견이 강해지면 상대적으로 식상과 재성이 약해진다. 따라서 갑일간의 경우 지지에 해(亥)가 오면 재능 발휘가 안 되고 재물의 손실이 추적된다고 할 수 있는 것이다. 한편 식상은 절태지가 되고 재성도 절태지가 된다. 관성은 병지와 목욕지이다. 따라서 식상, 재성, 관성은 그 세력이 약하고 그 운세의 흐름도 약하다고 할 수 있다.

이렇게 십성과 일간 10가지를 대입하면 해당 십성의 운세의 강약과 그 흐름을 읽을 수 있다(표 141 참조). 다른 정보가 없고 이 정보 하나만으로도 인생의 길흉화복을 해석할 수 있다는 점에서 명리해석의 백미라고 하는 것이다.

(표 96) 일간별 십성의 12운성

일간	십성	해	자	축	인	묘	진	사	오	미	신	유	술
갑	비견	장생	목욕	관대	건록	제왕	쇠	병	사	묘	절	태	양
	겁재	사	병	쇠	제왕	건록	관대	목욕	장생	양	태	절	묘
	식신	절	태	양	장생	목욕	관대	건록	제왕	쇠	병	사	묘
	상관	태	절	묘	사	병	쇠	제왕	건록	관대	목욕	장생	양
	편재	절	태	양	장생	목욕	관대	건록	제왕	쇠	병	사	묘
	정재	태	절	묘	사	병	쇠	제왕	건록	관대	목욕	장생	양
	편관	병	사	묘	절	태	양	장생	목욕	관대	건록	제왕	쇠
	정관	목욕	장생	양	태	절	묘	사	병	쇠	제왕	건록	관대
	편인	건록	제왕	쇠	병	사	묘	절	태	양	장생	목욕	관대
	정인	제왕	건록	관대	목욕	장생	양	태	절	묘	사	병	쇠

일간	십성	해	자	축	인	묘	진	사	오	미	신	유	술
을	비견	사	병	쇠	제왕	건록	관대	목욕	장생	양	태	절	묘
	겁재	장생	목욕	관대	건록	제왕	쇠	병	사	묘	절	태	양
	식신	태	절	묘	사	병	쇠	제왕	건록	관대	목욕	장생	양
	상관	절	태	양	장생	목욕	관대	건록	제왕	쇠	병	사	묘
	편재	태	절	묘	사	병	쇠	제왕	건록	관대	목욕	장생	양
	정재	절	태	양	장생	목욕	관대	건록	제왕	쇠	병	사	묘
	편관	목욕	장생	양	태	절	묘	사	병	쇠	제왕	건록	관대
	정관	병	사	묘	절	태	양	장생	목욕	관대	건록	제왕	쇠
	편인	제왕	건록	관대	목욕	장생	양	태	절	묘	사	병	쇠
	정인	건록	제왕	쇠	병	사	묘	절	태	양	장생	목욕	관대

일간	십성	해	자	축	인	묘	진	사	오	미	신	유	술
정	편인	사	병	쇠	제왕	건록	관대	목욕	장생	양	태	절	묘
	정인	장생	목욕	관대	건록	제왕	쇠	병	사	묘	절	태	양
	비견	태	절	묘	사	병	쇠	제왕	건록	관대	목욕	장생	양
	겁재	절	태	양	장생	목욕	관대	건록	제왕	쇠	병	사	묘
	식신	태	절	묘	사	병	쇠	제왕	건록	관대	목욕	장생	양
	상관	절	태	양	장생	목욕	관대	건록	제왕	쇠	병	사	묘
	편재	목욕	장생	양	태	절	묘	사	병	쇠	제왕	건록	관대
	정재	병	사	묘	절	태	양	장생	목욕	관대	건록	제왕	쇠
	편관	제왕	건록	관대	목욕	장생	양	태	절	묘	사	병	쇠
	정관	건록	제왕	쇠	병	사	묘	절	태	양	장생	목욕	관대

일간	십성	해	자	축	인	묘	진	사	오	미	신	유	술
병	편인	장생	목욕	관대	건록	제왕	쇠	병	사	묘	절	태	양
	정인	사	병	쇠	제왕	건록	관대	목욕	장생	양	태	절	묘
	비견	절	태	양	장생	목욕	관대	건록	제왕	쇠	병	사	묘
	겁재	태	절	묘	사	병	쇠	제왕	건록	관대	목욕	장생	양
	식신	절	태	양	장생	목욕	관대	건록	제왕	쇠	병	사	묘
	상관	태	절	묘	사	병	쇠	제왕	건록	관대	목욕	장생	양
	편재	병	사	묘	절	태	양	장생	목욕	관대	건록	제왕	쇠
	정재	목욕	장생	양	태	절	묘	사	병	쇠	제왕	건록	관대
	편관	건록	제왕	쇠	병	사	묘	절	태	양	장생	목욕	관대
	정관	제왕	건록	관대	목욕	장생	양	태	절	묘	사	병	쇠

일간	십성	해	자	축	인	묘	진	사	오	미	신	유	술
무	편인	장생	목욕	관대	건록	제왕	쇠	병	사	묘	절	태	양
	정인	사	병	쇠	제왕	건록	관대	목욕	장생	양	태	절	묘
	비견	절	태	양	장생	목욕	관대	건록	제왕	쇠	병	사	묘
	겁재	태	절	묘	사	병	쇠	제왕	건록	관대	목욕	장생	양
	식신	절	태	양	장생	목욕	관대	건록	제왕	쇠	병	사	묘
	상관	태	절	묘	사	병	쇠	제왕	건록	관대	목욕	장생	양
	편재	병	사	묘	절	태	양	장생	목욕	관대	건록	제왕	쇠
	정재	목욕	장생	양	태	절	묘	사	병	쇠	제왕	건록	관대
	편관	건록	제왕	쇠	병	사	묘	절	태	양	장생	목욕	관대
	정관	제왕	건록	관대	목욕	장생	양	태	절	묘	사	병	쇠

일간	십성	해	자	축	인	묘	진	사	오	미	신	유	술
기	편인	사	병	쇠	제왕	건록	관대	목욕	장생	양	태	절	묘
	정인	장생	목욕	관대	건록	제왕	쇠	병	사	묘	절	태	양
	비견	태	절	묘	사	병	쇠	제왕	건록	관대	목욕	장생	양
	겁재	절	태	양	장생	목욕	관대	건록	제왕	쇠	병	사	묘
	식신	태	절	묘	사	병	쇠	제왕	건록	관대	목욕	장생	양
	상관	절	태	양	장생	목욕	관대	건록	제왕	쇠	병	사	묘
	편재	목욕	장생	양	태	절	묘	사	병	쇠	제왕	건록	관대
	정재	병	사	묘	절	태	양	장생	목욕	관대	건록	제왕	쇠
	편관	제왕	건록	관대	목욕	장생	양	태	절	묘	사	병	쇠
	정관	건록	제왕	쇠	병	사	묘	절	태	양	장생	목욕	관대

일간	십성	해	자	축	인	묘	진	사	오	미	신	유	술
경	편재	장생	목욕	관대	건록	제왕	쇠	병	사	묘	절	태	양
	정재	사	병	쇠	제왕	건록	관대	목욕	장생	양	태	절	묘
	편관	절	태	양	장생	목욕	관대	건록	제왕	쇠	병	사	묘
	정관	태	절	묘	사	병	쇠	제왕	건록	관대	목욕	장생	양
	편인	절	태	양	장생	목욕	관대	건록	제왕	쇠	병	사	묘
	정인	태	절	묘	사	병	쇠	제왕	건록	관대	목욕	장생	양
	비견	병	사	묘	절	태	양	장생	목욕	관대	건록	제왕	쇠
	겁재	목욕	장생	양	태	절	묘	사	병	쇠	제왕	건록	관대
	식신	건록	제왕	쇠	병	사	묘	절	태	양	장생	목욕	관대
	상관	제왕	건록	관대	목욕	장생	양	태	절	묘	사	병	쇠

일간	십성	해	자	축	인	묘	진	사	오	미	신	유	술
신	편재	사	병	쇠	제왕	건록	관대	목욕	장생	양	태	절	묘
	정재	장생	목욕	관대	건록	제왕	쇠	병	사	묘	절	태	양
	편관	태	절	묘	사	병	쇠	제왕	건록	관대	목욕	장생	양
	정관	절	태	양	장생	목욕	관대	건록	제왕	쇠	병	사	묘
	편인	태	절	묘	사	병	쇠	제왕	건록	관대	목욕	장생	양
	정인	절	태	양	장생	목욕	관대	건록	제왕	쇠	병	사	묘
	비견	목욕	장생	양	태	절	묘	사	병	쇠	제왕	건록	관대
	겁재	병	사	묘	절	태	양	장생	목욕	관대	건록	제왕	쇠
	식신	제왕	건록	관대	목욕	장생	양	태	절	묘	사	병	쇠
	상관	건록	제왕	쇠	병	사	묘	절	태	양	장생	목욕	관대

일간	십성	해	자	축	인	묘	진	사	오	미	신	유	술
임	식신	장생	목욕	관대	건록	제왕	쇠	병	사	묘	절	태	양
	상관	사	병	쇠	제왕	건록	관대	목욕	장생	양	태	절	묘
	편재	절	태	양	장생	목욕	관대	건록	제왕	쇠	병	사	묘
	정재	태	절	묘	사	병	쇠	제왕	건록	관대	목욕	장생	양
	편관	절	태	양	장생	목욕	관대	건록	제왕	쇠	병	사	묘
	정관	태	절	묘	사	병	쇠	제왕	건록	관대	목욕	장생	양
	편인	병	사	묘	절	태	양	장생	목욕	관대	건록	제왕	쇠
	정인	목욕	장생	양	태	절	묘	사	병	쇠	제왕	건록	관대
	비견	건록	제왕	쇠	병	사	묘	절	태	양	장생	목욕	관대
	겁재	제왕	건록	관대	목욕	장생	양	태	절	묘	사	병	쇠

일간	십성	해	자	축	인	묘	진	사	오	미	신	유	술
계	식신	사	병	쇠	제왕	건록	관대	목욕	장생	양	태	절	묘
	상관	장생	목욕	관대	건록	제왕	쇠	병	사	묘	절	태	양
	편재	태	절	묘	사	병	쇠	제왕	건록	관대	목욕	장생	양
	정재	절	태	양	장생	목욕	관대	건록	제왕	쇠	병	사	묘
	편관	태	절	묘	사	병	쇠	제왕	건록	관대	목욕	장생	양
	정관	절	태	양	장생	목욕	관대	건록	제왕	쇠	병	사	묘
	편인	목욕	장생	양	태	절	묘	사	병	쇠	제왕	건록	관대
	정인	병	사	묘	절	태	양	장생	목욕	관대	건록	제왕	쇠
	비견	제왕	건록	관대	목욕	장생	양	태	절	묘	사	병	쇠
	겁재	건록	제왕	쇠	병	사	묘	절	태	양	장생	목욕	관대

제2절 12신살

1. 12 신살(神殺)의 개념

신살(神殺)이란 운명에게 영향을 미치는 기운으로서 좋은 기운(신기, 神氣)과 나쁜 기운(흉기, 凶氣)이 있다. 길(吉) 작용을 하는 것을 길신(吉神)이라 하고 흉(凶) 작용을 하는 흉신(凶神)이라 한다.

이 같은 기운은 순회하면서 운명에 영향을 미치기 때문에 누구나 이러한 기운과 만나게 된다. 따라서 누구나 길흉의 기운에 벗어날 수 없는 것이 운명이다. 어쩔 때는 길하고 어쩔 때는 흉하니 길흉에 너무 민감할 필요가 없다. 살아있는 것 자체가 길흉이니까.

타고난 운명에 따라 길흉도 달라진다. 흉한 기운도 때에 따라서는 길운이 되기도 하고 길운도 때에 따라서는 흉운이 될 수 있기 때문이다.

12신살은 당사주와 관련이 깊다. 당사주에서도 12신살(神煞)을 설명하고 있다. 원래 당사주는 연지(年支) 중심으로 12지지(地支)와 관련성을 해석한다. 이 때 이용되는 수단 중의 하나가 12신살(神煞)이다. 사실 12신살에 대한 기록은 그 뿌리가 어디인지를 찾기가 어렵다. 고전에는 부분적으로 나타나지만 12신살 전체가 해석되지는 않는다. 그나마 해석되고 있는 것이 당사주인 것이다.

12신살은 12운성과 관련이 있다. 인간이 태어나서 죽을 때까지를 나타내는 포태법 또는 12운성(運星)은 12단계의 인간의 생로병사의 과정을 표현한다. 이 포태법은 사람이 태어나서 왕성하게 활동하다가 쇠락하여 죽고 결국은 사라지며 다시 새로운 생명이 같은 과정을 거치며 반복하는 것을 보여준다. 그리고 12운성은 삼합에 의해 구성된다.

12신살도 12운성과 같은 삼합의 구조로 이루어진다. 그리고 12운성처럼 인간의 생로병사의 과정을 반복적으로 보여준다. 그러므로 12신살과 포태법 또는 12운성은 뗄래야 뗄 수 없는 관계로 접목되어 있음을 알 수 있다. 12운성의 각 과정도 12신살의 과정과 일치한다. 다만 그 용어만 다를 뿐이다. 12운성은 별자리를 기준으로 순환 하고 신살도 별자리를 기준으로 순환한다. 결국은 둘 다 천지기운의 순환운동이다. 어느 기운이 어느 시기에 결합되느냐에 따라 길흉화복이 결정되는 것이다.

2. 12신살의 종류와 산출방법

12신살은 겁살(劫煞), 재살(災煞), 천살(天煞), 지살(地煞), 연살(年煞), 월살(月煞), 망신살(亡身煞), 장성살(將星煞), 반안살(攀鞍煞), 역마살(驛馬煞), 육해살(六害煞), 화개살(華蓋煞) 등을 말한다. 12신살도 12운성과 같이 삼합의 원리로 이루어져 있다. 삼합의 운행에 따라 해당 신살의 명칭이 부여된다. 이런 점에서 12운성과 다를 것이 없다.

12운성의 산출방법은 삼합의 첫 글자를 장생(長生)이라 하여 여기서부터 출발해서 장생(長生)→목욕(沐浴)→관대(冠帶)→건록(乾祿)→제왕(帝王)→쇠(衰)→병(病)→사(死)→묘(墓)→절(絶)→태(胎)→양(養)→장생(長生)의 순(順)으로 반복 순환한다.

12신살도 겁살(劫煞)→재살(災煞)→천살(天煞)→지살(地煞)→연살(年煞)→월살(月煞)→망신살(亡身煞)→장성살(將星煞)→반안살(攀鞍煞)→역마살(驛馬煞)→육해살(六害煞)→화개살(華蓋煞)→겁살(劫煞) 등과 같이 반복된다. 겁살, 재살, 천살은 상당히 강한 살이다. 지살과 역마살은 돌아다녀야 할 운명이다. 한 곳에 머물지 못하고 이곳저곳 떠도는 형국이다. 장성살과 반안살은 긍정적으로 작용한다. 강한 길운이다. 월살, 육해살, 화개살은 갇히거나 조용히 마무리해야 되는 살이다. 연살은 색난을 일으키는 살이다.

산출방법도 12운성과 같다. 삼합의 첫 글자가 12운성에서는 장생에 해당하고 12신살에서는 지살에 해당한다. 따라서 12신살을 12운성과 대입하면 '장생=지살', '목욕=연살', '관대=월살', '건록=망신살', '제왕=장성살', '쇠=반안살', '병=망신살', '사=육해살', '묘=화개살', '절=겁살', '태=재살', '양=천살' 등으로 조합이 이루어진다. 단 12신살은 음생양사의 원리가 적용되지 않는다.

삼합조합에 의하면 12신살도 4개의 그룹을 이룬다. 첫째, "지살(장생)+장성살(제왕)+화개살(묘)"이 하나의 그룹이 되고 둘째, "겁살(절)+연살(목욕)+반안살(쇠)"이 두 번째 그룹이며 셋째, "망신살(병)+재살(태)+월살(관대)"이 세 번째 그룹이며, 넷째는 "망신살(건록)+육해살(사)+천살(양)"이 네 번째 그룹으로 4가지 조합을 구성한다. 조합의 모양을 보면 해당 조합의 왕쇠강약을 읽을 수 있고 해당조합에 운명을 묶어 해석하면 운명의 상태를 읽을 수 있다.

적용 기준은 연지를 기준으로 보는 방법과 일지를 기준으로 보는 방법이 있는데 현대 명리학은 일주를 기준으로 보는 방법에 더 무게를 두는 것 같다, 이유는 자평진전의 파급이후 일간이 중심이 되었으니 당연 그 지지인 일주가 중심이 되어야 한다는 것이다.

한편, 12신살의 배경이 당사주에 있다면 당연히 연주를 기준으로 분석하여야 한다. 당사주는 연주를 기준으로 해석하였기 때문이다. 연주와 일주가 같을 때는 문제가 없지만 다를 때는 어느 것이 더 우선이냐는 문제가 남는다. 객관적으로 실관에서 적중률이 높아야 하는데 사실은 둘 다 높은 편이다. 왜냐 하면 지지 어디에 있든 신살의 작용을 하기 때문이다. 다만 기준이 다르면 신살의 유형이 다르기 때문에 그 기준은 중요한 것이다. 일단 연주 기준으로 해석하는 것에 더 무게를 두고자 한다. 왜냐 하면 그것이 오랫동안 유지되어온 역사적 과정이었기 때문이다.

12운성과 12신살은 산출과정과 운행과정 및 삼합을 기준으로 한다는 근원적인 것이 모두 같지만 적용기준에서 12운성은 일간을 기준으로 한다는 점, 일간과 지지와의 관계성을 해석한다는 점과 12신살은 지지와 지지와의 관계성을 중점적으로 해석한다는 점에서 다른 점이다.

3. 12 신살의 해석

1) 지살(地殺)

지살(地煞)은 땅과 관련이 되는 살이다. 지살은 부지런히 돌아다니는 살이다. 그리고 중상, 배반, 모략 등을 당하기도 한다. 고향을 떠나 타향으로 가기도 한다.

삼합(三合)의 첫 글자이다. 새로운 환경, 땅, 기틀, 이사 등 의식주 변동이 발생하다. 예전에는 타율적이었다면 현대는 자율적으로 움직이는 것이다. 그러므로 예전엔 역마살(驛馬殺)에 이사 가나 요즘은 지살(地殺)에 이사 간다. 인신사해(寅申巳亥) 생은 지살(地殺)을 갖고 있으므로 대개 선배나 윗대의 은덕을 본다. 이는 달리 표현하면 아무것도 가진 것 없이 새로운 것을 시작하기는 어렵다는 의미도 된다.

지살은 새로운 자리나 환경과 뜻을 지닌 옥쇄를 받는 것을 의미한다. 인신사해 띠들은 성공을 하면 누군가의 도움(옥쇄)를 받은 것이다. 이사, 여행, 새로운 변화의 시기가 온다. 주거나 직업변동, 이동 수, 역마살 보다는 약하다, 독립적인 이동을 꾀한다. 역마살이 외부에 의한 변화라면 지살은 본인이 만드는 변화를 말한다. 지살이 재성이면 외무원이나 세일즈맨, 영업직이 좋다.

2) 년살(年殺) 또는 도화살(桃花殺)

연살(年煞)은 함지살, 도화살, 세파살(歲破煞)이라고도 하다. 주색잡기와 관련하여 패가망신할 수 있다. 풍류를 즐기고 여색을 밝히게 만드는 신살이다.

남의 눈을 현혹시키는 성분이 도화이다. 타인의 시선을 현혹시켜서 본질을 비켜나가게 할 수 있는 힘이 있다. 나아가 시선을 집중시키는 성분이 도화이다. 따라서 도화는 인기(人氣)와 관계가 깊다. 즉 연예인, 강사 등 인기를 얻을 수 있는 능력이 있으니 프로의 별로 보면 된다. 속살을 드러낸다는 점에서 의료도 포함된다. 또 장식, 인테리어도 포함된다. 에너지와 기(氣)가 모인 곳. 이러한 곳에 눈이 가게 마련이라고 이해할 수도 있다.

3) 월살(月殺)

월살은 고초살이라고도 한다. 고초란 말라 비틀어져서 죽는다는 뜻이다. 하는 일에 실패가 많다. 씨를 뿌려도 결실이 나지 않으며 무엇이든 저장하면 토해내지 않고 공허해진다. 신경과민에 걸리기 쉽고 신기(神氣)가 들기도 하며 몸이 마르게 된다. 촉이 좋아 점술을 업으로 삼는 무녀나 승려를 나타내기도 한다. 종교나 신앙과 같은 일에 종사는 것이 좋다.

육체적 혹은 정신적 고통이나 갈등 속에서 건강마저 안 좋아지는 경우를 말하기도 한다. 또는 항상 분주한 형상을 의미하기도 한다. 일처리가 잘 진행이 되지 않거나 막힘이 많을 수도 있다. 또는 피치 못할 질병이나 장애를 앓게 될 수도 있다. 하지만 월살을 가지고 있다고 해서 모두 이런 일이 발생하는 것은 아니다.

월살이 있으면 몸이 가냘프고 약하거나 혹은 의지가 굳세지 못해 나약한 성품을 보유하고 있다. 게다가 심성은 착한 편이지만 다소 독립심이나 자립의지가 박약한 편이며 신경질적이거나 감수성이 예민한 편이므로 타인의 사소한 말에도 날카롭게 대응하는 경우가 많다. 이에 따라 신경질환이나 신경쇠약, 정신질환에 걸리는 일도 발생할 수 있다.

월살이 있으면 육체적으로 남모를 고통이 있거나 심적 갈등을 자주 느끼는 경우가 많을 수 있다. 세상에 대해서 부정적인 시각으로 바라보는 경우도 꽤 많고 이로 인해서 무기력한 상태에 처하기도 한다.

또 월살이 있으면 타인, 주변인 등과 타협하지 않으려는 자존심이나 고집이 유난히 센 편이다. 따라서 이런 독선적인 성향으로 인해 주변인들과 화합하지 못할 가능성도 높고 인덕이 따라주지 않을 가능성도 높다. 단 월살이 있다고 해서 반드시 어려움이나 괴로움이 닥치는 것은 아니다.

한편, 자기 세상을 만난 격이기도 한다. 어두운 곳에서 달을 만나 갈 길을 얻은 격. 물론 달이 도움을 주고 싶어 준 건 아니지만 결과적으로 내가 도움을 얻게 된 셈이다. 주변 변동으로 인한 부가 이익, 상속, 증여 등이 해당된다. 누군가가 주고 싶어 준 게 아니라 죽는 바람에 생긴 것이다.

4) 망신살(亡身殺)

망신살은 몸과 마음, 명예 등에 해를 끼치는 살이다. 일반적으로는 대인관계, 재물, 관청, 보증 등으로 망신을 당하는 것을 나타낸다. 고집이 세다. 때문에 하지 말라는 것을 하다가 결국 손해를 봐야 물러나게 되는 경우가 많다.

기존에 형성된 체계를 부수고 자신이 새로운 시스템을 정립하려는 성질을 가진 살이다. 그렇기에 그 과정 중에 고난을 겪고 주변 사람들과 투쟁을 하므로 실패하게 되고 이에 따라 고난과 역경을 나타내며 사람들로 부터 공격을 받는 살로써 묘사된다.

속에 있는 것을 드러냄으로써 망신(亡身)을 당한다는 의미가 있다. 또 속을 드러내는 사이가 됐다는 것은 급속한 인간관계의 발전을 의미한다. 희롱을 당한다는 의미도 된다. 희롱을 당해도 그 관계가 유지된다는 것은 부가이익이 있기 때문이다. 망신살에 엮인 인간관계는 안 되는 줄 알면서도 끌려가는 식이 된다. 개인적으로는 혼사, 애정사, 사회적으로는 구설수. 질병. 고령자는 수명과도 관계(옷을 벗기게 되는 경우에 해당)가 있다.

5) 장성살(將星殺)

장성살(將星殺)은 반안살과 더불어 12신살 중에서 가장 좋은 기운에 해당하는 신살이다. 장성살은 기(氣)가 너무 세서 생기는 살이다. 기가 왕성하며 재능이 뛰어난 사람들에게 있는 살이다. 독점력과 지배력이 강하여 그것이 오히려 해가 된다. 즉 강한

기 때문에 불행하거나 투쟁을 하거나 질병 사고 등을 겪을 수 있다.

장성살은 일종의 무언가 성취하는 것을 의미한다. 지혜롭고 총명하며 기본적으로 우수한 두뇌를 갖추고 있다. 임기응변도 뛰어난 편이다. 글 쓰는 재주나 문장력이 천부적으로 뛰어난 편이며 끼가 다양하고 다재다능한 편이다. 이는 천부적으로 타고난 경우가 많다.

자신이 가진 재주로 출세하거나 또는 자신의 분야에서 입지를 굳히거나 인기가 많아져 유명해지는 케이스가 많다. 활동력이 왕성하기 때문에 타향살이를 통해서 자신의 입지를 굳히거나 명성을 떨칠 수도 있고 출세할 수 있다. 매사 어려움이나 난관, 역경에 처하더라도 강한 추진력과 천부적인 굳센 의지로 헤쳐 나가려는 정신을 보유하였으니 자연스레 주위 사람들이 존경하거나 따르게 되거나 혹은 많은 부하들을 거느리게 되는 것이다. 그만큼 사람들을 이끄는 리더십도 타고난다.

유명해지거나 자신의 분야에서 입지가 확고하다거나 혹은 출세한다거나 사람들로부터 명성을 떨치거나 나름 잘 나간다고 해서 어느 선에서 참을성이나 자제력을 잃어버리고 폭주하는 경향이 있는 것도 장성살의 특징이다. 욕심이 그만큼 과하므로 이로 인해 스스로 성공하기도 하지만 스스로 자멸하는 케이스도 많다.

권위를 상징한다. 초지일관. 왕지(旺地)이므로 당연하다고 할 수 있다. 주관이 강하다. 정의감이 강하고 잘못된 것에 대한 유혹에 넘어가지 않는다.

6) 반안살(攀鞍殺)

반안살은 말 위에 앉아 있는 형상이다. 재물이나 관직에 좋다. 출세나 승진을 상징하는 살이다. 승진, 출세, 영전 등을 의미하며 12신살 중 가장 길한 것에 속한다. 무언가 꾸미는 것을 좋아하며, 대인관계가 원만하고 교제를 많이 하게 된다.

그러나 자칫하면 돈의 노예가 되거나 관직의 노예가 될 수 있다. 스스로를 낮추어야 한다.

장성살이 먼 곳을 왕래하는데 필요한 말이라면 반안살은 말안장이 된다. 살아가는데 필요한 여러 편리한 수단이 있다는 뜻으로서 전쟁에서의 시체, 전리품으로도 본다. 학위, 자격. 프로의 별이기도 한다.

7) 역마살(驛馬殺)

역마살은 말 그대로 말을 타고 돌아다니는 것이다. 지살이 걸어서 움직이는 것이라고 본다면 역마살은 말을 타고 다니므로 더 멀리 나아가 해외까지 돌아다니는 살이다. 한곳에 정착이 어렵고 떠돌아다니게 되는 살이다. 국제무역 등과 관련이 있다.

이제는 서서히 화려함을 접기 위하여 준비를 해야 하는 상황이다. 다음에 오는 역마살부터가 삼재(三災)가 된다. 역마는 이동하는 수단으로 자동차, 항공, 전기 전자, 통신, 인터넷, 편지 소식 등을 상징하며 직업으로는 항공, 해운, 무역, 건설, 외교, 통신, 관광, 언론방송 등 먼 곳과 인연을 갖는다.

8) 육해(六害)

육해살은 육액(六厄)이라고도 한다. 여섯 가지의 해가 있다는 말이다. 병을 얻거나 육친과의 인연이 약하다. 육해살이 있으면 우울하거나 침울해진다. 심하면 비관을 하기도 한다.

이제는 삼합(三合)의 작용을 정리해야 하는 상태이다. 정리, 위축, 매달려 있는 상태를 말한다.

9) 화개(華蓋)

화개살은 겉으로는 화려하지만 안은 묘(墓)이다. 총명하고 고독하며 종교 예술에 조예가 깊다. 겉이 화려하여 많은 사람을 끌어들이지만 실속이 없는 경우가 많다.

글자의 뜻은 화려한 것을 덮는다는 것이다. 실제로도 삼합(三合)을 완전히 정리해서 작은 공간에 넣어놓은 상태가 된다. 밖으로 드러나지는 않지만 안으로는 많은 것을 갖고 있음을 의미한다. 따라서 재능의 창고라고 한다. 기억력이 좋고 인내력이 강하며 박학다식하다. 교육, 철학, 종교, 연예 등과 인연이 있다. 밖과 안을 반대로 만드는 재주가 있다. 화개(華蓋)는 또한 동작을 정지하는 것이다. 동작을 멈추면서도 살아갈 수 있다는 것은 남들에게 없는 특별한 재주가 있음을 의미한다.

10) 겁살(劫煞)

이제 삼합(三合)은 전설로만 남은 상태이다. 구속, 박멸, 차압, 압수 등. 직업으로는 의료, 법무, 세무 등에 적합하다. 횡액, 뒤통수 얻어맞기 등을 조심해야 한다.

겁살은 겁탈, 강탈, 빼앗기다는 뜻처럼 무언가를 빼앗기게 만드는 살이다. 즉 빼앗김을 나타낸다. 재산상의 손실이나 재산의 분산을 나타낸다. 그런데 빼앗기는 것은 재산만 있는 것이 아니다. 육신과 명예도 이에 포함된다. 이별수가 강하며 흉한 일을 당하기 쉬운 살이다.

자기 의사와 관계없이 강탈당하는 살이다. 손재, 사기 등 외부로 부터 오는 장애를 발생 시킨다. 자신감이 과해서 초래하는 살이기도 하며 스스로의 잘못으로 초래한 것이나 사건이 터지고도 스스로 잘 인지 못한다.

겁살은 삼살(三煞)의 하나이다. 대살(大煞)이라고도 하며, 재살(災煞)·세살(歲煞)과 함께 삼살을 이룬다. 살 중에서 가장 으뜸으로 작용하여 흉살 중의 흉살로 꼽는다. 한 마디로, 자기의 의사와는 상관없이 '빼앗길' 명운의 소지이다. 이 살이 끼면 살해·겁탈·재물손실·사고를 당할 수 있다. 또한 노력에 비해 결과가 미미하고, 관재구설에 말려들 수도 있다. 이 살을 타고난 사람은 대체로 자기주장이 강하지 못하고 기가 약한 편이다.

이 살성이 정확하게 행사를 하면 불행한 일을 당할 요인이 된다. 이처럼 이 살이 흉하게 작용하면 커다란 재앙이 따라오지만 길하게 작용하면 대부대귀(大富大貴)하게 된다.

11) 재살(災殺)

겁살(劫煞)·세살(歲煞)과 함께 삼살(三煞)을 이룬다. 재살은 형무소 생활이나 천재지변·급변사고·불구·단명·횡액을 당한다는 흉살에 해당한다. 이 살이 있는 사람은 재난을 자주 당하고 감금생활을 하는 관재구설이 있을 뿐만 아니라 특히 손재수가 많이 생겨 재산을 지키지 못한다는 속설이 있다. 그러나 군인·경찰·법관·형무관·검찰·세관원에게 이 살이 있으면 흉한 의미는 도리어 길해져서 승진·출세한다는 운이다.

납치, 강금, 송사, 구속처럼 외부로 부터 억압받는 형태를 말한다. 그 외에 스스로 자신을 형극하는 모습을 나타내기도 한다. 어떤 특정 조건을 성사 시키면 고난을 극복하고 그 안에서 이득을 취할 수 있음을 나타내기도 한다.

재살은 재(災), 즉 재앙을 나타낸다. 특히 투옥이나 장애, 건강, 목숨 등의 재앙과 관련이 있다. 곤란한 일에 처하여 해결방법이 없을 수 있는 형국을 나타내곤 한다.

삼합(三合) 반대편 기운 중 가장 강력한 글자이다. 따라서 이 난국을 헤쳐가기 위해 꾀를 써야 할 듯. 속에는 야망, 야심을 품으면서 이를 숨기고 있다. 수옥살(囚獄殺)이라고도 한다. 주간에 안 되면 야간 기습이라도 한다.

12) 천살(天殺)

천살은 하늘의 살이다. 하늘이 내린 고독, 외로움 등이다. 상식적으로 생각할 수 없는 일들로 곤란함을 많이 겪곤 한다. 가끔 세상과 인연을 멀리 하도록 유도하기도 한다. 천재를 관장하며 관사(官事), 사상(死喪)을 주관한다. 불시에 재난이 따르고 때로는 관사나 죽음, 장사 등에 액난이 있다.

하늘이 내리는 재앙을 뜻한다. 내가 어떻게 할수 없고 예측조차 불가능한 급작스러운 돌발 사고를 말한다. 혹은 나 보다 훨씬 윗분(상위 계급)이 내가 예측 할 수 없는 방법으로 나를 구속 억압 형벌을 내리는 형태를 뜻한다. 또한 이미 종결 되어 완료 되었거나, 곧 종결 될 사건을 나타내기에 애초에 마음을 접는 것이 좋음을 나타낸다.

아직은 지지(地支)에 뜻을 펼칠 수 없으니 하늘에 뜻을 두고 있는 상태이다. 뜻이 아직 이루어지지 않았으니 내가 감당키 어려운 일이 발생한다. 하늘을 계속 쳐다보고 있으니 왕자병에 걸리게 될 판국이다. 하늘 쳐다볼 일 있다. 주도권이 없으니 답답하다. 누구나 천살에 걸리면 하늘의 뜻이 뭘 까라고 사색하게 된다.

4. 띠와 12신살

쥐가 쥐를 만나면 장성(將星)살이다. 장성살이란 나를 보호해 주며 진취, 발전, 성공, 권력, 건강, 용맹, 이익 등을 의미하는 길신이다. 그 기운이 강하다. 때문에 원래 강한 기운이 있으면 더욱 강해져서 오히려 흉신으로 변할 수 있다. 따라서 원래 기운이 약할수록 좋은 신살이다.

　갑자가 쥐를 만나면 '장성+연살'이다. 연살은 도화살이라고도 한다. 즉, 색난의 위험이 있다. 풍류를 즐기고 바람 피며 부부간 불화가 있다.

　병자와 무자가 쥐를 만나면 '장성+재살'이다. 재살이란 수옥살이라고도 하며 수옥, 납치, 감금, 포로 등 신체적으로나 정신적으로 구속되는 기운으로서 흉살이다.

　경자가 쥐를 만나면 '장성+육해'이다. 육해살은 여섯 가지 해로운 기운을 말한다. 신음, 절름발이, 급성질환, 화재, 도난, 제반사 막힘, 관액 등이 발생하며 동작이 민감하거나 예민해진다.

　임자가 쥐를 만나면 '장성+장성"이다. 그러한 기운이 강해진다.

　쥐가 소를 만날 경우 반안살이다. 반안살은 12신살 중 최고의 길신이다. 승진, 진학, 수입, 평온하다. 말솜씨, 지도력, 임기응변 등이 좋고, 자금융통 용이해진다.

　갑자가 소를 만나면 '반안+월살'이다.

　그리고 병자, 무자가 소를 만나면 '반안+천살'이다. 천살은 천재지변을 예고하는 살이다. 신경질환, 암, 마비, 고혈압, 중풍, 언어장애 등 건강에 유의하여야 하고 돌발사고나 관재구설이 나타날 수 있다.

　경자가 소를 만나면 '반안+화개살'이다. 그리고 임자가 소를 만나면 '반안+반안'이다. 반안은 활동적이고 일이 열린다.

　쥐가 호랑이를 만나면 역마살이다. 역마살은 말처럼 돌아다닌다는 살이다. 이동, 이사, 여행 등의 기운이 충만하고 운반, 운수, 차량사업, 수송사업, 신문방송, 정보통신, 관광, 전화, 전보 등의 사업이 길하다.

　갑자가 호랑이를 만나면 '역마+망신'이다. 병자와 무자가 호랑이를 만나면 '역마+지살'이다.

　경자가 호랑이를 만나면 '역마+겁살'이다. 일단 좋지 않다. 겁살이란 방해를 받아 일이 잘 안 풀리거나 내 것을 빼앗아 가는 형살이다. 외부로부터 겁탈, 강탈당한다는 의미를 갖고 있지만 압류, 차압, 철거, 강탈, 반항 등이 발생할 수 있다.

　임자가 호랑이를 만나면 '역마+역마'이다.

　이렇게 순환하여 가는데 원래의 쥐가 가지고 있는 기운과 순화과정에서 만나는 기운이 상호 보완적이거나 상생의 관계에 있으면 길운이 되어 더욱 길하게 되고 그렇지 않으면 흉한 기운이 되는 것이다. 흉한 기운이 들어오더라도 원래 기운이 강하면 이겨낼 수 있지만 원래 기운이 약할 때 흉한 기운이 들어오면 더욱 흉해진다.

　12가지 띠와 12개의 지지가 만나서 이루어지는 신살관계를 쥐를 통해서 설명한 것이다. 다른 띠들도 이와 같이 적용해 보면 그 관계를 이해할 수 있을 것이다.

(표 97) 12신살의 해석

구분	해석
겁살 (劫殺)	-방해를 받아 일이 잘 안 풀리거나 내 것을 빼앗아 가는 형살 -외부로부터 겁탈, 강탈 당한다는 의미 -강제성(압류, 차압, 철거, 강탈, 반항 등)이 발생. -비명횡사, 돌발사고, 손실, 불화, 관재구설 등 발생
재살 (災殺)	-수옥살이라고도 하며 수옥, 납치, 감금, 포로 등. -물건이나 재산을 잃어버리거나 도난 당함.
천살 (天殺)	-천재지변 -신경질환, 암, 마비, 고혈압, 중풍, 언어장애, 돌발사고, 관재구설
지살 (地殺)	-새로운 일을 찾아 돌아다니는 이동, 변동, 직업전환, 여행, 이민 등 -일간이 양이면 좋은 일로, 일간이 음이면 흉한 일로 작용
연살 (年殺)	-도화살. -색난, 풍류, 바람피고 부부불화, 형충회합하면 성병
월살 (月殺)	-일이 막히고 중단, 창고파괴, 자원고갈, 종교분쟁, 소송, -월살과 화개살이 있으면 하체불구, 절음발이 인생. 여자는 고독성이다
망신 (亡身)	-시시비비, 실물, 도난, 사업실패, 사기, 재물손상, 질병, 악질 -육친 간에 생리이별,
장성 (將星)	-나를 보호해 주며 진취, 발전, 성공, 권력, 건강, 용맹, 이익 -여자의 경우 남편을 갈아치우고 신기가 있어서 돌아다니면 괜찮고 집에 있으면 아프다. 타협을 모르니 고독하다
반안 (攀鞍)	-승진, 진학, 수입, 평온. -말솜씨, 지도력, 임기응변, 자금융통, 슬기, 이익 -방향 : 머리를 두고 자면 사업번창, 승진, 합격, 혼인, 편안
역마 (驛馬)	-이동, 원행, 출행, 이사, 여행, 운반, 운수, 차량사업, 수송사업, 신문방송, 정보통신, 관광, 전화, 전보 등 -생왕하면 임기응변, 재주, 외교에 능하고 운수사업으로 성공
육해 (六害)	-여섯 가지 해로운 일, 신음, 절름발이, 급성질환, 화재, 도난, 제반사 막힘, 관액 -동작민감, 예민, 밥을 빨리먹는다, 여자는 난산, 산모사망가능
화개 (華盖)	-화려한 것을 덮는다, 마무리, 원상복구, 마음속에 숨긴다. 재생살, 장남노릇, 휴학 후 복학, 이혼 후 재결합, 여자는 애교살이라 하여 음란한 면이 있다 -좋은 때는 학문으로 이름을 얻거나 예술적인 면에서 이름을 얻고자 할 때 한 단계 높아진다. 일확천금을 노리다가 패가한다. -문화, 예술, 신앙, 학원, 사찰, 교회, 미술, 수도원, 기원, 부동산 등에 관계된 일

제3절 12성(당사주)

1. 개념

당사주(唐四柱)는 사람의 생년·생월·생일·생시와 천상에 있다고 하는 12성의 운행에 따라 인생의 길흉을 점치는 방법이다. 당사주는 일반 사주와는 보는 방법이 다르다. 일반 사주는 생년월일시에 해당되는 간지(干支)의 상생·상극과 오행의 강약, 대운(大運)과 세운(歲運)의 순환에 따라 길흉이 결정되는 법이지만 당사주는 간지의 상생과 상극에는 상관이 없고 오직 12성의 조우(遭遇 ; 우연한 만남)로 길흉을 판단한다.

이 점법은 원래 당나라 때 이허중(李虛中)이 하늘에 있다고 하는 천귀(天貴)·천액(天厄)·천권(天權)·천파(天破)·천간(天奸)·천문(天文)·천복(天福)·천역(天驛)·천고(天孤)·천인(天刃)·천예(天藝)·천수(天壽)의 12성을 인간의 생년월일시와 관련시켜 인간의 길흉을 판단하는 방법으로 이용하였기 때문에 당사주라고 불렀다.

그 뒤 송나라의 서자평(徐子平)이 이허중의 설에 간지, 오행의 상생과 상극의 길흉을 가미하여 '연해자평(淵海子平)'을 지었는데 뒤에 당사주와 사주로 분리되어 발달하였다. 우리나라에 들어와서는 민간의 신앙으로 발전되어 이허중의 원문에 그림을 삽화하여 서민들이 알기 쉽게 만들어졌다.

이에 따르면 일생을 초년·중년·말년·평생 등 4단계로 구분하고 인명(人命)·골격(骨格)·유년행운(流年行運)·심성(心性)·12살(煞)·부모·형제·부부·자녀·직업·길흉·가택·신상·관살(關煞)·수명 등 인간생활과 직접 또는 간접으로 관계가 있는 사항이 모두 첨가되어 있어 사람의 일생을 예견하고 자기가 나아가는 방향을 결정하는 데 참고가 되게 하였다.

보는 방법은 머리에 천귀성을 12지의 자에 붙여서 순차적으로 나열하고 생년이 어떠한 성정과 만나는가를 결정하여 생년으로 초년의 운세를 결정한다. 다음에 생월의 수를 생년에서부터 정월·2월 등 순차적으로 셈하여 생월의 수와 만나는 성정을 중년의 운세로 정한다. 그 다음에 태어난 날의 수를 중년운세에서부터 하루·이틀 셈하여 생일의 수와 만나는 성정을 말년의 운세로 정한다. 그리고 평생의 운세는 말년의 운세에서 자시·축시 등 순차로 셈하여 태어난 시와 만나는 성정으로 정한다. 이와 같이 만나는 성정이 길성이면 길하고 흉성이면 흉하다고 한다.

12성 중에 천귀·천복·천권·천간·천문·천예·천수의 7성은 길성이고 천액·천파·천역·천고·천인의 5성은 흉성이다. 인명·골격·유년·심성은 생월로 보고 그 밖의 것은 모두 생시로 보게 되어 있다[22].

'당사주'라는 말은 당나라 때의 사주라는 뜻이다. 대부분의 술사들은 그것을 현재 유행하고 있는 명리학의 모태라고 주장하기도 한다. 하지만 그 맥락을 보면, 그것이 명리학의 모태가 아니라 이허중이 만든 명리학을 다르게 변형한 것이라고 해야 맞을 것이다.

---

22) [네이버 지식백과] 당사주 [唐四柱] (한국민족문화대백과, 한국학중앙연구원)

2. 종류

12지지 동물은 때어나는 순간 우주의 움직임에 의해 생성된 기운을 받고 태어나며 그 기운이 그 동물의 평생을 결정짓는 운명이 된다. 그런데 그 기운을 하늘의 12개 별자리에 비유해서 설명하는 것이 12성이다. 보통 당사주를 해석할 때 이용된다. 때문에 이는 서양에서 사용하는 별자리 운세(12궁과 12성)와 그 내용이 다르다. 하지만 우주의 주체 들인 해, 달, 하늘, 땅의 운동과 이 들이 구성하는 별자리에 비유해서 정해진다는 점에서 그 근본은 같다고 할 것이다.

하늘에는 별이 12개가 있는데 이름 하여 귀(貴), 액(厄), 권(權), 파(破), 간(奸), 문(文), 복(福), 역(驛), 고(孤), 인(刃), 예(藝), 수(壽) 등이라 불렸다. 이를 12성이라 한다. 이 12성은 각각 그 특징이 있다.

1) 귀

귀(貴)는 귀하다, 신분이 높다, 소중하다. 지위가 높다는 뜻을 갖고 있다. 당사주에서는 최고의 길성(吉星)으로 본다. 명예, 권위, 관위 등을 관장하고 인격이 높음을 의미한다. 조개패(貝 돈, 재물) 부(部)(궤→귀, 흙을 담는 그릇)가 합(合)하여 이루어졌다. 즉 대나무로 만든 바구니를 말한다, 나중에 흙이 아니고 물건(物件)을 넣어두는 것에도 쓰였다. 貝(패, 재산, 화물(貨物))는 많이 있는 보배, 즉 귀하다, 귀하게 여기는 일을 뜻한다.

2) 액

액(厄)은 불행한 일, 재앙(災殃), 멍에, 해치다, 핍박(逼迫), 고생하다는 뜻이 있다. 액(厄)은 벼랑을 뜻하는 민엄호(厂굴바위, 언덕)와 '몸을 구부려 주의를 기울이다'라는 뜻인 글자 㔾(절)로 이루어져 있다. 해석하면 비좁은 벼랑가, 위태롭다의 뜻으로 재앙(災殃)을 의미한다. 모질고 사나운 운수(運數)를 말한다. 사람을 해치고 일을 방해하는 악한 기운이다. 액은 사람에게 무서운 질병이나 사고가 나도록 만들기도 하고, 인간관계를 갈등과 파국으로 이끄는 사악한 힘을 지닌 것으로 인식된다. 액은 횡액(橫厄), 수액(水厄), 삼재(三災)의 액년(厄年) 등 다양한 형태로 나타난다.

3) 권

권(權)은 권세(權勢), 권력(權力), 권한(權限), 권리(權利), 유리한 형세(形勢) 등을 뜻한다. 그 뜻에 담긴 것처럼 주로 힘을 행사하는 것으로 해석한다. 즉, 강력한 세력 또는 권력이 있는 것을 말한다. 나무목(木, 나무)과 雚(관→권)이 합(合)하여 이루어졌다. 음(音)을 빌어서 '걸다'라는 뜻으로 사용하였는데 전해지면서 저울추를 뜻하게 되었다. 저울추는 경중(輕重)을 지배(支配)하는 것으로서 권세의 뜻으로 전해지고 있다. 남자로서 적극적으로 내외의 생활을 추진해 가는데 박력과 기백은 필수적인 것이고 그 위에 왕성하고 출중한 위풍을 갖춘 것이 권이다.

4) 파

파(破)는 깨뜨리다, 깨다, 부수다, 파괴(破壞), 째다, 가르다, 지우다, 패배(敗北), (일을) 망치다, 쪼개지다, 갈라지다, 흩뜨리다, 다하다, 남김이 없다, 깨짐, 깨는 일, 깨진 곳, 무너지다(피) 등의 뜻이 있다. 깨어지거나 찢어지거나 또는 상하거나 한 흠집, 사람의 흠집이나 결함(缺陷) 등을 의미한다. 돌석(石, 돌)部와 皮(피→파)로 이루어져 있다. 따라서 破(파)는 돌이 부서지다는 뜻으로 돌 뿐이 아니라, 사물이 깨지다, 찢어지다, '찢다'의 뜻으로 쓰이고 있다.

5) 간

간(奸)은 간사(奸邪), 간통(姦通), 간음(姦淫), 간악(奸=姦 惡), (무례를)범하다, 침범(侵犯), 위반(違反) 등의 의미이며 '거짓으로 정성(精誠)'스러움, 간사(奸邪)함을 뜻한다. 姦(간)과 같은 글자이며 계집녀(女, 여자(女子))와 干(간)이 합(合)하여 이루어졌다.

6) 문

문(文)은 문장(文章), 글, 문서(文書), 책, 학문(學問), 예술(藝術), 법도(法道), 예의(禮義), 아름다운 외관(外觀), 빛나다, 화려(華麗), 아름답다, 선미(鮮美), 몸에 새기다, 꾸미다 등의 뜻으로 쓰이며 문장(文章), 학문(學文), 학예(學藝), 문학(文學), 예술(藝術) 등을 이르는 말이다. 사람 몸에 ×모양이나 心(심)자 꼴의 文身(문신)을 한 모양을 나타낸다. 나중에 무늬→글자→학문→文化(문화) 따위의 뜻에 쓰이게 되었다.

7) 복

복(福)은 복(福), 행복(幸福), 제육(祭肉)과 술, 상서(祥瑞), 음복(飮福), 부(富)를 간직하고, 모으고, 저장(貯藏)한다는 의미로 아주 좋은 운수(運數), 큰 행운(幸運)과 오붓한 행복(幸福), 삶에서 누리는 운 좋은 현상(現狀)과 그것에서 얻어지는 기쁨과 즐거움 등을 뜻한다. 음식과 술을 잘 차리고(豊) 제사(示) 지내 하늘로부터 복을 받는다 하여 복을 뜻한다고 전해진다.

8) 역

역(驛)은 역참(驛站: 말을 갈아타는 곳), 역관(驛館: 역참에 설치한 객사), 정거장, 연락부절(連絡不絶: 왕래가 잦아 소식이 끊이지 아니하다) 등의 의미이며 말마(馬, 말)와 바꾸다의 뜻을 나타내는 글자 睪(역)으로 이루어졌다. 말을 갈아타는 곳을 뜻하며 옛날에는 파발에 갈아타는 말을 두었었기 때문에 파발(擺撥)의 뜻이 된다. 이동, 이사, 변동의 의미이다.

9) 고

고(孤)는 외롭다, 의지(依支)할 데가 없다, 떨어지다, 멀다, (고아로)만들다, (불쌍히 여겨) 돌보다, 염려(念慮), 저버리다, 배반(背反), 작다, 고루(固陋)하고 무지하다(無知), 어리석다, 고아(孤兒), 늙어 자식(子息)이 없는 사람, 단독(單獨), 홀로, 하나, 외따로 등의 의미며 아들 자(子, 어린 아이)와 적다는 뜻을 가진 瓜(과→고)로 이루어졌다. 아버지를 여읜 의지(依支)할 곳 없는 아이, 즉 고아라는 뜻이 있다.

10) 인

인(刃)은 칼날, 칼, 병기(兵器)의 총칭(總稱), 미늘(빠지지 않게 만든 작은 갈고리), 칼질하다, 베다 등의 뜻으로 칼에 점획을 찍어 날이 있는 곳을 가리킨다. 칼날의 뜻. 재해를 의미한다.

11) 예

예(藝)는 재주, 기예(技藝), 법도(法度), 학문(學問), 법(法), 글, 과녁, 심다, 재주가 있다, 나누다, 극진(極盡), 埶(예, 나무를 심는 모양), 云(운)과 풀(草)을 심기 위해서는 재능이 필요하다는 뜻이 합(合)하여 '재주'를 뜻한다.

12) 수

수(壽)는 목숨, 수명(壽命), 장수(長壽), 머리, 오래 살다, 노인(老人)에게 장수(長壽)의 뜻으로 쓰는 말이다. 늙을 때까지의 긴 세월을 장수하다의 뜻이다.

3. 해석

1) 자귀성(천귀성)

12지지의 첫 글자인 자(子)는 귀(貴)라는 별자리(성, 星)를 운명으로 타고 났다하여 천귀성(天貴星)이라 불리 우는 것이다. 따라서 쥐는 신분이 높고 소중한 운명을 타고난 것이다. 길성(吉星)이다. 태어날 때부터 귀성을 타고 났기 때문에 젊어서부터 현달하여 천리 밖까지 명성을 날리며 영화를 누린다. 특히 초년 운이 좋다. 문무를 겸비하니 만인이 우러러 보리라.

연, 천귀성은 소년시절 영화가 있다. 총명하고 지혜가 많아 한번 들으면 천 가지를 깨닫는다. 처음에는 어려우나 뒤에는 편하고 만년에는 태평성대하다. 곳곳에 뜻이 있으니 사방에 이름을 떨칠 것이다. 조상부터 쌓아 온 은덕과 적선으로 부유한 환경에서 자라며 총명하고 온순하다. 유복한 환경에서 자라서 나약하다. 병석에 눕는 일이 많고 우울증에 시달린다. 인간관계가 원만하고 친구들과 사이가 좋다. 형제사이에 정도 깊다. 학업에 소홀히 하여 시험에 낙방하며 머리가 우수하여 극복한다.

월귀성은 삼십 전에 해로움이 있다. 고집이 세니 친한 사람과 멀어진다. 어디로 가나 바람과 서리를 맞게 된다. 정이 많고 자수성가 한다. 가진 것이 없어도 염려할 것이 없다. 세월이 흐르면서 서서히 풀린다. 좋은 인상을 받으며 이성교제가 빠르다. 이성문제가 심각하니 자기를 지키는 것이 좋다. 처음에는 작은 일부터 시작하나 차츰 발전한다. 가정이 평탄치 못하니 참고 인내하면 좋다. 개인사업은 안 좋다. 직장이 좋다. 오래참고 견디어야 한다. 시간이 지나야 안정 된다. 가정에는 손재수가 있고 명예와 손상이 갈만하지만 운이 풀리는 과정이므로 크게 염려하지 않아도 된다.

일천귀는 늙어서 영화를 누린다. 구름이 걷힌 푸른 하늘에 해와 달이 맑게 비춘다. 노년의 운수는 앞뒤로 금고가 있고 좌우에는 노적이 쌓인다. 사업가로 군림하고 명성을 떨치게 된다. 부귀가 말년에 찾아왔으니 부러울 게 없다. 부부의 건강에 다소 문제가 있어 근심이 있으나 부귀영화를 누린다. 관록이 크다. 상업에 종사하면 크게 성공한다. 마음이 좋고 좋은 일을 많이 하니 칭송이 끊이질 않는다.

시천귀는 늙어서 영화를 누린다. 구름이 걷힌 푸른 하늘에 해와 달이 다시 밝아진다. 노년의 운수는 매우 길하다. 앞뒤로 금고가 놓여있고 좌우에 노적이 쌓인다. 중천에 우뚝 선 만월이 아름답다. 기다리면 만월이 되는 것이니 기다리며 살아가는 인내와 지혜가 있는 형국이다. 권이 있으면 권세가 높아질 것이며 간이 있으면 사업가로 성공하고 문이 있으면 이름을 날리며 예가 있으면 멋을 누리며 귀가 겹치면 신병이 많고 귀함을 모르게 된다.

2) 축액성(천액성)

소는 액(厄)이라는 별자리(성(星))를 운명으로 타고 났다하여 천액성(天厄星)이라 불리우는 것이다. 따라서 소는 불행한 일, 재앙, 멍에, 해치다, 핍박(逼迫), 고생, 사나운 운수(運數) 등을 타고났다. 특히 초년 운이 안 좋다. 시간이 지나면서 다른 12성과 만나면 그 운이 상쇄되거나 더욱 강해지는 운명이다. 예를 들면 천귀성, 즉 쥐를 만나거나 천권성, 즉 호랑이를 만나거나, 천복성, 즉 말을 만나면 액운이 작아진다.

연, 천액성은 초년에는 악운이 많고 조상의 기업은 지키기 어려우며 손재주가 많고 고향 땅은 이롭지 못하니 고향을 떠날 팔자이다. 가슴속의 근심은 밤낮으로 떠나지 않는다. 남보다 많이 활동하고 여러 가지 직업을 가져야 한다. 고집이 있고 개성이 강하다. 무엇이든 한곳에 뜻을 두고 최선을 다하지 못한다. 자수성가해야한다. 학업은 소홀하니 독자적인 길을 개척하여야 한다. 부모와 뜻이 안 맞아 객지에서 홀로 자립한다. 장성하면서 성격이 변해 남에게 후하게 베풀기를 좋아한다. 때문에 곤궁함을 면치 못한다. 자기재산을 지키기가 어렵다.

월천액은 자수성가, 40세 이후에 영화가 있다. 여자를 가까이 하면 손재수가 따른다. 말솜씨가 좋고 가는 곳마다 재물이 넘치며 들에 살면 대길하다. 변화와 실패수가 많으나 마침내 재기하여 성공한다. 일이 많아도 스스로 할 수 있는 일이 적어 어렵다. 하는 일마다 문제가 생기고 실패하게 된다. 하지만 그렇게 성장하게 된다. 강건해지고 도전하는 용기가 생기며 세상 보는 눈이 달라진다. 가정에 먹구름이 다가오는데 지혜가 필요하다. 그렇지 않으면 부부간 불화가 생긴다. 유산은 지키지 못하니 자수성가하는 것이 좋다. 견디며 인내하여야 좋다.

　일천액은 동서로 매우 바쁘다. 다른 사람과 친하나 이로 인해 피해를 입게 된다. 세상일이 많지 않으니 그림 속에 떡이다. 말년에 길운이 찾아온다. 사업을 하면 성공하나 환란과 위기가 온다. 일생을 부지런히 살아왔다. 자식 복이 빈약하고 근심이 있으며 처궁이 약하다. 운명에 순종하며 살아간다. 남의 일을 내일처럼 하니 칭송이 따른다.

　시천액은 매우 바쁘게 지낸다. 다른 사람과 친하나 이로 인해 피해를 받게 되고 세상의 길이 많지 않으니 그림속의 떡이다. 말년에 길운이 찾아온다. 다른 사람의 일까지 떠맡아 밤낮으로 일해야 직성이 풀린다. 일이 없으면 좌불안석이다. 그러나 보답을 찾지 못한다. 자기분수에 맞게 한발 한발 나아가야 삶이 풍요롭다. 쉽게 시작하지만 어려움을 참지 못하고 손을 든다. 시작하기 전에 신중해야 한다. 복과 귀가 들면 부귀하며 권이 들면 공명이요 간이 들면 베풀 것이며 수가 들면 편안하다. 액이 들면 크게 실패하니 쉽게 손대지 말며 파가 들면 큰일을 벌이지 말며 인이 들면 다툼이 생긴다. 손으로 모든 것을 해낼 운명이니 열심히 일하며 땀 흘리는 것이 최상이다.

3) 인권성(천권성)

　12지지의 세번째 글자인 인(寅)은 권(權)라는 별자리(성(星))를 운명으로 타고 났다하여 천권성(天權星)이라 불리 우는 것이다. 권이란 힘을 행사하는 것으로 강력한 세력 또는 권력이 있는 것을 말한다. 남자로서 적극적으로 내외의 생활을 추진해 가는데 박력과 기백은 필수적인 것이고 그 위에 왕성하고 출중한 위풍을 갖춘 것이 권이다.

　연의 천권성은 어렸을 때는 매우 분주하며 많은 사람을 사귀게 되고 학문을 부지런히 닦으면 관록을 얻게 되고 성품이 밝고 활달해 따르는 사람이 많다. 사업체를 가지면 영화를 누린다. 능력있는 엘리트로 때어났으므로 항상 모임의 지도자가 된다. 주위 사람들을 한 곳으로 모아 이끌어 가는 힘이 있다. 지갑에 돈이 있으면 무조건 꺼내어 쓰는 낭비벽이 있다. 주변의 친구들과 자주 어울릴 때 비용은 항상 내가 낸다. 그래야 기분이 좋다. 미래를 내다보는 힘이 있어서 자기 일은 항상 자기가 해결한다. 실패는 없다 도전하는 자에게 복이 오고 두드리는 자에게 문이 열린다. 구하는 자에게 얻어지는 것이다.

　월의 월권성은 권위가 가는 곳마다 많고 친족도 있으나 오히려 남만 못하다. 많은 사람들이 우러러 가는 곳마다 봄바람이다. 엄청난 재산이 있어 영화가 끝이 없다. 주관이 뚜렷하며 굽히지 않고 초지일관하므로 작은 일도 큰일로 성사된다. 주변에 사람들이 따르며 지도자로 추대된다. 어떠한 장소를 가더라도 불평을 웃음으로 만들고 슬픔을 기쁨으로 만든다. 때로는 순풍에 돛단배처럼 영화를 맞게 된다. 결혼 운이 좋아서 좋은 배필을 맞아 축복 속에 결혼을 올리게 되고 화목한 가정을 꾸리게 된다. 사업도 잘되고 직장에서도 뛰어난 인재라고 칭송을 받는다. 그러나 거만하다는 소릴 듣는다. 만나는 사람마다 친구가 되는 인간관계가 원만하다. 그래서 출세가도에 들어서는데 그 곳에서도 칭송을 들으며 항상 막중한 임무가 주어진다. 그러나 가정에는 소홀하여 침실은 하숙방으로 바뀌어 간다.

일천권은 장사로서 생업을 찾아야 하고 그래야 순풍이 되고 거역하면 실패한다. 말년에 형통하고 남에게 굽히지 않으니 처세에 어려움이 있다. 대중을 위해 공덕을 쌓아야 한다. 하늘이 내려준 비범한 인물이라 관직이 정상에 오르고 권세가 당당하다. 중년 말에 얻은 관록이 노년에 이르러 그 위엄이 하늘을 덮고 그 은덕이 세상에 널리 퍼진다. 쾌활한 성품으로 사람을 다스리니 모두 존경하고 흠모하며 모두가 좋아한다. 비범한 인품으로 사회와 가정에 은혜를 베푸니 날로 그 위엄이 두터워지고 당당하다. 말년 운이 대륜행이라 구 위엄이 사방에 널리 퍼지게 된다. 마음먹은 일이 널리 이루어지니 미약한 자에게 힘이 되고 구원이 될 것이다. 많은 사람에게 은덕을 두어 덕망을 쌓게 되니 모두가 흠모할 것이다. 그러나 자기의 이득을 위해서 행동하면 원성을 사게 되고 적이 생길 것이다. 인생은 자기만을 위해서 살아갈 때는 의미가 없는 법이다. 타인을 위해 자기를 헌신할 때 값어치가 있는 것이다. 자기의 힘이 사해에 미칠 때 결코 자기의 위함보다. 이웃과 고향 그리고 국가와 사회를 위해서 땀을 흘릴 때 자기 인생에 보람이 있고 뜻이 있는 것이다.

시천권은 평생 장사로서 생업을 삼고 이에 순응하면 봄바람이 불어오고 거역하면 가을의 서리와 같다. 말년에 만사형통하고 남에게 굽히지 않으니 처세에 매우 어려움이 있다. 위인이 총명하니 공명을 얻을 것이며 동서에 출입하고 사방에 권리가 있을 것이다. 천하를 편력할 지혜와 용기의 바퀴를 지녔으니 그 위용이 미치지 않는 곳이 없다. 용기로 매사를 대처하니 어려움이 없으나 용기가 지나쳐 생각이 짧고 성비가 급해서 불길처럼 치솟아 주위를 놀래게 한다. 위용이 깊어서 인간을 제압하는 능력이 있다. 매사 자신감이 넘치지만 승산이 없으면 참여하지 않는다. 지도자격이다. 관록이 크다. 작은 일에도 앞장선다. 관록이 아니면 사업을 통해 경영자나 지휘자가 될 것이다.

4) 묘파성(천파성)

토끼는 破(파)라는 별자리(성(星))를 운명으로 타고 났다하여 천파성(天破星)이라 불리우는 것이다. 따라서 토끼는 깨지고, 부수고, 파괴하고, 째지고, 가르고, 지우고, 망치고, 쪼개지고, 갈라지고, 흩뜨리고, 깨짐, 깨는 일 등 사나운 운수(運數) 등을 타고났다. 특히 초년 운이 안 좋다. 시간이 지나면서 다른 12성과 만나면 그 운이 상쇄되거나 더욱 강해지는 운명이다. 예를 들면 천귀성, 즉 쥐를 만나거나 천권성, 즉 호랑이를 만나거나, 천복성, 즉 말을 만나면 액운이 작아진다.

연, 천파성은 초년에는 성공과 실패가 많다. 하는 일마다 성과가 없다. 남의 말을 믿으면 오직 손해만 있다. 평생 한이 마음속에서 떠나지 않는다. 호기심이 지나치고 쉽게 재미를 느끼고 쉽게 싫증을 낸다. 동서남북 참견할 일이 많다. 동료들한테 인기가 있고 잘 어울리니 무드메이커이다. 재치가 있고 영리하나 배짱이 부족하다. 과욕은 금물, 이상만 꿈꾸지 말고 현실에 충실하여야 한다. 지갑은 비워있고 주색잡기에 빠진다.

월천파는 형제가 의지할 곳이 없다. 부모와 고향에 인연이 없다. 먼저 실패하고 나중에 흥한다. 일신에 번거로움이 많고 관액이 항상 따른다. 경솔함을 주의하라. 가까운 사람이 배신한다. 의욕이 떨어지고 실의에 빠진다. 적막강산이다. 구상은 있으나 구체화가 되지 않아서 초조하고 다급하다. 만나는 사람마다 손해를 준다. 의지할 곳이 없다. 불행에 헤메다가 햇살을 맞게되니 큰 사업으로 성공할 수 있다.

일천파는 초년 고생이 노년에서 빛을 본다. 사람과 접촉이 많은 업종이 좋다. 배신 당하는 인생, 외롭고 쓸쓸한 인생이다. 그렇게 다져진 인생이다. 하지만 말년이 좋다. 풍파가 가라앉고 고요해진다.

시천파는 초년과 중년에 여러번 자산을 탕진한다. 그러나 말년에 부귀가 찾아온다. 근본적으로 가볍게 생각하고 충동적으로 착수해서 쉽게 포기하고 좌절하니 언제 성공할 수 있을 것인가. 남의 꾐에 빠지기 쉽다. 일확천금을 노리니 크게 벌다가 크게 망한다. 누구와도 가깝고 쉽게 친해진다. 그러나 실패가 거듭되면서 소신을 잃고 방황할 수 있다. 신념을 가지고 나아가야 말년에 풀린다.

5) 진간성(천간성)

12지지의 다섯번째 글자인 진(辰)은 간(奸)라는 별자리(성(星))를 운명으로 타고 났다하여 천간성(天奸星)이라 불리 우는 것이다.

연의 천간성은 꾀가 많은 사람이다. 재주가 있어 성공하니 세상에 이름을 떨친다. 녹이 사방에 있으니 여러 곳에서 봄바람이 분다. 관공서에 출입하여 재물을 얻게된다. 지나친 욕심을 삼가야 한다. 지혜가 뛰어나 하나를 가르치면 열을 안다. 시기심과 질투심이 강하다. 부유한 환경에서 어려움을 모르고 성장하며 고난에 부딪쳐도 무난히 헤쳐 나간다. 돈이 항상 많다 떨어질라 치면 누군가 와서 돕는다. 항상 돋보이기 때문에 시샘과 모함을 받는다. 영특한 머리로 모든 것을 꿰뚫고 있으나 자기 극복이 안되어 항상 앞서가려는 욕심이 문제다.

월의 월간성은 머리가 뛰어나 학문에 뜻이 있고 여러 분야에서 기획력을 발휘할 수 있다. 그러나 주변 환경이 자기 뜻대로 되지 않아 고전을 할 때도 있다. 인간관계를 잘 가지는 것이 중요하다. 무슨 일을 해도 능력이 있다. 어디를 가도 인정을 받는다. 단 가정을 소홀히 하는 경향이 있다. 자존심이 유난히 강해 상사, 동료등과 자주 다툰다. 전진을 위한 후퇴가 필요하며 타협하고 머리를 숙이는 자세가 필요하다.

일천간은 소년시절에 이름은 있으나 실속이 없다. 용모가 뛰어나다. 입으로 재산을 모으고 사업이 종사하면 성공한다. 지혜가 총명하니 관계로 나가면 성공한다. 앉아서 천리를 보는 지혜와 재주가 뛰어나니 천하를 움직인다. 그러나 흉액이 겹쳐 심사가 어지럽다. 웅변술과 술책이 교묘하여 간교할 수 있으나 능력과 위치가 좋아 처리된다. 조건없이 무조건 도우면 칭송을 듣는다.

시천간은 입으로는 재산을 모으고 상업에 종사하면 의식이 매우 풍족하다. 대기만성형이다. 성과도 없이 하는 일만 많다. 도울 힘도 없는데 도와달라는 사람도 많다. 동분서주하는 사회사업가이다. 사업을 해도 상업을 해도 관직에 나가도 출세한다. 중년의 어려움은 성공과 행운이 기다린다. 간이 겹치면 영리하나 타산적이란 비판이 든다. 권과 문이 합세하면 반드시 관록을 얻는다.

6) 사문성(천문성)

뱀는 문(文)라는 별자리(성(星))를 운명으로 타고 났다하여 천문성(天文星)이라 불리 우는 것이다. 따라서 뱀은 깨지고, 문, 문학, 예술 따위를 무(武)에 상대하여 이르는 말로서 문예을 타고났다. 천귀성, 즉 쥐를 만나거나 천권성, 즉 호랑이를 만나거나, 천복성, 즉 말을 만나면 학문이 더욱 높아진다.

연, 천문성은 이름을 널리 떨친다. 준수한 용모, 차분한 성격, 학문에 열중하여 그 뜻을 이룬다. 학업성적이 뛰어나나 자만심이 있고 출세욕이 지나치다. 한 발 앞서 가려는 강박관념을 주의하여야 한다. 도전적이며 적극적인 추진력 때문에 일찍 출세한다. 경우에 따라서 크게 망신당할 수 있다.

월천문은 중년이후 영화가 찾아오고 자수성가한다. 입는 것과 먹을 것이 풍족하다. 지능이 뛰어나 출새가 빠르고 장래가 촉망된다. 다만 결혼 운이 안 좋다. 서로 이해하여야 한다. 권세가 높아지고 추앙을 받는다. 금전 운이 좋아 재산이 크게 늘어난다. 승진도 빠르고 높은 자리에 오르며 귀인들과 원만한 관계를 갖는다. 직위가 높을수록 더욱 공부하면 좋다. 만인의 지도자가 된다. 큰 뜻을 가졌기에 인류와 국가를 위해 공헌하는 기회가 온다. 인정이 부족하고 매정하다는 소리 들으며 큰 뜻을 펴기 위해 타의반, 자의반 유랑객이 될 수도 있다.

일천문은 성품이 매우 인자하고 학덕을 겸비하며 관계에서 이름을 크게 떨친다. 사업은 금물. 슬하에 영화가 있다. 문으로 출세한다. 군자의 품격이니 모든 사람으로부터 존경을 받는다. 학자나 문호의 길을 가면 크게 성공한다. 가정이 화목하고 인생이 평온하다. 주관이 뚜렷하고 천하를 살펴볼 수 있는 능력과 지혜가 풍부하다. 덕을 스스로 쌓으니 만인이 우러러 귀함이 높다.

시천문은 성품이 호쾌하고 크게 쓰고 크게 벌린다. 차분하고 냉철하니 실수가 작다. 항상 재물이 붙으니 크게 벌고 크게 쓴다. 스케일이 크다. 공부를 잘하고 진취적이다. 자기 뜻대로 안되면 불평과 불만이 쌓인다. 그래서 소외된다. 그러면 액운이 뒤따른다. 권이나 귀를 겸비하면 관록이 붙고 수, 복을 얻으면 평생태평이다. 액, 파를 만나면 학업을 중단하고 역, 고를 만나면 전전긍긍한다.

7) 오복성(천복성)

12지지의 일곱 번째 글자인 오(午)은 복(福)이라는 별자리(성(星))를 운명으로 타고 났다하여 천복성(天福星)이라 불리 우는 것이다. 음식과 술을 잘 차리고(豊) 제사(示) 지내

하늘로부터 복을 받는다 하여 복을 뜻한다고 전해진다.

연의 천복성은 일찍 부귀 한다. 남이 조금씩 도와주게 되니 매사 자신의 뜻과 같다. 독자적인 생업은 몸만 바쁘다. 말이 바르고 행실이 건실하기 때문에 주변 사람들이 칭찬하며 돕는다. 정직한 성품으로 꾸준히 노력한다. 모든 게 순탄하다. 외유내강하며 의지가 곧고 강직하지만 겉으로는 심약하다. 일처리를 특공대식으로 하는 엉뚱한 면이 있다. 인덕이 풍부하여 어려움 없이 일생을 보낸다.

월의 월복성은 재물이 가는 곳마다 쌓이고 가까운 곳에서 지인을 만난다. 부족함이 없고 막힘이 없다. 하늘이 내려준 복을 모두 받았기 때문이다. 낙방도 모르고 산다. 부러울 것이 없다. 오복을 갖췄다. 직장보다 사업에서 훨씬 성공한다. 가정도 화평하다. 만사 뜻대로 된다. 재물이 마르지 않고 대인관계도 좋다. 사회적 활동이 크지 않더라도 손가락 당하는 일은 없다. 단 남의 사정을 알아보지 못하는 때도 있으니 몰인정한 사람이란 소릴 듣기도 한다.

일천복은 지난날의 공적이 드디어 빛을 본다. 재물이 풍성하고 일신에 영화가 있다. 상업을 했으면 거부가 될 것이고 많은 사람들에게 크게 도움을 주고 기업을 빛내는 고귀한 운명이다. 몸은 귀하고 재물이 왕성하니 천금을 손안에 넣고 주무른다. 태평성대이다. 그동안의 인연으로 많은 사람들이 은혜를 갚으려 몰려온다. 쏟아지는 황금에 묻혀 산다. 온갖 재주를 부릴 수 있으니 변화무쌍이다. 돈으로 할 수 있는 일은 무엇이든 가능하다. 작은 일은 크게 만들고 곤경에 빠진 일은 순탄케 한다.

시천복은 말년에 매우 부귀 한다. 영화가 있고 만사형통한다. 부귀가 겹쳤으니 부러울 것이 없고 인품이 준수하니 무엇이든 성사된다. 곤란한 입장에 있더라도 2보 전진을 위한 1보 후퇴이다. 좋은 환경에서 곤경에 처하면 나약하기 짝이 없다. 인품은 준수하지만 대중을 제압할 위력과 배짱이 약하다. 자기만 생각하고 주변사람을 살피지 않으니 말썽이 발생할 소지가 많다. 수련이 필요하다. 귀와 권이 동행하면 복을 누리며 문과 수를 겸비하면 평안하고 순탄하다. 액과 파를 만나면 자기 페이스를 잃게 되고 고를 만나면 사람이 따르지 않아 고독하다. 가끔 따르는 어둠이 있지만 인생은 순탄하다.

8) 미역성(천역성)

양은 역(驛)이라는 별자리(성星)를 운명으로 타고 났다하여 천역성(天驛星)이라 불리우는 것이다. 따라서 양은 여기저기 돌아다니는 운명을 타고 난 것이다. 시간이 지나면서 다른 12성과 만나면 그 운이 상쇄되거나 더욱 강해지는 운명이다. 예를 들면 천귀성, 즉 쥐를 만나거나 천권성, 즉 호랑이를 만나거나, 천복성, 즉 말을 만나면 귀복권이 들어온다.

연, 천역성은 초년에는 몹시 분주하다. 고향을 떠날 팔자다. 집에 있으면 근심이요 밖에 나가야 재물이 들어온다. 가는 곳마다 재물이 있다. 사방을 돌아다녀야 재물과 공명을 얻는다. 학업과 책을 멀리하기 쉽다. 잠시도 앉아 있지 못하고 돌아다녀야 편하다. 한탕을 노린다. 화사한 외모. 분주하지만 실속이 없다. 한곳에 오래 정착하지 못한다.

　월천역은 여러 차례 곤경을 겪는다. 나중에 몸이 편하다. 집에 있으면 불안하고 외출하면 편하다. 한번은 영화를 맞을 것, 한 가지 일에 집중하여야 한다. 의욕은 많고 실패가 잦다. 뜻하는 것이 많으니 떠돌이 신세이다. 이것저것 새로운 것을 찾아 나선다. 물려받은 재산을 못 지킨다. 숙명적으로 방황하는 기질이 있다. 겉으로는 따뜻한 가정이나 실제로는 냉랭하다. 한 가지에 집중하면 뒤늦게 운세가 찾아온다.

　일천역은 하는 일마다 변동 수가 따르고 몹시 분주하다. 한곳에 머물러 있으면 능력이 쇠퇴하고 재물이 사라진다. 무역업이 좋다. 많이 벌고 많이 쓴다. 국제적인 인물이다. 가정에 소홀하다. 말년 운이 좋다. 하늘이 돕는다. 혼자 잘살고 누리지 않아야 한다.

　시천역은 보부상과 같은 상업으로 큰돈을 번다. 직장도 집도 자주 옮겨야 한다. 이곳저곳에서 쉽게 사람을 사귄다. 거래하면 성공한다. 세일즈, 이벤트, 무역업이 좋다. 세상을 돌아다니며 사람과 일을 사귀니 크게 성공하며 물 쓰듯 크게 쓴다. 전국이나 세계를 무대로 사업을 하여야하며 지점 등을 두고 두루 돌아다녀야 한다. 급하고 호탕하지만 사람 다루는 솜씨가 빼어나 대인관계의 사업이 좋다. 간과 권을 만나면 무역업에서 성공하고 귀와 복을 만나면 성공하고 액과 파를 만나면 일마다 순조롭지 못하다.

9) 신고성(천고성)

　12지지의 아홉 번째 글자인 신(申)은 고(孤)라는 별자리(성(星))를 운명으로 타고 났다 하여 천고성(天孤星)이라 불리 우는 것이다.

　연의 천고성은 형제가 서로 헤어지게 되고 길이 막힌 기러기가 되어 홀로이 난다. 영화 가운데 괴로움이 있다. 액이 없으면 부모와 인연이 약하다. 조실부모하며 환경변화에 적응력이 민첩하다. 자존심이 강해서 항상 외롭고 손해를 본다. 부모와 고향을 일찍 떠나며 사람을 깊이 사귀지 못하고 정도 주지 못한다. 주변에 찬구가 적어 상의할 사람도 없다. 무슨 일이든 혼자서 결정하고 실행한다. 그래서 실패도 많다. 수완과 능력이 있어 독자적으로 잘 처리한다.

　월의 월고성은 형제가 서로 헤어지고 친족과 인연이 없으니 외롭다. 몸이 부평초 같으니 천지가 내 집이라 굳건한 투지와 슬기로운 지혜로 난관을 헤치리라. 타협하는 인생, 그러나 항상 수수방관한다. 모두가 시시해 보이고 때론 스스로 기가 죽는다. 자포자기도 하며 인생을 낭비하기도 한다. 아무것도 이루어지지 않는다. 비탄과 탄식만 많다. 직장에서 항상 소외되고 승진이 되지 않는다. 슬픔과 역경을 당하면서 마음이 넓어지고 도량이 생긴다. 그러므로 칭송이 많아지고 귀인이 도우니 말년에 이르러 존재가치가 높아진다.

　일천고는 일신이 항상 외롭고 고독하다. 고고한 인격의 소유자나 부부의 운이 좋지 않으니 사랑으로 너그럽게 극복하여야 한다. 고독은 면하기 어려우나 부자는 가히 기별할 수 있다. 옆에서 보기에는 자태가 뛰어나나 외로운 인생을 살아가는 처지이다.

의지할 곳이 없으니 스스로 달래고 전국을 두루 돌아다니며 인연을 찾으니 귀인이 있으리라. 말년에서야 융화와 조화를 이루어 매사 달통하게 된다. 혼자서 사는 것이 최선의 방법이다. 고독을 보이지 말고 스스로 정리하는 것이 고고한 인생이다. 혼자 있어야 인생의 진미를 안다.

시천고는 말년이 외롭고 어려워 세월을 한탄한다. 성공보다 실패가 많다. 도움 받아야할 사람은 없고 도움 줄 사람은 많다. 때문에 종교에 귀의하는 경우가 많다. 친척, 친구들과 가까이 지내야 한다. 예와 문을 겸비하면 뛰어난 작품을 내며 귀복을 만나면 결코 외롭지 않을 것이다.

10) 유인성(천인성)

닭은 인(刃)이라는 별자리(성(星))를 운명으로 타고 났다하여 천인성(天刃星)이라 불리우는 것이다. 따라서 닭은 칼날, 칼, 병기(兵器), 미늘, 칼질, 베다 등의 뜻, 재해를 의미하는 사나운 운수(運數) 등을 타고났다.

연, 천인성은 매사 적극적이고 도전적인 성격이다. 깊은 관찰력이 부족하고 호기심이 강해서 매사를 속결하기에 성공보다 실패를 먼저 경험하게 된다. 주변 사람들이 돕지 않으면 건강에 지장이 있다. 자기통제능력이 필요하다. 손재주가 있고 머리가 뛰어나나 남이 못하는 일을 쉽게 한다. 성장하면서 외롭다. 고독하다. 뛰어난 예술성으로 극복한다. 사업을 벌리면 고달프고 분주한 타입이다.

월천인은 선한 성격이나 불같은 조급함을 스스로 이기지 못해 좌충우돌하다가 다치기 쉽다. 그렇지 않으면 가슴에 불을 안고 살아간다. 하던 일도 툭하면 중단이니 끝맺음도 좋지 않다. 부부사이도 화목하다가도 툭하면 다툰다. 자존심이 강해서 다투기 쉽고 안하무인격으로 방자한 행동을 한다. 주위사람들의 충고를 무시하고 자기생각대로 세상을 살아가니 외롭다. 독자적으로 능력을 과시한다. 하는 일마다 어려움에 부딪치며 실패하면 또 다시 도전하는 인내와 끈기가 좋다.

일천인은 일찍 공직에 나가서 대기업, 회사, 단체 등에 취업해야 이롭다. 독자적인 사업은 온갖 장애가 따른다. 남을 믿으면 발등을 찍히니 주의하여야 한다. 호탕하고 힘과 지략이 있으니 장군이 될 운수이다. 크게 성공하나 한번 실수로 몽땅 잃는다. 배신을 당해 천금을 잃고도 한 잔 술로 망각한다. 그리고 다시 시작하니 더 크게 성공한다. 오래 참고 인내함이 중요하다.

시천인은 한 때는 구걸하게 된다. 믿는 도끼에 발등을 찍히니 남을 절대 믿지 마라. 가난하나 곤궁을 느끼지 못한다. 언변이 뛰어나 많은 사람에게 감명을 준다. 남의 일 때문에 항상 뛰어다니니 자기 일이 항상 밀려있다. 항상 사람들이 뒤 따른다. 언변으로 처리하고 불의를 못 참으니 많은 사람들의 칭송을 듣는다. 쌓아놓은 재물이 없고 실속이 없다. 외향은 거물이나 실속은 빈털터리이니 괴롭다. 강산을 유량하되 폭넓은 인생을 살아간다. 마음은 항상 넉넉하다. 역을 만나면 새처럼 자유로워지고 문, 예를 만나면 호탕한 기개로 인생을 편력하며 액을 만나면 일찍 자수성가하며 귀, 복을 만나면 때때로 안정 처를 마련한다.

11) 술예성(천예성)

술(戌)은 예(藝)라는 별자리(성(星))를 운명으로 타고 났다하여 천예성(天藝星)이라 불리 우는 것이다.

연의 천예성은 소재주가 있고 마음이 어지니 친구들이 따른다. 의식이 풍족하니 평안한 세월을 보낸다. 예술방면에 발전할 수 있는 소질이 있다. 자수성가하게 되고 매사 순응하면 좋다. 도적력, 판단력, 의협심을 가졌다. 금전거래에 유의하여야 한다.

월의 월예성은 일찍 인심을 얻게 되고 손재주가 뛰어나 이름을 떨친다. 예술로서 일생을 보내면 편안하다. 재주와 예술 감각이 뛰어나 무슨 일이든 시작하면 끝장을 본다. 사방이 다 통하니 약방의 감초이다. 한 곳에 몰두하면 예술가로 빛을 발한다. 분위기에 따라서 순간적으로 변한다. 좋아하는 것에 집중하니 성적도 들숙날숙이다. 개성이 너무 강하고 뚜렷해서 조직사회에 적응하기가 쉽지 않다. 전공을 살려서 성공하지 못하면 떠돌이 신세다. 숨겨진 능력을 발견하게 되고 예술에 도취하니 대성할 것이다.

일천예는 예능감각과 재능이 뛰어나 만인을 상대하는 업종이 좋다. 관공서에 나가면 크게 출세한다. 말년 운이 좋아 부귀한다. 예능감각이 절정에 이르고 후예들의 사표가 된다. 화평하고 근심이 사라진다. 덕망이 있다. 어떤 일이든 몰입하는 기질이 있어 정열적이다. 마음의 여유도 있고 조화롭다.

시천예는 자수성가하고 재산으로 성공하며 마음이 평안하여 일생이 귀하다. 자기일에 전력투구한다. 무엇이든 한번 보면 만들어내는 재주가 있다. 한 가지에 만족하지 못하고 이것저것 집착한다. 그래서 실패해도 그냥 흘러 보내버린다. 문을 겸비하면 문예로 명성을 얻게 되며 귀가 겹치면 칭송받는 예술가가 되며 수복이 겹치면 평탄하고 예가 겹치면 지나친 의욕에 오히려 실이 많다. 액이나 고는 홀로되기 쉽고 역이나 파는 뜻이 있어도 성사되기 어렵다.

12) 해수성(천수성)

돼지는 수(壽)라는 별자리(성, 星)를 운명으로 타고 났다하여 천수성(天壽星)이라 불리 우는 것이다. 따라서 돼지는 여기저기 돌아다니는 운명을 타고 난 것이다. 시간이 지나면서 다른 12성과 만나면 그 운이 상쇄되거나 더욱 강해지는 운명이다. 예를 들면 천귀성, 즉 쥐를 만나거나 천권성, 즉 호랑이를 만나거나 천복성, 즉 말을 만나면 귀복권이 들어온다.

연, 천수성은 살아가는데 외롭고 고독하다. 성품은 곧으나 구설수와 재산손실이 있다. 강인한 집념과 추진력으로 만난을 극복한다. 성직자에게나 볼 수 있는 희생정신과 자비심이 있다. 어려운 환경을 극복한다. 하나가 생기면 둘을 얻으려는 정신, 특이한 고집이 있어 손해를 본다. 독립정신이 강하고 혼자서 처리한다. 공부도 혼자 해야 성과가 있다. 미래에 대한 욕망이 더 커서 현실에 만족하지 못하고 새로운 돌파구를 향해 도전한다. 일단 정해지면 한곳에 집중하는 집념이 있다.

월천수는 동서로 바쁘게 돌아다닌다. 중년이후 실패수가 있고 친한 사람이 적이 되고 대중과 접촉하는 사업이 쉽게 성공한다. 뛰어난 능력 때문에 현실에 만족하지 못하고 번민한다. 무게 있는 행동과 처신으로 존경을 받는다. 지도자 상이다. 생각이 빠르고 매사 용의 주도하여 항상 앞서간다. 그러나 뜻한바 이루기가 쉽지 않다. 한 때 얻은 명성이 생각지 않는 풍상을 만난다. 그러나 그러한 풍상이 오히려 기회가 되고 발판이 된다. 스스로 노력하여 환경도 바뀌고 처신도 바꾸면 기회가 된다. 변화무쌍한 삶으로 인생을 보는 눈이 넓어져 종교나 교육자의 삶을 살면 주위의 존경을 받는다.

일천수는 매우 대길하다. 그러나 항상 시비와 구설수가 따르니 자신의 이해관계가 없는 일에는 절대로 관여하지 말고 상대를 포용하여야 한다. 마음이 곧고 바르게 태어났기에 만인의 모범이 되는 인물이 된다. 공사가 분명하고 사리가 정확하다. 배움을 얻고자 사람들이 따르니 스승이라. 천명이 장수하니 시대의 증인이요 존경의 대상이다. 인생의 좌표요 진리의 개척자이니 성직자라. 희생심이 강하고 희생을 통해 기쁨을 얻는다.

시천수는 장수한다. 농업에 종사하면 큰 부자가 된다. 몸과 마음이 편안하다. 배짱이 좋고 조급해하지 않으며 다투는 일도 없다. 순풍에 돛단 듯. 마음이 곧고 인품이 출중하다. 외길로 가다가 막히면 상처받고 오래가지만 그 때마다 마음에 여유를 가지면 누군가가 돕는다. 초년에 수를 겸하면 타향에서 기반을 잡고 문예를 겸하면 반드시 대성한다. 액, 파, 고를 만나면 액운과 고통이 따르니 최선을 다해야 한다.

(표 98) 12성의 해석

12성	내용
천귀성(天貴星)	귀하다, 신분이 높다, 소중하다. 지위가 높다는 뜻. 길성(吉星)으로 본다.
천액성(天厄星)	불행한 일, 재앙, 멍에, 해치다, 핍박(逼迫), 고생, 사나운 운수(運數)
천권성(天權星)	권세, 권력, 권한, 권리, 유리한 형세, 세력 또는 권력이 있는 것
천파성(天破星)	깨어지거나 찢어지거나, 상하거나 한 흠집이나 결함(缺陷) 등을 의미
천간성(天奸星)	간사, 간통, 간음, 간악, 무례, 침범, 위반 등의 의미 '거짓 정성'을 의미
천문성(天文星)	문장, 문서, 책, 학문, 예술, 법도, 예의, 외관, 화려, 아름답다 등의 의미
천복성(天福星)	행복, 부를 간직하고, 모으고, 저장한다는 의미로 아주 좋은 운수(運數)
천역성(天驛星)	역참(驛站), 역관(驛館), 연락부절(連絡不絶) 이동, 이사, 변동 등의 의미
천고성(天孤星)	외롭다, 의지할 데가 없다, 어리석다, 고아, 단독, 홀로, 하나, 외따로 등
천인성(天刃星)	칼날, 칼, 병기(兵器), 미늘, 칼질, 베다 등의 뜻, 재해를 의미
천예성(天藝星)	재주, 기예, 법도, 학문, 재주가 있다, 나누다, 극진 등을 의미
천수성(天壽星)	목숨, 수명, 장수, 머리, 오래 살다, 긴 세월 장수하다의 뜻

제6장

용신
(用神)

제1절 용신의 이해

1. 명운(命運)과 체용(體用)

선천적으로 타고난 팔자를 명(命)이라 하고 후천적으로 전개되는 환경을 운(運)이라 한다. 명과 운은 따로 구분되는 개념이지만 절대적으로 분리될 수 있는 개념이 아니다. 만약 명만 있고 운이 없다면 아무런 변화가 없는 정체된 상태로서 명도 없는 거와 같고 반대로 명은 없고 운만 있다면 허상만 전개될 뿐, 역시 운도 없는 거와 같다.

이는 마치 음양이 구분은 되지만 분리될 수 없는 것과 같다. 음양이 함께 존재해야 음과 양으로서의 존재가치가 있는 것이다. 만약 음만 있고 양이 없다면 음도 없는 것이다, 마찬가지로 양은 있는데 음이 없다면 양도 없는 것이다. 따라서 음양이 함께 있을 때 그 존재가치가 있는 것과 같이 명과 운도 함께 있어야 그 존재가치가 있는 것이다. 그래서 명과 운이 함께 있을 경우에 이를 명운이라 하는 것이다.

인간의 명운은 간지로 표현된다. 명은 사주팔자로 이루어지며 운은 대운, 세운, 월운, 일운 등으로 이루어진다. 이 명운에는 반드시 주체가 무엇인지를 찾아야 한다. 사주팔자 중에서 무엇이 주체가 되는 가를 찾아야 그 사주팔자의 특징을 읽을 수 있다. 그리고 그 주체가 누구인가를 분명하게 인지할 수 있다. 여기서 사주팔자의 주체가 되는 것을 체(體)라 부른다. 사주팔자 전체를 체(體)로 규정할 수도 있고 사주 중 하나를 체로 정할 수 있으며 천간 중 하나를 정하기도 하고 지지 중 하나를 정할 수 있다.

자평 명리학에서는 일간을 사주팔자의 주체로 보고 이를 체(體)로 규정하고 있으며 당사주는 연지를 체로 규정하고 이를 기준으로 사주팔자를 간명하고 있다. 수많은 역사가 흘렀음에도 이 두 가지 기준은 여전히 사주팔자의 중심으로 해석되고 있다. 타고난 사주팔자 전체를 명(命)이라 하니 사주팔자 전체를 체로 보면 이것이 곧 명체(命體)라 하는 것이요, 대운, 세운, 연운, 일운, 시운 등 운을 하나의 체로 본다면 이 또한 체이니 이를 운체(運體)라 하는 것이다.

그리고 체를 제외한 나머지를 용(用)이라 부른다. 용이란 쓰다, 부리다, 사역하다. 베풀다, 시행하다, 일하다, 등용하다, 다스리다, 들어주다, 하다, 행하다, 작용, 능력, 용도, 쓸데, 방비, 준비, 재물, 재산, 밑천, 효용, 씀씀이, 비용, 그릇, 도구, 연장, 써, 용돈, 비용, 어떤 명사 뒤에 붙어서 무엇에 쓰이거나 또는 쓰이는 물건이라는 뜻을 나타내는 말이다. 정리하면 두 가지로 해석할 수 있다. 하나는 용도, 효용, 작용 등과 같이 쓴다, 사용한다, 작용한다는 의미이고 다른 하나는 어떤 명사 뒤에 붙어서 무엇에 쓰이거나 또는 쓰이는 물건이라는 뜻을 나타내는 의미이다. 즉 체가 사주팔자의 주체라면 용은 그 주체를 보조하는 용도, 작용, 효용의 뜻이다.

예를 들면 사주팔자 즉, 명체를 기준으로 보면, 일간이 체일 때 일간을 제외한 나머지 7개 글자는 용이 된다. 월지가 체일 때는 월지를 제외한 나머지 7개의 글자가 용이다. 일주가 체라면 나머지 3개의 기둥이 용이 된다, 더 확대해서 명체가 그대로 체를 이룬다면 대운, 세운, 월운, 일운 등 행운이 용이 된다. 이렇듯 용을 체의 보조적인 기능을 하며 환경적인 역할을 한다. 체가 고정적이라면 용은 변동적이다. 체가 처음과 끝이라면 용은 과정이다. 때문에 체와 용은 별도로 분리해서 설명할 수가 없다. 체용이 하나를 이룰 때 명운이 결정되기 때문이다.

2. 균형과 조화, 그리고 용신

가장 좋은 사주팔자는 균형과 조화를 이룬 사주이다. 균형은 사주팔자 각각의 글자가 힘의 균형을 이루고 있느냐는 의미이고 조화는 균형이 다소 깨졌더라도 있을 것이 있고 없어야 할 것은 없는 상하좌우가 조화를 이룬다는 의미이다. 사실 균형을 이루면 조화를 이루게 된다. 그렇지만 조화를 이뤘다고 균형을 이룬 것은 아니다. 둘 다 사주를 아름답고 명예롭게 한다는 점에서 공통적이지만 힘이 분배가 균등한 것과 구성이 조화롭다는 것은 분명 다른 것이다. 둘 다 중요하지만 균형이 우선이고 조화가 그 다음이다.

사주팔자가 균형과 조화를 이루면 모든 일이 순조롭다. 어렵고 힘든 일이 없다. 육체적으로나 정신적으로 균형과 조화를 이루어 건강하며 건전하다. 사회적 성취나 경제적 보상도 부족함이 없다. 가장 이상적인 사주이며 가장 행복한 명이 된다.

이와 반대로 균형과 조화가 깨지면 뭔가 부족하고, 이루어지지 않는다. 이루어지더라도 뭔가 깔끔하지 않고 더디거나 어렵게 성사된다. 균형이 깨지고 삶이 조화롭지 못하다. 충돌과 갈등이 많고 외부의 이물질이 쉽게 침투할 수 있어 건강도 쉽게 무너진다. 너무 많으면 많아서 문제고 너무 없으면 없어서 문제다. 너무 강하면 강해서 문제이고 너무 약하면 약해서 문제가 된다.

때문에 균형과 조화를 이룰 때 가장 이상적인 팔자가 되고 운명이 되는 것이다. 그런데 무엇이 균형을 이루어야 하고 무엇이 조화를 이루어야 하는 가.

첫째는 음양의 균형과 조화이다. 음과 양은 두 개의 분류이므로 쉽게 조화와 균형을 이룰 수 있을 것 같지만 그렇지 않다. 8개의 글자가 각각 4개씩으로 음양으로 구성되었다고 해서 균형을 이룬 것 같지만 사주 주인이 남자와 여자라는 차이점에서 이미 균형이 깨지게 된다.

즉 남자라면 이미 양이므로 사주팔자는 음이 더 많이 있어야 하고 여자라면 이미 음이므로 사주팔자는 양이 더 많이 있어야 한다. 쉽지가 않다. 또한 천간과 지지의 대음양, 소양에 따라서 음양의 위치가 달라지는 것도 음양의 균형을 이루기가 어렵다. 예를 들면 천간 을은 대음양에서는 양이지만 소음양에서는 목의 음에 속하므로 음도 되고 양도 된다. 지지도 마찬가지이다. 대음양과 소음양이 달라서 균형을 이룰 수가 없다. 음양의 균형을 이룬다는 것이 그래서 어려운 것이다.

두 번째는 오행의 균형과 조화이다. 오행은 목, 화, 토, 금, 수 등 5가지이다. 사주팔자는 8글자이다. 때문에 오행 중 어느 한 개는 다른 오행 보다 많을 수밖에 없다. 또는 어느 오행은 다른 오행에 비해 유독 적을 수밖에 없다. 오행이 균형을 이룬 사주는 좋은 사주이다. 하지만 확률적으로 균형을 이루기가 거의 불가능하다.

그렇다면 조화를 이룰 수 있어야 한다. 가장 좋은 조화는 오행이 골고루 있는 것이다. 목화토금수 중 하나도 빠짐없이 모두 있는 것이고 가급적 골고루 있는 것이다. 모두 있으면 조화롭다. 하지만 팔자 안에서 오행이 다 차지하더라도 자리가 남아서 분명 오행 중 한, 두 개는 다른 오행에 비해 많을 수밖에 없다. 때문에 항상 균형은 깨지게 된다. 이렇듯 오행의 균형과 조화를 이룬다는 것이 쉽지 않는 일이다.

세 번째는 생, 극의 균형과 조화이다. 우주의 질서가 인력과 척력의 균형에서 존재하듯이 생함이 있으며 극함도 있어야 한다. 생함만이 있고 극함이 없으면 생함으로 치우쳐 있는 것이며 결과적으로는 극단적으로 뻗어 나가는 길만 있지 돌아오는 길은 없는 것과 같은 것이요 반대로 극함만 있고 생함이 없으면 극도로 위축되는 것만 있고 확장하는 것은 없어서 이 또한 균형은 없고 치우침만 있는 것이 된다.

네 번째는 십성과 육친의 균형과 조화이다. 십성과 육친이 균형과 조화를 이루는 사주팔자가 부족함이 없는 사주팔자이다. 만약 십성과 육친 중 어느 하나가 부족하거나 없다면 해당 십성과 육친과는 그 관계가 소원하거나 인연이 부족한 것이다. 세상은 혼자 살 수 없고 수많은 십성, 육친과 관계를 맺고 살아야 하는데 그 중 특정 십성, 육친과의 인연이 희박하다고 하면 그만큼 사주팔자가 편협성을 갖게 되는 것이다.

다섯 번째는 천간과 천간, 천간과 지지, 지지와 지지의 균형과 조화이다. 천간은 10개이고 지지는 12개인데 이들이 팔자를 차지할 자리는 각각 4개씩 밖에 안 되니 당연히 천간과 지지가 균형과 조화를 이룰 수 없게 된다. 4개 이상은 자리가 없어서 다른 천간, 지지는 팔자 안에 들어갈 수가 없다, 따라서 있는 것보다 없는 것이 더 많다. 그래서 균형을 이루기가 쉽지 않다. 때문에 팔자에 있는 천간과 천간, 천간과 지지, 지지와 지지와의 조화여부를 따지게 된다.

이처럼 사주팔자는 근본적으로 균형과 조화를 이루지 못한다. 그나마 이뤘다고 하는 사주도 뭔가 조금이라도 많거나 적거나 하고 그 조화 또한 치우쳤거나 부족하거나 한다. 그래서 사주팔자의 최대 희망은 균형과 조화를 이루는 것이다.

여기서 균형과 조화를 이루게 해주는 글자가 곧 용신(用神)이다. 즉, 용신이란 사주팔자의 균형과 조화를 이루게 해주는 음양, 오행, 천간, 지지를 말한다. 무엇이 되었든 균형과 조화를 이루어 주는 것이 용신인 것이다.

3. 용신, 희신, 기신, 구신, 한신, 상신의 이해

1) 용신

명리학은 용신 찾는 것이 가장 중요하다. 용신을 모르고서는 사주팔자를 모르는 것과 같고 용신을 찾지 못하면 사주팔자의 해석이 불가능해진다. 그만큼 용신은 사주팔자에서 절대적이다.

대부분 용신을 오행에서 찾는다. 사주팔자의 균형과 조화를 이루는데 가장 기본이며 동시에 간편하고 쉽게 찾을 수 있기 때문이다. 더구나 균형이라는 측면에서 볼 때 오행의 균형이 가장 대표성을 갖기 때문이다. 어쩌면 명리학은 오행에 전부일 수 있다. 오행으로 해석하면 거의 대부분의 해석이 가능해지기 때문이다.

그러나 엄격히 말하면 이는 오행의 균형인 것이다. 조화라는 차원에서 보면 또 다를 수 있다. 오행의 균형은 이루었지만 음양의 균형을 잃을 수도 있기 때문이다.

예를 들면 목이 부족하여 목을 얻었다면 오행적인 균형을 찾았으니 목이 용신이 된 것이다. 그러나 같은 목이라도 갑목과 을목이 있는데 만약 갑목을 얻었는데 오히려 음양의 균형을 잃었다면 최적의 균형을 이루지는 못한 것이다. 이 때는 오히려 을목이 더 균형적일 수 있다. 그렇다면 같은 목이라도 갑목 보다는 을목이 더 조화롭다고 할 수 있을 것이다.

음양뿐만 아니라 천간과 천간, 지지와 지지, 그리고 천간과 지지도 마찬가지이다. 예를 들면 일간이 갑목인데 금기운이 약해서 금을 용신으로 한다면 경금과 신금 중 어느 것이 더 조화로울까. 신금보다는 경금이 더 어울릴 것이다. 신금은 갑목을 괴롭히고 갑목의 역할을 축소시키지만 경금은 오히려 갑목의 역할을 더욱 확대시키기 때문이다. 그렇지만 사주팔자에 경금을 무력화 시키는 을목이나 정화 등이 강력하게 자리 잡고 있다면 경금 또한 좋은 용신이 되지 못한다. 이렇듯 용신은 무척 다양하게 나타날 수 있고 세밀하고 구체적으로 나타날 수 있다.

이런 차원에서 보면 천간의 글자 하나하나, 지지의 글자 하나하나의 관계성을 이해하여야 간명이 가능해 진다. 때문에 용신을 찾을 때는 음양, 오행, 천간, 지지 등의 개별적인 특징과 글자 하나하나의 기능과 역할 등을 제대로 이해하여야 할 것이다. 이 점에서 음양, 오행, 천간, 지지의 명리학적 기초, 입문에 충실하여야 하는 것이다.

용신은 사주팔자 내에서도 있을 수 있고 대운, 세운, 월운 등 행운에서도 있을 수 있다. 사주팔자 내에 있으면 이미 용신을 갖고 있기 때문에 좋은 팔자를 갖고 태어난 것이다. 흔히 "팔자 좋다"라고 함은 사주팔자 내에 용신이 강한 힘을 갖고 자리 잡고 있다는 말이다. 행운에서 오면 용신에 해당 되는 기간에는 사주팔자가 용신의 기운을 받아 활짝 펼쳐지게 되는 것이다.

2) 희신

용신 이외의 음양, 오행, 천간, 지지는 용신과 관련하여, 용신에 다양한 영향을 미치고 그 기능과 역할 또한 다양하게 나타난다. 그 중에서 용신을 돕고 용신을 후원하며 용신을 생(生)하는 것이 있는데 이를 희신(喜神)이라 한다. 생하지는 않지만 용신을 괴롭히는 음양, 오행, 천간, 지지를 제극하는 역할을 하는 것도 역시 희신이다.

따라서 희신은 용신을 도와서 사주팔자의 균형을 잡아주는 역할을 한다. 예를 들면 오행으로 목이 용신이라면 목을 생해주는 수가 희신이 된다. 또한 화가 용신이라면 화를 생해주는 목이 희신이 되는 것이다.

그런데 때로는 희신이 사주팔자의 주체인 일간을 괴롭히는 경우가 있다. 용신을 생하지만 일간을 괴롭히는 경우에 이를 희신이라 할 수 있는 가. 예를 들면 일간의 힘이 극히 빈약하여 인성을 용신으로 사용하는 경우 인성을 돕는 관성이 희신이 되는데 관성은 일간을 극하므로 관성이 희신이 되는 것은 일간 입장에서는 반갑지가 않다. 이 경우 관성을 희신이라 해야 하는 지가 고민이 된다. 이런 경우는 인성 입장에서는 희신이지만 일간 입장에서는 희신이 되지 못한다. 일간 입장에서는 다른 방법으로 희신을 찾아야 한다.

이렇듯 희신은 용신을 생하는 기능과 역할을 하지만 사주팔자 일간의 입장에서는 희신이 되지 못하니 결과적으로 무엇을 기준으로 희신을 구분해야 하는 지를 고민하지 않을 수 없다. 이는 희신과 용신의 적용방법이 한 가지만 있는 것이 아니라는 것을 알 수 있다. 용신과 희신의 적용방법에 대해서는 별도 설명을 하도록 하자.

3) 기신

기(忌)는 꺼리다, 질투하다, 시기하다, 미워하다, 증오하다, 원망하다, 경계하다 등의 의미를 가졌다. 한마디로 피하거나 꺼린다는 뜻이다. 뜻을 나타내는 마음심(心=忄, 㣺)☞마음, 심장)部와 음(音)을 나타내는 동시에 두려워한다는 뜻을 나타내기 위한 己(기)로 이루어져서 그 의미가 마음속으로 두려워하여 멀리하며 미워하는 일을 말한다.

때문에 기신(忌神)은 일단 피하고 꺼리는 신이다. 사주팔자에 미치는 영향이 좋지 못하여 피하고 꺼린다는 의미가 된다. 사주팔자에 악영향, 또는 흉한 기운을 가져오는 것이 곧 기신인 것이다. 한마디로 기신이란 사주팔자의 균형을 깨는 신이다. 사주팔자의 균형을 깨니 당연히 사주팔자는 그 모양새가 찌그러진다. 명운도 그렇게 찌그러진다. 그러니 기신은 기본적으로 흉한 작용을 하는 흉신(凶神)인 것이다.

사주팔자의 균형과 조화를 이루는 것이 용신인데 사주팔자의 균형과 조화를 깨는 것이 기신이라면 기신은 용신을 극제하는 작용과 역할을 한다. 따라서 기신이란 용신을 극하는 작용을 하는 것을 지칭하는 것이다.

만약 오행에서 목이 용신이라면 목을 극하는 오행이 금이므로 금이 기신이 된다. 목이 용신이라면 사주팔자에 목이 부족해서 균형이 깨졌다는 의미이며 따라서 목의 필요성이 절실하여 용신이 된 것인데 그 목을 극하는 것이 금이니까 금의 등장은 해당 사주팔자에서는 좋지 않는 환경을 맞이하게 된 것이다.

만약 사주팔자에 용신이 없는데 기신이 이미 존재하고 있다면 행운에서 용신이 와도 용신으로서 그 역할을 할 수가 없다. 이럴 때는 해당 기신을 제거하는 또 다른 용신이 있어야 한다. 이 때 이 기신을 극제하는 또 다른 용신을 구신(救神)이라 한다. 즉 용신을 구제하는 신이라는 의미이다. 이 때는 구신이 진정한 용신이 된다.

사주팔자에 기신을 띠면 좋은 격이 될 수 없고 빈천한 명으로 본다. 그러나 이 기신을 제화하는 신이 있게 되면 기신은 힘을 쓰지 못하여 흉해를 가져오지 못한다. 그래서 구신(救神)이 있으면 좋은 명운이 되는 것이다.

이렇게 용신은 정밀하게 검증하여 찾아야 한다. 그러기 위해서는 사주팔자의 구성을 자세히 살펴야 한다. 겉보기에 용신인데 용신으로서 그 기능과 역할을 못하여 또 다른 용신이 필요해지는 경우가 많기 때문이다.

4) 구신(仇神)

구(仇)는 원수(怨讐), 적(敵), 해치다, 죽이다 등의 의미가 있다. 따라서 구신이란 원수 같은 신이다. 좋은 의미가 아니라 나쁜 의미이며 곧 흉신이다. 구신은 희신을 극하는 역할을 한다. 사주팔자에서 길신(吉神)의 역할을 하는 희신을 극제하는 역할이니 얼마나 원수 같은 가.

예를 들면 사주팔자에서 목이 부족하여 목이 용신이라면 목을 생하는 수가 희신이다. 목을 극하는 금은 기신이 되며 수를 극하는 토는 구신이 된다. 더구나 토는 기신인 금을 생하므로 더욱 피곤하게 한다. 따라서 구신은 기신보다도 더 흉신이 된다.

구신이 있으면 부귀가 상당히 감소한다. 사주에 희신이 있는데 구신도 있다면 그 구신이 희신을 괴롭히는 만큼 사주의 주인이 현실에서 후천적으로 노력을 해야 부와 귀를 취할 수 있다.

5) 한신

한(閑)은 한가하다는 의미이다. 그래서 한신이란 한가한 신이라는 뜻이다. 한가하다는 의미는 별 역할이 없이 존재한다는 의미이다. 한신은 사주에서 별 다른 역할을 하지 않고 한가하게 있는 신이다.

예를 들면 목이 용신이라면 수가 희신이고 금이 기신이면 토가 구신이 된다. 오행 중에서 화만 남았는데 용신이 목인 경우에 화는 아무런 역할을 하지 않고 있으므로 한신이 된다. 이렇듯 용신이 있으므로 한신도 존재하게 된다.

그렇다고 해서 한신을 무시해서는 안 된다. 왜냐 하면 한신은 한가롭게 있는 것 같지만 때로는 사주에 좋은 역할을 하기도 하고 때로는 나쁜 역할을 하기도 하기 때문이다.

6) 상신

상신(相神)은 용신이나 희신을 보호하는 매우 중요한 역할을 하는 신을 말한다. 용신이 목이라면 용신을 극하는 것이 금이다. 사주팔자에 목이 있고 금이 있다면 용신은 그 역할과 기능을 다하지 못한다. 용신인 목이 기신인 금의 극제를 받고 있기 때문이다. 이때 화가 있다면 기신인 금을 극제하여 금의 기능과 역할을 축소시키면서 동시에 용신인 목의 기능을 확대시킬 수 있으므로 이런 경우를 상신이라 한다. 즉 상신은 용신을 보호하는 신이다.

만약 목이 용신인데 수가 있으면 수는 목을 생하므로 희신이 된다. 그런데 구신인 토가 있어서 수를 극제하면 희신의 역할은 축소되거나 사라지게 된다. 이 때 수의 기능을 회복시키거나 확대시키는 것이 있다면 그것이 상신이 된다. 토를 극하거나 토의 기운을 설기시키면 토의 기능이 축소되므로 희신인 수의 기능이 회복되거나 확대된다. 이 때의 토를 극하는 목이나 토를 설기하는 금이 상신이 된다.

목은 용신이고 수를 설기하고 금은 기신으로서 용신을 극하므로 둘 다 상신으로 쓰기에는 좋은 모양새는 아니나 목은 용신이므로 상신의 역할이 가능하고 금은 비록 목을 극제하나 그 이전에 수를 생하기 때문에 목을 극제 할 능력을 상실하게 된다. 때문에 이런 경우에 상신이 되는 것이다.

이처럼 사주팔자를 상신의 구조는 단순하지 않다. 사주팔자 모두를 상세히 살펴보면 용신, 희신 그리고 상신의 개념이 구분될 것이며 동시에 기신과 구신, 한신도 구분이 될 것이다. 사주팔자의 자세한 관찰이 선행되어야 한다.

4. 용신의 유형

용신은 사주팔자의 균형과 조화를 이루는 것이다. 균형이 깨졌거나 조화를 이루지 못할 때 균형과 조화를 이루기 해주는 음양, 오행, 천간, 지지, 십성, 육친 등에서 그 용신을 찾을 수 있다.

그런데 균형과 조화가 깨졌다함은 대부분 힘의 균형, 기운의 균형이 깨진 것을 말하는 것이다. 그런데 무엇을 기준으로 볼 것이냐에 따라 그 적용방법이 다르다. 예를 들면 사주팔자 전체를 기준으로 했을 경우 유독 많은 자리를 차지하는 오행이 있다면 그것 때문에 이미 균형이 깨진 것이 된다. 이때는 유독 많은 오행을 극하거나 설기하는 것이 용신이 된다.

용신(用神)은 억부(抑扶)용신, 조후(調候)용신, 병약(病藥)용신, 통관(通關)용신 그리고 전왕(專旺)용신으로 구분한다,

1) 억부용신

사주팔자가 균형을 이룬다는 것은 일간의 힘이 너무 세서 그 힘을 **빼야** 하는 상황이 있고 일간의 힘이 너무 약해서 그 힘을 보태야 하는 상황이 있다. 이렇게 힘의 균형을 더하거나 **빼거나** 할 때 그 역할과 기능을 하는 것이 용신이다.

힘을 빼주는 경우를 억(抑)한다고 하고 힘을 더해 주어야 하는 경우를 부(扶)한다고 하여 이를 통칭하여 억부(抑扶)한다고 한다. 따라서 이 때에 적용하는 용신을 억부용신(抑扶用神)이라 한다. 억부용신은 자평명리학에서 가장 기본이 되는 것이다.

그것이 일간 중심이라면 일간을 기준으로 하는 것이고 일간이 아닌 다른 오행이라면 그 다른 오행을 기준으로 하는 것이다. 그러나 일간이 사주팔자의 주인공이므로 사주팔자는 일간이 중심이 되고 일간을 기준으로 해석하여야 한다. 따라서 일간을 기준으로 힘의 균형을 살펴야 하며 일간을 기준으로 조화를 살펴야 한다.

2) 조후용신

 그리고 균형과 조화의 모습이 비단 힘으로만 판단하지 않는다. 계절적으로도 판단하고 시간적으로도 판단한다. 또는 환난조습으로도 판단한다. 너무 춥고 어두운 사주일 수 있고 너무 덥고 밝은 사주일 수 있다. 춥고, 덥고, 차갑고, 뜨겁고, 어둡고 밝고 등등. 이런 것들이 너무 치우치거나 너무 부족하여 사주팔자가 균형과 조화를 잃었을 때도 이의 균형과 조화를 이루어 주는 것이 용신이다.

 이 때는 부족하거나 치우치는 것이 기후나 기온과 관련이 많다. 즉 일간의 상태가 너무 한 쪽으로 치우쳐서 춥고, 덥고, 차갑고, 뜨겁고, 밝고, 어두운 상태인 것이다. 이를 조후(調候)라고 한다. 그리고 부족하거나 치우친 기후나 기온의 균형과 조화를 잡아주는 것을 조후용신(調候用神)이라 한다. 사주팔자 명리학의 고전인 궁통보감(난강망)에서는 주로 일간의 조후를 중심으로 사주팔자를 해석하고 있다.

 3) 병약용신

 한편 사주팔자에서 유독 많은 자리를 차지하여 일간을 힘들게 하는 경우가 있다. 예를 들면 일간이 목인데 금이 많아서 일간을 심하게 괴롭히는 경우 금에 의해 일간이 크게 앓게 된다. 이 때의 일간은 금에 의해 병(病)이 생겼다고 한다. 때문에 이 병을 치유할 약(藥)이 필요해진다. 금(金)에 의해서 병이 생겼으므로 금의 힘을 빼주는 것이 처방이다. 금과 대응하는 목의 힘을 보강하는 것도 중요하지만 이 경우에는 목이 더 많아진다고 해도 금의 위력을 제압할 수가 없다. 그래서 금의 힘과 기운을 극제하거나 설기하는 것이 훨씬 현명한 처방이 된다.

 일간이 병이 생기면 그 사주팔자는 길흉화복이 치우치게 된다. 따라서 사주팔자의 균형과 조화를 이루려면 병을 치유할 수 있는 약이 필요해진다. 이 때의 약에 해당하는 것이 용신이다. 이를 병약용신(病弱用神)이라 한다.

 4) 통관용신

 그리고 사주팔자에서 유독 두 개의 세력이 대치되는 경우가 있다. 힘의 균형이 오직 두 개의 세력에 쏠려 있는 경우인데 이런 경우를 쌍전상태(雙戰狀態)라고 한다. 이런 경우는 두 개의 세력을 중재하거나 그 순환을 원만하게 해주어 기의 흐름을 원활하게 해주어야 한다. 이를 통관(通關)이라 한다.

 즉, 통관이란 막힌 것을 통하게 하는 것을 말한다. 사주팔자에서 두 개의 세력이 대치하고 있거나 하나의 오행의 순환이 원만하게 되지 못하고 막혔을 경우에 기의 흐름을 통하게 하는 것을 통관이라 하며 이 통관의 역할을 하는 것이 통관용신(通關用神)이다.

 또 하나, 사주팔자에서 기운의 흐름이 오행의 상생상극에 의해 목→화→토→금→수→목 등의 순으로 순조롭게 흐르는 것이 기가 맑고 기운이 총명해지는 데 중간에 어느 하나의 오행이 끊기거나 극제를 받아서 그 기능을 다하지 못해 기의 흐름이 끊기는 경우가 있다. 이 때는 중간에 끊기거나 극제를 받은 오행을 구제하여야 하는데 이 때 해당오행을 구제하는 것도 통관용신이다. 이 경우는 통관용신이기도 하고 병약용신이기도 한다.

이렇게 통관용신은 사주에서 기의 순환이 순조롭지 못할 때, 막힌 것을 뚫어서 기의 흐름 도는 순환을 원활하게 해주는 것이다. 즉 통관용신은 사주팔자 전체의 기의 흐름을 통하게 하는 용신인 것이다.

5) 전왕용신

전왕용신은 좀 특수한 경우이다. 사주팔자에서 특정 기운이 집중된 경우인데 한 개의 기운(오행)이 독차지 하고 있거나 이를 생해주는 오행으로 이루어져 있어서 거의 하나의 기운으로 뭉친 경우가 있다.

이 경우 다른 오행이 존재하거나 행운에서 온다 해도 제대로 그 역할과 기능을 발휘하기가 어렵다. 특정 오행의 기운이 너무 강력하기 때문이다. 그 특정 오행에 대항한다고 해도 당해낼 재능이 없는 것이다. 이렇게 특정 오행의 기운이 집중된 경우를 전왕(專旺)한다고 한다.

이럴 때는 아예 그 특정 오행의 기운에 편승하는 것이 훨씬 현명하다. 만약 사주팔자 일간이 목이고 나머지 글자들도 목이나 수인 경우에는 목의 기운으로 뭉쳐진 경우에 속한다. 이 때는 아예 목이나 수가 있어야 그 기운의 균형을 이룰 수 있다. 어설프게 금이나 토가와도 아무런 역할도 못할뿐더러 오히려 일간 목만 건들어서 화만 돋구어 놓은 형국이 되어 금이나 토는 목에 의해 도리어 그 기운이 별 볼 일 없게 된다.

이 때는 차라리 수나 목이 있어서 그 기운에 편승하는 것이 좋다. 화가 와서 그 기운을 설기하는 것도 괜찮지만 일간 목과 대응해서는 안 된다. 따라서 이 때의 용신은 수, 목, 화가 되며 금, 토는 절대적으로 불가하다. 이 용신을 전왕용신(專旺用神)이라고 한다.

제2절 억부용신

1. 신강, 신왕, 신약, 신쇠의 구분

일간(日干)을 다른 말로 아신(我身)이라고도 한다. 즉 사주 주인공인 "나"라는 의미이다. 줄여서 신(身)이라 한다. 일간이 강(强)한 것을 신강(身强), 일간이 약(弱)하면 신약(身弱), 일간이 왕(旺)하면 신왕(身旺), 일간이 쇠(衰)하면 신쇠(身衰)라고 한다.

신강과 신왕은 일간의 기운이 넘치는 것이고 신약과 신쇠는 일간이 기운이 부족한 것이다. 따라서 신강과 신왕은 억제하여야 하고 신약과 신쇠는 부양하여야 한다. 이것이 억부용신(抑扶用神)의 기본이다.

신강과 신왕의 차이점은 두 가지로 해석할 수 있다. 하나는 비겁과 인수의 세력을 가지고 구분하는 방법이 있고 다른 하나는 지지에 통근했느냐 그렇지 않느냐에 따라서 구분하는 방법이다.

비겁과 인수의 세력으로 구분하는 방법은 간단하다. 비겁이 많아서 사주팔자 전체에서 일간의 기운이 강해지면 신왕이라 하고, 인수의 세력이 강해서 일간의 기운이 강해진 것을 신강이라 한다. 이 경우는 비겁과 인수의 숫자를 우선으로 하고 통근에 대해서는 언급하지 않는 단점이 있다.

만약 통근까지 한다면, 예를 들어 일간의 세력이 많고 인수의 세력은 일간 보다는 못하나 많은 편이다. 그런데 인수는 통근했다. 그렇다면 신강인가, 신왕인가. 이럴 경우 통근한 인수가 더 강한가, 숫자가 많은 비겁이 더 강한가. 사실 구분의 의미가 없는 것은 어찌되었든 결론은 일간이 강하고 왕하다는 점이다. 하지만 구분의 의미가 분명히 있어야 하는 것은 용신을 찾아야 하기 때문이다. 비겁이 강하여 신강하면 비겁을 억제하는 용신이 필요하고 인수가 강하여 신강하면 인수를 억제할 용신이 필요하기 때문이다.

다른 하나는 일간의 통근 여부를 기준으로 판단하는 방법이다. 일단 신강의 기준이 일간의 통근여부에 있다는 점이다. 단순히 숫자만 많으면(비겁, 인수, 비겁+인수) 신왕(왕성하다는 의미)한 것이고 일간이 통근하면 신강(뿌리가 있어서 외부로부터 어떤 자극이 와도 흔들림이 없다는 의미)하다는 것이다. 이 경우는 신강하면서 신왕할 수 있고 신강하면서 신쇠할 수 있으며 신약하면서 신왕할 수 있고 신약하면서 신쇠할 수 있다.

이렇듯 사주팔자에서 왕쇠강약을 정한다는 것은 결코 쉽지 않음을 알 수 있다. 간략하게 비겁과 인수의 숫자가 많으면 왕한 것이고 그것이 뿌리가 있으면 강한 것이다. 숫자는 적은데 뿌리가 있는 것은 강하지만 왕 하지는 않는 것이다. 숫자는 많은데 뿌리가 없는 것은 왕 하지만 강하지는 않는다는 의미이다.

2. 억부용신의 유형

억부용신에서 억부를 규정하여야 용신을 찾을 수 있기 때문에 ① 신왕+신강한 경우, ② 신왕+신약한 경우, ③ 신강 + 신쇠한 경우, ④ 신약+신쇠한 등 억부를 4가지 유형으로 구분한다.

1) 신강왕 사주(신강+신왕한 경우)

신강+신왕한 경우는 다시 ① 비겁의 숫자가 많고 통근한 경우, ② 인수의 숫자가 많고 통근한 경우, ③ 비겁과 인수의 숫자가 많고 둘 다 통근한 경우, ④ 비겁과 인수의 숫자가 많고 둘 중 하나는 뿌리가 있는 경우 등이다. 이 때 숫자가 많다는 기준은 비겁, 인수, 또는 비겁+인수가 최소한 3개 이상이어야 하며 일간+인수를 제외한 다른 오행은 각각 3개 이상인 것이 없어야 한다. 그리고 통근은 월지에 통근한 것이 가장 세력이 강한 것이며 그 다음이 일지, 시지, 연지의 순서이다.

2) 신왕약 사주(신왕+신약한 경우)

신왕+신약한 경우는 다시 ① 비겁의 숫자가 많으나 통근하지 않은 경우, ② 인수의 숫자가 많으나 통근하지 않은 경우, ③ 비겁과 인수의 숫자가 많으나 둘 다 통근하지 않는 경우 등이다. 이 경우는 통근하지 않았기 때문에 사주가 강하지 못하므로 숫자라도 많아야 한다. 때문에 기본적으로 비겁, 인수, 비겁+인수가 4개 이상이어야 한다.

3) 신강쇠 사주(신강+신쇠한 경우)

신강+신쇠한 경우는 다시 ① 비겁의 숫자가 적으나 통근한 경우, ② 인수의 숫자가 적으나 통근한 경우, ③ 비겁과 인수의 숫자가 적으나 둘 다 통근한 경우 등이다. 이 경우는 비겁, 인수, 비겁+인수의 숫자가 2개 이하인 경우이다. 비록 통근하여 강해졌으나 그 숫자가 적어 신쇠해진 경우이다. 그리고 통근은 월지에 통근한 것이 가장 세력이 강한 것이며 그 다음이 일지, 시지, 연지의 순서이다.

4) 신약쇠사주(신약+신쇠한 경우)

신약+신쇠한 경우는 다시 ① 비겁의 숫자가 적으며 통근하지 않는 경우, ② 인수의 숫자가 적으며 통근하지 않는 경우, ③ 비겁과 인수의 숫자가 적으며 둘 다 통근하지 않는 경우 등이다. 이 경우는 비겁, 인수, 비겁+인수의 숫자가 2개 이하인 경우이다. 통근하지도 못했고 숫자도 적어 신약, 신쇠해진 경우이다.

이상은 일간의 왕쇠강약을 구분하는 방법을 구체적으로 세분화한 것이다. 여기에서 억부용신을 구분하기 위한 왕강한 사주는 ① 비겁의 숫자가 많고 통근한 경우, ② 인수의 숫자가 많은 통근한 경우, ③ 비겁과 인수의 숫자가 많고 둘 다 통근한 경우, ④ 비겁과 인수의 숫자가 많고 둘 중 하나는 뿌리가 있는 경우, ⑤ 비겁의 숫자가 많으나 통근하지 않은 경우, ⑥ 인수의 숫자가 많으나 통근하지 않은 경우, ⑦ 비겁과 인수의 숫자가 많으나 둘 다 통근하지 않는 경우 등이다.

통근한 경우는 비겁, 인수, 또는 비겁+인수가 최소한 3개 이상이어야 하며 일간+인수를 제외한 다른 오행은 각각 3개 이상인 것이 없어야 한다. 그리고 통근은 월지에 통근한 것이 가장 세력이 강한 것이며 그 다음이 일지, 시지, 연지의 순서이다. 통근하지 않는 경우는 숫자라도 많아야 한다. 때문에 기본적으로 비겁, 인수, 비겁+인수가 4개 이상이어야 한다.

그리고 약쇠한 경우는 ① 비겁의 숫자가 적으나 통근한 경우, ② 인수의 숫자가 적으나 통근한 경우, ③ 비겁과 인수의 숫자가 적으나 둘 다 통근한 경우, ④ 비겁의 숫자가 적으며 통근하지 않는 경우, ⑤ 인수의 숫자가 적으며 통근하지 않는 경우, ⑥ 비겁과 인수의 숫자가 적으며 둘 다 통근하지 않는 경우 등이다. 이 경우는 비겁, 인수, 비겁+인수의 숫자가 2개 이하인 경우이다.

3. 억부용신의 적용방법

억부용신을 찾는 방법으로 첫째, 신강, 신왕, 신약, 신쇠의 여부를 판단하여야 한다. 이를 판단하는 기준이 오행을 기준으로 하기도 하고 십성·육친을 기준으로 하기도 한다. 어찌 보면 둘 다 같을 수도 있지만 깊이 살펴보면 오행과 십성의 해석은 다르다. 예를 들면 갑목 일간이 병화 식신을 만나는 것과 병화 일간이 무초 식신을 만나는 것은 분명 다르다. 갑, 병, 무 등 십간의 특성이 다르고 오행의 특성이 다르기 때문이다. 사람들이 편하게 해석하기 위해서 동일시하지만 분명 다르게 해석하여야 한다.

둘째, 그 이유를 찾아야 한다. 무엇 때문에 신강, 신왕, 신약, 신쇠해졌는 지를 찾아야 한다.

셋째 그 이유에 따라 용신을 적용하여야 한다.

넷째, 용신은 천간에서 찾아야 하며 천간에 없을 때는 지장간에서 찾고, 지장간에 없을 때는 지지에서 찾아야 한다.

만약 천간에 용신이 있을 경우, 그 천간이 일간과 어떤 관계를 형성하느냐에 따라 그 적용방법이 다르다. 최우선순위는 지지에 뿌리를 내린 천간이 좋다. 용신도 강한 용신일수록 그 역할이 가능하기 때문이다. 뿌리를 내린 용신 중에서도 가급적 일간과의 관계성을 살펴야 한다. 일간에 도움이 되는 천간인지 아니면 일간에게 피해를 주는 천간인지를 살펴야 한다.

사주팔자 어디에도 용신이 없으면, 사주팔자 원국에 용신이 없는 것이며 용신이 없이 태어난 명운은 그만큼 부귀빈천, 길흉화복의 굴곡이 심하고 그 명운이 빈천하거나 흉화가 더 많이 발생하며, 그 대처법이 참으로 희박하다고 할 것이다.

대신 대운이나 행운에서 용신의 해가 오면 너무나 반가울 것이다. 단 행운에서 오는 용신은 머물지를 않고 일정 기간이 지나면 다시 사라진다는 것이 특징이다. 그렇게 되면 다시 용신 없는 팔자가 되니 아무래도 용신은 사주팔자 명체에 있는 것이 당당하다 할 것이다. 이것이 억부용신의 적용법이다.

4. 억부용신의 해석

1) 오행을 기준으로 하는 해석

사실 억부용신은 그 기준이 오행이다. 음양오행을 기준으로 왕쇠강약을 따지는 경우가 우선이다. 왕쇠강약을 정하는 방법은 두 가지이다. 하나는 사주팔자 전체에서 특정 오행의 왕쇠강약을 따지는 경우이고 다른 하나는 일간을 기준으로 왕쇠강약을 따지는 경우이다. 자평명리학은 일간을 중심으로 하기 때문에 일간의 오행이 무엇인지 먼저 파악하여야 한다.

예를 들어 일간이 목(木)인데 목이 강하면 목을 극제하거나 설기하여야 한다. 따라서 목이 강하면 ① 이를 극제하는 오행 금(金), ② 목을 설기하는 오행 화(火), ③ 목이 극제를 시키는 오행 토(土) 등이 용신이 되며 적용순서는 번호의 순서와 같다. 오행 수(水)는 목(木)의 기운을 더욱 생(生)하는 역할을 하므로 강한 목(木)을 더욱 강하게 하기 때문에 용신이 될 수 없다. 이 경우는 일간 목이 약쇠한 경우에 적용한다.

위의 순서에서 천간에 투출하고 있는 것을 우선으로 한다. 그러므로 세 가지 중 천간에 투출하고 있는 오행이 최우선이다. 세 가지가 동시에 투출하면 그 중에서 지지에 통근하여 뿌리가 튼튼한 것이 우선이며 통근한 것이 같으면 외부의 극제(형, 충, 파, 해)를 받지 않고 오히려 도움(생)을 받는 천간이 우선이다. 이의 순서가 같으면 극제가 우선이 되며, 그 다음이 설기, 그리고 일간이 상극하는 오행이 세 번째이다.

따라서 강왕한 사주에서 일간이 오행 목(木)인 경우에는 금, 화, 토가 용신이 되며 일간이 화(火)인 경우에는 수, 토, 금이 용신이고, 일간이 토(土)이면 목, 금, 수가 용신이다. 일간이 금(金)이면 화, 수, 목이 용신이고 일간이 수(水)이면 토, 목, 화가 용신이 된다.

(표 99) 일간 기준 십성 용신 적용법(일간이 목일 경우)

구분		1순위	2순위	3순위
신강왕의 경우	목으로 신강왕 할 때	금	화	토
	수로 신강왕 할 때	토	화	금
신약쇠한 경우	화로 신약쇠할 때	수	목	-
	토로 신약쇠할 때	목	수	-
	금으로 신약쇠할 때	수	목	-

* 위 표를 기준으로 사주팔자 전체에서 용신의 강약, 통근, 투출, 형충파해 등과 비교하여 적용한다.

반대로 일간이 약쇠하면 일간을 생(生)해주는 오행이나 일간과 같은 오행이 용신이 된다. 목이 일간인데 약쇠하다면 목과 목을 생하는 수가 용신이 된다. 화 일간은 목과 화가 용신이고 토 일간은 화, 토가 용신이며 금일간은 토, 금이 용신이다. 수일간은 금, 수가 용신이 된다. 비단 일간을 기준으로 하지만 사주팔자 중에서 유독 강왕하거나 약쇠한 오행이 있다면 이에 대한 용신의 적용법도 이와 같이 적용하면 된다.

특히 오행을 기준으로 용신을 찾는다면 천간이 중심이 된다는 사실을 인지하여야 한다. 지지도 천간으로 환산하여 적용하므로 역시 천간이 중심이 된다. 다른 오행도 이와 같은 원리로 적용하여야 한다.

일간을 중심으로 하지 않고 오행을 중심으로 한다면 해당 오행의 용신을 찾는 경우가 된다. 예를 들면 일간과 관계없이 목의 용신을 찾는다면 목의 왕쇠강약을 따져서 목에게 도움이 되는 용신을 찾는 방법이다. 이 때는 오행 목의 기능과 역할에 맞는 용신을 찾는 것이기 때문에 일간과의 관계성을 배제하게 된다. 예를 들어 파일간인 사주팔자에 수가 많다면 일간 중심으로 볼 때는 목, 화가 용신이지만 수를 기준으로 본다면 수를 극제하는 토와 수를 설기하는 목 그리고 수의 극제를 받는 화가 용신이 되는 것이다.

일간이 아닌 오행을 중심으로 용신을 찾는 방법은 해당 오행의 성향을 판단하고 해당오행이 일간에게 미치는 영행을 판단해 보기 위함이며 이러 인해 해당 오행의 문제를 진단 처방하기 위함이다. 특히 오행이 건강과 관련이 있고 십성과도 관련이 있기 때문에 다양한 해석을 가능하게 한다는 점에서 중요한 판단 기법인 것이다.

(표 100) 오행 용신 적용법

오행기준			목	화	토	금	수
	강왕	1순위	금	수	목	화	토
		2순위	화	토	금	수	목
		3순위	토	금	수	목	화
	약쇠	1순위	목	화	토	금	수
		2순위	수	목	화	토	금

* 위 표를 기준으로 사주팔자 전체에서 용신의 강약, 통근, 투출, 형충파해 등과 비교하여 적용한다.

한편, 오행을 기준으로 용신을 적용하더라도 천간의 음양에 따라 세분화하여 적용하는 것이 더 정밀하다. 예를 들면 갑목 일간이 신강신왕하여 이를 극제하려면 경·신금으로 극제하여야 한다. 그런데 갑목 일간이므로 경금이 신금보다 훨씬 더 효과적이라고 할 수 있다. 왜냐 하면 일단 음양이 상극관계에 있기 때문이다. 두 번째는 신금은 면도칼과 같은 연약한 역할을 하지만 경금은 도끼와 같은 확실한 역할을 하면서 동시에 갑목을 사목(死木)으로서의 역할도 확실하게 만들기 때문이다. 다른 오행도 이와 마찬가지이다.

(표 101) 갑목이 강왕한 경우의 용신

시	일	월	연
갑(甲)	갑(甲)	무(戊)	경(庚)
자(子)	인(寅)	인(寅)	신(申)

무	정	병	을	갑	계	임	신	경	기
자	해	술	유	신	미	오	사	진	묘

위 사주는 갑목 일간이 통근하였고 인성인 자수가 도와주는 아주 강왕한 사주이다. 갑목이 강왕하므로 용신적용법에 의해 우선 순위가 금, 화, 토이다. 천간을 중심으로 찾아야 하므로 천간을 보니 경금과 무토가 있다. 통근과 외부의 극제를 판단하면 둘 다 통근하였지만 경금은 우선이며 더구나 자좌(自坐) 통근하였고 다른 오행의 극제를 받지 않고 있으며 오히려 무토의 생을 받고 있는 상태이다. 따라서 이 경우 경금이 용신으로 최적합하다.

대운의 흐름을 보면 용신운은 이미 초년기에 들어와 있고 시간이 흐를수록 용신운과 반대로 흐른다. 비록 사주팔자 명체는 용신을 차고 있는 좋은 자주지만 대운으로 흐름은 그 반대이니 운세의 흐름이 굴곡이 심하다고 할 것이다.

(표 102) 병화가 약쇠한 경우

시	일	월	연
임(壬)	병(丙)	기(己)	임(壬)
진(辰)	자(子)	유(酉)	인(寅)

92	82	72	62	52	42	32	22	12	2
기	무	정	병	을	갑	계	임	신	경
미	오	사	진	묘	인	축	자	해	술

위 사주는 병화 일간이 많지 않아 쇠하며 연지 인목에 통근하였으니 그 세력이 약하고 갑목 인성의 도움을 받지 못하고 있으니 신약쇠한 사주이다. 그러므로 화, 목이 용신인데 천간에서는 찾을 수 없다. 지장간을 보니 연지 인목에서 병화와 갑목이 있고 시지 진토에서 을목을 찾을 수 있으니 그나마 다행이다. 그래서 위 사주는 나쁘지 않으나 용신이 천간에 투출되지 않으니 행운에서 목, 화가 오면 사주가 좋아진다고 할 것이다. 대운을 보니 42세 대운부터 81세까지 무려 40년이 용신운으로 흐른다. 말년에 개운할 수 있는 팔자라고 할 것이다.

2) 십성을 기준으로 하는 해석

십성을 기준으로 하는 방법은 일간을 비견이라 하고 이에 대비해서 겁재, 식신, 상관, 편재, 정재, 편관, 정관, 편인, 정인 등의 왕쇠강약을 판단, 그 용신을 찾는 것을 말한다. 십성으로 해석했다는 점에서 오행 해석에 비해 사주 해석을 용이하게 하고 좀 더 정밀하게 할 수 있다는 장점을 가졌다. 더구나 십성은 오행의 기능과 역할 뿐만 아니라 음양의 구분까지 함께 해석하여 용신을 찾는다는 점에서 오히려 오행해석보다 훨씬 더 유용하다고 할 것이다.

십성을 오행처럼 묶으면 비겁(비견+겁재), 식상(식신+상관), 재성(편재+정재), 관성(편관+정관), 인성(편인+정인) 등 5가지 구분된다. 이렇게 다섯 가지로 구분해서 용신을 찾는 방법이 있는데 대부분의 술사들은 이 방법을 이용한다. 그리고 십성을 그대로 적용하여 용신을 찾는 방법이 있는데 이 방법이 정당한 방법이다. 왜냐 하면 십성은 그 나름대로 역할과 기능이 있기 때문에 용신에서의 기능도 마찬가지가 되기 때문이다. 예를 들면 비견과 겁재는 같은 오행에 속하는 비겁인데 정재를 만나면 행동이 각각 달라진다. 비견은 정당한 방법으로 정재를 얻는다면 겁재는 정당한 방법도 가능하겠지만 그렇지 않을 경우 거의 강제적으로 얻기 때문이다. 따라서 용신도 십성의 각 특성에 따라 그에 합당하게 적용하는 것이 가장 합리적인 방법인 것이다.

다시 말하면 오행으로만 적용할 것이냐, 음양오행으로 적용할 것이냐의 문제와 같다. 오행만 적용하면 5가지이고 이를 음양으로 나누면 10가지이기 때문이다. 정밀하게 한다면 음양오행으로 나누어야 한다. 하지만 실제 실관에서는 오행만 가지고도 용신 찾기가 어려운데 음양까지 나누면 더 어렵게 되기 때문에 그냥 오행 기준으로 적용하게 된다. 마찬가지로 십성도 이와 같으므로 십성을 굳이 음양으로 나누지 않고 오행처럼 적용하는 것도 하나의 방법이다. 물론 정밀한 감정을 위해서는 구분하는 것이 타당한 것이다.

용신은 천간을 중심으로 하여야 하며 천간에 없을 때는 지장간에서 찾아야 하고 지장간에도 없을 때는 지지에서 찾아야 한다. 아무데도 없으면 일단 박복한 팔자이다. 반드시 행운에서 용신운이 찾아와야 발복한다.

용신이 사주팔자 내에 있다면 그 용신이 일단 통근하거나 투출하고 있어야 한다. 동시에 다른 십성으로부터 제어되거나 견제되지 않아야 한다. 그래야 가장 용신다운 용신이 된다. 만약 통근하지 않는 상태에서 형, 충, 파, 해 등의 극제를 당한다면 그 용신 자체가 빈약하여 언제든지 쓰러질 수 있기 때문이다. 그렇지만 없는 것보다는 그렇게라도 있는 것이 훨씬 좋다.

(표 103) 십성 용신 적용법(십성을 기준으로 할 때)

			비겁	식상	재성	관성	인성
십성 기준	강왕	1순위	관성	인성	비겁	식상	재성
		2순위	식상	비겁	관성	인성	비겁
		3순위	재성	관성	인성	비겁	식상
	약쇠	1순위	비겁	식상	재성	관성	인성
		2순위	인성	비겁	식상	재성	관성

* 위 표를 기준으로 사주팔자 전체에서 용신의 강약, 통근, 투출, 형충파해 등과 비교하여 적용한다.
* 일간을 기준으로 할 때는 일간, 즉 비겁이 강왕하면 관성, 식상, 재성을 용신으로 삼으며 비겁이 약쇠하면 비겁과 인성을 용신으로 삼는다.

십성으로 용신을 찾는 방법은 두 가지다. 하나는 십성 그 자체로서 해당 십성의 용신을 찾는 방법이고 다른 하나는 일간인 비견을 중심으로 용신을 찾는 방법이다. 대부분은 비겁을 중심으로 용신을 찾는다. 이것이 자평명리학의 기본이다. 그러나 십성으로 판단할 때는 해당 십성이 기준이 되어야 한다. 즉 해당 십성이 십성 중에서는 일간과 같은 역할을 하는 것이다. 예를 들어 재성을 기준으로 판단한다면 재성이 일간이 되고 그 재성의 왕쇠강약을 판단해 보는 것이다.

일간을 기준으로 용신을 찾는 방법은 우선 비겁의 왕쇠강약을 판단하고 그것을 기준으로 용신을 찾는다. 비겁이 강왕하면 관성으로 극제하는 것이 우선이고 그 다음으로 식상, 재성을 용신으로 삼는다. 인성과 비겁은 용신이 될 수 없는 것이 이 둘이 용신이 되면 비겁이 더욱 강왕해져서 사주의 편고가 심해지기 때문이다. 만약 인성에 의해서 일간이 강왕하였다면 인성을 극제하는 재성을 용신으로 삼는 것이 우선이고 그 다음이 식상이며 마지막으로 관성이 용신이 된다. 관성이 마지막인 이유는 인성을 생하는 요소가 있기 때문이다. 따라서 일간이 인성 때문에 왕해졌다면 일간을 재성, 식상을 용신으로 적용하며 관성은 용신에서 제외하거나 부득이할 경우 적용하여야 한다.

(표 104) 일간 기준 십성 용신 적용법

구분		1순위	2순위	3순위
신강왕의 경우	비겁으로 신강왕 할 때	관성	식상	재성
	인성으로 신강왕 할 때	재성	식상	관성
신약쇠한 경우	식상으로 신약쇠할 때	인성	비겁	-
	재성으로 신약쇠할 때	비겁	인성	-
	관성으로 신약쇠할 때	인성	비겁	-

* 위 표를 기준으로 사주팔자 전체에서 용신의 강약, 통근, 투출, 형충파해 등과 비교하여 적용한다.

일간, 즉 비겁이 약쇠할 때는 그 원인을 먼저 찾아야 한다. 식상이 강왕해서 신약쇠하다면 인성이 먼저이고 비겁이 그 다음이다. 왜냐하면 강한 식상을 먼저 견제하여야 하기 때문이다. 재성이 강왕하여 신약쇠 한다면 재성을 극하는 비겁이 우선이고 인성이 그 다음이다. 관성이 강왕하여 신약쇠 한다면 인성이 먼저이고 비겁이 그 다음이다. 식상은 일간을 더욱 약쇠시키기 때문에 사용할 수 없는 것이다. 인성이 먼저인 것은 관성의 강왕함을 먼저 설기 시키는 것이 좋기 때문이다. 이것이 십성의 용신을 적용하는 방법이다.

① 비겁으로 강왕한 경우

비겁이 신왕, 신강한 경우는 비겁과 대칭관계에 있는 식상, 재성, 관성을 용신으로 적용한다. 여기에는 일정한 규칙이 있다. 우선 비겁이 왕강하니까 이를 극제하는 것을 용신으로 하여야 한다. 비겁을 극제하는 것은 관성이므로 관성을 제1의 용신으로 적용한다.

그런데 신왕, 신강이 너무 극심한 경우(전왕까지는 아니지만, 비겁이 6개 이상인 경우)에는 관성으로 극제하는 것이 오히려 독이 될 수 있다. 비겁이 관성에 대해 모반할 수 있기 때문이다. 이 때는 차라리 비겁의 기운을 설기하는 것이 좋다. 때문에 식상을 용신으로 적용하여야 한다.

그런데 식상을 용신으로 적용하기에는 식상의 세력이 형·충·파·해 등 외부의 다른 요인에 의해 너무 무력할 수 있다. 이때는 식상 대신에 재성을 용신으로 적용한다. 이처럼 용신을 적용함에 있어서도 사주팔자의 상황에 따라 적절하게 대처하여야 한다.

(표 105) 일간이 강왕한 경우의 용신

시	일	월	연
갑(甲)	갑(甲)	무(戊)	경(庚)
자(子)	인(寅)	인(寅)	신(申)

무	정	병	을	갑	계	임	신	경	기
자	해	술	유	신	미	오	사	진	묘

위 사주는 일간 갑목이 월지, 일지에 통근하여 아주 강한 사주이다. 동시에 일간과 오행이 같은 비견이 많고 일간을 생해주는 인성도 있어서 아주 신왕하다. 따라서 위 사주는 신왕신강한 사주이다. 특히 비견으로 신왕신강한 사주이다.

억부용신을 적용하면 비견으로 신왕신강하니 이를 관성으로 극제하거나 식상으로 설기하거나, 재성으로 비견의 역할을 극대화하는 것이 기본적인 용신법이다. 이에 천간을 살펴보니 경금 편관이 있고 무토 편재가 있다. 둘 다 용신으로 쓸 수 있으므로 통근 여부에 따라 우선순위를 살펴보니 둘 다 통근하여 강한 용신이다.

이 때는 관성이 좋은 가, 재성이 좋은 가. 이 경우 극제하는 것이 우선순위이므로 경금이 우선이다. 따라서 위 사주의 용신은 경금이다. 다행이 경금이 통근하여 용신이 강하고 경금을 극제하는 병정화(丙丁火)가 없으니 용신으로서 제역할을 충분히 할 수 있다. 사주 자체로만 보면 상당히 좋은 사주이다. 그러나 대운의 흐름이 용신과 반대로 흐르니 사주가 좋은 들 뭐하랴 운의 흐름이 좋지 않으니.

오행으로 보면 신왕신강한 오행 목 일간에 오행 금이 용신이다. 용신 오행 금 또한 지지에 통근하여 튼튼하다. 따라서 사주팔자에 용신을 가진 좋은 사주이므로 천간의 흐름이 금, 토, 화로 흐르면 더욱 좋다.

대운을 살펴보니 금부터 시작해서 금, 수, 목, 화로 간다. 그러니 위 사주는 용신과는 정 반대의 방향으로 가니 사주의 흐름상 흉한 운을 벗어날 수가 없다. 만약 위 사주가 여자 사주라면 대운이 반대로 흐르므로 길한 운으로 흐르게 된다.

② 인수에 의해서 강왕한 경우

인수의 세력이 강왕한 경우는 인수를 극제하는 재성을 제1의 용신으로 한다. 마찬가지로 인수의 세력이 너무 강한 경우에는 인수의 모반이 있을 수 있으니 식상을 용신으로 적용한다. 재성과 식상이 용신이 되는데 사주팔자에서 그 세력이 큰 것이나 외부로부터 제압당하지 않는 것을 우선 적용한다.

　인수가 강왕하니까 비겁으로 설기할 수도 있지만 일간이 기준이 되어 강왕을 따지는 것이고 인수가 강왕하면 비겁이 강왕해지므로 이는 오히려 기신이 되기 때문에 불가능하다.

　인수에 의해 비겁이 강해졌으므로 비겁을 제압하는 관성을 용신으로 적용할 수 있으나 관성은 인수를 생하는 역할이 먼저이고 비겁을 극하는 것은 후차적인 역할이 되므로 효과가 반감된다. 때문에 인수가 강왕한 경우는 재성과 식상이 용신이다.

(표 106) 인성이 강왕한 경우의 용신

시	일	월	연
갑(甲)	갑(甲)	계(癸)	정(丁)
술(戌)	자(子)	축(丑)	해(亥)

93	83	73	63	53	43	33	23	13	3
계	임	신	경	기	무	정	병	을	갑
해	술	유	신	미	오	사	진	묘	인

　위 사주는 갑일간이 연지 해(亥)에 통근하였고 수(水) 인성이 왕하여 신왕신강한 사주이다. 특히 지지가 해자축 수 방합을 이루어 인성이 왕하므로 신왕하였으니 인성을 극하는 재성이 제1의 용신이 된다. 그 다음이 관성이고 그 다음이 식상이다. 위 사주의 천간을 보니 비견(갑), 인성(계), 상관(정)이 있으니 이 중 상관이 용신이 된다. 더구나 상관이 시지 술토에 통근하였으니 비록 무정하나 힘이 있어 용신으로 사용이 가능하다.

　재성은 토가 되나 천간에 없고 지지에시는 월지의 축토가 있으나 해사축 수 방합에 의해 변질되었고 시지의 술토는 갑목에 의해 개두되었으니 그 쓰임이 너무 빈약하다. 관성인 경금, 신금이 천간에는 없고 지지에서는 시지 술토의 지장간에 신금이 숨어 있어 무척 미약하기 때문에 용신으로 사용하기에는 너무 빈약하다.

　그리하여 위사주의 용신은 정화이며 토가 희신이 되어 상관생재의 모양을 갖추게 된다. 대운의 흐름을 보면 목, 화, 토, 금, 수로 흐르니 23세 이후부터는 용신운으로 진행됨을 알 수 있다. 따라서 83세 이전까지는 용신운이 흘러 아주 좋다.

　③ 식상으로 인하여 약쇠한 경우
　일단, 약쇠한 경우는 일간을 강왕하게 하여야 한다. 일간이 강왕해지려면 비겁의 세력이 커지거나 인수의 세력이 커져야 한다. 비겁이 먼저인지 인수가 먼저인지는 약쇠하게 된 이유를 알아야 한다.

　식상에 의해 약쇠해졌다면 식상의 세력이 다른 오행에 비해 월등히 강왕하다는 의미이다. 따라서 억부의 원리에 의해 비겁의 세력을 강하게 하면서 식상의 세력을 약화시키는 것이 좋다. 그것이 인수이다. 이 경우 인수가 제1의 용신이다.

　재성을 통해서 식상의 세력을 설기할 수도 있지만 이는 비겁의 세력을 약화시키는 또 다른 요인이 되며 동시에 용신인 인수를 극제하는 기신이 되므로 용신으로서의 자격 미달이다. 관성은 인수를 생하므로 희신이 되지만 비겁을 극제하는 단점이 있다. 사주팔자에 인수가 있어서 관성을 설기시킨다면 희신의 역할을 하지만 그렇지 않으면 곧바로 일간에게 피해가 가므로 용신으로 쓸 수가 없다. 비겁은 식상의 세력을 키우는 역할이므로 불가하다. 따라서 식상의 세력이 강왕하여 일간이 약쇠해졌다면 인수가 용신이 된다.

(표 107) 식상으로 약쇠하여 비겁이 용신인 경우

시	일	월	연
정(丁)	을(乙)	병(丙)	을(乙)
축(丑)	묘(卯)	술(戌)	사(巳)

93	83	73	63	53	43	33	23	13	3
병	을	갑	계	임	신	경	기	무	정
신	미	오	사	진	묘	인	축	자	해

위 사주는 일간 을목이 천간에 또 하나의 을목을 뚜렷이 가지고 있고 일지에 통근하고 있어 강왕하다. 그러나 천간의 병화와 정화가 연지 사화와 술토에 통근하여 그 세력이 무척 강하면서 왕하므로 화(식상)가 이 강왕한 사주이다. 더구나 일지 묘와 월지 술이 육합하여 오행 화로 변하니 화, 즉 식상이 무지 강왕하다. 따라서 화(식상)에 의해 일간 을목이 설기되는 현상이니 오히려 일간이 약해져서 신약쇠한 사주이다.

식상이 강왕하므로 제1의 용신은 인성이 된다. 하지만 천간에는 인성이 없다. 하지만 시지 축토의 지장간에 계수가 있으니 그나마 다행이다. 제2의 용신은 비겁(목)이 용신이 된다. 대운을 보면 53세 이후부터는 천간이 수, 목으로 흘러 용신 운이 진행된다. 다만 해당기간동안 지지의 흐름은 식상으로 흐르므로 천간과 지지가 불협화음을 보인다. 이는 이루고자 하는 세계는 엄청 크지만 현실적으로 만족스럽지 못할 거라는 결론이다.

월지 술토는 재성에 해당하므로 전체적으로 식상생재격으로 재물과 인연이 많은 사주이다. 천간에 계수가 투출했다면 부자가 되었을 것이다. 53세 이후의 사업운과 재물운이 좋아지지만 건강을 걱정해야 할 듯하다.

참고로 위 사주는 을, 병, 정 삼기성을 가지고 있는 사주이다. 삼기성은 하늘이 도와 어떠한 위험도 벗어날 수 있다는 귀인 중의 귀인이다.

④ 재성에 의해 약쇠해진 경우

재성은 식상을 설기하고 인수를 극제하며 관성을 생한다. 재성의 세력이 너무 강하여 비겁의 세력이 약해졌다면 재성을 극제하는 것이 용신이 된다. 이 경우 비겁이 제1의 용신이다. 인수는 비겁의 세력을 확대시켜주기 때문에 용신이 되지만 재성의 극제를 받으므로 인수로서 역할을 제대로 할 수가 없다.

인수가 제대로 역할을 하려면 사주팔자에서 통근하여 강한 뿌리를 가졌으면서 동시에 관성의 적극적인 지원을 받아야 한다. 이 경우 관성의 역할이 중요해지는데 재성의 세력이 강하므로 관성도 이의 세력을 따르게 된다. 이 관성은 비겁을 극제하는 것이 제1의 목적이므로 자칫 비겁이 상처를 받을 수 있다. 그래서 관성도 위험하다. 결국 재성의 세력이 강한 경우는 비겁이 1순위이고 인수가 그 다음이다.

(표 108) 재성으로 약쇠하여 비겁이 용신인 경우

시	일	월	연
경(庚)	정(丁)	신(辛)	신(辛)
술(戌)	유(酉)	묘(卯)	해(亥)

98	88	78	68	58	48	38	28	18	8
신	경	기	무	정	병	을	갑	계	임
축	자	해	술	유	신	미	오	사	진

위 사주는 오행 금(재성)이 강력하고 일간 정화는 그 세력이 약해서 약쇠해진 사주이다. 오행을 다 갖추고 있기는 하나 금의 세력이 너무 강하다. 재성이 강하여 약쇠해진 사주이므로 화(비겁)가 제1의 용신이 되고 목(인성)이 제2의 용신, 즉 희신이 된다. 일간의 뿌리가 시지 술토의 지장간에 있으나 그 세력이 약하고 희신 목(인수)는 월지 묘와 그 지장간에 있어 그 힘은 강하나 천간에 투출되지 않았고 천간 신금으로부터 개두를 당하고 있어서 목 인수 역시 미력한 상태이다.

대운을 보면 천간에 목, 화 대운이 이어지는 28세~67세까지가 용신 대운이어서 그 흐름이 좋으나 지지가 금, 수로 흐르기 때문에 지지환경이 좋지 못한 운으로 흐르고 있다. 38세~58세까지는 개두가 되어 금의 세력이 그 힘을 잃으니 그 나마 다행이지만 현실적으로는 상당한 갈등의 세월이기도 하다.

전형적인 '재다신약'으로 재물이 넘쳐서 오히려 가질 수 없으니 안타깝고 재물 때문에 기운이 쇠해지니 건강도 걱정되는 사주이다. 특히 무술대운은 식상 대운으로서 비겁의 기운을 설기 시키니 안 그래도 신약한 사주가 더욱 신약해짐으로서 건강의 적신호가 될 수 있다.

⑤ 관성에 의해 약쇠해진 경우

관성은 비겁을 극제하는 역할을 한다. 그런데 관성의 세력이 강왕하여 일간의 세력이 약쇠해졌다면 다른 경우에 비해 일간의 세력이 더욱 약쇠해진 것이다. 이 경우 식상으로 관성을 극제함으로서 관성이 비겁을 극제하는 것을 막을 수 있지만 식상은 오히려 비겁의 기운을 설기함으로서 비겁의 세력을 약화시키니 용신으로서 자격미달이고 재성은 관성을 더욱 생하여 관성의 세력을 확대함으로서 비겁의 극제를 더욱 강하게 하기 때문에 구신이 되어 역시 용신으로서 자격 미달이다.

최상의 방법은 비겁의 세력이 확대되어야 하므로 비겁이 용신이 되지만 관성의 세력에 대항하기에는 인수의 도움이 더 필요하다. 인수의 경우는 비겁을 생하면서 관성의 세력을 설기하기 때문에 2가지 효과를 동시에 얻을 수 있다. 그래서 인수가 제1의

용신이 되며 비겁의 제2의 용신이 된다.

(표 109) 약쇠하여 인수가 용신인 경우

	시	일	월	연
	임(壬)	병(丙)	기(己)	임(壬)
	진(辰)	자(子)	유(酉)	인(寅)

92	82	72	62	52	42	32	22	12	2
기	무	정	병	을	갑	계	임	신	경
미	오	사	진	묘	인	축	자	해	술

위 사주는 병화일간이 연지에 통근을 하였으나 그 세력이 너무 약하고 오행 수(관성)의 세력이 왕하면서 통근하여 강하므로 오행 수 관성이 강왕한 사주이다. 관성이 강왕하여 일간의 세력이 약해진 사주이다. 따라서 강한 오행 수(관성)을 설기하여 관성이 비겁을 극하는 것을 막고 비겁의 세력을 왕하게 하는 오행 목(인수)을 제1용신으로 삼는다.

그리고 제2용신, 희신은 오행 화(비겁)로 하여야 한다. 원래는 목 인수가 용신이니 수 관성이 희신이 되어야 하지만 수 관성이 왕하여 비겁을 극하는 형국이니 수 관성은 희신이 될 수가 없다. 다만 수 관성이 너무 강하니 토 식상으로 용신을 삼는 것도 하나의 방법이나 이는 목 인수가 강할 때 가능하다. 하지만 위 사주는 목 인수가 약하니 토 식상으로 용신을 적용할 수가 없다.

제1용신인 목 인수가 천간에는 없으니 안타깝다. 다행히 연지에 인목이 있어서 일간의 뿌리 겸 인수 용신의 뿌리가 되니 비록 연지라서 그 세력이 약하기는 하나 용신으로 삼을 수 있어서 다행이다. 인목 지장간에는 제1용신인 갑목과 제2용신인 병화가 있으니 위 사주에서는 인목이 가장 중요한 역할을 한다고 할 것이다.

역으로 말하면 인목이 오면 좋지만 인목을 충하는 신금(천간으로는 경금)이 오면 인목이 흔들려서 용신이 깨지므로 최악의 상황이 온다고 할 것이다.

대운의 흐름을 보면 42세 갑인 대운부터는 용신 대운으로 들어간다. 42세부터 91세에 이르는 50년의 세월이 용신 대운이니 인생말년이 기대되는 사주이다.

제3절 조후용신

1. 개념

조(調)는 고르다, 조절하다, 어울리다, 꼭 맞다, 적합하다(適合--)라는 의미이다. 대법원 인명용으로는 조. 뜻을 나타내는 말씀언(言☞말하다)部와 음(音)을 나타내는 동시(同時)에 뜻을 나타내는 周(주→조)로 이루어졌다. 周(주→조)는 골고루 미치다→고르는 일을, 調(조)는 말이나 음의 균형(均衡)이 잘 잡혀 있다→조율하다(調律--)→음악의 가락의 뜻으로 쓰인다.

그리고 후(候)는 기후(氣候), 계절(季節), 철, 때, 상황(狀況), 상태(狀態), 조짐(兆朕), 증상(症狀), 징후(徵候) 등의 의미로서 뜻을 나타내는 사람인변(亻(=人)☞사람)部와 음(音)을 나타내는 후(侯)가 합(合)하여 이루어졌다. 사람을 둘러보고 안부(安否)를 묻는 뜻이 있다.

따라서 조후(調候)란 기후, 계절, 기온, 상태, 상황 징후 등이 고르게 균형 잡혀 있거나 알맞게 어울려져 있는 상태, 적합하게 구성된 상태를 말한다. 조후용신(調候用神)이라 함은 사주팔자에서 기후, 계절, 기온, 상태, 상황 징후 등이 고르게 균형 잡혀 있거나 알맞게 어울려져 있는 상태를 유지시켜주는 신(神), 즉 간지를 말한다.

사주팔자에서 계절을 관장하는 간지는 월지이고 기온을 관장하는 간지는 시지이다. 특히 월지는 24절기를 기준으로 배속되어 있고 월지가 사주팔자에서 사령을 담당하고 있음은 사주팔자의 근본적인 구조가 월지 중심의 계절 또는 절기와 절대적인 관련성이 있음을 입증하는 것이다. 고전을 보면 사주팔자는 오행 보다는 절기에 비중을 두는 경우가 많다. 모든 생명체가 계절과 관련을 가지고 있듯이 인간의 생명, 그자체도 세월과 시간과 관련이 깊고 이것이 바로 절기라는 것이다. 이런 이유로 사주팔자는 곧 절기학이라 하며 '명리학=절기학'이라 규정하기도 한다.

사주팔자에서 연주는 매년의 변화를 반영하는데 사실상 매년의 변화는 거의 없거나 있어도 인지하기가 미미하다. 작년이나 금년이나 내년이나 거의 같은 해가 반복되고 있고 그 반복이 거의 변함이 없다는 것이다. 이는 일주도 마찬가지이다. 어제나 오늘이나 내일이나 거의 같은 날이 반복되고 있을 뿐이다. 변화의 폭도 거의 없거나 있어도 미미할 뿐이다.

그러나 월주는 다르다. 봄, 여름, 가을, 겨울 등 서로 다른 4계절이 분명하게 나타나고 계절의 변화에 따라 생명체의 변화가 확실하게 나타나기 때문이다. 4계절의 변화는 절기와 관련이 깊다. 계절의 변화를 15일 기준으로 명명한 것이 24절기이기 때문이다. 이 24절기를 기준으로 규정한 것이 월지이므로 곧 월지가 절기이고 월지가 계절이며 월지가 생명체에 변화를 가장 많이 주는 간지인 것이다. 따라서 조후용신을 따질 때는 월지의 역할과 기능을 최우선적으로 적용하여야 한다.

그 다음이 시주이다. 시간도 그 기온의 변화에 따라 하루를 24시간으로 나누어 구분하고 그 변화에 따라 새벽, 아침, 낮, 오후, 저녁, 밤 등으로 명명하였다. 기온의 변화에 따라 그 명칭이 사용되고 생명체의 하루의 생활이 규정된 것이다. 시지의 역할은 이렇게 기온을 관장함으로서 기온의 변화에 따른 운명의 변화가 발생하게 되는 것이다.

따라서 사주팔자에서 조후란 곧 월주와 시주를 중심으로 한 인간의 생명과 삶과 에너지의 변화가 골고루 균형 잡히는 것을 말하는 것이며 이렇게 계절과 시간의 변화에서 균형을 잡아주는 역할을 하는 것이 바로 조후용신인 것이다.

2. 한난조습과 조후용신

조후와 가장 관련성이 있는 것이 한난조습(寒暖燥濕)의 문제이다. 한(寒)은 차다, 춥다, 떨다, 오싹하다, 추위 등을 나타낸다. 집에서는 풀을 깔고 잘 만큼(갓머리(宀☞집, 집안)部와 艸+艸(맹☞풀), 人(인)의 합자(合字)) 춥고 밖에서는 얼음이(이수변(冫☞고드름, 얼음)部) 언다는 데서 '춥다'를 뜻한다. 집안에 풀을 깔고 사람이 누운 모양으로 추위를 나타내며, 이수변(冫☞고드름, 얼음)部는 얼음으로 역시(亦是) 추위를 나타낸다.

이를 계절로 따지면 추운 겨울을 한(寒)에 비유한다. 오행으로 따지면 겨울을 상징하는 수(水)에 해당하며 오행 수에 해당하는 모든 천간, 지지, 삼합, 방합, 육합, 간합이 이에 해당한다. 따라서 지지 방합으로는 해, 자, 축이 해당하고 천간으로는 임, 계가 해당하며 삼합으로는 신자진, 육합은 사신합, 간합은 병신합이 모두 한(寒), 즉 겨울에 해당한다.

그리고 난(暖)은 따뜻하다, 따뜻이 하다, 따뜻해지다, 따뜻한 기운 등을 나타낸다. 뜻을 나타내는 날일(日☞해)部와 음(音)을 나타내는 爰(원☞난)이 합(合)히여 이루어졌다. 음(音)을 나타내는 爰(원)은 직접이 아니고 사이에 무엇인가를 사용하여 남의 손을 끄는 일, 여기에서는 援(원)·緩(완) 따위와 함께 한가롭다는 뜻을 나타낸다. 煖(난)은 불에 데운 미지근한 물과 같이 따뜻한 것, 옛날에는 火(불화(火=灬)☞불꽃)部와 같이 日(날일변)이 같이 다루어졌기 때문에 이 글자도 나중에 暖(난)으로 쓰게 되었다.

계절로는 여름을 의미한다, 여름을 상징하는 오행이 화(火)이므로 천간, 지지, 삼합, 방합, 간합, 육합 등에서 화(火)에 해당하는 것은 모두 난(暖)을 상징한다. 천간은 병정, 지지에서는 사오미, 삼합은 인오술, 간합은 무계합, 육합은 묘술합이 모두 오행 화를 상징하며 곧, 난(暖)을 의미한다.

조(燥)는 마르다, (물기가)없어지다, 말리다, 마르게 하다, 애태우다, 초조하다(焦燥--), 마른 물건 등을 의미하며 뜻을 나타내는 불화(火=灬☞불꽃)部와 음(音)을 나타내는 동시에 없앤다는 뜻을 나타내는 글자 喿(조·소)로 이루어졌다. 불로 습기를 없애다의 뜻이다.

계절로는 가을을 상징한다. 가을은 오행으로 금(金)에 해당하기 때문에 금에 해당하는 천간, 지지, 간합, 삼합, 방합, 육합 등 금을 상징하는 모든 것이 조(燥)에 해당한다. 천간은 경신, 지지는 신유, 방합은 시유술, 삼합은 사유축, 간합은 을경합, 육합은 진유합 등이 모두 금에 속하며 모두 조(燥)에 해당한다.

습(濕)은 젖다(물이 배어 축축하게 되다), 축축하다, 마르다, 말리다, 습기(濕氣) 등을 의미한다. 溼(습)과 같은 글자(同字)이다. 뜻을 나타내는 삼수변(氵(=水, 水)☞물)部와 음(音)을 나타내는 글자 㬎(현→습)으로 이루어졌다. 습기 차다는 뜻으로 빌어 쓰여졌다.

계절로는 봄을 상징한다. 봄을 상징하는 오행이 목(木)이므로 목에 해당하는 천간, 지지, 간합, 삼합, 방합, 육합 등이 모두 이에 해당한다. 따라서 천간은 갑을, 지지는 인묘진, 삼합은 해묘미, 육합은 인해, 간합은 정임 등이 모두 습(濕)에 해당한다.

이렇게 한난조습을 오행 및 4계절과 비교하여 구분하고 이의 균형, 즉 한난조습의 균형을 유지하는 것을 조후라 하고 조후를 이루는 간지를 조후용신이라 한다. 따라서 사주팔자가 너무 한(寒)한 사주이면 난(暖)해져야 하므로 이때는 난에 해당하는 간지가 조후용신이 되며 너무 난(暖)하면 한(寒)한 간지가 조후용신이 되는 것이다. 또한 너무 조(燥)하면 습(濕)해야 하고 너무 습(濕)하면 조(燥)해야 하는 것이다.

계절로 설명하면 겨울이 깊으면 여름이 와야 하고 여름이 깊으면 겨울이 와야 한다. 봄이 깊으면 가을이 와야 하고 가을이 깊으면 봄이 와야 한다. 이것이 조후이며 이렇게 균형을 잡아주는 것이 용신인 것이다.

3. 수(水)·화(火)와 한난조습

그런데 만물의 생성과 소멸은 물과 불에 그 근원이 있고 물과 불에 의해 역동성을 가지게 된다. 따라서 사주팔자는 곧 물과 불의 역할과 영향력에 의해 이루어지며 물과 불의 조화가 곧 사주팔자의 조화와 균형인 것이다.

그래서 명리 고전은 춥고, 습한 것은 수(水)라 하고 건조하고 따뜻한 것은 화(火)라 하여 오직 수와 화로서만 구분한다. 수와 화의 균형과 조화를 조후라 하고 이를 이루는 것을 조후용신이라 한다. 즉 수와 화가 조후용신인 것이다. 이는 수와 화의 균형이 만물의 탄생과 생명의 근원이라 여긴 것이며 목과 금의 이의 결과물로 보는 것이다.

적천수에서 한난(寒暖)이란 "천도유한난 발육만물(天道有寒暖 發育萬物), 인도득지불가과야(人道得之不可過也)"라고 했다. 해석하면 하늘에는 한난이 있어야 만물을 발육할 수 있듯이 사람에게도 한난이 너무 많거나 적지 않아야 한다는 의미이다. 즉 한난의 균형과 조화가 있어야 만물이 생육하고 인간의 안위가 유지되는 것이란 의미이다.

조습(燥濕)에 대해서는 "지도유조습 생성품휘(地道有燥濕 生成品彙), 인도득지불가편야(人道得之不可偏也)"라고 했다. 즉, 땅에서는 조습이 있어야 품휘가 이루어지듯이 사람에게도 조습이 너무 편중되어서는 안 된다는 의미이다.

이 말은 천간은 환난의 균형을 살핀다는 말이니 곧 천간의 수(水)인 임(壬), 계(癸)와 천간의 화(火)인 병(丙), 정(丁)의 균형과 조화의 관계가 곧 조후라고 한 것이다. 그리고 지지는 조습의 균형을 살피는데 조(燥)는 화(火)에 사, 오, 미, 인, 술, 묘 등이 해당하고 습(濕)은 수(水)에 해당하는 해, 자, 축, 신, 진, 사, 신 등이 해당하므로 이들의 균형과 조화를 살핀다는 의미이다.

한난조습의 문제는 수와 화의 문제로 국한하여 봄으로서 조후의 균형과 조화의 여부를 수와 화의 균형과 조화의 여부로 국한한 것이다. 만약 목과 금의 균형을 논하려 한다면 수와 화의 결과물이므로 결과적으로는 수와 화의 균형으로 귀결된다는 의미가 된다.

현대 명리학의 술사들이 사주팔자의 한난조습을 논할 때는 수와 화만을 국한해서 논하는 것은 여기서 출발한 것이다. 한난조습이 제대로 갖춰져 있지 않으면 생극제화도 원활하지 않다는 의미와 같다. 천간, 지지가 한난과 조습을 잘 갖추었다면 생극제화는 물론 음양이 잘 이루어져 운동성이 원활하여 활동성이 좋다고 보는 것이다.

그리고 천간에 한난이 치우쳤다 하더라도 지지에서 조습이 잘 갖추어지면 활동무대에는 별 문제가 없지만 천간에 한난이 아무리 잘 갖추어져 있더라도 지지에서 조습이 치우쳐있다면 활동하는데 문제가 발생한다. 천간은 정신적이고 무형적인 기운지만 지지는 현실적이고 유형의 생산물을 다루는 삶의 터전이기 때문이다.

한난조습은 인간의 건강과 생명에도 지대한 영향을 미친다. 생명의 탄생과 유지의 배경이 물과 불이기 때문에 물과 불의 균형은 곧 건강과 생명에 직결되는 것이다. 어느 한 쪽으로 치우치거나 어느 한 쪽이 심히 부족하면 그로 인해 반드시 건강에 적신호가 온다고 할 것이다.

만약 화(火)가 많고 수(水)가 부족하다면 사주팔자가 조열하고, 특히 화극금하므로 호흡기, 폐, 간, 신장이 약해진다. 신장이 약해지므로 단명하는 경우가 많다. 반대로 수(水)가 많으면 사주팔자가 너무 습하므로 심장, 소장, 위, 비장 등이 약해진다. 이 또한 단명할 가능성이 높다. 이렇게 한난조습의 편중은 건강과 바로 직결된다는 것을 이해하여야 한다.

4. 적용방법

조후를 관찰하는 방법은 첫째, 천간과 지지에서 한난조습의 구조를 관찰하는 방법과 둘째, 일간과 월지, 일간과 시지를 대비하는 방법이 있다. 천간과 지지에서 한난보습을 관찰하는 방법은 천간에서는 한난을 보고 지지에서는 조습을 본다는 적천수의 해석방법과 일치한다. 예를 들면 천간에 화(火)가 많다면 천간에 수(水)가 있어야 조후가 균형을 이루는 것이고 반대로 천간에 수(水)가 많으면 천간에 화(火)가 있어야 균형을 이루게 된다는 원리이다.

천간에서 판단할 때는 반드시 일간을 중심으로 판단하여야 한다. 일간이 사주의 주체이므로 일간이 기본이 된다. 일간이 수(水)이면 화(火)가 좋고, 일간이 화(火)이면 수(水)가 좋다. 천간 4개의 글자가 모두 일간과 같으면 너무 치우친 것이고 반대로 일간을 제외한 천간 3개의 글자가 모두 다르면 역시 반대 기운으로 치우친 것이다.

만약 일간이 목(木), 금(金)이라면 목(木), 금(金)을 기준으로 해석하면 된다. 수(水), 목(木)은 한(寒), 습(濕)이고 화(火), 금(金)은 난(暖), 조(燥)로서 판단하면 된다. 이처럼 천간의 구조는 일간을 중심으로 한난의 구조를 살피는 것이다.

지지도 마찬가지이다. 지지의 구성으로 볼 때 수(水)가 많아서 습한 지지인지, 화가 많아서 조(燥)한 지지인지를 판단하는 것이다. 지지에서 판단할 때는 반드시 월지를 중심으로 판단하여야 한다. 월지는 사주팔자의 사령일 뿐만 아니라 지지 중에서도 그 비중이 가장 높기 때문이다. 월지의 보조 수단으로 시지를 관찰하여야 한다. 월지가 기후를 관장한다면 시지는 기온을 관장하기 때문이다.

만약 월지와 시지 둘만 비교한다면 월지가 화(火)일 때 시지는 수(水)가 좋다. 기후와 기온이 균형과 조화를 이루기 때문이다. 물론 다른 지지와 함께 관찰하여야 한다. 그래야 정확도를 높일 수 있기 때문이다. 따라서 연지, 월지, 일지, 시지 등을 종합적으로 관찰하는 것이 정답이지만 어떤 지지에서도 월지를 뺄 수가 없다. 그래서 월지 중심으로 판단하는 것이다.

또 다른 방법으로 일간을 기준으로 월지와 비교하여 판단하는 방법이 있다. 일간의 특성에 월지의 계절, 절기, 기후를 적용하여 한난조습을 판단하는 방법이다. 이는 사주의 주체인 일간이 어느 계절에 태어났으며 어느 절기의 환경에서 태어났는지를 판단하고 이와 균형과 조화를 이루는 용신을 대입하는 방법이다. 이 방법은 대부분의 술사들이 적용하는 방법이며 가장 보편적인 방법이다. 일간과 월지의 관계를 깊이 있게 설명한 고전이 궁통보감(난강망)이고 그래서 궁통보감을 조후용신의 고전이라 칭한다.

술사에 따라서 다소간 차이는 있지만 대체적으로 이 두 가지 방법 중 하나를 선택하거나 또는 두 가지 방법을 동시에 적용한다. 어떤 방법을 선택해도 결과는 거의 대동소이하다. 왜냐 하면 목표가 공통적으로 조후용신을 찾는 것이기 때문이다. 또한 이 두 가지 방법에 공통적으로 적용되는 것이 있는데 바로 월지의 적용이다. 월지는 절기를 대변하는 지지이고 계절과 기후를 상징하는 지지이기 때문이다.

더구나 월지는 사주팔자의 사령을 담당하는 역할을 하기 때문에 가장 중요하게 취급된다. 따라서 어느 방법으로 조후를 관찰하든 반드시 월지를 포함하여 해석하여야 한다, 따라서 월지를 보는 순간 이 사주의 한난조습을 구분하고 사주팔자 전체의 구성이 월지와 관련하여 조후적으로 균형과 조화를 이루었는지를 분석하여야 한다.

5. 일간과 월지의 조후해석

1) 갑목

① 인월(寅月) : 병(丙)

인월의 갑목은 초봄의 대림(大林), 큰 나무의 형상이다. 인월은 입춘의 계절이므로 봄이 시작되었으나 아직 기후적으로는 봄이 오지 않고 겨울의 찬 기운이 아직 남아 있는 추운 계절이다. 흔히 춘래불래춘(春來不來春)이라 해서 봄은 왔으나 아직 봄이 안 된 상태이다. 갑목으로서는 정상적인 생육이 다소 불안하다. 조후가 한습으로 치우쳐 있으니 이를 따뜻하게 해서 발육과정을 용이하게 해주는 것이 좋다. 따라서 난조가 용신이 된다. 천간에는 병화가 있어야 좋다.

궁통보감에서는 "정월갑목 초춘향유여한 득병계투 부귀쌍전 계장병투 명한목향양 주대부귀(正月甲木 初春向有餘寒 得丙癸透 富貴雙全 癸藏丙透 名寒木向陽 主大富貴)"라고 했다. 해석하면 인월에 태어난 갑목은 아직 차가운 기운이 남아있는 이른 봄이므로 병화를 얻고 계수가 투간 되어야 한다. 그러면 부귀를 모두 얻을 수 있으며 계수가 지장간에 숨어 있고 병화가 투간되어 있다면 차가운 기운에 있는 목은 양(陽), 즉 따뜻한 햇볕을 얻은 격이므로 크게 부귀할 것이라는 의미이다.

② 묘월(卯月) : 경(庚)

묘월은 봄이 가장 왕성할 때이다. 조후의 균형이 급격히 치우치게 된다. 특히 갑목에게는 양인의 세력을 얻어 무척 신강한 상태이다. 갑목이 그런 세력을 믿고 함부로 날 뛸 수 있다. 이를 제어하고 통제함으로서 갑목의 힘의 균형과 조화를 유지할 수 있는 천간이 바로 경금이다. 이 때의 조후용신은 경금이 된다.

궁통보감에서 이르기를 "2월갑목 경금득소 명양인가살 가운소귀 이도현달(2月甲木 庚金得所 名陽刃駕殺 可云小貴 異途顯達)"이라 했다. 해석하면 2월의 갑목에 경금이 자리를 잡고 있으면 양인가살이라 한다. 귀함이 작거나 현달하는 방법이 다르다고 했다. 즉, 묘는 갑목의 겁재이며, 양인이라 그 세력이 너무 강해서 경금 칠살로 극제하여야 작게나마 귀하게 되고 현달하는 방법이 된다는 의미이다.

③ 진월(辰月) : 경(庚)

진월은 만춘(晚春)으로서 봄의 기운이 끝나고 여름의 기운이 시작되는 환절기, 또는 변절기로서 철이 바뀌는 시기이다. 갑목의 입장에서는 목기운(木氣運)이 쇠(衰)해지는 시기이다. 이 때부터는 목기운이 생기(生氣)를 잃고 사기(死氣)로 이동하게 된다. 따라서 갑목에 에너지를 추가하거나 갑목의 역할을 증대시킬 수 있는 것이 필요하다. 갑목의 역할을 부가시킬 수 있는 천간이 경금이고 에너지를 보충시킬 수 있는 천간이 임수이다. 이 때의 조후는 경금이 우선이고 임수가 차선이다.

궁통보감에서 이르기를 "삼월갑목 목기상갈 선취경금 차용임수 경임양투 일방감도(三月甲木 木氣相竭 先取庚金 次用壬水 庚壬兩透 一榜堪圖)"라고 했다. 해석하면 삼월 갑목은 목기운이 고갈되어 가므로 경금을 먼저 취하고 다음으로 임수를 용신으로 삼는다. 경과 임이 모두 투간되면 뛰어난 모습(공명)을 이룬다고 했다.

④ 사월(巳月) : 계(癸)

사월은 목기운이 물러나고 화가 왕성한 여름이 시작되는 시기이다. 한난조습에서 난(暖)의 세력이 커진다. 병화의 세력이 커지면서 점차 따뜻해지고 뜨거워진다. 때문에 조후의 균형이 시급해진다. 한(寒)으로 용신을 삼아야 한다. 따라서 병화(丙火)가 가장 싫어하는 계수(癸水)가 조후용신이 된다.

궁통보감에서는 "사월 갑목퇴기 병화사권 선계후정(四月甲木退氣 丙火司權 先癸後丁)"이라 했다. 해석하면 사월갑목은 그 기운이 물러가고 병화가 세력을 얻기 때문에 먼저 계수를 조후용신으로 하고 나중에 정화로서 보완한다는 의미이다. 여기서 정화가 필요한 것은 갑목의 세력이 유력할 때 정화로서 목화통명[23]을 이룰 수 있기 때문이다.

⑤ 오월(午月) : 계(癸)

오월은 화(火)의 기운이 최고조에 달한다. 그래서 목(木)의 기운이 설기되어 그 세력을 완벽히 잃고 화(火)의 기운이 가장 활발한 난조(暖燥)의 상황이다. 이 때는 난조를 제극하는 한습(寒濕)의 상황이 펼쳐져야 한다. 그래서 계수(癸水)가 조후용신이 된다.

궁통보감에서 이르기를 "오월갑목 목성허초 선계후정(午月甲木 木性虛焦 先癸後丁)"이라 했다. 해석하면 오월 갑목은 목기운이 허해지고 화기운이 강한 계절이므로 먼저 계수(癸水)를 용신으로 하고 나중에 정화(丁火)로서 보좌한다는 의미이다.

⑥ 미월(未月) : 정(丁)

미월은 오월과 같은 상황이다. 목 기운 퇴각, 화 기운 최고조의 상태이다. 단, 화기운도 점차 후퇴하고 금기운이 시작되는 환절기이기도 하다. 정화의 기운도 쇠퇴하기 시작하고 찬 기운이 생긴다. 그러면 갑목은 더욱 세력을 잃게 되고 조후의 균형이 금의 기운으로 확대된다. 그래서 정화가 금 기운을 절제시켜야 한다. 이 때는 정화가 용신인 것이다.

궁통보감에서는 "미월 삼복 생한 정화퇴기 선정후경(未月 三伏 生寒 丁火退氣 先丁後庚)"이라 했다. 해석하면 미월은 삼복더위이나 차가운 기운이 생겨나기 때문에 먼저 정화로서 조후하고 나중에 경금으로 보좌한다는 의미이다.

⑦ 신월(申月) : 정(丁)

신월은 금 기운이 왕성해지는 계절이다. 조(燥)의 기운이 확대되므로 갑목은 마르고 시드는 시기이다. 목 기운이 절기(絶氣)에 이르니 금 기운을 극제할 필요가 있다. 경금(庚金)을 제어하는 것이 정화(丁火)이므로 이 때는 정화가 조후용신이 된다. 정화가 없다면 임수(壬水)로서 경금의 기운을 설기하고 갑목의 생기(生氣)를 도와야 한다.

궁통보감에서 이르기를 "신월갑목 정화위존 경금차지(申月甲木 丁火爲尊 庚金次之)"라고 했다. 해석하면 신월갑목은 정화의 존재가치가 크고 경금은 그 다음이다라는 의미이다.

---

[23] 목화통명(木火通明) : 오행의 목(木)과 화(火)의 상호관계가 조화되어 있는 상태 및 사주이다. 오행에서 목(木)과 화(火)의 관계는 목생화(木生火)의 생하는 관계에 있는데, 본래 화(火)는 인체에서 에너지의 근원으로 온화를 관장하며, 목(木)도 빛과 열이 없으면 성장을 이룩할 수 없다. 화(火)는 천지만상에서는 태양 혹은 활화(活火)를 관장하며 광명을 가져다주는 것이다. 그러므로 목(木)일에 생하여 화(火)의 광휘를 대하는 것 또는 병정화(丙丁火)일에 생하여 목(木)의 인수를 보고 사주가 중화되어 상호관계가 조화되어 있는 것을 목화(木火)통명이라 하며 목화광휘(木火光輝)라고도 한다. 예를 들어서 갑(甲)일생으로서 병화(丙火)는 식신이다. 습한 계수(癸水)가 있어 일간을 생하고, 갑목(甲木)의 일간도 또한 병화(丙火)의 식신을 끊임없이 생을 할 때 길명으로 되는 것이다. [네이버 지식백과] [木火通明] (역학사전, 2006. 2. 10., 백산출판사)

⑧ 유월(酉月) : 정(丁)

유월은 금 기운이 최고조를 이루는 시기이다. 당연히 갑목의 기운은 가장 위축된 상태가 된다. 갑목을 위해서는 금 기운을 제극하는 화 기운이 필요하며 그 중에서도 금 기운의 제련을 목적으로 하는 정화가 절대적이다.

궁통보감에서는 "유월갑목 목수금왕 정화위선 차용병화 경금재차(酉月甲木 木囚金旺 丁火爲先 次用丙火 庚金再次)"라고 했다. 해석하면 유월의 갑목은 목 기운이 갇혔고 금 기운이 왕한 계절이므로 정화를 가장 먼저 취용(取用)해야 하며 그 다음으로 병화를 취용(取用)하고 그 다다음으로 경금을 취용(取用)한다는 의미이다.

⑨ 술월(戌月) : 정(丁)

술월은 가을에서 겨울로 가는 환절기이다. 술토는 조토라고 해서 수기운이 전혀 없는 깡마른 토지이다. 이는 미토도 마찬가지이다. 따라서 미토와 술토를 조토(燥土)라고 한다. 반대로 축토와 진토는 습토(濕土)라고 해서 계수(癸水)가 지장간에 모여있다.

술월의 갑목은 이미 그 기운을 다 잃고 사라진 상태이다. 갑목을 위해서는 한습(寒濕)한 기운과 금(金) 기운을 제극 할 화(火) 기운이 필요하다. 따라서 단순히 금 기운을 제극하는 정화(丁火)만 가지고는 조후의 균형과 조화를 이룰 수 없다. 반드시 임(壬), 계수(癸水)의 기운이 필요하다.

궁통보감은 "술월갑목 목성조령 독애정화 임계자부(戌月甲木 木星凋零 獨愛丁火 壬癸滋扶)"라 하여 술월 갑목에는 정화를 홀로 취용할 수 없고 임, 계수의 지원이 필요하다고 설명하고 있다.

⑩ 해월(亥月) : 병(丙), 정(丁)

해월은 수 기운이 시작되며 겨울의 시작이다. 춥고 사가운 기운이 시삭된다. 자칫 갑목이 넘치는 수 기운에 의해 부목(浮木)이 될 수 있다. 이 때는 병정화(丙丁火)로 조후의 균형과 조화를 이루어야 한다. 그리고 사목이 된 갑목의 역할을 확대하는 경금은 필수적이다.

궁통보감에서는 "해월갑목 경정위요 병화차지 기임수범신 수무토제지(亥月甲木 庚丁爲要 丙火次之 忌壬水泛身 須戊土制之)"라고 하였다. 해석하면 해월 갑목은 경, 정이 우선적으로 필요하며 병화가 그 다음으로 필요하다. 임수는 갑목을 물위에 뜨게 만들기 때문에 꺼리고 모름지기 무토로서 넘치는 수의 세력을 제지하여야 한다는 의미이다.

⑪ 자월(子月) : 병(丙), 정(丁)

자월은 수 기운이 절정을 이루는 달이다. 춥고 차갑고 한랭하다. 반드시 화 기운으로 조후하여야 한다. 병화가 조후용신이 된다. 자월갑목은 정화를 먼저 취용하고 병화는 그 다음에 취용한다. 이유는 경금을 다스려서 경금이 갑목의 역할을 키우도록 하기 때문이다.

궁통보감에서는 "자월갑목 목성생한 정선경후 병화좌계(子月甲木 木性生寒 丁先庚後 丙火佐癸)"라 하여 자월갑목은 목 기운이 차가워지므로 정화를 먼저 취용하고 경금은 그 다음에 취용한다. 병화를 조후용신으로 하여 계수를 다스린다고 하였다.

⑫ 축월(丑月) : 병(丙), 정(丁)

축월은 갑목이 살 수가 없을 정도로 너무 춥고 냉한 계절이다. 병정화로서 조후하여야 한다.

궁통보감에서는 "축월갑목 천기한동 목성극한 무발생지상 선용경벽갑 방인정화 시득목화유통명지상 고정차지(丑月甲木 天氣寒凍 木性極寒 無發生之象 先用庚劈甲 方引丁火 始得木火有通明之象 故丁次之)"라 하여 축월 갑목은 하늘이 꽁꽁 얼어붙은 달의 갑목이다. 목 기운이 극한 추위를 맞고 있어 자랄 수 없는 모습이다. 먼저 경금을 취용하여 갑목을 다듬고 정화를 불러와 취용함으로서 목화통명의 모습을 이룰 수 있다. 따라서 축월 갑목은 경금이 우선이고 정화가 그 다음이라고 하였다.

2) 을목

① 인월(寅月) : 병(丙)

인월은 아직도 찬 기운이 남아있는 시기이다. 반드시 병화의 조후가 필요하다.

궁통보감에서도 "인월을목 필수용병(寅月乙木 必須用丙)"이라 하여 인월 을목은 반드시 병화를 조후용신으로 삼아야 한다고 하였다.

② 묘월(卯月) : 병(丙)

묘월은 습한 기운이 가장 왕성할 때이니 조후용신으로서 병화가 필요하다. 또한 을목의 발육성장을 위해서 계수의 도움이 필요하다.

궁통보감에서 이르기를 "묘월 을목 양기점승 목불한의 이병위군 계위신 병계양투 불투경금 대부대귀(卯月 乙木 陽氣漸升 木不寒矣 以丙爲君 癸爲臣 丙癸兩透 不透庚金 大富大貴)"이라 했다. 해석하면 묘월의 을목은 양기가 점차 상승한다. 목 기운이 차갑지는 않지라도 병화를 취용(임금)하고 계수로서 보좌(신하)한다. 병화와 계수가 모두 투출하고 경금이 투출하지 않으면 크게 부귀를 얻을 것이라고 하였다.

③ 진월(辰月) : 병(丙), 계(癸)

진월은 만춘(晚春)으로서 봄의 기운이 끝나고 여름의 기운이 시작되는 환절기, 또는 변절기로서 철이 바뀌는 시기이다. 특히 양기(陽氣)가 점차 강해지는 시기이다. 따라서 병화도 필요하지만 양기(陽氣)에 대응할 계수(癸水)도 필요하다.

궁통보감에서 이르기를 "삼월을목 양기유치 선계후병(辰月乙木 陽氣愈熾 先癸後丙)"이라고 했다. 해석하면 삼월 을목은 양기가 더욱 치열해지므로 계수를 먼저 취하고 다음으로 병화를 용신으로 삼는다는 의미이다.

④ 사월(巳月) : 계(癸)

사월은 목기운이 물러나고 화가 왕성한 여름이 시작되는 시기이다. 병화의 세력이 커지면서 점차 따뜻해지고 뜨거워진다. 따라서 계수(癸水)가 조후용신이 된다.

궁통보감에서는 "사월을목 자유병화 단취계수위존 사월을목전계수(巳月乙木 自有丙火 崇取癸水爲尊 巳月乙木專癸水)"이라 했다. 해석하면 사월 을목은 지장간에 스스로 병화를 가지고 있으므로 계수를 취용함이 우선이다. 사월 을목은 오로지 계수가 용신이라는 의미이다.

⑤ 오월(午月) : 계(癸)

오월은 화(火)의 기운이 최고조에 달한다. 약한 나무가 가뭄을 만난 격이다. 그래서 계수(癸水)가 조후용신이 된다. 동시에 음의 기운이 잉태되어 태동하는 달이기도 하다. 때문에 병화의 역할도 필요하다.

궁통보감에서 이르기를 "오월을목 정화사권 화가구한 상반월속양 잉용계수 하반월속음 삼복생한 병계제용(午月乙木 丁火司權 禾稼俱旱 上半月屬陽 仍用癸水 下半月屬陰 三伏生寒 丙癸齊用)"이라 했다. 해석하면 오월 을목은 정화가 사령하니 가뭄을 만난 격이라 상반기에는 양에 속하므로 오직 계수를 취용하나 하만기에는 음에 속하여 삼복더위에도 추위가 태동하니 병화와 계수를 모두 취용한다는 의미이다.

⑥ 미월(未月) : 병(丙), 정(丁)

미월은 화기운이 점차 후퇴하고 금기운이 시작되는 환절기이면서 한습이 시작되는 계절이기도 하다. 그래서 화 기운이 금 기운을 절제시켜야 한다. 따라서 이 때는 병정화가 용신인 것이다.

궁통보감에서는 "미월 을목 목성차한 주다금수 병화위존(未月 乙木 木性且寒 柱多金水 丙火爲尊)"이라 했다. 해석하면 미월 을목은 목 기운이 사라지고 차가운 기운이 생겨나므로 사주팔자에 금수가 많으면 병화가 용신이라는 의미이다.

⑦ 신월(申月) : 병(丙)

신월은 금 기운이 왕성해지는 계절이다. 금 기운을 극제할 필요가 있다. 병화가 용신이 된다.

궁통보감에서 이르기를 "신월을목 경금승령 경수수정어을매 즘내간을난합지금 주견경다 을난수재 혹병투간 우가기출매금 차격가운과갑(申月乙木 庚金乘令 庚雖輸情於乙妹 怎奈干乙難合支金 柱見庚多 乙難受載 惑丙透干 又加己出埋金 此格可云科甲)"라고 했다. 해석하면 신월을목은 경금이 사령한다. 경금은 을목과 을경합을 하지만 천간의 을목과 지장간의 경금이 합하기가 쉽지 않으며 사주팔자에 금이 많으면 을목이 어려움을 당할 수 있다. 만약 병화가 투간하고 기토가 경금을 매금한다면 과히 과거에 급제할 수 있다는 의미이다.

⑧ 유월(酉月) : 병(丙), 계(癸)

유월은 금 기운이 최고조를 이루는 시기이다. 당연히 을목의 기운은 가장 위축된 상태가 된다. 을목은 화초로 비유되는데 계절에 따라 그 종류를 달리한다. 유월의 을목은 계수나무로 비유하는데 금 기운이 너무 강하여 그 꽃을 피우지 못한다. 때문에 수로서 설기함과 동시에 계수나무를 꽃 피우게 하거나 그 꽃이 태양을 향하도록 화기운이 도와주어야 한다. 따라서 계수와 병화가 용신이 된다.

궁통보감에서는 "유월을목 지난화가균퇴 이단계위을목 재백로지후 계예미개 단용계수이자계악 약추분후 계화이개 각희향양 우의용병 계수차지 병계양투 과갑명신(酉月乙木 芝蘭禾稼均退 以丹桂爲乙木 在白露之後 桂蕊未開 耑用癸水以滋桂萼 若秋分後 桂花已開 却喜向陽 又宜用丙 癸水此之 丙癸兩透 科甲名臣)"라고 했다. 해석하면 을목은 난지, 난초. 곡식, 벼 등으로 비유되는데 유월의 을목은 붉은 계수나무로 비유된다. 백로 이후에는 꽃이 피지 않으니 계수를 취용(取用)하여 영양분을 공급하여야 한다. 만약 추분후에 계수나무의 꽃이 이미 피었다면 태양을 향하여 햇볕을 받도록 하여야 하므로 우선적으로 병화를 용신으로 취용하여야 한다. 병화와 계수가 모두 투출했다면 과거에 급제하고 유명한 신하가 될 것이라는 의미이다.

⑨ 술월(戌月) : 계(癸)

술월은 가을에서 겨울로 가는 환절기이다. 술토는 조토라고 해서 수기운이 전혀 없는 깡마른 토지이다. 술월의 을목은 뿌리가 마르고 잎이 떨어지는 시기이므로 이미 그 기운을 다 잃고 사라지는 상태이다. 급히 수분을 공급하여 자양할 필요가 있다. 때문에 계수가 조후용신이 된다.

궁통보감은 "술월을목 근고엽락 필뢰계수자양(戌月乙木 根枯葉落 必賴癸水滋養)"라 하여 술월 을목은 뿌리가 마르고 낙엽이 지니 계수로서 자양하여야 한다고 설명하고 있다.

⑩ 해월(亥月) : 병(丙), 정(丁)

해월은 수 기운이 시작되며 겨울의 시작이다. 춥고 차가운 기운이 시작된다. 이 때는 병정화(丙丁火)로 조후의 균형과 조화를 이루어야 한다.

궁통보감에서는 "해월을목 목불수기 이임수사령 취병위용 무토위차(亥月乙木 木不受氣 而壬水司令 取丙爲用 戊土爲次)"라고 하였다. 해석하면 해월 을목은 임수가 사령하니 병화를 취용하여야 하고 무토를 그 다음으로 취용한다는 의미이다.

⑪ 자월(子月) : 병(丙)

자월은 수 기운이 절정을 이루는 달이다. 춥고 차갑고 한랭하다. 반드시 화 기운으로 조후하여야 한다. 따라서 병화가 조후용신이 된다.

궁통보감에서는 "자월을목 화목한동 일양래복 희용병화해동 즉화목유향양지의 불의용계이동화목 고단용병화(子月乙木 花木寒凍 一陽來復 喜用丙火解凍 則花木有向陽之意 不宜用癸 以凍花木 故耑用丙火)"라 하여 자월을목은 꽃과 나무가 춥고 얼어 있으나 다행히 양이 시작되는 시기이므로 병화를 취용하여 언 것을 녹여야 한다. 얼어 있는 꽃과 나무는 햇볕을 향하는 것이 그 뜻인 바 계수를 취용해서는 꽃과 나무가 해동이 안되니 반드시 병화를 취용하여야 한다고 하였다.

⑫ 축월(丑月) : 병(丙)

축월은 을목이 살 수가 없을 정도로 너무 춥고 냉한 계절이다. 병화로서 조후하여야 한다.

궁통보감에서는 "축월을목 목한의병 유한곡회춘지상(丑月乙木 木寒宜丙 有寒谷回春之象)"라 하여 축월 을목은 목 기운이 춥고 얼어서 병화를 취용하여야 한다. 그러면 추운 계곡에 봄이 온 형국이라고 하였다.

3) 병화

① 인월(寅月) : 임(壬)

인월은 병화의 생기(生氣)이다. 이 때부터 화가 생성되고 강해지기 시작한다. 따라서 화의 강세를 억누르는 임수(壬水)가 조후의 역할을 한다.

궁통보감에서도 "인월병화 삼양개태 화기점염 취임위존 경금좌지 임경양투 과갑정연(寅月丙火 三陽開泰 火氣漸炎 取壬爲尊 庚金佐之 壬庚兩透 科甲定然)"이라 하여 인월 병화는 화가 점차 강해지므로 임수를 취용하여야 하고 경금으로 보좌하여야 한다. 임수와 경금이 모두 투간되면 당연히 과거에 급제한다고 하였다.

② 묘월(卯月) : 임(壬)

묘월은 양기가 상승하고 있다. 조후용신으로서 임수가 절대적이다

궁통보감에서 이르기를 "묘월 병화 양기서승 단용임수(卯月 丙火 陽氣舒升 耑用壬水)"이라 했다. 해석하면 묘월의 병화는 양기가 점차 상승한다. 오로지 임수를 취용하여야 한다고 했다.

③ 진월(辰月) : 임(壬)

진월은 만춘(晩春)으로서 봄의 기운이 끝나고 여름의 기운이 시작되는 환절기, 또는 변절기로서 철이 바뀌는 시기이다. 특히 양기(陽氣)가 점차 강해지는 시기이다. 임수가 절대적이다.

궁통보감에서 이르기를 "진월병화 기점염승 용임수(辰月丙火 氣漸炎升 用壬水)"이라고 했다. 해석하면 진월 병화는 양기가 더욱 치열해지므로 임수를 취용하여야 한다는 의미이다.

④ 사월(巳月) : 임(壬)

사월은 화가 왕성한 여름이 시작되는 시기이다. 병화의 세력이 가장 강력한 시기이다 오로지 임수가 조후용신이 된다.

궁통보감에서는 "사월병화 건록어사 화세염염 의전용임수(巳月丙火 建祿於巳 火勢炎炎 宜專用壬水)"이라 했다. 해석하면 사월 병화는 건록에 해당하므로 화의 세력이 가장 뜨겁다. 따라서 오로지 임수가 용신이라는 의미이다.

⑤ 오월(午月) : 임(壬)

오월은 화(火)의 기운이 최고조에 달한다. 임수가 조후용신이다. 단 임수가 약해서 그 기능을 다하지 못할 수 있으므로 임수를 생하는 경금이 보좌하여야 한다.

궁통보감에서 이르기를 "오월병화유염 득임경고투 방위상명(午月丙火愈炎 得壬庚高透 方爲上命)"이라 했다. 해석하면 오월 병화는 가장 뜨거운 시기이니 임수와 경금을 얻고 투간되면 상명이라는 의미이다.

⑥ 미월(未月) : 임(壬)

미월은 화기운이 점차 후퇴하고 금기운이 시작되는 환절기이면서 한습이 시작되는 계절이기도 하지만 미토가 화의 세력이 강한 조토에 해당하므로 당연히 임수가 용신이 된다. 임수의 세력을 지원하기 위해 경금이 보좌하여야 한다.

궁통보감에서는 "미월병화퇴기 삼복생한 임수위용 취경보좌(未月丙火退氣 三伏生寒 壬水爲用 取庚輔佐)"라 했다. 해석하면 미월 병화는 화기가 물러나고 삼복더위에 한기가 생겨나는 시기이므로 임수로 취용하고 경금으로 보좌하여야 한다는 의미이다.

⑦ 신월(申月) : 임(壬)

신월은 금 기운이 왕성해지는 계절이다. 병화의 기운이 기울어지는 시기이니 병화을 더욱 밝혀주어야 한다. 임수가 있어 병화가 더욱 빛나게 되므로 임수가 용신이다.

궁통보감에서 이르기를 "신월병화 태양전서 양기쇠의 일근서산 견토개회 유일조호해 모야광천 고잉용임수보영광휘(申月丙火 太陽轉西 陽氣衰矣 日近西山 見土皆晦 惟日照湖海 暮夜光天 故仍用壬水輔暎光輝)"라고 했다. 해석하면 신월병화는 태양이 서쪽으로 기우니 양기가 쇠퇴하는 시기이다. 토를 본다면 모든 것이 후회스러우니 태양이 호수와 바다를 비추어 밤하늘에도 빛나게 하여야 한다. 고로, 임수를 취용하여 그 빛이 번져서 크게 빛나게 하여야 한다는 의미이다.

⑧ 유월(酉月) : 임(壬)

유월은 금 기운이 최고조를 이루는 시기이다. 태양에 서산에 기울며 그 빛을 거의 잃은 상태이다. 황혼의 태양은 바다에 떠 있는 모습이 가장 아름답다. 때문에 임수가 용신이다.

궁통보감에서는 "유월병화 일근황혼 병지여광 존어광호 잉용임수보영(酉月丙火 日近黃昏 丙之餘光 存於光湖 仍用壬水輔映)"라고 했다. 해석하면 병화는 태양이 황혼에 근접하니 호수만 비출 정도로 그 빛이 남아있다. 임수를 취용하여 더욱 빛나게 하여야 한다는 의미이다.

⑨ 술월(戌月) : 갑(甲)

술월은 가을에서 겨울로 가는 환절기이다. 술토는 조토라고 해서 수기운이 전혀 없는 깡마른 토지이다. 술월의 병화는 그 빛을 거의 잃은 상태이다. 급히 에너지를 공급하여 자양할 필요가 있다. 때문에 병화를 생하는 갑목이 조후용신이다.

궁통보감은 "술월병화 화기유퇴 소기토회광 필수선용갑목 차취임수(戌月丙火 火氣愈退 所忌土晦光 必須先用甲木 次取壬水)"라 하여 술월 병화는 화 기운이 물러나는 시기이니 토가 있다면 빛을 더욱 흐르게하는 기신이므로 반드시 갑목을 먼저 취용하고 그 다음으로 임수를 취용한다고 설명하고 있다.

⑩ 해월(亥月) : 갑(甲)

해월은 수 기운이 시작되며 겨울의 시작이다. 춥고 차가운 기운이 시작된다. 이 때는 병(丙)은 그 세력을 완전히 잃은 상태이다. 갑목의 지원이 급히 필요하다.

궁통보감에서는 "해월병화 태양실령 득견갑무경출간 가운과갑(亥月丙火 太陽失令 得見甲戊庚出干 可云科甲)"라고 하였다. 해석하면 해월 병화는 태양이 그 세력을 잃으니 갑목을 얻고 무토, 경금이 천간에 투출 되면 과거에 급제한다는 의미이다.

⑪ 자월(子月) : 갑(甲)

자월은 수 기운이 절정을 이루는 달이다. 춥고 차갑고 한랭하다. 반드시 목, 화의 기운으로 조후하여야 한다. 만약 신강하다면 임수의 용신도 필요하다.

궁통보감에서는 "자월병화 동지일양생 약중복강 임수위최 무토좌지(子月丙火 冬至一陽生 弱中復强 壬水爲最 戊土佐之)"라 하여 자월병화는 동지의 시기인데 동지는 양이 생기는 시기이므로 약하면서도 강하게 바뀌기 시작한다. 임수가 최고의 용신이 되며 무토가 임수의 세력을 견제하기 위해 보좌하여야 한다고 하였다.

⑫ 축월(丑月) : 병(丙), 갑(甲)

축월은 너무 춥고 냉한 계절이다. 하지만 양기가 상승하는 시기이기도 하다. 병화로서 조후하여야 하며 갑목이 병화의 세력을 생해주어야 한다.

궁통보감에서는 "축월병화 기진이양 모설기상 희임위용(丑月丙火 氣進二陽 侮雪欺霜 喜壬爲用)"라 하여 축월 병화는 양기가 상승하므로 눈과 서리를 능히 이겨낼 수 있으니 임수를 용신으로 함을 기뻐한다고 하였다.

4) 정화

① 인월(寅月) : 경(庚)

인월 정화는 갑목의 역할에 의해 기세가 강해진다. 목 기운의 조후역할을 하는 금 기운이 필요하다. 따라서 복의 상세를 억누르는 경금이 조후의 역할을 한다.

궁통보감에서도 "인월정화 갑목당권 내위모왕 비경불능벽갑 하이인정 고용경금(寅月丁火 甲木當權 乃爲母旺 非庚不能劈甲 何以引丁 姑用庚金)"이라 하여 인월 정화는 갑목이 당권을 잡아 인성이 강하므로 벽갑을 하여야 하기 때문에 경금과 정화가 필요하다. 따라서 경금이 용신이 된다고 하였다.

② 묘월(卯月) : 경(庚)

묘월은 습목이다. 쉽게 불에 타지 않는다. 정화가 오히려 그 힘이 부친다. 습목을 다스릴 경금이 필요하다. 벽갑인정(劈甲引丁)이라 갑목을 경금으로 쪼개어 장작으로 만들고 정화로서 불을 지피면 불에 잘 탄다는 의미이다. 반드시 갑경정이 함께 있어야 한다. 정화의 역할을 강조하는 것이다.

궁통보감에서 이르기를 "묘월 정화 습을상정 선경후갑 비경불능거을 비갑불능인정 경갑양투 과갑정연(卯月 丁火 濕乙傷丁 先庚後甲 非庚不能去乙 非甲不能引丁 庚甲兩透 科甲定然)"이라 했다. 해석하면 묘월 정화는 습한 나무이기에 정화가 상처를 입는다. 경금을 먼저 취용하고 나중에 갑목을 쓴다. 경금이 없다면 을목을 제거할 수 없고 갑목이 없다면 정화를 가져올 수 없다. 경금과 갑목이 모두 투출하면 당연히 과거에 급제한다.

③ 진월(辰月) : 갑(甲)

진월은 여름의 기운이 시작되는 환절기이다. 무토가 월령을 얻었으니 정화의 기운이 약해진다. 갑목으로 무토의 세력을 억제하고 정화의 기력을 보충하는 것이 좋다.

궁통보감에서 이르기를 "진월정화 무토사령 설약정기 선용갑목인정제토 차간경금 경갑양투 정주과갑(辰月丁火 戊土司令 洩弱丁氣 先用甲木引丁制土 次看庚金 庚甲兩透 定主科甲)"이라고 했다. 해석하면 진월 정화는 월령 무토가 사령하므로 정화의 기운이 설기되어 약해진다. 먼저 갑목을 취용하여 토를 제압하고 정화를 복돋으며 다음으로 경금을 취해야 한다. 경금과 갑목이 모두 투출하면 과거에 급제한다는 의미이다.

④ 사월(巳月) : 임(壬)

사월은 화가 왕성한 여름이 시작되는 시기로서 정화의 기운이 강하니 임수가 조후용신이 된다.

궁통보감에서는 "사월정화승왕 수취갑인정 필용경벽갑 벌갑 방운목화통명(巳月丁火乘旺 雖取甲引丁 必用庚劈甲 伐甲 方云木火通明)"이라 했다. 해석하면 사월 정화는 화의 기운이 왕하다. 갑을 취해 정화를 끌어와서 경금으로 벽갑하여야 한다. 갑을 쪼개면 목화통명이 된다는 의미이다.

⑤ 오월(午月) : 임(壬)

오월은 정화(火)의 기운이 최고조에 달한다. 따라서 임수가 조후용신이다.

궁통보감에서 이르기를 "오월정화 시귀건록 불의난용갑목(午月丁火 時歸建祿 不宜亂用甲木)"이라 했다. 해석하면 오월 정화는 건록의 시기이니 갑목을 사용해서는 안 된다는 의미이다.

⑥ 미월(未月) : 갑(甲), 임(壬)

미월은 화기운이 점차 후퇴하고 금기운이 시작되는 환절기이면서 한습이 시작되는 계절이기도 하지만 미토가 화의 세력이 강한 조토에 해당하므로 당연히 임수가 용신이 된다. 약해지는 정화의 세력을 지원하기 위해 갑목이 보좌하여야 한다.

궁통보감에서는 "미월지정화 음유퇴기 단치삼복생한 정약극의 전취갑목 임수차지(未月之丁火 陰柔退氣 但值三伏生寒 丁弱極矣 專取甲木 壬水次之)"라 했다. 해석하면 미월 정화는 화기가 물러나고 삼복더위에 한기가 생겨나는 시기이므로 정화가 약화된다. 오로지 갑목으로 취용하여야 하고 다음이 임수라는 의미이다.

⑦ 신월(申月) : 갑(甲), 병(丙)

신월은 금 기운이 왕성해지는 계절이다. 화 기운이 약해진다. 갑목과 병화로서 금의 기운을 견제하여야 한다.

궁통보감에서 이르기를 "신월병갑 신중유경(申月丙甲 申中有庚)"이라 했다. 해석하면 신월에는 갑과 병 그리고 경이 용신이다. 신의 지장간에 경이 있으니 갑과 병이 용신이다.

⑧ 유월(酉月) : 갑(甲), 병(丙), 경(庚)

유월은 금 기운이 최고조를 이루는 시기이다. 태양에 서산에 기울며 그 빛을 거의 잃은 상태이다. 유월 정화는 갑목, 병화, 경금으로 조후하여야 한다.

궁통보감에서는 "유월정화 갑병경개용(酉月丁火 甲丙庚皆用)"라고 했다. 해석하면 유월 정화는 갑병경을 모두 사용 하여야 한다는 의미이다.

⑨ 술월(戌月) : 갑(甲), 경(庚)

술월은 가을에서 겨울로 가는 환절기이다. 술토는 조토라고 해서 수기운이 전혀 없는 깡마른 토지이다. 술월의 정화는 무토가 정화을 어둡게 한다. 급히 에너지를 공급하여 자양할 필요가 있다. 때문에 갑목이 조후용신이며 이를 보좌하는 것이 경금이다.

궁통보감은 "술월정화 단용갑경 대저갑불이경 을불리병 기리극명(戌月丁火 耑用甲庚 大抵甲不離庚 乙不離丙 其理極明)"라 하여 술월 정화는 갑, 경을 취용한다. 갑이 경을 떠날 수 없는 것은 을이 병을 떠날 수 없는 이치와 같다.

⑩ 해월(亥月) : 갑(甲), 경(庚)

해월은 수 기운이 시작되며 겨울의 시작이다. 춥고 차가운 기운이 시작된다. 이 때의 정화는 그 빛을 잃게 되므로 갑목으로 정화에 기력을 충전하여 목화통명이 되도록 한다.

궁통보감에서는 "삼동정화미한 단용경갑(三冬丁火微寒 耑用庚甲)"라고 하였다. 해석하면 해월 정화는 추위가 시작되니 경, 갑을 용신으로 삼아야 한다는 의미이다.

⑪ 자월(子月) : 갑(甲), 경(庚)

자월은 수 기운이 절정을 이루는 달이다. 춥고 차갑고 한랭하다. 반드시 목, 화의 기운으로 조후하여야 한다.

궁통보감에서는 "삼동정화미한 단용경갑(三冬丁火微寒 耑用庚甲)"라고 하였다. 해석하면 자월 정화는 추위가 절정이니 경, 갑을 용신으로 삼아야 한다는 의미이다.

⑫ 축월(丑月) : 갑(甲), 경(庚)

축월은 너무 춥고 냉한 계절이다. 하지만 양기가 상승하는 시기이기도 하다. 갑목과 경금으로 조후하여야 한다.

궁통보감에서는 "삼동정화미한 단용경갑(三冬丁火微寒 耑用庚甲)"라고 하였다. 해석하면 축월 정화는 추위가 최고종에 이르니 경, 갑을 용신으로 삼아야 한다는 의미이다.

5) 무토

① 인월(寅月) : 병(丙), 갑(甲)

인월 무토는 추운 계절에 목의 기운이 강하니 병화로서 조후한다.

궁통보감에서도 "인월무토 선병후갑(寅月戊土 先丙後甲)"이라 하여 인월 무토는 먼저 병화를 취용하고 갑목은 후순위라고 하였다.

② 묘월(卯月) : 병(丙), 갑(甲)

묘월도 인월과 마찬가지이다. 먼저 병화로 조후하고 후에 갑목으로 보좌한다.

궁통보감에서 이르기를 "묘월무토 선병후갑(卯月戊土 先丙後甲)"이라 하여 묘월 무토는 먼저 병화를 취용하고 갑목은 후순위라고 하였다.

③ 진월(辰月) : 갑(甲), 병(丙)

진월은 무토가 월령을 얻었으니 굉장히 강하다. 갑목으로 무토의 세력을 억제하고 병화로서 조후한다.

궁통보감에서 이르기를 "진월무토사령 불견병갑계자 우이차천 갑계투자 과갑 병계투자 생원 갑계구장자 지가운부유계이도(辰月戊土司令 不見丙甲癸者 愚而且賤 甲癸透者 科甲 丙癸透者 生員 甲癸俱藏者 只可云富有癸異途)"라고 했다. 해석하면 진월 무토는 월령이 사령하므로 병, 갑, 계가 없으면 어리석고 천하다. 갑목과 계수가 투출하면 과거에 급제하고 병화와 계수가 투출하면 생원이다. 갑목과 계수가 장간에 있으면 부자가 될 수 있고 계수가 있으면 다른 방법으로 벼슬을 한다.

④ 사월(巳月) : 갑(甲), 병(丙), 계(癸)

사월은 화가 왕성한 여름이 시작되는 시기이다. 무토의 강력한 기운을 갑목으로 제어하고 계수를 용신으로 삼아야 한다.

궁통보감에서는 "사월무토양기발승 한기내장 외실내허 불외화염 무양기상최 만물부장 고선용갑소벽 차취병계위좌(巳月戊土陽氣發升 寒氣內藏 外實內虛 不畏火炎 無陽氣相催 萬物不長 故先用甲蔬劈 次取丙癸爲佐)"이라 했다. 해석하면 사월 무토는 양기가 상승하나 한기를 내장하고 있어서 밖은 실하는 속은 허하다. 때문에 화염을 두려워하지 않는다. 양기가 상생하지 않으면 만물이 성장할 수 없으므로 먼조 갑목을 취용하여 소토하고 다음으로 병화와 계수로서 보좌한다는 의미이다.

⑤ 오월(午月) : 임(壬), 갑(甲)

오월은 화(火)의 기운이 최고조에 달한다. 따라서 임수가 조후용신이다.

궁통보감에서 이르기를 "오월무토 중하화염 선착임수 차취갑목 병화작용 용계역미(午月戊土 仲夏火炎 先着壬水 次取甲木)"라 했다. 해석하면 오월 무토는 한 여름 화염의 시기이니 먼저 임수를 취용하고 다음으로 갑목을 사용한다는 의미이다.

⑥ 미월(未月) : 계(癸), 병(丙), 갑(甲)

미월은 화의 세력이 강한 조토에 해당하므로 계수가 용신이 된다.

궁통보감에서는 "미월무토 우하건고 선간계수 차용병화갑목(未月戊土 遇夏乾枯 先看癸水 次用丙火甲木)"라 했다. 해석하면 미월무토는 여름을 만나 건조하고 메마르다. 먼저 계수를 취용하고 다음으로 병화와 갑목을 취용한다.

⑦ 신월(申月) : 병(丙), 갑(甲),

신월은 금 기운이 왕성해지는 계절이다. 화 기운이 약해진다. 양기가 약해지고 음기가 강해지니 병화로서 조후한다.

궁통보감에서 이르기를 "신월무토 양기점입 한기점출 선병후계 갑목차지(申月戊土 陽氣漸入 寒氣漸出 先丙後癸 甲木次之)"라 했다. 해석하면 신월에는 양기가 점차 들어가고 한기가 점차 나오는 시기이다. 먼저 병화를 취용하고 나중에 계수를 취용한다. 갑목능 그 다음이라는 의미이다.

⑧ 유월(酉月) : 병(丙), 계(癸)

유월은 금 기운이 최고조를 이루는 시기이다. 토 기운은 설기되며 차가운 환경으로 바뀐다. 이를 동시에 해결할 수 있는 병화가 조후용신이다.

궁통보감에서는 "유월무토 금설신한 뢰병조난 희수자윤 선병후계 불필목소(酉月戊土 金洩身寒 賴丙燥暖 喜水滋潤 先丙後癸 不必木疎)"라고 했다. 해석하면 유월 무토는 금이 설기하고 무토 자신은 차가워진다. 병화의 도움으로 조난하여야 하며 수기운으로 자윤하는 것을 기뻐한다. 따라서 먼저 병화를 취용하고 다음에 계수를 쓴다. 목 기운으로 반드시 소토할 필요는 없다.

⑨ 술월(戌月) : 갑(甲), 계(癸), 병(丙)

술월은 무토가 사령한 달이므로 토 기운이 강하다. 갑목으로 제어해야 한다. 또한 조토이므로 수 기운이 전혀 없는 깡마른 토지이다. 계수로 조후하여야 한다.

궁통보감은 "술월무토당권 불가전용병 선간갑목 차취계수 각기화합 견금선용계수 후취병화 배합지간 방성유생지토 정발운정(戌月戊土當權 不可專用丙 先看甲木 次取癸水 却忌化合 見金先用癸水 後取丙火 配合支干 方成有生之土 定發雲程)"라 하여 술월은 무토가 당권을 잡은 달로 병화를 전용하는 것은 무토의 기세를 더욱 강하게 하므로 가능치 않다. 먼저 갑목을 쓰고 다음으로 계수를 쓴다. 무계가 합하는 것을 꺼리므로 금을 보게 되면 먼저 계수를 취용한다. 그 다음에 병화를 취용한다. 간지가 배합하니 생하고 성함이 이루어져서 발전하게 된다.

⑩ 해월(亥月) : 갑(甲), 병(丙)

해월은 수 기운이 시작되며 겨울의 시작이다. 춥고 차가운 기운이 시작된다. 양기가 조금 남아있기는 하나 병화로서 조후하여야 한다. 갑목은 무토의 기세를 제어하는 역할을 한다.

궁통보감에서는 "해월무토 시치소양 양기약출 선용갑목 차취병화 비갑 토불영 비병 토불난 안능발생만물 갑병양출 부귀중인(亥月戊土 時値小陽 陽氣略出 先用甲木 次取丙火 非甲 土不靈 非丙 土不暖 安能發生萬物 甲丙兩出 富貴中人)"라고 하였다. 해석하면 해월 무토는 소양의 시기여서 약간의 양기가 남아있다. 먼저 갑목으로 취용하고 다음에 병화를 취용한다. 갑목이 아니면 신령스럽지 못하고 병화가 아니면 토를 따뜻하게 못한다. 만물이 안전하게 발생하려면 갑과 병이 투출하여야 하며 부귀를 누리게 된다.

⑪ 자월(子月) : 병(丙), 갑(甲)

자월은 수 기운이 절정을 이루는 달이다. 춥고 차갑고 한랭하다. 반드시 목, 화의 기운으로 조후하여야 한다.

궁통보감에서는 "자월무토 엄한냉동 병화위존 갑목위좌 병갑양투 도랑지인(子月戊土 嚴寒冷凍 丙火爲尊 甲木爲佐 丙甲兩透 桃浪之人)"라고 하였다. 해석하면 자월 무토는 무척 춥고 얼었으니 오로지 병화가 용신이다 갑목으로 보좌한다. 병과 갑이 모두 투출하면 큰 인물이 된다.

⑫ 축월(丑月) : 병(丙), 갑(甲)

축월은 너무 춥고 냉한 계절이다. 하지만 양기가 상승하는 시기이기도 하다. 병화로서 조후하여야 한다.

궁통보감에서는 "축월무토 엄한냉동 병화위존 갑목위좌 병갑양투 도랑지인(子月戊土 嚴寒冷凍 丙火爲尊 甲木爲佐 丙甲兩透 桃浪之人)"라고 하였다. 해석하면 축월 무토는 무척 춥고 얼었으니 오로지 병화가 용신이다 갑목으로 보좌한다. 병과 갑이 모두 투출하면 큰 인물이 된다는 의미이다.

6) 기토

① 인월(寅月) : 병(丙)

인월 기토는 아직은 얼어있는 논밭이므로 병화로서 조후한다.

궁통보감에서도 "인월기토 전원유동 개인랍기미제 여한미퇴 고병위존 득병조난 만물자생 기견임수 반위기병(寅月己土 田園猶凍 蓋因臘氣未除 餘寒未退 故丙爲尊 得丙燥暖 萬物自生 忌見壬水 反爲己病)"이라 하여 인월 기토는 전원이 얼어 있는 것과 같아서 병화를 취용하여 따뜻하게 해주어야 만물이 자생할 수 있다. 임수를 보는 것을 꺼리는데 만약 임수를 본다면 기토는 병을 얻게 된다고 하였다.

② 묘월(卯月) : 갑(甲), 계(癸), 병(丙)

묘월은 양기가 상승한다. 하지만 아직 얼어있는 전답이니 갑목이 필요하다. 기토의 기능이 전답이므로 봄에 씨앗을 뿌리고 논에 물을 대주어야 하니 계수도 필요하다,

궁통보감에서 이르기를 "묘월기토 양기점승 수화가미성 만물출토 전원미전 선취갑목소지 기합 차취 계수윤지 갑계출간 정주과갑 가이일병출투 세압백료일견임수 미말관직(卯月己土 陽氣漸升 雖禾稼未成 萬物出土 田園未展 先取甲木疎之 忌合 次取 癸水潤之 甲癸出干 定主科甲 加以一丙出透 勢壓百療 一見壬水 微末官職)"이라 하여 묘월 기토는 점차 양기가 상승한다. 비록 곡식이 이뤄지지는 않으나 만물은 토에서 나오는데 전답은 아직 열리지 않으니 갑목으로 먼저 소토하여야 한다. 갑기합을 싫어하니 계수로서 윤택하고 하여야 한다. 갑목과 계수가 천간에 투출하면 과거에 급제한다. 이 때 병화가 투출하게 되면 더욱 좋다. 임수를 보게 되면 미관말직에 불과하다.

③ 진월(辰月) : 병(丙), 갑(甲), 계(癸),

진월은 곡식을 가꾸는 시기이므로 병화와 계수의 조후가 절대적이다. 병화와 계수 사이에 갑목의 존재가 필요하다.

궁통보감에서 이르기를 "진월기토 정재배화가지시 선병후계 토난이윤 수용갑소(辰月

己土 正裁培禾稼之時 先丙後癸 土暖而潤 隨用甲疎)"이라고 했다. 해석하면 진월 기토는 곡식을 재배하는 시기이므로 먼저 병을 취용하고 나중에 계수를 쓴다. 갑목을 쓰면 토를 따뜻하고 윤택하게 한다는 의미이다.

④ 사월(巳月) : 계(癸), 병(丙)

사월은 화가 왕성한 여름이 시작되는 시기이다. 계수를 용신으로 삼아야 한다.

궁통보감에서는 "사월기토 잡기재관 화가재전 최희감패 취계위요 차용병화 하무태양 화가부장 고무계왈한전 무병왈고음(巳月己土 雜氣財官 禾稼在田 最喜甘沛 取癸爲要 次用丙火 夏無太陽 禾稼不長 故無癸曰旱田 無丙曰孤陰)"이라 했다. 해석하면 사월 기토는 잡기재관이라 하며 하늘의 비를 반긴다. 계수를 취용하고 다음으로 병화를 취용한다. 여름에 태양이 없으면 곡식이 성정하지 못한다. 고로 계수가 없으면 음지이라는 의미이다.

⑤ 오월(午月) : 계(癸), 병(丙)

오월도 사월과 같다.

⑥ 미월(未月) : 계(癸), 병(丙)

미월도 사월과 같다.

⑦ 신월(申月) : 병(丙), 계(癸)

신월은 가을이 시작된다. 따라서 화 기운이 약해지고 금 기운이 왕성해지는 계절이다. 양기가 약해지고 음기가 강해진다. 병화로서 조후한다.

궁통보감에서 이르기를 "삼추기토 만물수장지제 외허내실 한기점승 수병화온지 계수윤지 불특차야 차계능설금 병능제금 보토정신 즉추생지물함무의 계선병후(三秋己土 萬物收藏之際 外虛內實 寒氣漸升 須丙火溫之 癸水潤之 不特此也 且癸能洩金 丙能制金 補土精神 則秋生之物咸茂矣 癸先丙後)"이라 했다. 해석하면 가을 3개월(신, 유, 술)의 기토는 만물을 거두는 겉은 허하고 속은 실하며 차가운 기운이 점차 상승하므로 모름지기 병화로서 온기를 보충하여야 하며 계수로서 토를 윤택하여야 한다. 계수는 능히 금을 설기하며 병화는 능히 금을 제어하여 토를 도우니 비록 가을의 생물이라도 모두 무성하게 될 것이다. 이 경우 계수를 먼저 취용하고 병화를 나중에 취용한다는 의미이다.

⑧ 유월(酉月) : 병(丙), 계(癸)

유월은 신월과 같다.

⑨ 술월(戌月) : 병(丙), 계(癸)

술월은 신월과 같다.

⑩ 해월(亥月) : 병(丙), 갑(甲)

해월은 수 기운이 시작되며 겨울의 시작이다. 춥고 차가운 기운이 시작된다. 양기가 조금 남아있기는 하나 반드시 병화로서 조후하여야 한다.

궁통보감에서는 "삼동기토 습니한동 비병난불생 취병위존 갑목참작 무토계수불용 유초동임왕 취무제지 여개용병정 단정불능해동제한 불능대제(三冬己土 濕泥寒凍 非丙暖不

生 取丙爲尊 甲木叅酌 戊土癸水不用 惟初冬壬旺 取戊制之 餘皆用丙丁 但丁不能解凍除寒 不能大濟)"라고 하였다. 해석하면 겨울 3개월(해, 자, 축)의 기토는 습하고 춥고 얼어있는 진흙이므로 병화로서 따뜻하게 하지 않으면 만물이 생할 수 없으니 병화를 취용하는 것이 가장 합당하며 갑목은 참작해서 쓴다. 무토와 계수는 취용하지 않는다. 초겨울(해월)에는 임수가 왕성하므로 무토를 취용하여 제극하여야 하며 그 외 모두는 병정화가 용신이다. 단 정화는 해동과 추위를 제어할 수 없으므로 용신으로서 능력이 부족하다는 의미이다.

⑪ 자월(子月) : 병(丙), 갑(甲)
자월은 해월과 같다.

⑫ 축월(丑月) : 병(丙), 갑(甲)
축월은 해월과 같다.

7) 경금

① 인월(寅月) : 병(丙), 정(丁), 갑(甲)
인월 경금는 추운 계절에 목의 기운이 강하니 병화로서 조후하여야 한다.
궁통보감에서도 "인월경금 목왕지제 유토개사 불능생금 차금지한기미제 선용병난경성(寅月庚金 木旺之際 有土皆死 不能生金 且金之寒氣未除 先用丙暖庚性)"이라 하여 인월경금은 목이 왕성하는 시기로서 토가 있어도 모두 죽게 되니 금을 생할 수가 없다. 금은 한기로서 제어할 수 없으니 먼저 병화를 취용하여 경금을 따뜻하게 하여야 한다는 의미이다

② 묘월(卯月) : 정(丁), 병(丙), 갑(甲)
묘월은 목 기운이 가장 강하면서 동시에 경금이 미력한 시기이다. 정화로서 조후하고 갑목으로 보좌하여야 경금의 역할이 확대된다.
궁통보감에서 이르기를 "묘월경금 주중자연유을 당령지을 견경필유정어을 차금유암강지세 여추금일리 고묘월경금 전용정화 차갑인정 차경벽갑 무정용병자 부귀다출어면강(卯月庚金 柱中自然有乙 當令之乙 見庚必留情於乙 此金有暗强之勢 如秋金一理 故卯月庚金 專用丁火 借甲引丁 借庚劈甲 無丁用丙者 富貴多出於勉强)"이라 하여 묘월 경금은 사주에 을이 있어서 을이 당령을 잡았다. 경금을 보면 반드시 을과 합하려하니 경금의 기세가 가을처럼 강하다. 그러므로 묘월경금은 정화를 취용하여야 한다. 갑목을 빌어 정화를 돕고 경금을 빌어 갑목을 쪼개어 사용한다. 정화가 없으면 병화를 취용하면 부귀를 누릴 수 있지만 노력이 필요하다는 의미이다.

③ 진월(辰月) : 갑(甲), 정(丁)
진월은 무토가 월령을 얻었으니 굉장히 강하다. 갑목으로 무토의 세력을 억제하고 정화로서 조후한다.
궁통보감에서 이르기를 "진월경금 무토사령 무생금지리 유매금지우 고선갑후정 불

용경벽갑(辰月庚金 戊土司令 無生金之理 有埋金之憂 故先甲後丁 不用庚劈甲)"이라고 했다. 해석하면 진월 경금은 무토가 사령하므로 생금을 할 수 없는 것이 이치이며 오히려 금이 매몰될 우려가 있다. 그러므로 먼저 갑목으로 토를 다스리고 나중에 정화로서 경금을 제어한다. 경금으로 벽갑하는 것은 필요치 않다.

④ 사월(巳月) : 임(壬), 무(戊), 병(丙)

사월은 화가 왕성한 여름이 시작되는 시기이다. 임수를 용신으로 삼아야 한다.

궁통보감에서는 "사월경금 장생어사 사내유무 병불용금 고불외화염 병역가작용 단선용임수 방득중화(巳月庚金 長生於巳 巳內有戊 丙不鎔金 故不畏火炎 丙亦可作用 但先用壬水 方得中和)"이라 했다. 해석하면 사월 경금은 장생하고 무토를 가지고 있어서 병화가 금을 제련하지 못한다. 그러므로 화염을 두려워하지 않으니 병화가 용신이 될 수 있다. 단 먼저 임수를 취용하여야 조후가 될 수 있다는 의미이다.

⑤ 오월(午月) : 임(壬), 계(癸)

오월은 화(火)의 기운이 최고조에 달한다. 따라서 임수가 조후용신이다.

궁통보감에서 이르기를 "오월경금 정화왕렬 경금패지 전용임수 계우차지(午月庚金 丁火旺烈 庚金敗之 專用壬水 癸又次之)"라 했다. 해석하면 오월 경금은 정화가 맹렬하여 경금은 패하게 된다. 오로지 임수를 용신으로 하여야 하며 다음으로 계수를 취용한다는 의미이다.

⑥ 미월(未月) : 계(癸), 정(丁), 갑(甲)

미월은 화의 세력이 강한 조토에 해당하므로 계수가 용신이 된다. 단 경금이 토의 지원을 받으니 강하다. 따라서 정화로서 경금을 제련하여야 한다.

궁통보감에서는 "미월경금 삼복생한 완둔극의 선용정화 차취갑목(未月庚金 三伏生寒 頑鈍極矣 先用丁火 次取甲木)"라 했다. 해석하면 미월경금은 삼복 중에 추운 기운이 일어나므로 강해진다. 먼저 정화를 용신으로 하고 다음에 갑목을 취용한다.

⑦ 신월(申月) : 정(丁), 갑(甲)

신월은 금 기운이 왕성해지는 계절이다. 화 기운이 약해진다. 양기가 약해지고 음기가 강해지니 정화로서 제련한다.

궁통보감에서 이르기를 "신월경금 강예극의 전용정화하련 차취목인정(申月庚金 剛銳極矣 專用丁火煅煉 次取木引丁)"이라 했다. 해석하면 신월에는 경금이 강렬하고 예리함이 극치를 이루는 시기이다. 오로지 정화를 취용하여 제련하고 다음으로 갑목으로 정화를 도와야 한다는 의미이다.

⑧ 유월(酉月) : 정(丁), 갑(甲), 병(丙)

유월은 금 기운이 최고조를 이루는 시기이다. 토 기운은 설기되며 차가운 환경으로 바뀐다. 이를 동시에 해결할 수 있는 정화가 조후용신이다.

궁통보감에서는 "유월경금 강예미퇴 용정갑 병불가소 약정갑투 우견일병 공명현혁(酉月庚金 剛銳未退 用丁甲 丙不可少 若丁甲透 又見一丙 功名顯赫)"라고 했다. 해석하면 유월 경금은 예리하고 강력한 기운이 아직 사라지지 않았으니 정화와 갑목을 취용한다. 병화도 작으나마 취용이 가능하다. 만약 정화와 갑목이 투출하고 하나의 병화를 보면 공명을 이룬다는 의미이다.

⑨ 술월(戌月) : 갑(甲), 임(壬)

술월은 무토가 사령한 달이므로 토 기운이 강하다. 갑목으로 제어해야 한다. 또한 조토이므로 수 기운이 전혀 없는 깡마른 토지이다. 임수로 조후하여야 한다.

궁통보감은 "술월경금 무토사령 최파토후매금 의선용갑소 후용임세 즉금자출의 기견기토탁임(戌月庚金 戊土司令 最怕土厚埋金 宜先用甲疎 後用壬洗 則金自出矣 忌見己土濁壬)"라 하여 술월경금은 무토가 당권을 잡은 달로 토가 두떠워 매금되는 것을 최고로 싫어하니 당연히 먼저 갑목을 취용하여 소토하여야 하며 나중에 임수를 취용하여 경금을 세척하여야 경금이 스스로 빛을 발할 수 있다. 이 때 기토가 임수를 흐리게 하는 것을 싫어한다는 의미이다.

⑩ 해월(亥月) : 정(丁), 병(丙)

해월은 수 기운이 시작되며 겨울의 시작이다. 춥고 차가운 기운이 시작된다. 병화로서 조후하여야 한다.

궁통보감에서는 "해월경금 수냉성한 비정막조 비병불난(亥月庚金 水冷性寒 非丁莫造 非丙不暖)"라고 하였다. 해석하면 해월 경금은 물이 얼고 차가운 성질을 이루니 정화가 아니면 제련할 수 없고 병화가 아니면 따뜻하게 할 수 없다는 의미이다.

⑪ 자월(子月) : 정(丁), 병(丙), 갑(甲)

자월은 수 기운이 절정을 이루는 달이다. 춥고 차갑고 한랭하다. 반드시 목, 화의 기운으로 조후하여야 한다.

궁통보감에서는 "자월경금 천기엄한 잉취정갑 차취병화조난 혹정갑양투 병재지중 필주과갑(子月庚金 天氣嚴寒 仍取丁甲 次取丙火照暖 或丁甲兩透 丙在支中 必主科甲)"라고 하였다. 해석하면 자월 경금은 천기가 심히 차가우니 정화와 갑목을 거듭하여 취용하고 다음으로 병화를 취용하여 따뜻하게 비추어야 한다. 혹시 정화와 갑목이 모두 투출하고 지지에 병화가 있으면 반드시 과거에 급제한다는 의미이다.

⑫ 축월(丑月) : 병(丙), 정(丁), 갑(甲)

축월은 너무 춥고 냉한 계절이다. 병화로서 조후하여야 한다.

궁통보감에서는 "축월경금 한기태중 차다습니 유한유동 선취병화해동 차취정화련금 갑역불가소(丑月庚金 寒氣太重 且多溼泥 愈寒愈凍 先取丙火解凍 次取丁火煉金 甲亦不可少)"라고 하였다. 해석하면 축월 경금은 추운 기운이 가장 극대화된 시기이며 습하고 차디찬 진흙 속의 금이므로 먼저 병화를 취용하여 해동하고 다음으로 정화를 취용하여 제련하여야 하며 갑목 역시 그 역할이 작지 않다는 의미이다.

8) 신금

① 인월(寅月) : 기(己), 경(庚), 임(壬)

인월 신금는 습한 계절에 목의 기운이 강하니 경금으로 조후하여야 한다.

궁통보감에서도 "인월신금 양기서이한미제 부지정월건인 중유장생지병 해거한기 기갑목사권 신금실령 취기토위생신지본 욕득신금발현 전뢰임수지공 기임양투 지견경제갑 과갑정연(寅月辛金 陽氣舒而寒未除 不知正月建寅 中有長生之丙 解去寒氣 忌甲木司權 辛金失令 取己土爲生身之本 欲得辛金發現 全賴壬水之功 己壬兩透 支見庚制甲 科甲定然)"이라 하여 인월신금은 양기가 생기지만 차가운 기운이 아직 남아 있는 시기이며 정월은 목의 건록인 인으로 병화의 장생지이므로 차가운 기운을 제거할 수 있다. 갑목이 사령하는 것을 꺼려하고 신금은 실령하였으니 기토를 취용하는 것이 근본이다. 신금이 발현되기 위해서는 임수의 공이 크므로 기토와 임수가 모두 투출하고 경금을 제어하는 갑목을 본다면 과정에 급제한다는 의미이다

② 묘월(卯月) : 임(壬), 갑(甲)

묘월은 목 기운이 가장 강하다. 양기가 일어나므로 임수로서 조후하고 갑목으로 보좌한다.

궁통보감에서 이르기를 "묘월신금 양화지제 임수위존 견무기위병 득갑제복(卯月辛金 陽和之際 壬水爲尊 見戊己爲病 得甲制伏)"이라 하여 묘월 신금은 양기의 시기로서 임수를 취용하여야 하며 무토, 기토를 보는 것은 병이 되므로 갑목으로 무, 기토를 제어해야 한다는 의미이다.

③ 진월(辰月) : 임(壬), 갑(甲)

진월은 무토가 월령을 얻었으니 굉장히 강하나. 갑목으로 무토의 세력을 억제하고 임수로서 조후한다.

궁통보감에서 이르기를 "진월신금 무토사령 신승정기 모왕자상 선임후갑 임갑양투 부귀필연(辰月辛金 戊土司令 辛承正氣 母旺子相 先壬後甲 壬甲兩透 富貴必然)"이라고 했다. 해석하면 진월 신금은 무토가 사령하니 신금의 기운이 상승하므로 기운이 왕성한 어머니가 아들을 돕는 형국이다. 먼저 임수를 취용하고 뒤에 갑목을 취용한다. 임수와 갑목이 모두 투출하면 당연히 부귀하게 된다는 의미이다.

④ 사월(巳月) : 임(壬), 계(癸)

사월은 화가 왕성한 여름이 시작되는 시기이다. 임수를 용신으로 삼아야 한다.

궁통보감에서는 "사월신금 시봉수하 기병화지조열 희임수지세도(巳月辛金 時逢首夏 忌丙火之燥烈 喜壬水之洗陶)"이라 했다. 해석하면 사월 신금은 여름이 시작되는 시기이니 병화로서 조열해지는 것을 꺼리고 임수로서 깨끗이 씻어내는 것을 기뻐한다는 의미이다.

⑤ 오월(午月) : 임(壬), 계(癸)

오월은 화(火)의 기운이 최고조에 달한다. 따라서 임수가 조후용신이다.

궁통보감에서 이르기를 "오월신금 정화사권 신금실령 음유지극 불의하련 수기임겸용(午月辛金 丁火司權 辛金失令 陰柔之極 不宜煆煉 須己壬兼用)"이라 했다. 해석하면 오월 신금은 정화가 사령하고 신금은 실령하였으므로 제련되는 것은 좋지 못하니 모름지기 기토와 임수를 겸해서 취용하여야 한다는 의미이다.

⑥ 미월(未月) : 임(壬)

미월은 화의 세력이 강한 조토에 해당하므로 임수가 용신이 된다.

궁통보감에서는 "미월신금 기토당권 보조태다 공엄금광 선용임수 취경좌지 임경양투 과갑공명(未月辛金 己土當權 輔助太多 恐掩金光 先用壬水 取庚佐之 壬庚兩透 科甲功名)"라 했다. 해석하면 미월신금은 기토가 당령하여 강하므로 빛을 가려버릴 수 있으므로 먼저 임수를 취용하고 후에 경금으로 보좌하여야 한다. 임수와 경금이 모두 투출하면 과거에 급제하여 공명을 이루게 된다는 의미이다.

⑦ 신월(申月) : 임(壬), 갑(甲)

신월은 금 기운이 왕성해지는 계절이다. 갑목으로 조후하고 임수로서 설기하여야 한다.

궁통보감에서 이르기를 "신월신금 치경사령 불왕자왕 차임수거신 사주불견무토 태원무장신내 위임제안 인명득차 위관청정 단불부이(申月辛金 値庚司令 不旺自旺 且壬水居申 四柱不見戊土 胎元戊藏申內 爲壬提岸 人命得此 爲官淸正 但不富耳)"이라 했다. 해석하면 신월의 신금은 경금이 사령하고 신월에 임수가 생하므로 스스로 왕성한 시기이다. 사주에서 무토를 보지 않아도 신월의 지장간에 무토가 있어서 임수의 제방역할을 한다. 이 경우 부유하지는 않지만 맑고 정의로운 관직생활을 한다는 의미이다.

⑧ 유월(酉月) : 임(壬)

유월은 금 기운이 최고조를 이루는 시기이다. 갑목으로 조후하고 임수로서 설기하여야 한다.

궁통보감에서는 "유월신금 당권득령 왕지극의 전용임수도세(酉月辛金 當權得令 旺之極矣 專用壬水淘洗)"라고 했다. 해석하면 유월 신금은 당권을 얻었으니 매우 왕성하다. 오로지 임수로서 씻어내어야 한다는 의미이다.

⑨ 술월(戌月) : 임(壬), 갑(甲)

술월은 무토가 사령한 달이므로 토 기운이 강하다. 갑목으로 제어해야 한다. 또한 조토이므로 수 기운이 전혀 없는 깡마른 토지이다. 임수로 조후하여야 한다.

궁통보감은 "술월신금 무토사령 모왕자상 수갑소토 임설왕금 선임후갑 임갑양투 도동지선(戌月辛金 戊土司令 母旺子相 須甲疎土 壬洩旺金 先壬後甲 壬甲兩透 桃洞之仙)"라 하여 술월신금은 무토가 사령하였으니 왕성한 어머니가 자식을 생하는 형국이다. 갑목으로 소토하여야 하고 임수로서 왕한 금을 설기하여야 하므로 먼저 임수를 취용하고 다음에 갑목을 취용한다. 임수와 갑목이 모두 투출하면 무릉도원의 신선과 같다는 의미이다.

⑩ 해월(亥月) : 병(丙), 임(壬)

해월은 수 기운이 시작되며 겨울의 시작이다. 춥고 차가운 기운이 시작된다. 병화로서 조후하여야 한다.

궁통보감에서는 "해월신금 시치소양 양점승 한기장강 선용임수 차취병화 임병양투 금방제명(亥月辛金 時値小陽 陽漸升 寒氣將降 先用壬水 次取丙火 壬丙兩透 金榜題名)"라고 하였다. 해석하면 해월 신금은 양이 점차 상승하는 시기이며 차가운 기운이 점차 하강하는 시기이다. 먼저 임수를 취용하고 다음에 병화를 취용한다. 임수와 병화가 모두 투출하면 그 이름이 귀하게 된다는 의미이다.

⑪ 자월(子月) : 병(丙), 임(壬)

자월은 수 기운이 절정을 이루는 달이다. 춥고 차갑고 한랭하다. 반드시 병화의 기운으로 조후하여야 한다.

궁통보감에서는 "자월신금 계수사령 위한동우로 절기계출동금 이곤병화 임병양투 불견무계 의금요금(子月辛金 癸水司令 爲寒冬雨露 切忌癸出凍金 而困丙火 壬丙兩透 不見戊癸 衣錦腰金)"라고 하였다. 해석하면 자월 신금은 추운 겨울의 비와 서리와 같은 계수가 사령한다. 계수가 나타나서 금을 얼게하고 병화를 곤란하게 하기 때문에 임수와 병화가 모두 투출하고 무토와 계수를 보지 않는다면 비단 옷을 입고 금으로 허리띠를 두른 듯이 귀하게 된다는 의미이다.

⑫ 축월(丑月) : 병(丙), 임(壬)

축월은 너무 춥고 냉한 계절이다. 병화로서 조후하여야 한다.

궁통보감에서는 "축월신금 한동지극 선병후임 무병불능해동 무임불능세도 병임양투 금마옥당지객(丑月辛金 寒凍之極 先丙後壬 無丙不能解凍 無壬不能洗淘 丙壬兩透 金馬玉堂之客)"라고 하였다. 해석하면 축월 신금은 춥고 차가운 기운이 극치를 이루는 시기이다 먼저 병화로 취용하고 나중에 임수를 취용한다. 병화가 없으면 해동이 불가능하고 임수가 없으면 씻어낼 수가 없다. 병화와 임수가 모두 투출하면 귀한 사람이라는 의미이다.

9) 임수

① 인월(寅月) : 경(庚), 병(丙)

인월 임수는 습한 계절에 목의 기운이 강하니 병화로 조후하고 경금으로 보좌하여야 한다.

궁통보감에서도 "인월임수 왕양지상 능병백천지류 연수성유약 의용경금지원 서불치 왕양무도 유경병무삼자제투 과갑공명(寅月壬水 汪洋之象 能幷百川之流 然水性柔弱 宜用庚金之源 庶不致汪洋無度 有庚丙戊三者齊透 科甲功名)"이라 하여 인월임수는 큰 바다와 같은 모양으로 수많은 하천들이 모여서 이루어지나 수의 성질은 유연하고 약하니 당연히 경금을 취용하여 물의 근원으로 삼아 큰 바다에 도착하지 않는 경우가 없어야 한다. 경금, 병화, 무토 삼자가 모두 투출하면 과거에 급제한다는 의미이다

② 묘월(卯月) : 경(庚), 무(戊)

묘월은 목 기운이 가장 강하다. 경금으로 조후하고 무토로서 보좌한다.

궁통보감에서 이르기를 "묘월임수 한기초제 유병류지상 불용병난 전취무토신금 묘월임수 선무후신 경금차지(卯月壬水 寒氣初除 有幷流之相 不用丙暖 專取戊土辛金 卯月壬水 先戊後辛 庚金次之)"이라 하여 묘월 임수는 한기가 아직 남아있지만 물이 그르게 흐르는 모습이므로 병화로서 따뜻하게 하지 않아도 된다. 무토와 신금을 취용하는 것이 좋다. 묘월임수 먼저 무토를 취용하고 나중에 신금을 취용하며 경금은 그 다음이라는 의미이다.

③ 진월(辰月) : 갑(甲), 경(庚)

진월은 무토가 월령을 얻었으니 굉장히 강하다. 갑목으로 무토의 세력을 억제하여야 한다.

궁통보감에서 이르기를 "진월임수 무토사권 공유추산색해지환 선용갑소계토 차취경금(辰月壬水 戊土司權 恐有推山塞海之患 先用甲疏季土 次取庚金)"이라고 했다. 해석하면 진월 임수는 무토가 사령하는데 임수를 막을까 두렵다. 갑목으로 토를 소토하고 다음으로 경금을 취용한다는 의미이다.

④ 사월(巳月) : 임(壬), 경(庚)

사월은 화가 왕성한 여름이 시작되는 시기이다. 임수를 용신으로 삼아야 한다.

궁통보감에서는 "사월임수 병화사권 수약극의 전취임수비견위조 차취신금발원 차암합병화 경금위좌(巳月壬水 丙火司權 水弱極矣 專取壬水比肩爲助 次取辛金發源 且暗合丙火 庚金爲佐)"이라 했다. 해석하면 사월 임수는 병화가 사령하여 수가 극히 약해지는 시기이다 먼저 임수 비견을 취용하고 다음으로 신금으로 그 발원을 삼으면서 병화와 암합하여 그 역할을 못하게 하며 경금으로 보좌한다는 의미이다.

⑤ 오월(午月) : 임(壬), 계(癸)

오월은 화(火)의 기운이 최고조에 달한다. 따라서 임수가 조후용신이다.

궁통보감에서 이르기를 "오월임수 정왕임약 취계위용 취경위좌 무경불능발수 무계불능상정(午月壬水 丁旺壬弱 取癸爲用 取庚爲佐 戊庚不能發水 無癸不能傷丁)"이라 했다. 해석하면 오월 임수는 정화가 왕하고 임수가 약한 시기이다. 계수를 취용하고 경금으로 보좌한다. 경금이 없으면 수를 도울 수 없고 계수가 없으면 정화를 제어할 수 없다는 의미이다.

⑥ 미월(未月) : 신(辛), 갑(甲), 계(癸)

미월은 토가 강하다 이를 설기하는 신금이 용신이다.

궁통보감에서는 "미월임수 기토당권 정화퇴기 선용신금계수 차용갑목벽토 미월임수

선신후갑 차취계수(未月壬水 己土當權 丁火退氣 先用辛金癸水 次用甲木劈土 未月壬水 先辛後甲 次取癸水)"라 했다. 해석하면 미월임수는 기토가 당령하여 힘이 강하다. 먼저 신금과 계수로 취용하여야 한다. 그 다음에 갑목으로 취용하여 토를 가꾼다. 미월임수는 먼저 신금을 취용하고 나중에 갑목을 쓴다. 그 다음에 계수를 취용한다는 의미이다.

⑦ 신월(申月) : 정(丁), 무(戊), 갑(甲)

신월은 금 기운이 왕성해지는 계절이다. 갑목으로 조후하고 정화로서 제련하여야 한다.

궁통보감에서 이르기를 "신월임수 경금사령 임득신지장생 원류자원 전약위강 전용무토 차취정화좌무제경(申月壬水 庚金司令 壬得申之長生 源流自遠 轉弱爲强 專用戊土 次取丁火佐 戊制庚)"이라 했다. 해석하면 신월의 임수는 경금이 사령하는 시기이다. 임수가 신월에 장생을 얻어 스스로 멀리 흐를수 있게 되었다. 약이 강으로 변하니 이를 제극할 무토가 용신이 된다. 그 다음으로 정화로서 보좌하여 경금을 제련하여야 한다는 의미이다.

⑧ 유월(酉月) : 갑(甲), 경(庚)

유월은 금 기운이 최고조를 이루는 시기이다. 갑목으로 조후하여야 한다.

궁통보감에서는 "유월임수 신금사권 정금백수청 기무토위병 전용갑목(酉月壬水 辛金司權 正金白水清 忌戊土爲病 專用甲木)"라고 했다. 해석하면 유월 임수는 신금이 사령하는 달이다. 이를 금백수청이라 하는데 기토는 병이 되어 기피하고 갑목을 용신으로 한다는 의미이다.

⑨ 술월(戌月) : 갑(甲), 병(丙)

술월은 무토가 사령한 달이므로 토 기운이 강하다. 갑목으로 제어해야 한다.

궁통보감은 "술월임수진기 기성장후 약일파임수 견일갑 제술중시무 무우술간 사용병화 차격청귀극의(戌月壬水進氣 其性將厚 若一派壬水 見一甲 制戌中之戊 戊又出干 斯用丙火 此格清貴極矣)"라 하여 술월임수는 수 기운으로 나아가는 시기이므로 그 성질이 장후하다. 만약 한무리의 임수가 있고 갑목을 본다면 술중의 무토를 제어할 수 있고 무토가 천간에 있다면 병화를 사용하면 그 격이 매우 귀하다는 의미이다.

⑩ 해월(亥月) : 병(丙), 무(戊), 경(庚)

해월은 수 기운이 시작되며 겨울의 시작이다. 춥고 차가운 기운이 시작된다. 병화로서 조후하여야 한다.

궁통보감에서는 "해월임수사권 지왕지극 취무위용(亥月壬水司權 至旺之極 取戊爲用)"라고 하였다. 해석하면 해월은 임수가 사령하니 그 왕함이 극에 달하므로 무토를 취용하여야 한다는 의미이다.

⑪ 자월(子月) : 병(丙), 무(戊)

자월은 수 기운이 절정을 이루는 달이다. 춥고 차갑고 한랭하다. 반드시 병화의 기운으로 조후하여야 한다.

궁통보감에서는 "자월임수 양인방신 교전경왕 선취무토 차용병화(子月壬水 陽刃幫身 較

前更旺 先取戊土 次用丙火)"라고 하였다. 해석하면 자월 임수는 양인의 달이라 임수가 무척 강하다. 무토를 먼저 취용하고 다음에 병화를 취용한다는 의미이다.

⑫ 축월(丑月) : 병(丙), 정(丁), 갑(甲)

축월은 너무 춥고 냉한 계절이다. 병화로서 조후하여야 한다.

궁통보감에서는 "축월임수 왕극복쇠 하야 상반월계신주사 고왕 전용병화 하반월기토주사 고쇠 역용병화 갑목좌지(丑月壬水 旺極復衰 何也 上半月癸辛主事 故旺 專用丙火 下半月己土主事 故衰 亦用丙火 甲木佐之)"라고 하였다. 해석하면 축월 임수는 왕성함이 극에 달했다가 다시 쇠약해진다. 상반기는 계수와 신금이 주도하여 왕성하므로 병화를 취용하고 하반기에는 기토가 주도하여 시약해지므로 역시 병화로 취용하고 갑목으로 보좌한다는 의미이다.

10) 계수

① 인월(寅月) : 신(辛), 병(丙)

인월 계수는 습한 계절에 목의 기운이 강하니 병화로 조후하고 신금으로 보좌하여야 한다.

궁통보감에서도 "인월계수 치삼양지후 우로지정 기성지유 선용신금 생계수지원 차용병화조난 명음양화합 만물발생(寅月癸水 値三陽之後 雨露之精 其性至柔 先用辛金 生癸水之源 次用丙火照暖 名陰陽和合 萬物發生)"이라 하여 인월계수는 삼양이 지난 후로서 비와 이슬처럼 그 성격이 부드럽다. 신금을 취용하여 계수를 생하고 병화로 따뜻하게 해주면 음양이 화합하여 만물이 발생한다는 의미이다.

② 묘월(卯月) : 경(庚), 신(辛)

묘월은 목 기운이 가장 강하다. 경금으로 조후하고 신금으로 보좌한다.

궁통보감에서 이르기를 "묘월계수 불강불유 을목사령 설약원신 전용경금위용 신금차지 경신구투 무정출간자 귀유과갑 무경신자상인(卯月癸水 不剛不柔 乙木司令 洩弱元神 專用庚金爲用 辛金次之 庚辛俱透 無丁出干者 貴由科甲 無庚辛者常人)"이라 하여 묘월 계수는 강하지도 약하지도 않다. 을목이 사령하여 계수를 설기하기 때문에 계수가 약해지므로 경금으로 수원을 삼아야 한다. 그 다음이 신금이다. 경신이 함께 투출하고 정화가 투간되지 않으면 과거에 급제하여 귀하게 된다. 경신이 없으면 보통사람이라는 의미이다.

③ 진월(辰月) : 병(丙), 갑(甲), 신(辛)

진월은 습토이므로 계수가 더욱 차갑다. 병화로 조후하고 강한 토 기운을 제어할 갑목과 경금이 필요하다.

궁통보감에서 이르기를 "진월계수 요분청명곡우 청명후 화기미치 전용병화 위음양합해 곡우후 수용병화 상의신갑좌지(辰月癸水 要分淸明穀雨 淸明後 火氣未熾 專用丙火 爲陰陽合諧 穀雨後 雖用丙火 尙宜辛甲坐之)"라고 했다. 해석하면 진월 계수는 청명과 곡우로 나눌 필요가 있다. 청명후에는 화기가 치열하지 않아서 오로지 병화를 취용하여 음양의 화합을 이뤄야하고 곡우 후에는 병화를 취용하되 신금과 갑목으로 보좌하여야 한다는 의미이다.

④ 사월(巳月) : 신(辛), 임(壬), 경(庚)

사월은 화가 왕성한 여름이 시작되는 시기이다. 계수를 지원할 임수와 경, 신금이 보좌하여야 한다.

궁통보감에서는 "사월계수 희신금위용 무신용경 약신고투 불견정화 가이임투 주과명영귀 성파사이 약유정파격 빈무입추 유임가면 신장무정 공감의금(巳月癸水 喜辛金爲用 無辛用庚 若辛高透 不見丁火 加以壬透 主科名榮貴 聲播四夷 若有丁破格 貧無立錐 有壬可免 辛藏無丁 貢監衣衿)"이라 했다. 해석하면 사월 계수는 신금을 취용하는 것을 기뻐한다. 신금이 없으면 경금을 취용한다. 만약 신금이 높이 투출하면 정화를 보지 않아야 한다. 임수가 투출함으로서는 부귀공명을 이룬다. 만약 정화가 있으면 파격이 되어 설자리가 없을 정도로 가난해진다, 이 때 임수를 보면 면할 수 있다. 신금이 지장간에 있고 정화가 없으면 평범한 직위에 오르게 된다는 의미이다.

⑤ 오월(午月) : 임(壬), 계(癸), 신(辛), 경(庚)

오월은 화(火)의 기운이 최고조에 달한다. 따라서 임수가 조후용신이다.

궁통보감에서 이르기를 "오월계수 지약무근 필수경신위생신지본 단정화사권 금난적화 안능자양계수 의견비겁 방득신금지용 오월계수 경신임참작병용가야(午月癸水 至弱無根 必須庚辛爲生身之本 但丁火司權 金難敵火 安能滋養癸水 宜見比劫 方得辛金之用 午月癸水 庚辛壬叁酌並用可也)"이라 했다. 해석하면 오월 계수는 뿌리가 없어서 약하다. 일간을 생하기 위해서는 경, 신금이 필수적이다. 단, 정화가 사령하여 화가 금을 어지럽히므로 계수, 비겁을 통해 자양하도록 도와야 한다. 이 때 신금을 용신으로 삼아야 한다. 오월계수는 사주를 참작하여 경, 신, 임을 병용하여야 한다는 의미이다.

⑥ 미월(未月) : 신(辛), 경(庚), 임(壬), 계(癸)

미월은 토가 강하다. 이를 설기하는 신금이 용신이다.

궁통보감에서는 "미월계수 유상하월지분 하반월경신유기 상반월경신휴수(未月癸水 有上下月之分 下半月庚辛有氣 上半月庚辛休囚)"라 했다. 해석하면 미월계수는 상반기, 하반기로 나누어야 한다. 하반기는 경금과 신금이 기력이 있고 상반기는 경금과 신금이 약하다는 의미이다.

⑦ 신월(申月) : 정(丁), 무(戊), 갑(甲)

신월은 금 기운이 왕성해지는 계절이다. 갑목으로 조후하고 정화로서 제련하여야 한다.

궁통보감에서 이르기를 "신월계수 정모왕자상지시 계수사신 수부지신중유경생지 명사처봉생 약중복강 즉운행서북 역불사야 단경사령 강예극의 필취정화위용 혹정투유갑 명유염지화 필주과갑(申月癸水 正母旺子相之時 癸雖死申 殊不知申中有庚生之 名死處逢生 弱中復强 卽運行西北 亦不死也 但庚司令 剛銳極矣 必取丁火爲用 惑丁透有甲 名有燄之火 必主科甲)"이라 했다.

해석하면 신월의 계수는 어머니(인성)이 자식(비겁)을 생하는 시기이다. 계수는 신월에 죽는데 신월의 지장간에 경금이 있어서 계수를 생하므로 죽는 그 자리가 바로 생하는 절처봉생의 자리이므로 약하지만 강하다. 즉 운의 흐름이 서북으로 흐르면 계수는 죽지 않는다. 단 경금이 사령하므로 지나치게 강하고 예리하므로 반드시 정화를 취용하여야 한다. 만약 정화가 투출하고 갑목이 있으면 불이 불꽃을 내는 형국이므로 반드시 과거에 급제한다는 의미이다.

⑧ 유월(酉月) : 병(丙), 신(辛)

유월은 금 기운이 최고조를 이루는 시기이다. 병화로 조후하여야 한다.

궁통보감에서는 "유월계수 신금허령 비완금가비 정금백수청 고취신금위용 병화좌지 명수난금온 여병여신격위동투 주과갑공명(酉月癸水 辛金虛靈 非頑金可比 正金白水淸 故取辛金爲用 丙火佐之 名水暖金溫 如丙與辛隔位同透 主科甲功名)"라고 했다. 해석하면 유월계수는 신금에서 약하니 신금으로 보완하여야 한다. 이를 금백수청이라 하니 고로 신금을 취용하여야 하고 병화가 보좌하여야 한다. 그러면 금수가 모두 따뜻해진다. 병화가 신금이 간격을 두고 모두 투출하면 과거에 급제하여 공명을 이루게 된다는 의미이다.

⑨ 술월(戌月) : 신(辛), 갑(甲), 임(壬), 계(癸)

술월은 무토가 사령한 달이므로 토 기운이 강하다. 신금으로 설기하고 갑목으로 제어해야 한다.

궁통보감은 "술월계수 실령무근 무토사권 극제태과 전용신금발수지원 요비견자갑제무방묘(戌月癸水 失令無根 戊土司權 剋制太過 專用辛金發水之源 要比肩滋甲制戊方妙)"라 하여 술월계수는 뿌리가 없어 실령하였고 무토가 사령하여 태과하므로 이를 극제하여야 하기 때문에 신금을 취용하여 계수의 발원으로 삼아야 한다. 임, 계수 비견이 갑목을 도와 무토를 제어하면 더욱 묘책이 된다는 의미이다.

⑩ 해월(亥月) : 병(丙), 경(庚), 신(辛)

해월은 수 기운이 시작되며 겨울의 시작이다. 춥고 차가운 기운이 시작된다. 병화로서 조후하여야 한다.

궁통보감에서는 "해월계수 왕중유약 하야 인해요목 설산원신 의용경신위묘 득경신양투 불견정상자 공명유준(亥月癸水 旺中有弱 何也 因亥謠木 洩散元神 宜用庚辛爲妙 得庚辛兩透 不見丁傷者 功名有准)"라고 하였다. 해석하면 해월계수는 해중 갑목이 있어 계수를 설기하므로 왕하면서도 약하다. 마땅히 경금과 신금을 취용하는 것이 묘책이다. 경신금이 모두 투출하고 정화를 보지 않으면 공명을 이룬다는 의미이다.

⑪ 자월(子月) : 병(丙), 신(辛)

자월은 수 기운이 절정을 이루는 달이다. 춥고 차갑고 한랭하다. 반드시 병화의 기운으로 조후하여야 한다.

궁통보감에서는 "자월계수 치빙동지시 금수무교환지상 전용병화해동 서불치성동 우요신금자부(子月癸水 値冰凍之時 金水無交歡之象 專用丙火解凍 庶不致成凍 又要辛金滋扶)"라고 하였다. 해석하면 자월 계수는 얼고 차가운 시기이므로 금수의 지원이 필요하지 않는 상황이다. 오로지 병화를 취용하여 해동하여야 한다. 해동되지 않는다면 신금으로 계수를 자양하여야 한다는 의미이다.

⑫ 축월(丑月) : 병(丙)

축월은 너무 춥고 냉한 계절이다. 병화로서 조후하여야 한다.

궁통보감에서는 "축월계수 한극성빙 만물불능서태 의병화해동(丑月壬水 旺極復衰 何也 上半月癸辛主事 故旺 專用丙火 下半月己土主事 故衰 亦用丙火 甲木佐之)"라고 하였다. 해석하면 축월 계는 얼고 추운 계절이다. 만물의 성장이 불가능하므로 당연히 병화로서 해동하여야 한다는 의미이다.

제4절 병약(病藥)·통관(通關)·전왕(專旺) 용신

1. 병약용신

1) 개념

병(病)이란 사주팔자에서 균형과 조화를 무너뜨리는 글자를 말한다. 그리고 그 병을 극제하거나 설기하는 글자를 약(藥) 또는 약신(藥神)이라 한다. 이렇게 병을 치유하는 글자를 병약(病藥)용신이라 부른다. 병약용신에는 크게 4가지 유형이 있다.

첫째는 일간을 극심하게 극하거나 설기하여 일간이 극히 쇠약해지는 경우이다. 이 경우에는 일간이 병을 얻었다고 한다. 따라서 일간의 병을 치유할 수 있는 글자가 약이 된다. 이렇게 일간의 병을 치유할 수 있는 글자, 즉 약이 되는 글자를 병약용신인 것이다.

두 번째는 일간이 아니라도 사주팔자 중에서 유독 많거나 뿌리가 강한 글자가 병이 된다. 왜냐 하면 상대적으로 그 강한 글자로부터 극을 받거나 설기 당하는 글자가 병을 얻게 되기 때문이다. 그 글자가 일간이면 더더욱 병이 된다. 따라서 사주팔자 중에서 유독 많거나 강한 글자를 설기하거나 극제하여 그 활동력을 약화시키는 글자는 약이 된다. 이 때 이 약이 되는 글자가 바로 병약용신인 것이다.

세 번째는 이를 오행으로 설명할 수 있다. 즉 오행 중 유독 강하거나 많은 오행이 병이 되고 이를 극제하거나 설기하는 오행이 약이 되는 것이다. 이 때 약이 되는 오행이 병약용신이 된다. 이는 자칫 억부용신과 같은 개념으로 해석할 수 있다. 실제 사주팔자를 간명할 때는 구분하는 것이 무의미할 때가 많다. 하지만 처방에 따라 병을 완치시킬 수도 있고 병을 더욱 악화시킬 수도 있으므로 병약용신으로 구분하여 해석하는 것이 논리적으로는 오히려 더 타당하다고 할 것이다.

네 번째는 용신이나 희신을 극제하거나 설기하여 용신이나 희신의 역할과 기능을 무너뜨리는 글자가 병이 되고 그 병을 극제하거나 설기하는 글자가 약이 되는 경우이다. 사주팔자에서 용신과 희신은 균형과 조화의 아이콘(icon)이다. 이를 극제하거나 설기하여 균형과 조화를 무너뜨리면 사주팔자는 급격히 한 쪽으로 기울게 되고 운명은 불균형을 이루게 된다. 이렇게 용신과 희신을 자극하는 것이 병이고 이를 치유하는 것이 약인 것이다.

위 4가지 중 첫 번째부터 세 번째는 억부용신과 구조가 같다. 그리고 네 번째는 기신과 구신은 병이 되고 이를 제거하는 것이 약이 되는 것을 의미한다. 따라서 억부용신과 같은 구조는 억부용신으로 취급하기 때문에 병약용신에서 제외하면 네 번째 해당되는 것이 진정한 병약용신이라 할 수 있다.

사실 병약용신은 잘 사용하지 않는다. 왠만하면 억부용신으로 해석이 가능하기 때문이다. 하지만 사주 구성을 자세히 살피면 억부용신으로 해결할 수 없는 부분이 많다. 그 때는 병약용신이 절대적이다.

2) 해석

일간을 기준으로 병약용신을 찾으려면 일간이 강할 때와 약할 때를 구분할 수 있어야 한다. 강할 때는 인성과 비겁이 병이 되고 약할 때는 식상, 재성, 관성 등이 병이 된다. 이는 억부의 논리와 같다. 따라서 이 때의 병약용신은 억부용신과도 같다.

다만 일간을 가장 괴롭히는 것이 관성이고 특히 편관, 칠살이 더욱 심하게 일간을 괴롭히는 역할을 하므로 칠살이 강할 때는 일간의 입장에서 가장 악명 높은 병이 된다.

따라서 일간을 중심으로 해석하면, 일간이 약할 때 칠살이 많거나 강하면 병이되므로 이 칠살을 설기하는 인성이나 칠살을 극제하는 식상이 약이 되는 것이다. 이 경우 일간이 홀로 외로이 뿌리없이 무력하게 존재한다면 식상이 약이 돼서는 안 된다. 왜냐 하면 비록 칠살을 극제한다고 하더라도 쇠약한 일간의 기운이 소진될 수 있기 때문이다.

이처럼 일간이 홀로 외로이 뿌리없이 무력하게 존재한다면 식상은 약이 될 수 없고 인성이 약이 된다. 인성은 칠살을 설기함과 동시에 쇠약한 일간에게 힘을 보태주어 강하게 하기 때문이다. 따라서 일간이 홀로 외로이 뿌리없이 무력하게 존재한다면 인성이 약이 되는 것이다. 만약 인성이 없고 식상만 있다면 우선 급하게 식상으로 약을 대신하지만 완벽한 처방이 될 수는 없다.

일간이 쇠약하여 인성이 용신이 되는데 인성을 극하는 재성이 투출하여 뿌리를 가지고 있다면 재성이 강하여 인성의 역할을 극제하므로 재성이 병이 된다. 이 때는 재성을 극하는 비겁이 병약용신이 된다.

(표 110) 칠살이 강하여 병이되고 인성이 약이 되는 경우

시	일	월	연
임(壬)	병(丙)	기(己)	임(壬)
진(辰)	자(子)	유(酉)	인(寅)

92	82	72	62	52	42	32	22	12	2
기	무	정	병	을	갑	계	임	신	경
미	오	사	진	묘	인	축	자	해	술

위 사주는 일간이 연지에 뿌리를 두고 있어 약하지는 않으나 칠살 임수가 천간에도 투출하여 왕하고 지지에도 뿌리가 있어 강하므로 일간 병화에게는 병이 된다. 이 병을 치유할 수 있는 약이 갑, 을목과 무, 기토이다.

무토는 없고 기토는 있으나 약한 일간을 설기하므로 일간이 쇠약해질 수 있다. 그래서 약으로 취용하기가 쉽지 않다, 그렇다면 일간을 돕는 갑, 을목이 약이 될 수 있는데 안타깝게도 지장간에 숨어 있어 그 힘이 약하다. 그래도 갑, 을목을 처방약으로

취용하여 임수 칠살을 설기하는 것이 최선이다.

따라서 위 사주의 병약용신은 갑, 을목이 된다. 특히 갑목이 을목보다 더 효과적이다. 왜냐 하면 설기하거나 극제할 때는 양간은 양간으로 하고 음간은 음간으로 하는 것이 더 효과적이기 때문이다.

그런데 위 사주는 재성이 월령을 차지하여 무척 강하다. 이 때 재성은 용신인 인성을 극하여 그 기능과 역할을 무력화 시킨다. 때문에 위 사주에서 병은 재성이 된다. 그리고 재성을 극하는 비겁이 약이 된다. 안타깝게도 비겁이 연지 지장간에 숨어 있으니 그 세력이 약하다는 것이 이 사주의 단점이다. 다만 연지 인목은 용신(用神)인 갑목과 약신(藥神)인 병화를 모두 지장간에 품고 있어 인목이 대단히 중요한 사주이다. 따라서 인목이 다치면 안 되는 사주이다.

이와 같이 병약용신은 강한 오행이 있으면 이것이 병이 되고 이를 극제하거나 설기하는 것이 약이 되므로 이를 병약용신이라 한다. 따라서 병약용신은 다음과 같이 정리할 수 있다.

① 식상이 강하면 극하는 인성과 설기하는 재성이 용신이다.
② 재성이 강하면 극하는 비겁과 설기하는 관성이 용신이다.
③ 관성이 강하면 극하는 식상과 설기하는 인성이 용신이다.
④ 인성이 강하면 극하는 재성과 설기하는 비겁이 용신이다.
⑤ 비겁이 강하면 극하는 관성과 설기하는 식상이 용신이다.

2. 통관용신

1) 개념

통관(通關)이란 이쪽과 저쪽을 통하게 하는 것이다. 즉 막혔던 것을 뚫어주는 것을 통관이라 한다. 그리고 통관에 해당하는 오행, 십성, 육친을 통관용신(通關用神)이라 한다. 사주팔자에서 막히는 대표적인 경우는 3가지 유형이 있다.

첫째는 오행의 흐름이 특정 오행에서 단절되어 끊기는 경우이다. 예를 들면 목→화, 금→수→목과 같이 토에서 끊긴 경우를 말한다. 이 때는 기(氣)의 흐름이 토에서 단절되었으니 토가 있으면 기의 흐름이 원활히 이루어진다. 이 때의 통관용신은 토이다.

두 번째는 특정 오행이 너무 강하고 그 오행이 극하는 오행의 세력이 약하여 이 둘 사이에서 강한 오행의 힘을 설기하여 약한 오행으로 세력을 유통시키는 경우를 통관이라 한다. 예를 들면 수의 세력이 너무 강하여 화를 극제하고 있을 때 화가 세력을 잃고 그 기능을 상실하고 있는데 수와 화 사이의 목이 있어 강한 수를 설기하고 약한 화를 도우면 통관이 되고 이 때의 목이 통관용신이 된다.

세 번째는 두 세력이 팽팽하게 대치하고 있는 경우 이 두 세력의 사이에서 힘의 균형이 순조롭게 흐를 수 있도록 유통시키는 경우를 통관이라 한다. 예를 들면 금과 목이 서로 세력이 강하여 대치할 때 이를 중간에 있는 수가 두 세력의 균형을 잡아주는 역할을 한다, 때문에 이때는 수가 통관용신이 된다.

이렇듯 통관용신이란 사주의 흐름이 막히는 경우 이를 원활히 유통시키는 역할을 하는 오행, 십성, 육친을 말한다. 위의 사례 중에서 첫 번째는 사주팔자에 통관용신이 존재하지 않음으로서 용신으로 취용하기에는 부족하다, 행운에서 오면 다행이지만 사주팔자에 들어 있지 않으면 용신으로 취용할 수가 없어서 실용성이 떨어진다. 두 번째는 억부용신과 그 구조가 같다. 따라서 억부용신과 병용하면 효과적이다. 그리고 세 번째는 통관되지 않으면 안 되는 구조로서 가장 통관다운 형태이다. 그래서 흔히 세 번째의 경우에 국한하여 통관용신으로 삼는 경우가 대부분이다.

2) 해석

통관용신은 사주에서 기의 순환이 순조롭지 못할 때, 막힌 것을 뚫어서 기의 흐름 도는 순환을 원활하게 해주는 것이다. 즉 통관용신은 사주 전체 오행의 흐름을 통하게 하는 오행이다.

따라서 통관용신이 성립이 되려면 두 세력 간의 힘의 균형이 급격히 깨져 있거나 팽팽히 대치하고 있을 때 성립된다. 급격히 깨져 있어서 특정 오행이 다른 오행을 극하는 경우가 지나칠 때 그 사이의 오행이 통관용신이 된다.

예를 들면 금(金)이 목(木)을 극하면 수(水)를 통관용신으로 삼아서 금생수(金生水), 수생목(水生木)으로 기의 흐름을 뚫어준다. 또한 토(土)가 수(水)를 극하면 금(金)을 통관용신으로 삼아서 토생금(土生金), 금생수(金生水)로 기의 흐름을 뚫어준다. 그리고 목(木)이 토(土)를 극하면 화(火)를 통관용신으로 삼아서 목생화(木生火), 화생토(火生土)로 기의 흐름을 뚫어준다. 수(水)가 화(火)를 극하면 목(木)을 통관용신으로 삼아서 수생목(水生木), 목생화(木生火)로 기의 흐름을 뚫어준다. 화(火)가 금(金)을 극하면 토(土)를 통관용신으로 삼아서 화생토(火生土), 토생금(土生金)으로 기의 흐름을 뚫어준다. 이것이 통관용신의 기본이다.

(표 111) 금과 목이 세력 다툼을 하는 경우

시	일	월	연
갑(甲)	경(庚)	갑(甲)	경(庚)
신(申)	자(子)	신(申)	인(寅)

또한 두 세력의 대치상태로 상존하고 있는 경우에도 통관용신을 취용하여야 한다. 위 사주에서 보면 금과 목이 서로 맞서고 있다. 다행히 일지에 자수(子水)가 있어 금의 세력을 통관하고 목의 세력으로 그 힘을 보태어 균형을 이루게 되니 이 때는 자수(子水)가 통관용신이 된다.

3. 전왕용신

전왕이라 함은 사주팔자에 특정 오행이 강력한 세력을 형성하여 오직 그 세력만이 존재할 때를 말한다. 이 경우는 3가지 유형이 있다. 첫째는 특정 오행 하나만으로 사주가 구성된 경우이고, 두 번째는 특정오행을 돕는 오행과 더불어 두 개의 오행만으로 이루어진 경우이며, 세 번째는 특정오행과 적대관계인 오행만으로 구성된 경우 등이다.

첫 번째의 유형은 일간을 중심으로 하나의 오행으로 구성되었거나 다른 오행이 있어도 세력을 갖지 못해 유명무실함으로서 그 존재가치를 잃었을 때 일간에 해당하는 오행을 중심으로 전왕하다고 한다. 이 때는 일간이 너무 강하기 때문에 이를 극제하려 했다가는 오히려 일간의 세력에 의해 극제 당할 수 있다. 따라서 일간을 극해서는 안되므로 차라리 일간의 세력에 합류하는 것이 현명하다고 할 것이다. 그러므로 이 때는 일간과 같은 오행이 용신이 되며 이를 전왕용신이라 한다.

(표 112) 일간이 토이고 사주팔자가 모두 토로 구성된 경우

시	일	월	연
기(己)	무(戊)	기(己)	무(戊)
미(未)	술(戌)	미(未)	술(戌)

위 사주는 일간이 무토이고 다른 글자들도 모두 토로 이루어졌다. 따라서 토의 세력이 무척 강하다. 이 때 토를 설기하는 금과 토를 자극하는 목이 억부용신으로 역할을 할 수 있지만 오히려 토에 굴복당할 가능성이 더 크다. 따라서 이 때는 차라리 토로서 취용함이 현명할 것이다. 이 때의 토가 전왕용신인 것이다. 동시에 토를 생하는 화가 있다면 화도 토를 도와 토의 세력을 더욱 강화하므로 화도 전왕용신이 된다. 따라서 오행이 모두 같은 경우에는 해당 오행과 그 오행을 돕는 오행이 전왕용신이 되는 것이다.

(표 113) 일간이 토이고 사주팔자가 토와 화로 구성된 경우

시	일	월	연
정(丁)	무(戊)	병(丙)	무(戊)
사(巳)	술(戌)	진(辰)	술(戌)

위 사주는 일간 무토와 그 세력이 강력하고 토를 생하는 병화와 정화가 투출해 있다. 따라서 무토는 화의 생을 받게 되어 더욱 강력해졌다. 이 때는 일간과 같은 토와 일간을 돕는 화가 전왕용신이 된다.

한편 일간 오행은 오직 일간 하나 뿐이고 일간을 돕는 오행은 없거나 있어도 그 세력이 무척 약한 경우 상대적으로 일간을 설기하거나 일간을 극하는 오행이 그 세력을 얻게 되는데 이 때의 일간을 거의 기능을 상실하게 되므로 세력이 큰 오행에 편입되

는 편이 현명할 수 있다. 따라서 이 때는 그 세력을 잡은 오행이 전왕용신이 된다.

(표 114) 일간이 토이고 사주팔자가 토와 화로 구성된 경우

시	일	월	연
갑(甲)	무(戊)	을(乙)	갑(甲)
자(子)	인(寅)	해(亥)	인(寅)

위 사주는 일간 무토가 목과 수로 둘러싸여 있어서 무력하다. 특히 수의 도움을 받은 목의 세력이 너무 강하여 무토를 극하므로 견딜 수가 없다. 이 경우에는 무토가 차라리 목에게 항복하는 것이 현명하다. 따라서 이 경우에는 목과 목을 돕는 수가 전왕용신이 된다.

제7장

격국용신
(格局用神)

제1절 격국용신의 이해

1. 개념

1) 격국

격(格)이란 격식(格式), 법식(法式), 자리, 지위(地位), 인격(人格), 인품(人品) 등을 의미하는데 한마디로 표현하면 주위 환경(周圍 環境)이나 사정(事情)에 어울리는 분수(分數)나 품위(品位)를 격(格)이라 한다.

그리고 국(局)이란 판(장기·바둑), 구분(區分), 구획(區劃), 당면(當面)한 사태(事態), 모임, 회합(會合) 등을 의미한다. 풍수지리(風水地理)에서 말하는 '혈(穴)'과 '사(砂)'가 합(合)하여 이룬 자리도 국(局)이라고 한다.

따라서 사주팔자에서 격국(格局)이란 사주팔자의 지위, 판세, 품위, 품격 등을 나타내는 용어라고 할 수 있다. 사주팔자는 저마다 다르게 구성되며 팔자마다 독특한 특성이 있음을 알 수 있다. 모든 팔자가 각각 개성을 가지고 있기 때문에 이를 일일이 구분하여 분류한다는 것이 쉽지 않다. 그래서 일정한 규칙을 정하여 몇 개의 그룹으로 엮어 놓게 되는데 그 몇 개의 그룹으로 엮여진 것을 국이라 하고 그 국 중에서 각각의 국을 나누어 설명한 것을 격이라 하는 것이다.

사주팔자의 격국은 사람에게 비유하면 인격(人格), 품격(品格)과 같은 의미이다. 인격이란 사람으로서의 됨됨이, 사람의 품격(品格)을 말하는 것으로 인간으로서의 가치적 지위를 말하듯이 격국은 사주팔자의 가치적 지위를 말하는 것이다. 그래서 대부분의 술사들은 격국을 그릇으로 비유하여 사주팔자의 그릇의 크기로 측정하는 경우도 많다. 하지만 격국은 그릇의 크기뿐만 아니라 그릇의 기능과 모양, 색깔 등을 말하는 종합적인 지위를 일컫는다고 할 것이다.

결국 격국을 알면 해당 사주팔자의 특징, 개성, 크기, 색깔, 모양, 기능, 역할, 지위, 자격, 분수, 판세 등을 알 수 있는 것과 같다는 의미가 된다. 그러므로 격국은 사주팔자의 해석에서 굉장히 중요한 의미를 가지며 격국의 해석 없이 사주를 해석할 수 없고 격국의 의미 없이 사주의 의미도 없는 것과 같다고 할 것이다.

2) 용신

용신(用神)이란 신을 이용한다는 의미이다. 여기서 신이란 사주팔자의 균형과 조화를 지켜주는 저울추와 같은 역할을 하는 간지를 지칭한다. 다시 말하면 사주팔자의 균형과 조화가 깨졌을 때 또는 깨지려고 할 때 이를 잡아주는 역할을 하는 오행 간지를 신(神)이라 하고 이 신을 사용한다는 의미가 용신인 것이다.

사주팔자는 본질적으로 균형과 조화를 이루지 못한 상태에서 존재하기 때문에 반드시 용신이 존재하거나 존재하여야 한다. 용신이 없는 사주는 균형을 유지할 수 없어서 길흉과 진폭이 크고 넓게 나타난다고 할 것이다.

사주팔자가 격국을 이루면 성격(成格)되었다고 하고 그렇지 않으면 패격(敗格)되었다고 한다. 사주팔자 원국이 처음부터 성격된 경우도 있고 패격된 경우도 있다. 또한 성격되었다가 패격된 경우도 있고 패격되었다가 성격된 경우도 있다. 중요한 것은 성격된 사주는 흉보다 길이 더 많고 패격된 사주는 길보다 흉이 더 많다는 점이다.

이런 의미에서 격국용신이란 성격을 이루는 용신을 의미한다고 할 것이다. 때문에 사주팔자에서는 격국용신의 존재가 대단히 중요하다고 할 것이다. '자평진전'에서는 용신을 격국(格局)의 뜻과 동일하게 사용하고 있다. 즉, 격국=용신의 개념으로 해석하고 있다. 하지만 현대에 와서 격국과 용신은 분리되어 해석하고 있다. 현대적 의미로는 격국은 격국이고 용신은 용신이며 이 때의 용신은 자평진전에서 말하는 희신을 의미한다고 할 것이다.

2. 격국 용신 구하는 법

자평진전에서는 '팔자용신 전구월령(八字用神, 專求月令)'이라 하여 용신은 오직 월령에서 구한다고 했다. 사실 격국을 세우는 것과 용신을 구하는 것이 다른데 자평진전은 이를 같이 봤다는 점에서 자평진전의 용신을 격국으로 하고 자평진전의 희신을 용신으로 하여 해석하는 것이 현대적 시각이라 할 것이다.

격국을 구하는 방법은 일간과 월지의 대입에 의한다. 일간과 월지의 대입에 의해 생극제화의 원리로 확대해석하면 십성의 유형이 결정되고 그 결과에 따라 격국이 정해진다. 예를 들면 일간이 갑목이고 월지가 해일이면 수 생목의 구조에 의해 일지가 인성이 되고 해수가 음양의 양이므로 편인이 되니 편재격이라 하는 것이다.

그런데 월지, 지장간에는 2~3개의 천간이 있는데 이 중 어느 것이 격국을 이룰 것인가라는 문제가 발생한다. 이 때는 다음과 같은 몇 가지 규칙이 있다.

① 우선적으로 월지 그 자체를 격으로 본다.
② 특히 월지를 상징한 지장간, 즉 본기(지장간의 천간을 여기, 중기, 본기로 구분)가 천간에 투출하였다면 무조건 그것이 격이 된다.
③ 월지를 상징하는 지장간, 본기가 천간에 투출되지 않고 다른 지장간이 투출된 경우에는 그 투출한 지장간을 격으로 본다.
④ 지장간의 여기와 중기가 모두 투출한 경우에는 그 둘 중 세력이 더 센 것을 격으로 본다.
⑤ 세력이 같으면 지장간의 월률분야(월지를 차지하는 기간을 나타내는 말)에 따라 더 많이 차지하는 것이 격이 된다.
⑥ 진술축미(辰戌丑未)는 월지 지장간 중 투간 된 것이 격이 된다. 투간이 없을 때는 정기(正氣)를 격(格)으로 삼는다.
⑦ 자오묘유 등 왕지가 월지를 차지한 경우에는 그 투간과 관계없이 그 자체를 격

으로 본다. 이는 이미 왕지로서 그 세력을 확보했기 때문이다.

3. 격국 용신의 유형

1) 내격(內格)

이처럼 격을 정하는 데는 일정한 규칙이 있고 이 규칙에 의해 정해진 격은 크게 10가지가 있다. 일간과 월지를 대조하여 비견, 겁재, 식신, 상관, 편재, 정재, 편관, 정관, 편인, 정인 등이 있다. 이 때 비견과 겁재는 취용(取用)하지 않으나 양인(羊刃), 건록(建祿)이 될 때에는 양인격(羊刃格), 건록격(建祿格)이라 한다.

따라서 격은 건록격(建祿格), 양인격(羊刃格), 식신격(食神格), 상관격(傷官格), 편재격(偏財格), 정재격(正財格), 편관격(偏官格), 정관격(正官格), 편인격(偏印格), 정인격(正印格) 등 10격이 있고 여기서 건록격과 양인격을 제외할 때 8격이라 한다. 이 8격을 자평진전에서는 8정격(正格) 또는 정격(正格)이라 칭하였다. 정격을 다른 용어로 내격(內格)이라고도 한다. 현대명리학에서는 건록격(建祿格)을 비견격(比肩格)으로 하고 양인격(羊刃格)을 겁재격(劫財格)으로 하여 10격으로 규정하여 해석하고 있다. 우리나라 사주팔자의 중에서 70%가 여기에 해당한다.

자평진전에서는 격국이 재관인식(財官印食)에 해당하면 길(吉)한 격국이니 이는 순용(順用: 생조함)함이 마땅하고 격국이 살상겁인(殺傷劫刃)이면 좋지 않는 용신이니 이를 역용(逆用 : 극함)함이 마땅하다고 했다. 순용할 건 순용하고 역용할 건 역용하면 어느 격국이 되었든 귀격이 될 수 있다고 하였다. 이것이 용신이니 이를 격국용신이라 한다.

좋은 것을 순용해야 한다는 것은 ① 재성과 식신이 상생하는 것, ② 정관이 재성을 보호하는 것, ③ 재성이 투출하여 정관을 생 해주는 것, ④ 인성이 정관을 보호하는 것, ⑤ 인성과 관살이 상생하는 경우 겁재가 있어 재로부터 인성을 보호하는 것, ⑥ 신왕한 일간이 식신을 생하는데 식신이 재성을 생하여 식신이 보호되는 것 등이 있다.

그리고 좋지 않은 것을 역용(逆用)해야 한다는 것은 ① 칠살을 식신으로 제압하는 것(이 경우 재성이 칠살을 도와주는 것을 꺼리며 인성이 식신을 극하는 것을 꺼림), ② 왕성한 상관을 인수가 제복하는 것, ③ 상관이 재를 생하여 상관의 기가 재성으로 화하는 것, ④ 양인을 관살이 제복하는 것(이 때 관살이 없으면 나쁨), ⑤ 월겁(月劫 : 월지가 겁재)인데 정관이 투출하여 겁재를 제복하는 것, ⑥ 재성을 쓸 때 식신이 투출하여 겁재의 기운을 빼내어 재성을 생해주는 것 등이 있다.

사주를 보는 것은 먼저 용신이 어떤 지를 살피고 비로소 순용과 역용을 가려야 한다. 그런 후 연월일시의 간지를 배합하여 균형을 이루었는지를 살피면 부귀빈천의 이치가 자연히 드러날 것이다. 월령에서 용신을 구하지 않으면 진리를 잃을 수 있다. 제강(提綱 : 월지)만이 주체가 되고 사주간지 팔자를 모조리 월령에 대조하여 희기를 가려야 한다는 것이 원칙이다.

2) 외격(外格)

내격(內格)에 속하지 않는 것으로 외격(外格)과 잡격(雜格)이 있다. 외격(外格)은 다시 전왕격(專旺格), 종격(從格), 화격(化格) 등으로 나눌 수 있다.

① 전왕격 / 일행득기격

전왕격(專旺格)이란 오로지 하나의 오행으로 이루어진 격국을 말한다. 사주팔자 전체 기운이 하나의 오행으로 이루어진 경우는 ① 곡직(曲直)격, ② 염상(炎上)격, ③ 가색(稼穡)격, ④ 종혁(從革)격, ⑤ 윤하(潤下)격 등 5가지 있다. 이를 다른 용어로는 일행득기격(一行得氣格)이라고도 한다.

일행득기격이란 일단 일간과 강한 지지가 같은 오행으로 이루어진 것을 전제로 하며 ① 월지를 포함한 지지가 삼합이거나 방합인 경우, ② 월지를 포함한 지지가 합을 이루고 그 옆의 지지가 합을 이룬 오행과 같을 때, ③ 월지를 포함한 지지가 같은 오행으로 3개 이상일 때 이루어진다.

곡직(曲直)이란 굽음과 곧음이라는 의미로서 나무의 성질(性質)이 휘어지기도 하고 곧기도 하기 때문에 붙여진 명칭이다. 곧음의 성향이 대표적인 천간은 갑목이고 굽음의 성향이 대표적인 천간은 을목이다. 따라서 일간이 갑, 을 목인 경우와 천간의 대부분이 갑, 을목으로 구성된 경우이다. 동시에 갑을 상징하는 지지인 인목(寅木)이나 을을 상징하는 묘목(卯木)이 월지를 차지하고 이를 포함한 지지가 목국(木局) 삼합(亥卯未)이나 방합(寅卯辰)을 이루는 경우 곡직격이라 한다. 이 때 경신금(庚辛金)이 함께 있으면 관살(官殺)이 되어 곡직격(曲直格)으로 보지 않는다.

곡직격의 용신은 목이 된다. 그리고 목을 생하는 수가 희신이 되고 목을 극하는 금과 목이 극하는 토는 기구신이 된다. 이 때 화는 수의 상태에 따라 희신도 되고 한신도 된다.

염상(炎上)이란 불이 위로 불꽃을 피우며 타오르는 모습을 나타낸다. 오행의 화(火)의 성향을 나타내는 것으로서 대표적인 천간이 병정(丙丁)이다. 따라서 일간이 병정(丙丁)으로서 천간이 대부분 병정화이고 병을 상징하는 지지인 사(巳)나 정을 상징하는 지지인 오(午)가 월지를 차지하고 있으면서 이를 포함하여 화국(火局) 삼합(寅午戌)이나 방합(巳午未)를 이루고 있는 경우 염상격(炎上格)이라 한다. 이 때 임계수(壬癸水)가 있으면 관살(官殺)이 되어 염상격(炎上格)이 되지 않는다.

염상격의 용신은 화이 된다. 그리고 화을 생하는 목이 희신이 되고 화을 극하는 수와 화가 극하는 금는 기구신이 된다. 이 때 토는 목의 상태에 따라 희신도 되고 한신도 된다.

가색(稼穡)이란 곡식을 심고 거둔다는 의미이다. 이는 오행 토를 의미한다. 따라서 오행 토로 구성된 사주를 가색격이라 한다. 일간이 무, 기 토로 되어 있고 천간이 토로 이루어져 있으며 지지는 월지가 토를 상징하는 진술축미이며 지지가 진술축미로 이루어져 있으면 가색격이라 한다. 이 때 목의 기운이 남아 있으면 가색격이 되지 않는다.

　가색격의 용신은 토가 된다. 그리고 토를 생하는 화가 희신이 되고 토를 극하는 목과 토가 극하는 수는 기구신이 된다. 이 때 금은 화의 상태에 따라 희신도 되고 한신도 된다.

　종혁(從革)이란 혁(革)을 종(從)한다는 뜻으로 혁명(革命)하다는 의미이다. 오행 중에서 혁명의 성향을 나타내는 것이 금(金)이다. 따라서 종혁격은 금으로 이루어진 사주팔자를 말한다. 일간이 경신금이고 천간이 금으로 이루어져 있으며 천간 경을 상징하는 지지인 신금이나 천간 신을 상징하는 지지인 유금이 월지를 차지하고 있고 이를 포함하여 금국 삼합(巳酉丑)이나 방합(申酉戌)을 이룰 때 이를 종혁격이라 한다. 이 때 금을 극하는 오행 화의 세력이 없어야 한다.

　종혁격의 용신은 금이 된다. 금을 생하는 토는 희신이 되고 금과 대립 각을 이루는 화와 목은 기구신이 된다. 금의 생을 받는 수는 설기할 때는 희신이 되지만 금의 생하는 토의 세력에 따라서는 한신이 된다.

　윤하(潤下)라고 하는 것은 윤습(潤濕)하다, 즉 적시다, 습(濕)하다는 뜻이다. 하(下)라 함은 흘러내려 간다는 뜻으로 물이 흘러내리는, 흐르는 형상을 나타낸다. 즉, 물이 아래로 흐르는 것을 윤하라고 하고 그러한 성향을 나타내는 것이 오행 수(水)이므로 천간이 수에 해당하는 임계수가 일간을 이루고 천간의 대부분을 차지하며 임수를 상징하는 지지인 해(亥)와 계수를 상징하는 지지인 자(子)가 월지를 차지하고 이를 포함하여 지지가 수국 삼합(申子辰)이나 방합(亥子丑)을 이룰 때 윤하격이 성립된다. 이 때 수를 극하는 토가 세력이 없어야 한다.

　윤하격의 용신은 수이며 수를 생하는 금은 희신이고 수와 대립관계에 있는 토와 화는 기구신이 된다. 목은 상황에 따라 희신도 되고 한신도 된다.

　② 종격(從格)

　종격(從格)은 특정 오행을 따른다는 의미이다. 즉 특정 오행의 기세가 너무 강하여 다른 오행이 특정 오행을 따르게 된다는 의미이다. 사주팔자가 하나 또는 두 개의 십성이 주축이 되어 이루어진 경우를 말하는데 해당하는 십성을 따른다고 해서 종격이라 칭한다. 따라서 종격은 그 용신 또한 종하여야 한다. 강한 기운을 따르는 것이 현명한 방법이라 할 수 있는 것이다. 종격에는 종왕격(從旺格)과 종강격(從强格)을 포함하여 종아격(從兒格), 종재격(從財格), 종살격(從殺格) 등 5가지가 있다.

　사주팔자가 일간(日干)의 비견(比肩), 겁재(劫財)로 이루어진 경우를 종왕격(從旺格)이라 하고 인성(印星)이 과다(過多)하게 이루어진 경우를 종강격(從强格)이라 한다.

　이 경우 사주의 특성상 비겁과 인성 이외의 십성이 오면 이 강력한 비겁과 인성을 자극하게 되므로 흉신이 되며 차라리 비겁과 인성이 와서 그 강한 세력을 더욱 강하게 하는 것이 도움이 되므로 비겁과 인성이 용신이 된다. 이 때 식상의 경우는 비겁이 강한 세력을 설기하므로 기의 흐름을 원활이 해 주기 때문에 용신이 될 수 있지만 인성이 강항 종강격의 경우에는 인성의 기에 눌려서 식상이 기를 펼칠 수가 없어서 용신으로 하기에는 약할 수 있다. 다행이 중간에서 비겁이 강한 상태라면 용신이 될 수 있지만 그렇지 않다면 식상은 가려서 용신으로 삼아야 한다.

종아격(從兒格)이란 사주팔자가 식신(食神)과 상관(傷官) 위주로 구성된 경우를 말한다. 따라서 종아격의 용신은 식신, 상관이 되며 식신과 상관을 설기하는 재성도 용신이 된다.

종재격(從財格)은 사주팔자의 구성이 정재(正財)와 편재(偏財) 위주로 구성된 경우를 말한다. 사주팔자의 기세가 정재, 편재에 집중되어 있으므로 정재, 편재가 용신이 되며 이를 생해주는 식신, 상관과 이를 설기시켜서 기의 흐름을 원활이 해 주는 정관, 편관이 용신이 된다.

종살격(從殺格)은 사주팔자가 정관(正官)과 편관(偏官) 위주로 구성된 경우를 말한다. 편관을 칠살이라 하여 종살이라 부르는데 정관도 함께 취급하는 것은 정관이 강하면 칠살의 작용을 하기 때문이다. 종살격(從殺格)격은 정관과 편관이 용신이며 이를 생해주는 정재와 편재, 그리고 이를 설기시켜주는 인성도 용신이 된다.

한편 종경에는 기명격(棄命格)이 있다. 기명이란 일간이 자신의 명을 포기하고 다른 곳에 따른다는 의미이다. 따라서 사주에서 용신의 역량이 극단적으로 왕성하면 일간은 심히 약세가 되므로 자신을 버리고 용신에 종(從)하게 된다. 이 상태를 기명이라 하며 그 형상이 되는 격식을 기명격이라 한다. 중요한 것은 일간이 조금이라도 기운이 있다면 완전한 기명의 상태가 되지 않는다.

기명격에는 기명종재격(棄命從財格), 기명종관격(棄命從官格), 기명종살격(棄命從殺格), 기명종아격(棄命從兒格) 등 4종류가 있다. 기명격이 되려면 음일간이어야 한다. 왜냐 하면 양일간은 왠만해서는 기명하지 않기 때문이다. 그리고 비견, 겁재, 정인, 편인을 1개라도 만나지 않아야 한다. 만약 1개라도 만나면 기명하지 않을 것이다.

한편, 종격에는 가종(假從)과 진종(眞從)이 있다. 가종(假從)이란 김왕격이나 종격에서 강왕한 십성에 완전히 종하지 않는 것이다. 예를 들어서 종아격은 식신이나 상관의 오행에 종하는 격이다. 그러나 식신이나 상관을 극하는 편인이나 인수가 1개라도 있으면 식신 상관에 적대될 뿐 아니라 오히려 일간을 생하는 역할을 하므로 완전히 종하지 않는다. 가종이 되지 않는 종격이 진종이다.

기타 가종이 되는 것에는 일행기득격(一行氣得格), 양신성상격(兩神成象格), 암신격(暗神格) 등에서도 강왕한 십신에 대적하는 오행이 1개라도 있으면 완전하게 종하지 않음으로서 모두 가종이 된다. 이 때 강왕한 십신에 대적하는 오행을 극제하는 오행이 나타나면 진종이 된다.

③ 화격

화격(化格)이란 일간이 합하여 다른 오행으로 변화하는 경우를 말한다. 다시 말하면 단순히 합이 되는 것이 아니라 완전히 다른 오행으로 화하는 것이다. 이렇게 다른 오행으로 변화하는 오행을 화기오행(化氣五行)이라 한다. 일간이 합하여 화기오행이 되는 경우는 갑기합토(甲己合土), 을경합금(乙庚合金), 병신합수(丙辛合水), 무계합화(戊癸合火), 정임합목(丁壬合木) 등 5가지가 있다.

일간이 합하여 화기오행이 되려면 다음과 같은 조건이 성립되어야 한다.

첫째, 일간이 뿌리가 없거나 그 세력이 무척 약해야 한다. 만약 뿌리가 있거나 세력이 강하면 합이 되어도 화기오행으로 변화하지 않는다. 특히 양간의 경우는 쉽게 화기오행으로 변화지 않는 특징이 있다. '적천수'에서는 '오양종기부종세 오음종세무정의(五陽從氣不從勢 五陰從勢無情義)'라 하여 오양(甲, 丙, 戊, 庚, 壬)은 기세를 따르되 세력을 따르지 않고 오음(乙, 丁, 己, 辛, 癸)은 정과 의리가 없이 세력을 따른다고 했다.

둘째, 일간과 월간 또는 시간이 합을 하여야 한다. 연간은 거리가 멀어서 합이 되어도 화가 되지 않는다. 특히 월간이 중간에 있어서 합을 방해하는 경우가 많다. 만약 일간과 연간이 합이 되고 월간의 방해가 없다면 그 격이 낮아진다.

셋째, 다른 천간이 합을 방해하지 않아야 한다. 이에는 두 가지 경우가 있다. 하나는 합을 하고자 하는 두 개의 천간 사이에 방해하는 천간이 있거나 다른 하나는 화기오행을 극하는 오행이 천간이나 지지에 있을 경우이다. 예를 들면 갑기합토의 경우 토를 극하는 목이 천간이나 지지에 존재할 때는 화기오행으로 변하지 않는다. 만약 화기오행을 극하는 오행이 있어 합을 이루지 못한 경우(이를 합이불화(合以不化)라고 한다)에 이를 극하는 오행이 존재하면 화격이 파격되었다가 다시 성격된다.

넷째, 월지가 변화하는 화기오행이 차지하고 있어야 한다. 예를 들면 갑기합토의 경우 월지가 토를 이루고 있어야 한다. 또는 월지를 포함한 지지의 구조가 변화하는 오행의 세력을 구성하고 있어야 한다. 예를 들면 삼합이나 방합을 이루고 있어야 한다.

다섯째, 위와 같은 조건이 모두 이루어졌는데 사주팔자 명체에서 합이 이루어지지 않고 대운이나 세운에서 이루어지면 이 또한 화격이 된다. 그러나 대운이나 세운에서 화격이 되기는 쉽지 않다. 설혹 일간과 대운, 세운이 합이 이루어지더라도 위의 조건이 깨지기 십상이기 때문이다.

화격이란 사주가 일간의 화기오행에 현저하게 편왕하고 사주 전체를 명체(命體)으로 하여 간명하는 독특한 격국인데 원래의 사주팔자 명체로서 격국을 구성하는 것과 행운에서 격국을 이루는 것 등 두 종류가 있다. 완벽하게 화기격이 되면 부귀하게 된다. 설혹 불리한 운이 오더라도 큰 피해가 없는 격국의 하나이다. 초년에 고생하더라도 왕운에 순(循)하여 반드시 발복하게 된다.

(표 114) 화기오행(化氣五行) 표

일간에 연결된 천간	갑기(甲己)	을경(乙庚)	병신(丙辛)	정임(丁壬)	무계(戊癸)
화기오행	토(土)	금(金)	수(水)	목(木)	화(火)
생월지지	진축(辰丑) 술미(戌未)	신유(申酉)	해자(亥子)	인묘(寅卯)	사오(巳午)
월지에 연결된 삼합 오행		사유축 (巳酉丑)	신자진 (申子辰)	해묘미 (亥卯未)	인오술 (寅午戌)

화격(化格)은 화기오행(化氣五行)으로 일간이 변하는 격국이다. 일간과 같은 오행이거나 상생오행 및 설기하는 오행은 모두 순행하는 것이 되므로 이들은 희신이 되고 일

간을 극하는 오행, 쟁투의 합이 되는 것 및 일간에서 극을 받는 오행은 모두 기신으로 한다. 후천 운에서도 마찬가지이다. 지지가 형, 충, 공망이나 투합(妬合), 쟁합(爭合)이 되는 신도 기신으로 한다.

3) 잡격

내격을 정격(正格)이라 하고 외격을 변격(變格)이라 표현하기도 한다. 정격은 규칙성이 있는 반면 변격은 정격에서 변형된 격국을 말한다. 흔히 자평진전은 정격을 중심으로 하는 격국용신의 고전이고 적천수는 변격을 중심으로 하는 격국용신의 고전이라 한다.

그런데 이 두 가지의 격국용신으로 모든 사주팔자를 규정하기에는 한계가 있다. 왜냐 하면 모든 사주팔자는 각각 다른 특성과 모양을 가지고 있기 때문이다. 같은 사주팔자가 이루어질 확률은 12,960,000분의 1이므로 같은 사주만으로 그룹을 만든다면 12,960,000개의 유형이 존재하기 때문이다. 이를 10정격으로 나눈다면 정확성이 너무 낮아진다고 할 것이다. 사람의 성향을 구분할 때도 마찬가지이다. 사람이라는 것으로 구분하면 모두 같아서 1개의 구분만 존재하며 이를 남, 여로 나눈다면 2개의 유형으로 구분하고, 혈액형으로 나눈다면 4개의 유형으로 구분할 수 있지만 결국은 개인으로 구분하면 세계 인구의 수와 같은 유형으로 구분되어지기 때문이다. 특히 사람의 개성과 이를 둘러싼 환경에 의해 구분하게 되면 그 구분의 끝은 없고 오히려 구분하는 것 자체가 무의미하게 된다.

격국도 마찬가지이다. 정격을 기준으로 격국으로 나눈다면 10개의 유형으로 나눌 수 있으니 그 정확성은 12,960,000개의 유형으로 나누는 사주팔자에 비하면 너무 광범위해진다는 것을 알 수 있다. 따라서 사주팔자의 구성에 따라 격국도 수없이 많은 유형으로 구분될 수 있으며 개개인의 사주팔자마다 격국이 다르게 표현될 수도 있다. 그래서 사주팔자의 해석에 따라 격국이 새로 생기기도 하고 없어지기도 하며 술사들에 따라서 격국용신의 표현도 달리할 수도 있는 것이다.

이를 정격과 변격만으로 규정하기에는 한계가 있으며 특히 현대사회처럼 다양성과 개성을 중시하는 시대에는 더더욱 그렇다. 때문에 격국을 고정화하는 것도 시대에 어울리지 않을 수 있다. 그래서 다양한 유형의 격국이 등장하는 것을 막을 수 없는 상황이지만 그렇다고 마구잡이로 격국을 등장시키는 것도 문제가 될 수 있다. 검증되지도 않는 격국이 난무하는 것은 명운섭리세계를 어지럽힐 수 있기 때문이다.

이렇게 마구잡이로 쏟아지는 격국을 잡격(雜格)이라 한다. 다시 말하면 잡격(雜格)이란 내격(內格)과 외격(外格)에 속(屬)하지 않는 모든 격(格)을 말한다. 잡격은 시대와 환경과 술사에 따라서 다양하게 생성되었고 자연스레 소멸되기도 하였다. 그리고 그 수도 헤아릴 수 없이 많다. 무엇이 더 중요하고 무엇이 더 정확한 지 검증된 것도 있고 그렇지 않는 것도 있다.

명칭만 다르고 내용이 같은 것도 많고 내용은 다른데 명칭이 유사한 것도 많다. 마치 수많은 신살과도 같다. 잡격이 이렇게 많다는 것은 달리 표현하면 사주팔자 해석에서 격국의 역할과 기능이 그만큼 중요하다는 의미이기도 하는 것이다.

　수많은 잡격 중에서 현대명리학에서 한 번 쯤 거론된 적이 있는 잡격을 모아 그 명칭만을 나열하면 (표 115)와 같다.

(표 115) 잡격(雜格)의 유형

일순삼위 사위격	형합격	시귀격	전인합록격
일기생성격	현무당권격	자오쌍포격	전인후종격
일순포이격	월인격	지란병수격	체악연방격
을사서귀격	건록격	진기왕래격	지지연여격
괴강격	구진득위격	토국윤하격	묘미요사격
간지동체격	금신격	실작화풍격	봉인격
간합지형격	합록격	청룡복형격	양격저사격
간지쌍운격	사묘격	생년정마격	양인격
관귀인종격	사맹격	생시정마격	육임이환격
귀록격	사방정위격	생소취생격	육임추간격
협구격	시묘격	전재격	육임추건격
귀인황추격	시마격	전식합록격	육음조양격
오행구족격	사전사고격	천원일기격	백호시세격
오성연원격	사전사중격	천간연주격	복덕수기격
호접쌍비격	사전사유격	천간일자격	봉황지격
살인격	사주암대격	천간순식격	봉황지격
세덕부살격	사시승왕격	덕합쌍원격	포태격
세덕정관격	사시섭취격	내양외음격	육을서귀격
세덕부재격	사위순전격	칠일내득격	육위후선격
삼기진귀격	사간순일격	일덕수기격	용호포승격
삼재격	지지일가격	연상편관격	용봉삼태격
삼붕격	충록격	발모연여격	녹원삼회격
칠살전영격	천지덕합격	팔위관성격	녹마교치격
지진일자격	천전일기격	팔전록왕격	녹마인종격

제2절 10정격(내격)의 특징과 해석

1. 비견격/건록격

비견격은 일간과 음양오행이 같은 지지가 월지를 차지하고 있고 그 월지의 지장간 본기가 천간에 투출된 경우이거나 본기는 투출되지 않고 여기나 중기 중 투출되어 그 중 세력이 강한 것이 일간과 음양오행이 같은 경우(인신사해의 경우)를 말한다. 만약 형, 충, 파, 해 등이 같이 있으면 그 격이 떨어진다고 할 것이다.

자평진전에 의하면 월지오행이 체신의 오행과 동일할 때에는 타주에서 용신을 구하는 것을 원칙으로 한다. 이것은 체(體)가 용(用)을 겸할 수 없다는 이치 때문이다. 자평진전에서는 격국을 용신으로 취급하였기 때문에 비견격은 격으로 구분하지 않았다.

하지만 최근에는 비견격을 격국으로 구분하는 이유는 격국과 용신을 분리하였기 때문이다. 격국은 격국이고 용신은 격국의 성패를 관장하는 것이라 규정하고 있기 때문이다.

비견격이라 하는 것은 십성을 기준으로 표현한 것이고 건록격이라 하는 것은 12운성을 기준으로 표현한 것인데 그 의미는 같다고 할 것이다. 다만 무기토의 경우 십성으로 비견은 진술축미인데 건록으로는 사(巳(戊)), 오(午(己))가 되므로 이를 구분하여 사용한다.

년지(年支)에 있거나 일지(日支), 시지(時支)에 있어도 성립되지만 년지(年支)는 작용이 약하고 일지(日支)에 있으면 전록격(專祿格)이라고 하며 시지(時支)에 있으면 귀록격(歸祿格)이라고 하고 월지에 있으면 건록격 또는 정록(正祿)격이라 한다.

(표 116) 비견격과 건록격의 구성

일간	갑(甲)	을(乙)	병(丙)	정(丁)	무(戊)	기(己)	경(庚)	신(辛)	임(壬)	계(癸)
비견격	인(寅)	묘(卯)	사(巳)	오(午)	진(辰)술(戌)	축(丑)미(未)	신(申)	유(酉)	해(亥)	자(子)
건록격	인(寅)	묘(卯)	사(巳)	오(午)	사(巳)	오(午)	신(申)	유(酉)	해(亥)	자(子)

건록격(建祿格)은 월지에 비견(比肩)이 있는 것이므로 일간이 왕성(旺盛)하게 된다. 이때 사주팔자에서 비견이 너무 많으면 오히려 길(吉)이 아니라 흉(凶)이 된다(월령 건록에 비겁이 중이면 극처손재가 비경(月令建祿 比劫重 剋妻損財 非輕)고 하였다.

건록격(建祿格)은 장남이나 장녀이기 쉽다. 대체적으로 부모덕이 약하여 자수성가하며 어릴 때부터 집안을 이끌어갈 대들보이다. 성품은 선량하고 매사에 정도(正道)를 지키며 자기임무에 충실하고 노력이 대단하다. 한번 결심을 하거나 목표를 세우면 우직하게 추진해 나간다. 독립심, 자활심, 자립심, 책임감이 투철하다. 이복형제자매를 두기 쉽고 형제 덕도 없다. 주위에 항상 사람은 많다. 건강하고 정직하고 봉사심이 강하고 성실하나 재복이 약하다. 사교적이고 자존심 강하고 타인에게 지배되거나 간섭을 배제한다. 인덕이 없다.

반면에 부부궁(夫婦宮)이 부실하여 이별하는 경우가 많으며 자손은 귀(貴)하나 총명하다. 직업은 공동사업, 변호사, 신문기자. 자유업, 봉급자, 중소상인(동업불가). 특히 행정직 계통의 공무원이나 국영기업이나 회사의 관리직이 제일 적합하다.

만약 신강왕하면 용신은 관살(官殺)이 반드시 필요하고 관살(官殺)이 없으면 재성(財星)으로 취용하여야 한다. 재성도 없으면 식상(食傷)으로 취용한다. 만약 식재관(食財官)이 없이 태왕(太旺)하면 전왕격(專旺格)으로 바뀌어 목일간은 곡직격(曲直格), 화일간은 염상격(炎上格), 토일간은 가색격(稼穡格), 금일간은 종혁격(從革格), 수일간은 윤하격(潤下格)으로 된다.

반면에 일간이 약하면 인수(印綬)나 비겁(比劫)이 용신이고 인수(印綬)나 비겁(比劫)이 없으면 건록이 용신이 된다. 용신(用神)에 따라서 건록용인격(建祿用印格), 건록용겁격(建祿用劫格), 건록용재격(建祿用財格), 건록용관격(建祿用官格)이라고 부른다.

2. 겁재격/양인격

겁재격(劫財格)은 일간과 음양오행이 같은 지지가 월지를 차지하고 있고 그 월지의 지장간 본기가 천간에 투출된 경우이거나 본기는 투출되지 않고 여기나 중기 중 투출되어 그 중 세력이 강한 것이 일간과 음양오행이 같은 경우(인신사해의 경우)를 말한다. 만약 형, 충, 파, 해 등이 같이 있으면 그 격이 떨어진다고 할 것이다.

양인격(羊刃格)은 일간의 양인에 해당하는 지지가 월지를 차지하는 경우이다. 여기서 양인은 두 가지로 쓰인다. 하나는 양간(陽干)으로 이루어진 겁재(陽刃)를 일컫는 것이고 다른 하나는 음간까지 포함한 양인(羊刃)을 일컫는다. 흔히 양인이라 하면 양간으로 이루어진 양인을 말하며 음간의 겁재는 겁재격에 포함된다. 따라서 우리가 흔히 말하는 양인은 양양인(陽刃)과 음양인(陰刃)으로 구분할 수 있으며 특히 격국을 논할 때는 이를 구분하여 사용한다. 때문에 음일간은 양인격이 없다.

따라서 비겁격은 양인을 포함하여 음간의 비겁에 해당하는 것을 비겁격이라 하고 양인격은 음양인(음일간의 관대)은 제외하고 양양인(즉 양간의 비겁)만 포함하는 개념으로 이해하여야 한다.

비겁격은 재를 극하는 역할을 한다. 그래서 흉신으로 구분한다. 흉신이므로 이를 다스리는 편관이 절대적으로 필요하다. 비겁격은 부부 간의 인연이 박하고 재물의 손상이 크다. 단 재물을 다스릴 수 있는 힘이 있어서 벌기도 많이 벌고 잃기도 많이 잃는다. 조부가 물려 준 재산을 유지하기가 힘들고 자수성가하여야 한다.

억부법에 따라 용신을 적용할 때 만약 신강 사주라면 식재관이 필요하고 신약 사주라면 인성과 비겁이 필요하다. 그러나 신약사주라도 겁재격은 흉신이므로 겁재의 세력이 커지는 것이 좋지 않으므로 식재관으로 다스리는 취용법이 필요하다. 직업으로서는 자유업, 상업, 전문직 등이 어울린다.

(표 117) 겁재격과 양인격의 구성

일간(日干)	갑(甲)	을(乙)	병(丙)	정(丁)	무(戊)	기(己)	경(庚)	신(辛)	임(壬)	계(癸)
겁재격 / 월지	묘(卯)	인(寅)	오(午)	사(巳)	축(丑) 미(未)	진(辰) 술(戌)	유(酉)	신(申)	자(子)	해(亥)
양인격 / 월지	묘(卯)		오(午)		오(午)		유(酉)		자(子)	

양인격은 월지가 일간과 오행이 같고 음양이 다른 겁재를 양인격이라 말한다. 양인살은 남자는 처복이 약하고 여자는 남편 복이 약하며 남녀 간에 신상에 흠이 있다. 양인격(羊刃格)은 칠살을 두려워하지 않는다. 이유는 양일간(陽日干)의 겁재는 살(殺)과 합(合)하는 것이기 때문이다. 양인은 칠살과 합함을 기뻐한다. 때문에 권력을 쥘 수 있는 직종에서 유리하다. 법관과 무관과 의사가 많다.

양인격(羊刃格)은 지지에만 이루어지는 것이 아니라 천간에서도 비겁이 투출되어 있으면 양인으로서 작용을 하게 되고 일지(日支)에 있으면 그것을 일인(日刃)이라고 한다. 즉 병오일(丙午日), 무오일(戊午日), 임자일(壬子日) 등은 비록 일지에 있지만 양인(羊刃)으로 작용을 한다.

양인격이 있으면 부모의 자리에 재극(財剋)하는 비겁이 있으니 부모의 덕이 없고 부모의 유산을 물려받았다 하더라도 쟁탈이 일어난다. 부친이 유명무실하게 허송세월하거나 일찍 부친과 이별하지 않으면 부친의 신분상에 재난을 경험한다. 장남이나 장녀로 태어난 경우가 많고 맏사위, 맏며느리가 되기 쉽다. 형제나 친구와의 관계에서도 인덕이 없어 주는 것만 많고 받는 것이 적다. 그래서 외롭고 쓸쓸한 인생행로를 걷는 경우가 많다.

사교적이고 자존심 강하고 타인에게 지배당하거나 간섭을 배제한다. 인덕이 없다. 자존심이 강하고 고집이 대단하며 심성이 고강(高强)하다. 그래서 남에게 굴복하지 않는 기질이 있고 극처(剋妻), 극자(剋子), 극부(剋夫), 파재(破財), 수술(手術), 질병(疾病), 불구(不具) 등이 될 수도 있다.

직업은 생살권(生殺權)을 가지고 있는 의사, 약사, 군인, 경찰, 수사나 정보계통, 법조, 신문방송, 체육인, 이·미용사, 재단사, 철공소, 요식업 등의 업종에 종사하는 사람이 많다.

만약 신왕(身旺)하면 식재관(食財官)이 기뻐하고 인성과 비겁을 싫어한다. 반대로 신약하면 인성과 비겁을 기뻐하고 식재관(食財官)을 싫어한다. 용신(用神)에 따라서 양인용인격(羊刃用印格), 양인용겁격(羊刃用劫格), 양인용재격(羊刃用財格), 양인용식상격(羊刃用食傷格), 양인용관격(羊刃用官格)으로 분류할 수가 있다.

3. 식신격

식신격(食神格)은 일간(日干)을 기준으로 월지(月支)가 식신일 때 이루어진다. 중요한 것은 월지가 식신이더라도 천간이 투출되지 않으면 그 기능이 약화된다. 이 때는 월지의 지장간(藏干)에 식신(食神)이 있고 그 식신(食神)이 천간(天干)에 투출됨으로써 성립된다.

식신격은 마음이 넓고 도량이 있으며 무엇이든 잘 먹어서 식성이 좋다. 타인을 위해 노력하고 봉사하며 희생정신이 강하여 시원스러운 모습과 화목한 기운이 넘친다. 또한 앞을 내다보는 영감(靈感)이 빠르고 재능이 있어 남의 마음을 잘 파악하는 예지력이 있고 머리가 비상하여 다재다능(多才多能)하다. 특히 마음이 부드럽고 모든 일을 정직하게 처리하며 강자에게 강하고 약자에게 약하다.

언변과 화술이 뛰어나 두뇌의 회전이 빠르고 청명한 인상을 지녔으며 수완이 좋고 사람의 심리를 재빨리 알아내는 장점도 있어 지나칠 정도로 싹싹한 인상을 주기도 며 계산도 빠르다. 유행에도 민감하고 지나치지 않을 정도의 사치는 하는 편이나 건전하고 현실적인 사고방식을 지녔다 하겠다. 마음이 넓고 사교적이고 풍채가 좋다.

(표 118) 식신격의 구성

일간	갑(甲)	을(乙)	병(丙)	정(丁)	무(戊)	기(己)	경(庚)	신(辛)	임(壬)	계(癸)
월지	사(巳)	오(午) 미(未) 술(戌)	진(辰) 술(戌)	미(未) 축(丑)	신(申)	유(酉)	해(亥)	자(子)	인(寅)	묘(卯)
투간	병(丙)	정(丁)	무(戊)	기(己)	경(庚)	신(辛)	임(壬)	계(癸)	갑(甲)	을(乙)

식신은 건강신이다. 식신격은 체격이 좋고 먹는 식생활을 즐긴다. 식신격은 재가 있어야 한다. 편재가 길신이다 식신 정관도 길신이다. 식신격이 재로 빠지면 생산직으로 많이 간다. 식신은 생시기 언어도 된다.

식신격은 연구성, 창출성이 있다. 봉급생활이 어렵고 사업으로 부를 축적한다. 교육계와 인연을 맺는 것이 좋다. 관료계에는 인연이 없다. 자존심이 강하여 타인의 지배하에 있기를 거부한다.

직업은 육영사업(育英事業), 예술이나 예능계통과 관련된 교육, 문화, 생산 가공, 서비스업, 은행가나 금융업, 식료품업이 가장 적당하며, 미래를 예측하고 정신세계와 관련이 있는 종교나 철학, 심리상담 등에 종사하는 것이 성공률이 높다.

식신격은 길신이다. 용신을 취용함에 있어서 이를 생해주는 것이나 이를 활용하는 것이 용신이 된다. 식신을 생해주려면 일간이 강왕하여야 한다. 따라서 일간이 약하면 식신을 생해줄 수 없어서 격이 떨어진다. 일간이 약하고 인성이 강하면 식신을 견제하게 된다. 일간이 약하고 식신이 강왕할 때 인성이 있으면 길신이 된다. 이런 경우를 식신패인(食神牌印)이라 하여 귀격으로 본다.

식신격이 강왕하면 이를 설기해야 한다. 그래서 재성의 존재는 식신격의 기능과 역할을 높이는 계기가 된다. 이런 경우를 식신생재(食神生財)라고 한다. 이 때의 용신은 재성이 된다.

식신격의 기능은 제살에 있다. 관살이 중중하여 일간을 괴롭힐 때 이를 통제하는 것이 식신이다. 따라서 관살이 태과하여 일간이 위축되면 반드시 식신이 있어야 한다. 특히 일간이 약할 때 식신은 관살을 통제하는 기능을 하므로 반드시 필요하다. 이를 식신제살(食神制殺)이라 한다.

따라서 식신격을 세분화하면 식신비견격, 식신패인격, 식신생재격, 식신제살격 등으로 나눌 수 있다. 이의 정확한 표현방법은 식신용비견격(식신격으로서 비견을 용신으로 취용한다는 의미), 식신용패인격(식신격으로서 패인을 용신으로 취용하다는 의미), 식신용생재격(식신격으로서 재성을 용신으로 취용하다는 의미), 식신용제살격(식신격으로서 제살을 용신으로 취용하다는 의미)으로 표현한다.

4. 상관격

상관격(傷官格)은 일간(日干)에 대하여 월지(月支)가 상관이며 천간에 투출되면 이루어진다. 월지가 상관이 아니더라도 해당 월지가 격을 이루지 않는다면 지장간에 상관이 있고 상관(傷官)이 천간(天干)에 투출되면 이루어진다.

상관은 "말 그대로 관(官)을 상하게 한다"라는 의미다. 남자에게 관은 직장, 조직, 상사를 여자에게는 남편, 애인, 직장을 의미한다. 관은 나를 규제하는 한편 나를 보호하는데 이에 대항하는 것이 상관이므로 상관격 사주는 어떤 질서와 규칙에 대한 대항이라고 할 것이다. 그래서 진보적 성향을 가진 사람은 반드시 상관이 사주에 존재한다. 반대로 보수적 성향을 가진 사람은 정관격, 정인격 등이 해당한다.

상관이 아랫사람에겐 인자하고 윗사람에게는 할 말은 다하는 기질이며 불의와 타협하지 않고 관행에 반기를 드는 기운이므로 시대적 환경에 따라서 호불호(好不好)가 갈린다고 할 것이다.

(표 119) 상관격의 구성

일간	갑(甲)	을(乙)	병(丙)	정(丁)	무(戊)	기(己)	경(庚)	신(辛)	임(壬)	계(癸)
월지	오(午) 미(未) 술(戌)	인(寅) 사(巳)	오(午) 미(未) 축(丑)	인(寅) 진(辰) 사(巳)	유(酉) 술(戌) 축(丑)	사(巳) 신(申)	진(辰) 자(子) 축(丑)	신(申) 해(亥)	묘(卯) 진(辰) 미(未)	인(寅) 진(辰)
투간	정(丁)	병(丙)	기(己)	무(戊)	신(辛)	경(庚)	계(癸)	임(壬)	을(乙)	갑(甲)

상관격은 논쟁을 좋아한다. 관을 극하므로 관재수가 많이 따르고 명예에 손상이 심하다. 지나친 승부욕으로 남에게 지는 것을 싫어한다. 화술이 뛰어나며 상대를 끌어들이는 힘이 강하다. 자본 없이 언변과 수단으로 취부하나 관재구설이 많다. 지나치게 머리를 써서 꾀가 많지만 일간을 설기하니 몸이 허약하다. 겉으로는 화려해 보이나 실속이 없다.

머리가 비상하며 상상력이 대단하지만 식신격(食神格)에 비하여 도량이나 희생정신이 약(弱)하다. 눈치와 계산이 빠르고 점잖은 것 같으면서 무의식중에 자기의 주장을 내

세우면서 타인을 비평하거나 불평불만을 터뜨린다. 또한 손재주와 예능방면에는 특출하여 자만심이 강(强)하고 타인을 억압하고 무시하는 경우가 많다. 무슨 일이든지 잘하다가 자기가 불리할 것 같으면 일시에 안면을 바꾼다.

한편 반항심도 강(强)하고 남의 잘못을 보면 직선적으로 대항하며, 예의에 벗어난 행동을 한다. 그러나 앞을 내다보는 예지력과 투지력은 식신격(食神格)과 마찬가지이나 표현력에서 다소 지나친 것이 다르다.

상관에는 진상관과 가상관 2종류가 있다. 진상관(眞傷官)은 월지에 상관이 있으면서 신약하면 진상관이라 말하며 월지 이외의 상관은 가상관이 된다. 월지를 기준으로 하는 것은 월지의 강세 때문이다. 만약 상관이 강왕하면 일간이 약하므로 이를 진상관이라 하고 일간이 강왕한데 상관이 월지를 차지하면 이를 가상관이라 한다.

(표 120) 진상관격의 예시

	식신	식신	편인
정(丁)	을(乙)	정(丁)	계(癸)
축(丑)	해(亥)	사(巳)	사(巳)
편재	정인	상관	상관

진상관은 일간이 약하고 상관이 강한 신쇠약 사주이다. 때문에 상관을 제어하고 일간의 기세를 생 할 수 있는 인성이 용신이 된다. 진상관은 ① 수 일간으로서 봄에 태어난 경우(水日春生), ② 목 일간으로서 여름에 태어난 경우(木日夏生), ③ 금 일간으로서 겨울에 태어난 경우(金日冬生), ④ 화일간으로서 유월, 구월에 태어나 토가 사령한 경우(火日六,九月土令生) 등이 있다.

위 사주는 을 일간이 월지 상관을 봐서 상관격인데 일간이 신쇠약하므로 진상관격이다. 따라서 용신은 계수 편인과 임수(亥) 정인이 용신이 된다.

그리고 가상관격은 일간이 강한 상태이므로 일간을 설기하는 신신, 상관이나 재성이 용신이 된다. 가상관격은 ① 목 일간이 인월에 태어난 경우(木日寅月), ② 파일간이 오월, 유월에 태어난 경우(火日五, 六月生), ③ 금일간이 신월에 태어난 경우(金日申月), ④ 수일간이 해월에 태어난 경우(水日亥月) 등이 있다.

(표 121) 가상관격의 예시

시	일	월	년
편인		상관	상관
을(乙)	정(丁)	무(戊)	무(戊)
사(巳)	사(巳)	오(午)	신(申)
겁재	겁재	비견	정재

위 사주는 정일간이 오월에 태어난 화토상관격이다. 특히 일간 정화의 기세가 강왕하므로 상관으로 설기하는 것이 좋은데 상관의 세력이 강해서 좋다. 특히 재성도 있

어서 상관을 설기하기 때문에 더욱 빛나는 사주이다.

상관격(傷官格)은 ① 목화상관격(木火傷官格), ② 화토상관격(火土傷官格), ③ 토금상관격(土金傷官格), ④ 금수상관격(金水傷官格), ⑤ 수목상관격(水木傷官格) 등으로 분류한다.

목화상관격(木火傷官格)은 목일간이 여름에 태어나서 화가 강왕하므로 수 인성을 용신으로 한다. 금 관성은 인성을 생하고 상관을 설기하는 역할을 하므로 역시 좋다.

화토상관격(火土傷官格)은 화 일간이 3, 6, 9, 12월에 태어난 경우로서 토가 강하고 화가 약한 경우이다. 인성과 비겁이 용신이 되니 목, 화가 용신이 된다. 인성이 목으로 세력이 강한 상관을 진정시키는 것을 상관상진(傷官傷盡)이라 한다.

토금상관격(土金傷官格)은 무기토 일간이 가을에 태어난 경우(戊己秋生)로서 세력이 강한 상관을 인성으로 제어하는 것이 좋다.

금수상관격(金水傷官格)은 금일간이 겨울에 태어난 경우(金日冬生)로서 기운이 냉하므로 조후를 필요로 한다. 그러므로 화(火)의 관을 보아도 꺼리지 않는다. 금수상관에서 토(土)의 제어가 없는 것은 음탕에 흐르기 쉬우므로 인수의 제어하는 것이 좋다.

수목상관격(水木傷官格)은 임계수 일간이 봄에 태어난 경우(壬癸日春生)이므로 화(火)로서 설기하는 것이 좋다. 만약 신강하다면 화(火)가 재성이므로 부귀하게 된다.

만약 사주에서 인수를 보고 재(財)를 보지 않으면 상관패인격(傷官佩印格)이라 한다. 상관패인격은 신왕 사주에서는 불리하다. 왜냐하면 신왕사주가 오히려 더욱 강왕해지는 상태가 되기 때문이다.

일간이 강하며 재(財)를 보고 인수의 간섭이 없으면 상관생재격(傷官生財格)이 된다. 일간이 약한 상관생재격은 생재를 이루지 못한다. 그것은 일간이 약해서 재의 운용을 맡을 수 없기 때문이다. 그러나 신강하고 상관생재격을 구성할 때에는 재원(財源)이 많은 부명(富命)이 된다.

상관은 어디 있든지 흉신이다. 그런데 상관을 생하는 것은 흉이 더한층 커지게 되므로 졸렬하다. 타 조건에서 일간이 상당히 약하지 않는 한 비견이나 겁재를 보는 것은 반드시 흉해가 있다고 보게 된다. 상관격이 정관을 만나면 화가 백가지 발생한다.

직업은 교육계통, 예술이나 예능계통, 기술직, 골동품이나 고물상, 변호사, 변리사, 세무회계사, 비서직 등에 종사하면 성공률이 높다. 예술가가 많다.

여자 상관격은 교육계로 많이 간다. 상관은 방송. 신문. 언론이다. 상관이 천간에 뜨면 정치성분이고 지지에 있으면 기술성분이다. 상관+정인 영웅주의, 경찰, 기술로 인정 받는다. 상관격이 정관을 보면 의사, 경찰, 군인이다. 상관격이 천을귀인에 해당하면서 공망이면 연예인이고 상관격에 인수를 보면 교사, 정치학교수이다.

상관격은 재성이 있어야 발달하며 재성이 없으면 기술자로서 빈천하다. 화목상관과 토금상관과 화토상관격에는 관성이 불길하다. 대체로 상관격은 예능과 기술이 출중하며 문인학자에 많으며 부귀도 많다. 상관격은 성질이 거만하여 자기말만 주장하나 타인의 언론과 의사는 존중치 않는 것이 있다.

5. 편재격

편재격(偏財格)은 일간(日干)에 대하여 월지(月支)가 편재이거나 월지의 지장간이 편재(偏財)이면서 천간(天干)에 편재가 투출(透出)된 경우에 이루어진다. 정재(正財)가 강왕(强旺)할 때도 편재(偏財)와 같은 특성으로 취급한다.

성격은 일간이 강왕하면 팔방미인이고 영웅호걸이다. 매사 명쾌하고 시원하다. 풍류(風流)를 즐기며 인정이 있어 대중의 기분을 잘 맞추어 나간다. 통솔력이 있고 공사(公私)를 잘 구분하며 대인관계가 원만하고 인기가 대단하다. 하지만 일간이 쇠약하면 오히려 돈의 낭비와 허풍이 심하여 패가망신하는 경우가 많다. 학문과는 거리가 있고 여색(女色)을 좋아하며 방랑하기 쉽다. 금전 집착력이 타인보다 강하다. 때문에 편재격은 신강왕 하는 것이 좋다.

정재격(正財格)보다는 편재격(偏財格)이 거부(巨富)가 되거나 재벌(財閥)이 많다. 이는 편재격이 편법(偏法) 또는 횡재(橫財)를 하는 속성을 갖고 있기 때문이다. 성패(成敗)의 기복이 많고 욕심과 야망이 크기 때문에 재산을 늘리는데 있어서도 보통사람들과는 확연히 다르다.

(표 122) 편재격(偏財格)의 구성

일간(日干)	갑(甲)	을(乙)	병(丙)	정(丁)	무(戊)	기(己)	경(庚)	신(辛)	임(壬)	계(癸)
월지(月支)	진(辰) 사(巳) 신(申) 술(戌)	오(午) 미(未) 축(丑)	신(申)	유(酉) 술(戌) 축(丑)	신(申) 해(亥)	진(辰) 자(子) 축(丑)	인(寅) 해(亥)	묘(卯) 진(辰) 미(未)	인(寅) 사(巳)	오(午) 미(未) 술(戌)
투간(透干)	무(戊)	기(己)	경(庚)	신(辛)	임(壬)	계(癸)	갑(甲)	을(乙)	병(丙)	정(丁)

월지오행이 비견이나 겁재의 체신의 오행이 될 경우는 사주 중의 편재가 강한 것은 편재를 용신으로 하여 편재격을 적용한다.

월지에 연결하여 지지삼합하고 편재국을 이루는 경우는 편재국이라고 하는데 정관이 있으면 재관쌍미격(財官雙美格)[24]이 된다. 또한 편관이 있으면 재살격(財殺格)되는데 편관은 정관보다도 자신에 대한 극이 강하므로 이 격이 되는 것은 결국 사주가 신왕하지 않으면 빈천(貧賤)한 하격(下格)이 된다.

편재(偏財格)의 직업은 상업, 무역, 청부업, 생산업, 제조업, 의약업, 건축업 등 사업가가 가장 많고 재정직 공무원, 세무사, 회계사 등 재정계통에서 성공률이 높고 간혹 정치계통에도 인물이 나온다.

편재격은 길신이다. 따라서 이를 생하여 주는 것이 용신이다. 만약 일간이 강왕하여 비겁(比劫)이 많다면 식상(食傷)으로 생하여 주는 것이 용신이며 식상을 극하는 인성이나 비겁은 기구신이 된다. 특히 관살은 강한 재성을 설기하므로 역시 용신이다.

---

[24] 재성과 관성의 역량이 일간과 균등하여 성격한 격식이다. 재관은 사주에서 가장 중요한 신이며 어느 것이라도 부족하면 부귀양전은 기대할 수 없다. 격국용신이 재 또는 정관이고 신왕하고 파하지 않으면 재관쌍미격이라 하며 부귀가 함께 쌓이는 사주가 된다.

일간이 쇠약할 때 식상(食傷)이 많으면 인수(印綬)가 용신(用神)이 되므로 인성과 비겁이 길하고 식상, 재성은 흉할 것이다. 만약 재성(財星)이 많으면 비겁(比劫)이 용신이고 인성과 비겁이 길(吉)하고 식상(食傷)이나 관살(官殺)은 흉(凶)하다고 할 것이다. 또한 관살(官殺)이 많으면 인수(印綬)가 용신(用神)이므로 인성과 비겁은 길(吉)하지만 재성과 관성은 흉(凶)하다.

편재격은 일간이 강왕하여야 한다. 특히 편재가 강왕할 때는 비겁을 보는 것이 좋다. 편재가 강왕하면 일간이 쇠약하므로 재성을 운용할 수 없게 되기 때문이다. 만약 정재가 함께 있다면 사주가 정, 편재가 혼잡 되어 금전적, 물질적, 이성적으로 굴곡이 심하다.

편재격이 형·충이 되면 재(財)가 흩어지고 사라져서 가난한 사주가 된다. 공망은 재물이 그림의 떡과 같다. 편재는 변동성이 많은 재물이다. 때문에 만약 형, 충이 되면 한 곳에 머물 수 없는 떠도는 재물이다. 또한 합이 되면 나의 재(財)가 되기 어렵다. 특히 삼합하여 타 국으로 변하지 않아야 한다.

6. 정재격

정재격(正財格)은 일간(日干)에 대하여 월지(月支)가 정재일 때 이루어진다. 월지가 정재가 아닌 경우에는 월지의 지장간(藏干)이 정재(正財)이고 천간(天干)에 정재(正財)가 투출(透出)되었을 때 이루어진다. 이 때는 월지가 다른 십성을 이루지만 천간에 투출되지 않아야 한다.

(표 123) 정재격(正財格)의 구성

일간(日干)	갑(甲)	을(乙)	병(丙)	정(丁)	무(戊)	기(己)	경(庚)	신(辛)	임(壬)	계(癸)
월지(月支)	오(午) 미(未) 축(丑)	진(辰) 술(戌)	유(酉) 술(戌) 축(丑)	사(巳) 신(申)	자(子) 축(丑) 진(辰)	신(申) 해(亥)	묘(卯) 진(辰)	인(寅) 해(亥)	오(午) 미(未) 술(戌)	인(寅) 사(巳)
투간(透干)	기(己)	무(戊)	신(辛)	경(庚)	계(癸)	임(壬)	을(乙)	갑(甲)	정(丁)	병(丙)

정재격(正財格)은 착실하고 근면하다. 재산과 금전관리를 잘한다. 통솔력이 뛰어나고 개척정신과 불굴(不屈)의 기상이 있어 어떠한 난관도 헤쳐 나갈 수 있다. 투기심과 사업성이 약하여 안정된 직장을 선호하며 직장을 천직(天職)으로 삼는다. 시간과 약속을 정확하게 지키며 허례허식(虛禮虛飾)이 없고 검소와 절약을 생활신조로 삼는다. 구두쇠적인 기질을 가지고 계획적인 경제 활동을 한다. 부모덕이 있다. 부모에게도 효도한다. 부모로부터 정당한 혜택을 입고 재물과 가권의 상속을 받는다.

성격과 언행이 단정하고 덕망이 있으며 정직하고 성실하여 허세와 거짓이 없고 부지런하다. 보수적이며 융통성이 결여되어 좀 답답한 면이 있다. 매사에 명예와 신용이 따르고 취직이나 각종 시험에 합격하는 등 길사가 많고 대체로 순탄한 삶을 산다.

일간이 약하고 재성이 강하면 학문과는 인연이 없지만 일간이 강한 경우에는 오히려 재성을 다스리기 때문에 학문적으로도 성공한다. 흔히 재는 부(富)를 관장하고 관은 귀(貴)를 관장하는 신이다. 사주팔자에 정재와 정관이 있으면 재관쌍미격(財官雙美格)이라 하고 정관이 살(殺)을 만나면 재살격(財殺格)이라 한다. 이 때 일간이 약하면 빈천하거나 단명하며 일간이 강왕하면 가장 좋은 길명이 된다.

정재는 자기 분수를 잘 알고 행한다. 정재는 관성을 생하므로 명예를 이루기 쉽고 평생 금전 복이 있다. 일간이 왕하고 재성이 왕 하면 갑부 사주가 된다. 정재격(正財格)의 직업은 재정을 맡은 공무원(公務員)이나 감독관, 세무회계사, 물품 및 창고 관리, 건축자재업, 유통업, 운수업, 무역업 등에 적성이 있고 성공률도 높다.

정재는 길신이다 이를 생하여 주는 것이 용신이다. 따라서 식상이 용신이 된다. 이 때 일간이 강왕하여야 한다. 일간이 비겁(比劫)이 많아서 강왕(強旺)하면 식상(食傷)이 용신(用神)이 되므로 식상운(食傷), 재성, 관살(官殺)은 길(吉)하고 인성과 비겁은 흉(凶)하다.

만약 일간이 인성이 많아서 강왕(強旺)하면 재성(財星)이 용신(用神)이고 식상과 재성은 길(吉)하고 인성과 비겁은 흉(凶)하다. 정재격은 일단 일간이 강해야 한다. 정재격이 되면 재성이 강하므로 일간도 강왕하여야 한다. 그래야 재성을 다룰 수 있다.

일간이 식상(食傷)이 많아서 쇠약이면 인성이 용신(用神)이므로 인성과 비겁은 길(吉)하고 식상과 재성은 흉(凶)하다. 재성(財星)이 많아서 쇠약해졌다면 비겁(比劫)이 용신(用神)이고 인성과 비겁은 길(吉)하지만 식상과 관살은 흉(凶)하다. 관살(官殺)이 많아서 쇠약해졌다면 인성이 용신(用神)이므로 인성과 비겁은 길(吉)하고 재성과 관성은 흉(凶)하다.

또한 정재가 충(沖)·형(刑)·공망이 되지 않아야 한다. 재성이 충·형이 되면 갑자기 또는 자연적으로 무산되는 우환에 처한다. 또 재성이 공망 되면 어쩌다 득하는 일이 있어도 부귀가 오래가지 못한다.

7. 편관격

편관격(偏官格)은 일간(日干)에 대하여 월지(月支)가 편관일 때 이루어진다. 월지의 지장간(藏干)에 편관(偏官)이 있고 천간(天干)에 편관(偏官)이 투출(透出)되면 이루어진다.

(표 124) 편관격(偏官格)의 구성

일간(日干)	갑(甲)	을(乙)	병(丙)	정(丁)	무(戊)	기(己)	경(庚)	신(辛)	임(壬)	계(癸)
월지(月支)	신(申) 사(巳)	유(酉) 술(戌) 축(丑)	해(亥) 신(申)	자(子) 진(辰) 축(丑)	인(寅) 해(亥)	묘(卯) 진(辰) 미(未)	사(巳) 인(寅)	오(午) 미(未) 술(戌)	진(辰) 술(戌) 인(寅)	미(未) 축(丑) 오(午)
투간(透干)	경(庚)	신(辛)	임(壬)	계(癸)	갑(甲)	을(乙)	병(丙)	정(丁)	무(戊)	기(己)

편관격(偏官格)은 부모, 형제 덕(父母, 兄弟 德)이 없고 일찍 타향에서 자수성가(自手成家)

하는 경우가 많다. 재물보다 명예를 소중히 여긴다. 명분과 명예, 의리를 생명으로 여기고 윤리와 질서를 철저히 지키려 한다. 권위의식과 관료의식이 강하다. 권위 있는 직장에 몸담고 있거나 남을 감시, 감독, 조사하는 위치에 있기 쉽다. 지도력도 풍부하여 군인, 경찰, 법조계 등에 종사하는 경우가 많다.

또한 예의범절뿐만 아니라 대의명분을 중요시한다. 책임감이 강하고 통솔력도 대단하여 관직에서 인정을 받아 승진도 빠르고 출세도 빠르다. 의협심(義俠心)이 강(强)하여 강자(强者)를 억압하고 약자(弱者)를 돕는 기질이 있다.

그러나 유아독존(唯我獨尊)으로 타협을 모르고 상대방을 무시하는 등 성격이 오만한 것이 단점이다. 반항심과 적개심이 불타고 성격이 조급하여 타인과 대립하는 사건이 발생하기 쉽다. 굴복을 모르는 독불장군처럼 편법적으로라도 자기주장을 관철시키려는 기운이 있다. 그래서 타인과 멀어지기 쉽고 고독할 수 있다. 고집불통형의 강압적인 성격의 소유자이다. 입신과 출세를 위하여 물불을 가리지 않는다. 건강이 부실하고 형제간에 불목하기 쉽다.

편관격(偏官格)은 관계나 교육계 종사자가 많다. 학업운도 좋으며 예능 방면을 전공하는 경우도 많다. 직업으로는 군인, 경찰, 교도관, 제철업, 조선업, 건축, 기계, 청부업 등이 적당하다. 일간이 강왕하면 무관, 법조인, 정치인으로 성공하는 경우가 있다.

편관은 흉신이다. 이를 극제하는 것이 용신이다. 따라서 편관격은 일간이 강왕(强旺)하여야 한다. 일간이 강왕할 때는 식상이 용신이 된다. 식상은 일간을 설기하면서 동시에 편관을 제극하기 때문이다. 이 경우를 식상제살격(食傷制殺格)이 된다.

만약 일간이 쇠약하면 매사에 자신감이 없고 열등감에 빠지기 쉽다. 인내심과 지구력이 부족하며 건강도 좋지 않을 뿐만 아니라 배신을 잘 당하기도 한다. 일간이 쇠약한 경우의 편관격은 편관을 설기하는 것이 최상이다. 이 때는 인성이 용신이 된다. 이를 편관(칠살)용인성격(偏官(七殺)用印星格)이라 한다.

사주 내에서 시주의 천간에 1개의 천간이 있는 것을 일위편관(一位偏官)이라 하고 이를 시상일위편관격 또는 일위귀격(一位貴格)이라 하는데 이 때는 일간이 강왕하여야 하고 타주에 편관이 없어야 한다. 시상일위 편관격은 대인관계가 좋다. 목표 달성을 위해 주위 사람들의 힘을 빌려서 성취한다. 명예욕이 높아서 책임 있는 일을 맡기면 능력 발휘를 한층 더 한다. 특히 순간적인 판단과 재치는 타의 추종을 불허한다. 미래에 대한 열정과 목표의식이 뚜렷하다. 조직에서 뛰어난 능력을 발휘하므로 책임자의 자리에 오르는 경우가 많다.

그러나 고집이 매우 세고 타인과 비교하는 것을 싫어한다. 명령을 받고 일하는 것을 대단히 싫어하며 스트레스가 심하다. 하지만 일위귀격이 되면 복록이 많고 귀한 사주가 된다.

편관격이 정재 및 편재를 만나면 재살격(財殺格)이 된다. 재살격이 되면 편관이 더욱 강해지므로 이 때는 반드시 일간이 강왕하여야 하며 만약 그렇지 않다면 비겁과 인성이 존재하여야 한다.

편관격은 기본적으로 일간이 강왕하여야 한다. 일간이 강왕하여야 편관을 이겨낼 수 있기 때문이다. 일간이 강하면 반드시 식신이 있어야 하고 일간이 약하면 인수가 반드시 있어야 한다. 식신은 편관을 제극하므로 편관의 횡폭이 심할 때는 식신으로 제살(制殺)하는 것이 필수조건이다. 그리고 일간이 약할 때는 인성으로로 화(化)하여야 부귀(富貴)하게 된다.

비겁(比劫)이 많아서 일간이 강왕하면 관살(官殺)이 용신(用神)이고 재성과 관성이 길(吉)하고 인성과 비겁은 흉(凶)하다. 인수(印綬)가 많아서 강왕하면 재성(財星)이 용신(用神)이며 식상과 재성은 길(吉)하고 관성과 인성은 흉(凶)하다. 관살(官殺)이 많으면서 일간이 강왕하면 식상(食傷)이 용신(用神)이 되기 때문에 식상(食傷)은 길(吉)하고 관성과 인성은 흉(凶)하다.

재성(財星)이 많아서 쇠약해졌다면 비겁(比劫)이 용신(用神)이 되므로 인성과 비겁이 길(吉)하고 식상과 재성은 흉(凶)하다. 식상(食傷)이 많아서 쇠약해졌다면 인수(印綬)가 용신(用神)이므로 인수(印綬)가 길(吉)하고 식상(食傷)은 흉(凶)하다. 관살(官殺)이 많아서 쇠약해졌다면 인수(印綬)가 용신(用神)이 되므로 인성과 비겁이 길(吉)하고 재성과 관성은 흉(凶)하다.

사주 중 정관을 병행하는 것은 관살혼잡격이라 하고 관살혼잡격은 월지오행이 살(殺)이나 정관이 되어 혼관(混官) 또는 혼살(混殺)하는 것으로 월지에 들지 않을 때에는 관살혼잡이 되어도 격은 되지 않는다. 대체로 격에 드는 것은 중(重)하고 격에 들지 않는 것은 경(輕)하다고 본다. 관살혼잡이 되면 반드시 거유법(去留法)을 적용하여야 한다, 거유법이란 합하여 둘 중 하나는 사라지게 하고 하나만 남게 하는 방법이다.

(표 125) 편관격(偏官格)의 구성

시	일	월	년
정관		편관	겁재
신(辛)	갑(甲)	경(庚)	을(乙)
미(未)	술(戌)	자(子)	해(亥)
정재	편재	정인	편인

위 사주는 정관과 편관이 혼잡된 사주이다. 겁재와 칠살(殺)이 간합하여 사라짐으로서 정관만 머물게 하는 합살유관(合殺留官)의 형태를 띠우게 되어 관살혼잡을 청명하게 하였다.

8. 정관격

정관격(正官格)은 일간(日干)에 대하여 월지(月支)가 정관일 때 이루어진다. 월지의 지장간(藏干)에 정관(正官)이 있고 천간(天干)에 정관(正官)이 투출(透出)되면 이루어진다. 정관격에서 귀격의 정도를 구별하는 법은 재성과 인성이 모두 천간에 투출했는가를 보는 것으로 재성과 인성이 서로 장애가 되지 않는다면 대귀한다. 월지 정관은 정기정관(正氣正官)이라 하여 귀기(貴氣)가 높은 것이므로 정관격이 성격하면 고위직위에 오르고 명예를 높이게 된다.

(표 124) 정관격(正官格)의 구성

일간(日干)	갑(甲)	을(乙)	병(丙)	정(丁)	무(戊)	기(己)	경(庚)	신(辛)	임(壬)	계(癸)
월지(月支)	유(酉) 술(戌) 축(丑)	신(申) 사(巳)	자(子) 진(辰) 축(丑)	해(亥)	묘(卯) 진(辰) 미(未)	인(寅) 해(亥)	오(午) 미(未) 술(戌)	사(巳) 인(寅)	미(未) 축(丑) 오(午)	진(辰) 술(戌) 인(寅)
투간(透干)	신(辛)	경(庚)	계(癸)	임(壬)	을(乙)	갑(甲)	정(丁)	병(丙)	기(己)	무(戊)

정관과 편관(칠살)은 일간을 극한다는 점에서 같다. 그러나 정관은 일간과 음양이 달라서 서로 끌리는 것이고 편관(칠살)은 일간과 음양이 같아서 서로 거부하는 것이므로 정관은 손상되는 것은 좋지 않고 칠살은 극제되는 것이 좋다. 정관도 많을 경우에는 칠살과 다름없이 취급한다.

정관은 부모에게 효도하고 부부간에 유정하며 타인의 존경이나 신망을 받는다. 성정이 착하고 온화하며 순리대로 해결하려는 성품이다. 학업운도 순탄하고 결혼운도 좋다. 사회진출도 순조롭다. 머리가 총명하고 슬기롭다. 준법정신이 투철하며 예의범절도 좋다. 타인을 지배하는 능력이 있으며 위엄이 있어서 함부로 넘볼 수 없는 기품이 있다. 행동이 한결같아서 남에게 피해를 주지 않는다. 이해력이 깊고 포용력이 넓은 것이 장점이다. 하지만 너무 고지식하고 매사에 끊고 맺음이 분명하며 동기간에 우애가 부족하는 등 약간 냉정한 면이 있어서 인간미가 결여된다는 단점이 있다.

직업으로는 대체로 소극적인 직장활동이 적합하며 공무원과 교육계에 종사하는 경우가 많다. 대부분의 봉급생활자들이나 공직자들이 이에 해당 된다. 사주의 구조에 따라 직장생활의 모습이 구분 될 수 있다.

편관격은 소리가 나야만 비로소 해결되는 시끄러운 타입이라면 정관격은 무엇이든 조용하게 해결하려고 한다. 편관격은 빠른 결단성이 있는 반면 정관격은 느리고 부드럽게 타협하면서 해결하고자 하는 마음의 여유를 갖고 있다. 편관격은 부귀하거나 혹은 빈곤한 사람이 많다. 강한 성격과 불의와 부정을 참지 못하고 화를 내는 성격 때문에 고생을 많이 하는 운명이다. 하지만 정관격은 평탄하고 안정된 성격이어서 이성적으로 해결하려고 한다. 특히 자기 위주로 혼자서 결단을 내리거나 해결하려는 성격 때문에 오히려 속앓이 병을 얻기도 한다.

정관격은 길신으로서 생을 받아야 마땅하다. 따라서 재성을 취용하는 것이 원칙이다. 하지만 일간이 월령을 득하지 못하였기 때문에 대체적으로 일간이 쇠약하고 관성이 강왕하게 된다. 따라서 인성이 일간과 관성을 연결시켜야 좋다. 이 때 재성이 있으면 재성이 인성을 극하므로 좋지 않게 된다. 이런 경우를 성격 되었으나 다시 파격 되었다고 하여 성중유패(成中有敗)라고 한다. 이 때는 비겁이 재성을 극제하여 인성을 살리고 일간을 도와야 된다. 이것을 파격되었다가 다시 성격되었다고 해서 패중유성(敗中有成)이라고 한다.

정관격에 관성이 강왕할 경우, 또 다시 관성을 만나면 해롭다. 이 때는 왕한 관성을 설기하고 일간을 돕는 인성이 있어야 길하다. 정관격은 상관, 식신 그리고 비겁 순으로 두려워한다. 때문에 일간이 쇠약하다면 일간를 돕는 인성이 좋고 정관이 약하다면 정관을 돕는 재성이 좋다. 정관이 천간에 노출되어 있다면 합하거나, 칠살과 섞이거나, 정관이 거듭 있으면 흉하고 지지에서 형충이 되어도 역시 흉하다. 정관은 길신이므로 형충파해를 꺼리기 때문이다.

만약 재성과 인성 중에서 하나만 써야 하는 경우에는 재성은 관성을 생하기 때문에 재성이 인성보다 좋다고 할 수 있다. 인성이 정관을 보호한다고는 해도 결국은 정관의 기운을 설(洩)하는 것이기 때문이다. 또한 인성으로 화관(化官)하는데 재성이 투출했다고 해도 서로 극하지 않는다면 대귀격이다.

정관격인데 인수가 있는 경우를 정관패인(正官佩印)이라 한다. 만약 관성이 강왕하고 일간이 쇠약하여 인수가 용신이 되면 재운이 올 필요가 없다. 정관격에 식상이 있고 인수가 식상을 극하는 용신이면 관성과 인수가 강왕해지는 것이 좋고 재성을 꺼린다. 하지만 인수가 중첩해 있다면 재성도 해롭지는 않다.

정관격에 칠살이 있거나 칠살격에 정관이 있는 경우를 관살혼잡(官殺混雜)이라 하는데 관살혼잡이 되면 식상이 좋다. 만약 겁재와 칠살이 합거해 있으면 재성도 좋다. 또한 상관이 칠살을 합하고 있다면 식상과 재성이 좋지만 인수가 있으면 불리하다.

정관을 합거하고 칠살을 남겨 둔 경우를 합관류살(合官留殺)이라 하며 칠살은 합거하고 정관을 남겨 둔 경우를 합살류관(合殺留官=합살존관.合殺存官=존관제살.存官制殺)이라 한다.

정관격에서 정재 및 편재를 만나는 것을 재관쌍미격(財官雙美格)이라 한다. 재성과 정관이 파괴 되지 않고 격을 이루면 부귀가 쌍전(雙全)하는 사주가 된다. 정관격에서 칠살을 만나면 관살혼잡격이 되는데 이 때는 거유법으로 치유하여야 한다. 인수를 만나면 관인화격(官印化格)이 된다.

정관은 길신이므로 재가 있어서 도와줘야 좋다(財生官). 정관이 재성을 만나는 것을 정관봉재(正官逢財)라고 한다. 정관봉재는 천간에서가 제일 좋다. 정관격으로 정관이 천간에 투출되어 있고 재성도 천간에 투출되어 도우면 제일 좋다. 그 재성이 지지에 뿌리를 건강하게 잡고 있어야 한다. 물론 천간의 정관과 지지사이에 방해하는 존재가 없어야 한다.

천간에 정관이 투출되어 있는데 정관 아래 지지가 재성이면 더욱 좋다. 이를 명관과마(明官跨馬)라고 하여 특별히 좋다고 한다. 남자의 사주가 명관과마라면 출세와 성공을 위해서 열심히 일하며 활발하게 활동하게 된다.

정관은 인수가 있어서 정관을 지켜주는 것이 좋다. 인수가 있어야 정관이 오래 보존 보호되고 유지되기 때문이다. 이를 정관봉인(正官逢印)이라 하며 정관봉인을 관인상생이라고도 한다. 인수가 정관을 보호해서 정관을 발전시킨다는 뜻이다. 인수는 정관을 위협하는 상관을 제압하여 상관으로부터 정관을 보호하는 것이다. 정관은 인수를 생하여 일간을 도우니 서로 상생하는 모습이다. 정관이 일간을 극하게 되는 경우 일간이 약해지는데 인수가 있어서 일간을 보호하게 되고 정관은 인수가 있으므로 일간을 극하지 않고 인수를 생하여 일간을 보호하게 하는 것이다. 이렇게 인수가 일간을 생하도록 인수를 생하여 주는 정관이 좋은 것이다. 정관봉인이 되면 국가의 관리를 하고 교육자로 승승장구한다.

정관이 상관을 보는 것을 정관봉상관(正官逢傷官)이라 하는데 이 경우는 파격이다. 또한 정·편관혼잡도 파격이다. 정관이 형이 되거나 합이 되거나 충이 되는 경우도 역시 파격이다. 파격이 되면 부귀를 모두 잃게 된다.

정관격에서 정관이 강왕하면 상관이나 인수를 취용한다. 일간이 강왕할 때는 상관으로 제극하고 일간이 쇠약할 때는 인수로 설기하여 정관의 기세를 완화하여야 한다. 정관은 길신으로 생하여 역량을 증가케 하는 것이 필요하지만 생이 과다한 것은 오히려 귀를 잃게 되기 때문이다.

시주의 시간에 정관이 있고 일간을 제외한 다른 곳에 정관과 같은 오행이 없는 경우를 시상일위 정관격이라 한다. 즉 시간이 정관이고 사주 내에 정관과 편관이 없는 경우이다.

시상일위 정관격은 섬세하고 순박하고 순수하여 인간적인 면에 관심이 많다. 불쌍하다고 생각하거나 마음이 착한 사람이라고 생각하면 인정을 베풀고 너그러운 마음을 갖는다. 주위 사람들에게 조언을 잘 해주기 때문에 상담을 하러 오는 사람도 많다. 일보다는 사람이 우선이고 서로 감정을 공유할 때 더욱 신바람이 나고 자신감이 생긴다. 이해심이 많고 관대하며 개방적이다. 봉사정신도 투철하다. 명예를 소중히 여기며 진리와 정의를 숭상한다. 새로운 환경이나 사람과의 적응력이 늦은 편이나 한번 적응하면 오래간다. 때문에 다양한 사람들을 한꺼번에 만나는 것보다 일대일 만나는 것을 더 좋아한다. 선비와 학자의 성품이다. 은근과 끈기가 있으며 스스로 가치를 느끼면 생명을 바칠 정도로 각오가 대단하다.

다양한 이론을 섭렵하고 있고 사려 깊고 온화하며 점잖은 성격으로 착한 사람이란 평가를 받지만 쓸데없는 걱정이 많은 것이 단점이다. 사업을 하는 경우에는 인간관계에 얽매여 보증이나 돈거래로 인해 어려움을 겪을 수 있다. 남의 지시를 따르기 보다는 자신의 마음에 따라 자유롭게 행동하거나 자유로운 직업을 가지는 것이 좋다.

9. 편인격

편인격(偏印格)은 일간(日干)에 대하여 월지(月支)가 편인일 때 이루어진다. 월지의 지장간(藏干)에 편인(偏印)이 있고 천간(天干)에 편인(偏印)이 투출(透出)되면 이루어진다. 월지에 편인이 자오묘유가 되면 자동으로 편인격을 이루고 그 외의 편인격은 월지 투출에 의해 격이 성립된다.

편인(偏印)이 격을 이루면 타고난 천성이 착하다. 학문을 하여 평생 동안 학문에 미련을 버리지 못한다. 신경이 예민하고 불면증에 걸리기 쉽다. 상대를 알아보는데 천부적인 재능이 있다. 자기도취에 빠지기 쉽다. 창조적이고 요령이 뛰어나며 모든 면에서 이해력이 빠르다. 기질적으로 창조적이고 예술적인 성향이 강하고 머리가 좋은 편이다. 기획력이 뛰어나고 정신력이 강하다. 호기심이 많다. 다방면에 관심이 많은 스타일이다. 구속을 싫어하고 자유로움을 좋아하는 성격으로 여러 가지에 관심을 두는 자유분방형이다.

눈치가 빠르고 요령이 좋다. 상황에 따라서 순발력 있게 처신하고 임기응변에 능하다. 단점은 어떤 일에 관심을 가지면 그 일에 몰두하여 올인하는 경향이 있지만 지속성이 약해 오래가지 못한다는 점이다. 매사 용두사미로 끝난다. 게을러지기 쉽다.

처음 만난 사람에게는 마치 간이라도 빼줄 것처럼 열정적으로 사귀다가 금방 싫증을 느끼니 상대방에게는 의리 없는 사람으로 평가되기도 한다. 변태적이고 권태적인 경향이 있고 임기응변에 능하고 지구력이 부족하다. 오락이나 도박성이 강하다. 이중인격자이다

(표 125) 편인격(偏官格)의 구성

일간(日干)	갑(甲)	을(乙)	병(丙)	정(丁)	무(戊)	기(己)	경(庚)	신(辛)	임(壬)	계(癸)
월지(月支)	해(亥) 신(申)	자(子) 진(辰) 축(丑)	인(寅) 해(亥)	묘(卯) 진(辰) 미(未)	인(寅) 사(巳)	미(未) 술(戌)	진(辰) 술(戌)	축(丑) 미(未) 오(午)	신(申) 사(巳)	유(酉) 술(戌) 축(丑)
투간(透干)	임(壬)	계(癸)	갑(甲)	을(乙)	병(丙)	정(丁)	무(戊)	기(己)	경(庚)	신(辛)

편인격은 예능과 기예에 재능이 있다. 그래서 이공계의 기능사나 예능인이 많다. 낮보다 밤을 더 좋아하여 연예계 진출이 많다. 격이 양호하면 문예에 특출한 재능이 있어 대문장가로 성공한다. 의사, 평론가. 운명가, 역술가, 예술가, 법관, 성직자, 외교관, 군경, 운동선수, 요리사, 미용사 등에 많다. 편인하면 우신 자격, 기술, 노하우 숭심의 자신만의 특화된 기술이 한 가지는 타고 났다. 특정분야에 재주가 있다(특히 손재주).

편인은 흉신에 해당하므로 재성의 적절한 극제를 필요로 한다. 만약 극제가 없을 경우에는 식신을 극하기 때문에 흉사가 발행한다. 편인은 도식이라 하여 밥그릇을 엎는다고 한다. 편인은 흉신이므로 합이나 충으로 때리면 흉한 기운이 좋은 기운으로 변한다. 편재가 와서 충을 하면 돈벼락을 맞기도 한다. 편재가 옆에 붙으면 바쁘게 움직인다. 식신이오면 일거리가 생기는 거라 괜찮다.

편인격(偏印格)은 역용격국이므로 주로 재성을 써서 편인격을 제하는 방향으로 용신을 삼아야 한다. 편인격이 제일 좋은 경우는 신강하여 재성을 감당할 수 있으면서 재성이 투간한 경우이다. 재성은 물질을 뜻하고 편인은 정신을 뜻하니 재성이 있어야만 편인의 재능이 현실화하여 결과물이 생긴다. 그래서 편인격은 편재를 보면 기뻐한다.

편인은 관살이 생조 해 주는 것을 좋아하지만 편인이 흉신이므로 관살을 보면 생을 받아 흉이 가장 심하게 되므로 관살을 봐서는 안 된다. 편인이 강왕하면 반드시 강력한 제극을 하여야 한다. 그렇지 않으면 심히 흉하게 된다. 이 때 극제하는 것이 편재이다. 편재는 편인격의 유일한 희신이다. 그런데 만약 편재가 비견에 의해서 극제되면

파격이 되어 빈명(貧命)이 된다. 편인격에서 편인이 약할 때에는 반드시 일간이 강해야 한다.

10. 정인격

정인격(正印格)은 일간(日干)의 정인(正印)이 월지(月支)에 있거나 장간(藏干)에 있는 정인(正印)이 천간(天干)에 투출(透出)함으로써 이루어진다.

(표 126) 정인격(正印格)의 구성

일간(日干)	갑(甲)	을(乙)	병(丙)	정(丁)	무(戊)	기(己)	경(庚)	신(辛)	임(壬)	계(癸)
월지(月支)	자(子) 진(辰) 축(丑)	해(亥) 신(申)	묘(卯) 진(辰) 미(未)	인(寅) 해(亥)	미(未) 술(戌)	인(寅) 사(巳)	축(丑) 미(未) 오(午)	진(辰) 술(戌)	유(酉) 술(戌) 축(丑)	신(申) 사(巳)
투간(透干)	계(癸)	임(壬)	을(乙)	갑(甲)	정(丁)	병(丙)	기(己)	무(戊)	신(辛)	경(庚)

정인은 지혜와 학문을 관장하는 별이다. 예지력이 상당하고 종교인 기질도 많다. 때문에 정인격(正印格)은 총명하고 지혜롭다. 명예를 존중하며 자존심이 강하고 보수적이다. 온화하면서 착실하다. 공명정대(公明正大)하다. 모범적이다. 공부도 잘한다. 다만 매사에 적극성이 결여되어 있고 타인에게 의존하기 쉬우며 심약한 것이 단점이다. 재물(財物)에 대한 집착력이 부족하여 물질적으로 풍요롭지 못하다. 지구력이 부족하다.

종교나 교육계에 인연이 많고 학문, 종교, 예능계통에 뛰어난 소질을 가지고 있어서 직업으로 교육, 언론, 의약, 예술, 어학, 학원, 종교 등에 적합하다. 특히 갑, 을 일생이 춘·하월에 출생하면 목화통명이라 하여 문명지상으로서 교원생활을 하게 된다. 즉 정인격은 교육계로 진출한다.

인성은 길신이다. 이는 생하여 줌이 마땅하다. 그래서 관성을 좋아한다. 관살이 왕성해도 인수만 있으면 관살이 일간을 극하는 사이를 통관시켜 해가 도리어 복이 되니 이를 살인상생(殺印相生)이라 한다. 이러한 경우에 재성을 만나 인성을 극하면 탐재괴인(貪財壞印)이 되어 급속한 재앙이 생긴다.

사주 중에 인성이 많으면 식상을 극하므로 자식이 적으며 여자는 유산을 잘한다. 인성이 강왕한데 재성을 만나지 못하고 또 인성운을 만나면 오히려 일간이 위험하다. 또한 부모의 건강이 좋지 않아 아버지를 먼저 여의는 경우가 있고 결혼을 늦게 하거나 장손(長孫)의 역할을 하는 경우가 많다. 그러나 일간이 강왕하고 조화를 잘 이루면 오히려 부모덕(父母德)이 있다.

일간이 비겁(比劫)이 많아서 강왕하면 관살(官殺)이 용신이 되고 관살이 없으면 식상(食傷)이 용신이 된다. 행운에서 관살운(官殺運)이나 식상운(食傷運)이 오면 길(吉)하고 인성과 비겁운(印比運)에서는 흉(凶)하다. 인수(印綬)가 많아서 강왕하면 재성(財星)이 용신이고 식상과 재성운에서는 길(吉)하고 관성, 인성, 비겁운(官印比運)에서는 흉(凶)하다. 일간이 신왕한데 재성(財星)이 많으면 관살(官殺)이 용신이 되므로 관성과 인성운(官印運)은 길(吉)하고 식상과 재성운(食財運)에서는 흉(凶)하다.

관살(官殺)이 많아서 일간이 쇠약하다면 인수(印綬)가 용신(用神)이 되므로 인성과 비겁운(印比運)에서 길(吉)하고 식상과 재성운(食財運)에서는 흉(凶)하다. 식상(食傷)이 많아서 일간이 쇠약하다면 인수(印綬)가 용신이 되고 인성과 비겁운(印比運)에서 길(吉)하고 식상과 재성운(食財運)에서는 흉(凶)하다. 또한 재성(財星)이 많아서 일간이 쇠약하면 비겁(比劫)이 용신이 되므로 비겁운(比劫運)에서 길(吉)하고 식상과 재성운(食財運)에서는 흉(凶)하다.

정인격과 편인격은 모두 일간을 생(生)해 주기 때문에 정, 편을 구별하지 않고 모두 인수격(印受格)이라 규정하기도 한다. 그러나 고전에서는 편인격은 효신이라 하여 흉신으로 취급하고 정인격은 길신으로 취급하며 인수격은 정인격 만을 지칭하기도 한다.

월지에 인수가 있다면 인수격에 해당한다. 인수격(印綬格)은 인정이 많다. 모성본능을 가지고 있어서 순수하며 인정과 배려가 많아 남을 돕는 일을 잘한다. 직업적으로는 글과 학문을 이용한 직업 교수 선생님 상담가등과 남을 돌보는 보호사 요양원 등과 관련된 직업에도 좋다.

인수는 관성을 기뻐한다. 인수가 재성을 만나면 극제를 당해서 파손되므로 모든 일이 이루어지지 않는다. 인수가 충, 파가 없으면 크게 빛날 것이며 일간이 식신을 생조 해 식신이 가상관격으로 있을 때 편인운이 오면 도식(倒食)이 되어 도산을 당하거나 파료상관(破了傷官)으로 관살을 제압하지 못하니 재앙이 따른다.

일간이 강하고 재성이 많으면 관살을 용신으로 한다. 일간이 강하고 재성이 강하면 재성이 인수를 극해서(탐재괴인) 인수격이 파격될 수 있다. 때문에 관살을 취용함으로 재관인으로 통관시키고 강왕한 일간을 제어할 수 있어야 한다. 이를 인수용관살격(印受用官殺格)이라 한다.

일간이 강하고 인수가 많을 경우에는 재성을 취용한다. 왜냐하면 강한 일간에 또 인수가 일간을 생조 할 경우 일간이 너무 강하여 오히려 역효과가 난다. 계획만 많고 쓸데없는 공상만 하게 된다. 더구나 인수가 많을 경우 게으르게 된다. 때문에 현실참여를 의미하는 재성을 취용하면 일간을 현실화 할 수 있게 된다. 인수격에서 재성은 인성을 극하기 때문에 재성을 꺼리는데 인성으로 인하여 일간이 강왕하게 되었다면 오히려 재성이 중요한 역할을 하게 되므로 재성을 취용하여야 한다. 이를 인수용재격(印受用財格)이라 한다.

또한 일간이 강왕한데 비견과 겁재가 많으면 관살을 취용하여야 한다. 만약 관살이 없으면 식신, 상관을 취용하여 강왕한 일간을 설기하여야 한다. 이를 인수용식상(印受用食傷)격 혹은 관살격(官殺格)이라 한다.

일간이 쇠약하고 재성이 많을 경우에는 비견, 겁재을 취용한다. 일간이 쇠약하면 재성을 감당할 수가 없다. 일간의 능력이 부족하여 재물과 현실참여가 부족하게 되며 결과적으로 들어올 돈은 없는데 나갈 돈만 많게 된다. 재성이 인성을 극(剋)하므로 고부간의 갈등도 있고 돈 때문에 건강을 잃을 수도 있다. 이 때는 비견, 겁재가 일간을 도와 재성을 다스리게 되는데 이를 득비리재(得比理財)라고 하며 동시에 인성도 보호하게 된다. 이를 인수용겁격(印受用劫格)이라 한다.

  일간이 쇠약한데 식상이 많거나 관살이 많을 경우에는 인성을 취용한다. 일간이 쇠약할 경우 식상이 많으면 일간은 탈진하게 된다. 이 때에 인수는 일간을 생해주고 식상의 설기를 막아주는 역할을 한다. 또한 관살이 많을 경우에는 일간을 극제하므로 인성을 취용하여 관인상생으로 유통시켜주어야 한다. 이를 인수용인격(印受用印格)이라 한다.

제3절 변격(외격)의 특징과 해석

1. 전왕격

1) 곡직격

곡직(曲直)이란 굽음과 곧음이라는 의미로서 나무의 성질(性質)이 휘어지기도 하고 곧기도 하기 때문에 붙여진 명칭이다. 곧음의 성향이 대표적인 천간은 갑목이고 굽음의 성향이 대표적인 천간은 을목이다. 따라서 일간이 갑, 을 목인 경우와 천간의 대부분이 갑, 을 목으로 구성된 경우이다. 동시에 갑을 상징하는 지지인 인목(寅木)이나 을을 상징하는 묘목(卯木)이 월지를 차지하고 이를 포함한 지지가 목국(木局) 삼합(亥卯未)이나 방합(寅卯辰)을 이루는 경우 곡직격이라 한다.

따라서 곡직격(曲直格)이란 일간이 갑, 을(甲, 乙)이고 지지가 ① 해묘미(亥卯未) 삼합(三合)을 이루고 있거나 ② 인묘진(寅卯辰) 방합(方合)을 이루고 있거나 ③ 지지 구조가 목(木)을 이루고 있으면 성립된다. 이 때 경신금(庚辛金)이 함께 있으면 관살(官殺)이 되어 곡직격(曲直格)으로 보지 않는다.

(표 127) 곡직격(曲直格)의 이해

일간	지지	용신 = 목(木)	희신=수(水), 화(火)	기구신 = 금(金), 토(土)
갑(甲) 을(乙)	해묘미 (亥卯未) 인묘진 (寅卯辰)	갑(甲), 을(乙), 인(寅), 묘(卯)	임(壬), 계(癸), 해(亥), 자(子), 병(丙), 정(丁), 사(巳), 오(午)	경(庚), 신(辛), 신(申), 유(酉), 무(戊), 기(己), 진(辰), 술(戌), 축(丑), 미(未)

곡직격(曲直格)은 인자하다. 도량이 넓고 자비심이 많다. 자존심이 강하여 남에게 지기를 싫어한다. 도덕심이 강하여 불의를 보면 참지 못하고 직설적이다. 학구적이다. 직업적으로 교육, 종교, 철학, 육영사업, 의·약사(醫·藥師), 연구원 등이 적합하다.

곡직격을 더욱 강하게 하는 목(木)이 용신이고 수(水)가 희신이며 강한 것을 자연스럽게 설기하는 화(火)도 희신이다. 이 때 화는 수의 상태에 따라 희신도 되고 한신도 된다. 목(木)을 극제하는 금(金)은 기신이고 토(土)는 구신이다. 행운(行運)에서도 수, 목, 화운(水, 木, 火運)을 기뻐하고 토, 금운(土, 金運)은 싫어한다.

2) 염상격

염상(炎上)이란 불이 위로 불꽃을 피우며 타오르는 모습을 나타낸다. 오행의 화(火)의 성향을 나타내는 것으로서 대표적인 천간이 병정(丙丁)이다. 따라서 일간이 병정(丙丁)으로서 천간이 대부분 병정화이고 병을 상징하는 지지인 사(巳)나 정을 상징하는 지지인 오(午)가 월지를 차지하고 있으면서 이를 포함하여 화국(火局) 삼합(寅午戌)이나 방합

(巳午未)를 이루고 있는 경우 염상격(炎上格)이라 한다. 이 때 임, 계 수(壬, 癸 水)가 있으면 관살(官殺)이 되어 염상격(炎上格)이 되지 않는다.

(표 128) 염상격(炎上格)의 이해

일간	지지	용신=화(火)	희신=목(木), 토(土)	기구신=수(水), 금(金)
병(丙), 정(丁)	인오술 (寅午戌) 사오미 (巳午未)	화(丙), 정(丁), 사(巳), 오(午)	갑(甲), 을(乙), 인(寅), 묘(卯) 무(戊), 기(己), 진(辰), 술(戌), 축(丑), 미(未)	임(壬), 계(癸), 해(亥), 자(子) 경(庚), 신(辛), 신(申), 유(酉)

염상격(炎上格)은 예의가 바르다. 통솔력과 지도력이 좋은 조직의 리더형이다. 매사에 호탕하고 대범한 스타일이다. 머리가 좋고 지혜도 많다. 일 처리가 신속하고 정확하다. 불의를 보면 참지 못하는 정의로움을 가지고 있다. 단, 고집이 강하고 성급히 행동하며 지구력과 인내력이 부족한 것이 단점이다.

직업은 전기, 전자, 정보, 통신, 방사선, 반도체, 법관, 군인, 경찰, 의·약사, 신문기자, PD, 종교, 철학 등에 적합하다.

염상격의 용신은 화에 해당하는 병정사오(丙丁巳午)가 된다. 그리고 화을 생하는 목 갑을인묘(甲乙寅卯)이 희신이 되고 화을 극하는 수와 화가 극하는 금는 기구신이 된다. 이 때 토는 목의 상태에 따라 희신도 되고 한신도 된다. 행운(行運)도 마찬가지이다.

3) 가색격

가색(稼穡)이란 곡식을 심고 거둔다는 의미이다. 이는 오행 토를 의미한다. 따라서 오행 토로 구성된 사주를 가색격이라 한다. 일간이 무, 기 토로 되어 있고 천간이 토로 이루어져 있으며 지지는 월지가 토를 상징하는 진술축미이며 지지가 진술축미로 이루어져 있으면 가색격이라 한다. 이 때 목의 기운이 남아 있으면 가색격이 되지 않는다.

(표 129) 가색격(稼穡格)의 이해

일간	지지	용신 = 토(土)	희신=화(火), 금(金)	기구신=목(木), 수(水)
무(戊) 기(己)	진(辰), 술(戌), 축(丑), 미(未)	무(戊), 기(己), 진(辰), 술(戌), 축(丑), 미(未)	병(丙), 정(丁), 사(巳), 오(午), 경(庚), 신(辛), 신(申), 유(酉)	갑(甲), 을(乙), 인(寅), 묘(卯), 임(壬), 계(癸), 해(亥), 자(子)

가색격(稼穡格)은 믿음의 상징이다. 침착하고 중후(重厚)하다. 말이 적어 자기 의사를 잘 표현하지 않으면서 자기주장을 강하게 표출한다. 고집이 너무 강하고 융통성이 없는 것이 단점이다. 직업으로는 종교, 철학, 교육, 농수산, 법관, 의약, 신부, 스님, 수녀 등으로 활동하는 경우가 많다.

가색격의 용신은 토가 된다. 그리고 토를 생하는 화가 희신이 되고 토를 극하는 목과 토가 극하는 수는 기구신이 된다. 이 때 금은 화의 상태에 따라 희신도 되고 한신도 된다. 행운(行運)에서도 마찬가지이다.

4) 종혁격

종혁(從革)이란 혁(革)을 종(從)한다는 뜻으로 혁명(革命)하다는 의미이다. 오행 중에서 혁명의 성향을 나타내는 것이 금(金)이다. 따라서 종혁격은 금으로 이루어진 사주팔자를 말한다. 일간이 경신금이고 천간이 금으로 이루어져 있으며 천간 경을 상징하는 지지인 신금이나 천간 신을 상징하는 지지인 유금이 월지를 차지하고 있고 이를 포함하여 금국 삼합(巳酉丑)이나 방합(申酉戌)을 이룰 때 이를 종혁격이라 한다. 이 때 금을 극하는 오행 화의 세력이 없어야 한다.

(표 130) 종혁격(從革格)의 이해

일간	지지	용신= 금(金)	희신=토(土), 수(水)	기구신=화(火)
경(庚)	사유축(巳酉丑)	경(庚), 신(辛),	진(辰), 술(戌), 축(丑), 미(未)	병(丙), 정(丁),
신(辛)	신유술(申酉戌)	신(申), 유(酉)	임(壬), 계(癸). 해(亥), 자(子)	사(巳), 오(午)

종혁격(從革格)은 의리와 정의로움이 상징이다. 조직력이 강해서 통솔력(統率力)과 책임감도 강하다. 혁명적인 기질 때문에 반대 세력도 많다. 단, 타인(他人)을 무시하는 경향이 강한 것이 단점이다. 직업으로는 군인, 경찰, 법관, 의약, 기계, 금속, 전자, 방사선, 종교계, 예술계통 등이 적합하다.

종혁격의 용신은 금이 된다. 금을 생하는 토는 희신이 되고 금과 대립 각을 이루는 화와 목은 기구신이 된다. 금의 생을 받는 수는 설기할 때는 희신이 되지만 금의 생하는 토의 세력에 따라서는 한신이 된다. 행운에서도 마찬가지이다.

5) 윤하격

윤하(潤下)라고 하는 것은 물이 아래로 흐르는 것을 말한다. 윤은 윤습(潤濕)하다, 즉 적시다, 습(濕)하다는 뜻이고 하(下)라 함은 흘러내려 간다는 뜻이다. 따라서 물이 흘러내리는 형상을 나타낸다. 윤하라는 성향을 가장 잘 나타내는 것이 오행 수(水)이다.

그러므로 천간이 수에 해당하는 임계수가 일간을 이루고 천간의 대부분을 수가 차지하며 임수를 상징하는 지지인 해(亥)와 계수를 상징하는 지지인 자(子)가 월지를 차지하고 있으면 윤하격이 된다. 이 때 월지를 포함하여 지지가 수국 삼합(申子辰)이나 방합(亥子丑)을 이룰 때도 윤하격이 성립된다. 이 때 수를 극하는 토가 세력이 없어야 한다.

윤하격(潤下格)은 지혜롭고, 총명하고 영리하다. 달변가이다. 적응력이 뛰어난다. 차분하고 온순하다. 하지만 이기적이며 한번 폭발하면 물불 안 가리는 무서운 기질이 있다. 이중적 성향을 띤다. 직업으로는 종교, 철학, 정치, 외교, 무역, 교육, 군인, 경찰 등에 종사하는 경우가 많다.

(표 131) 윤하격(潤下格)의 이해

일간	지지	용신=수(水)	희신=목(木), 금(金)	기구신=화(火), 토(土)
임(壬), 계(癸)	신자진(申子辰) 해자축(亥子丑)	임(壬), 계(癸), 해(亥), 자(子)	갑(甲), 을(乙), 인(寅), 묘(卯), 경(庚), 신(辛), 신(申), 유(酉)	병(丙), 정(丁), 사(巳), 오(午), 무(戊), 기(己), 진(辰), 술(戌), 축(丑), 미(未)

윤하격의 용신은 수이며 수를 생하는 금은 희신이고 수와 대립관계에 있는 토와 화는 기구신이 된다. 목은 상황에 따라 희신도 되고 한신도 된다. 행운에서도 마찬가지이다.

2. 종격

1) 종왕격

사주팔자가 일간(日干)의 비견(比肩), 겁재(劫財)로 이루어진 경우를 종왕격(從旺格)이라 한다. 종왕격은 비겁이 강왕하기 때문에 비견격, 겁재격과 같은 성향을 나타낸다. 모든 에너지가 일간에 모여 있으니 의기양양해져 자존심과 고집이 세며 자기주장을 강하게 관철시키는 성향을 나타낸다.

투기나 모험을 좋아하며 불의를 참지 못하는 경향이 있다. 열정적이고 승부욕강하여 전투적 기질을 나타낸다. 재물, 성공에 대한 집착과 욕심이 강하다. 목표를 정하면 수단과 방법을 가리지 않는 경향이 있다. 과감하게 도전하고 노력도 많이 한다.

종왕격에는 곡직종왕격, 염상종왕격, 가색종왕격, 종혁종왕격, 윤하종왕격 등으로 세분화할 수 있다. 이는 같은 비견이라도 오행의 형태에 따라서 다른 양상을 나타내기 때문에 오행 중 무엇에 종하는 가에 따라 달리 해석하여야 한다.

(표 132) 종왕격의 구성

시	일	월	년
식신		겁재	겁재
병(丙)	갑(甲)	을(乙)	을(乙)
인(寅)	인(寅)	해(亥)	해(亥)
비견	비견	편인	편인

위 사주는 갑일간이 월지의 생을 받고 월지와 일지, 연지, 시지에 뿌리를 둔 종왕격이다. 이 때 병화가 뿌리가 있어 식신의 역할을 할 수 있으므로 종왕하지 않을 수 있으나 지지의 인목이 병화 보다는 갑목을 지향하고 있고 병화는 갑목의 성장을 지원하는 역할을 하므로 병화가 갑목에 종하게 된다.

동시에 목 일간으로 기운이 통일됨에 따라 곡직격이기도 하다. 따라서 곡직종왕격에 해당한다. 용신은 수, 목, 화가 되므로 천간의 갑, 을, 병이 모두 용신이 되며 이 또한 뿌리를 내렸으므로 매우 강한 용신을 갖고 있다.

종왕격의 경우 사주의 특성상 비겁과 인성 이외의 십성이 오면 이 강력한 비겁을 자극하게 되므로 흉신이 된다. 따라서 위 사주에서는 목을 극하는 금이 오거나 목이 극하는 토가 오면 흉하게 된다. 때문에 차라리 비겁과 인성이 와서 그 강한 세력을 더욱 강하게 하는 것이 도움이 된다. 그러므로 비겁과 인성이 용신이 된다.

이 때 병화 식신의 경우는 비겁의 강한 세력을 설기하므로 기의 흐름을 원활이 해주기 때문에 용신이 될 수 있다.

2) 종강격

인성(印星)이 과다(過多)하게 이루어진 경우를 종강격(從强格)이라 한다. 종강격은 인성이 강하므로 정인격, 편인격과 유사한 성향을 나타낸다. 종왕격과 마찬가지로 곡직종강격, 염상종강격, 가색종강격, 종혁종강격, 윤하종강격 등으로 구분한다.

종강격이 되면 자신을 생해주는 기운이 강하니 고집이 세고 자기중심적이 된다. 인성이 강하니까 총명하며 학문에 소질을 보인다. 특히 교수, 학자가 되는 경우가 많다. 운이 안 좋으면 자칫 마마보이가 될 수 있다. 왜냐하면 인수가 비겁보다 많으면서 강왕하므로 일간이 스스로의 힘은 부족하고 인수의 힘을 빌리게 되기 때문이다. 인수는 어머니처럼 일간인 나를 생해 주고 도와주지만 너무 과잉해서 생해주게 되면 오히려 인성인 어머니한테 의지해 버리는 경우가 생기기 때문이다. 한량처럼 놀면서 인생을 허비는 경우도 많다.

(표 133) 종강격의 구성

시	일	월	년
비견		정인	정인
갑(甲)	갑(甲)	계(癸)	계(癸)
자(子)	진(辰)	해(亥)	해(亥)
정인	편재	편인	편인

위 사주는 일간 갑목이 온통 정인, 편인에 둘러쌓여 있다. 일지 지지에 진토가 있으나 시지 자수와 합을 하여 수국으로 바뀌니 갑목이 물속에 갇히어 물에 둥둥 떠다니는 수다부목(水多木浮)의 형상을 나타내고 있다.

위 사주는 인성이 강하여 종강격을 이루니 인성 수(水)와 수를 생(生)하는 금(金)이 용신이 되며 인성을 극하는 토가 오면 재앙이 따르게 된다. 목은 정인을 설기하는 역할을 하므로 희신으로 사용할 수 있다.

인성이 강항 종강격의 경우에는 인성의 기에 눌려서 식상이 기를 펼칠 수가 없어서 용신으로 하기에는 약할 수 있다. 다행이 중간에서 비겁이 강한 상태라면 용신이 될 수 있지만 그렇지 않다면 식상은 가려서 용신으로 삼아야 한다.

3) 종아격

종아격(從兒格)이란 사주팔자가 식신(食神)과 상관(傷官) 위주로 구성된 경우를 말한다. 식신이나 상관은 일간을 설기하므로 일간이 식신 상관를 따르게 된다. 식상이 자식에 해당하기 때문에 자식에 따른다고 하여 종아격이라 하는 것이다.

종아격도 곡직종아격, 염상종아격, 가색종아격, 종혁종아격, 윤하종아격 등이 있다. 종아라고 해도 오행의 종류에 따라 그 성향이 다르기 때문에 이를 세분화하여 관찰하는 것이 당연하다 할 것이다.

종아격이 되면 연구심이 좋고 창조적이며 개혁적 성향을 보인다. 머리 회전이 빠르고 언변이 유창하며 다재다능하다. 연예인, 예·체능인이나 언론인이 많다. 식신의 기운이 강하면 한 분야를 파고드는 탐구심이 많아 예술가나 학자로 유명해진다.

(표 134) 종아격의 구성

시	일	월	년
편관		비견	상관
경(庚)	갑(甲)	병(丙)	정(丁)
사(巳)	오(午)	오(午)	사(巳)
식신	상관	상관	식신

위 사주는 일간 갑목이 병정 식신과 상관에 의해 쇠약해진 사주이다. 시간에 경금이 있으나 일간을 극할 뿐만 아니라 화에 의해 극제 당하고 있어서 별 볼일 없다. 따라서 일간 갑목은 차라리 식상에 의지하는 것이 차라리 좋은 형국이다. 이런 경우에는 식상에 종하는 것이 좋은 상황이므로 종아격이 된다.

종아격(從兒格)의 용신은 식신, 상관이다. 강한 것에 따르기 때문이다. 이 때 재성이 있어서 식상을 설기하면 더욱 좋다. 식상생재하므로 식상이 제 역할을 다 할 수 있기 때문이다.

종아격의 경우 식상이 일간의 자식이고 재성은 식상의 자식이므로 만약 사주팔자 중에 재성이 있다면 자식이 또 자식을 낳은 결과가 된다. 이를 아우생아(兒又生兒)라고 한다.

4) 종재격

종재격(從財格)은 사주팔자의 구성이 정재(正財)와 편재(偏財) 위주로 구성된 경우를 말한다. 종재격은 착하고 선량하며 성실하다. 모든 일을 원만하게 처리하며 자비심이 많다. 하지만 모든 기운이 재물로 몰렸으므로 고집이 세고 금전에 대한 집착력이 강하다. 정재는 근검절약하며 돈을 모으려 하지만 편재는 낭비벽이 있으며 한탕주의를 선호한다.

종재격은 재물을 많이 모으는 것에 관심이 많다. 재성은 기본적으로 인성을 극하기 때문에 학문을 등한시 하게 된다. 종재격은 종격 중 가장 속물적인 경향을 띈다.

종재격이 되면 사업이 재물로 이어지며 부친, 아내, 재물의 덕을 입게 된다. 금융과 인연이 많고 부자가 될 소지가 많다.

종재격은 사주팔자의 기세가 정재, 편재에 집중되어 있으므로 정재, 편재가 용신이 되며 이를 생해주는 식신, 상관과 이를 설기시켜서 기의 흐름을 원활이 해 주는 정관, 편관이 용신이 된다.

(표 135) 종재격의 구성

시	일	월	년
편재		식신	편재
무(戊)	갑(甲)	병(丙)	무(戊)
진(辰)	진(辰)	진(辰)	술(戌)
편재	편재	편재	편재

위 사주는 일간 갑목이 편재에 의해 갇혀 있다. 월간 병화 식신은 쇠약한 일간을 설기하여 더욱 쇠약하게 하는데 병화 식신은 재성을 생하므로 자신도 쇠약해진다. 결국 모든 기운이 재성을 향하고 재성의 기력이 강왕해지니 일간이 자신을 포기하고 재성에 기대는 기명종재격이다.

5) 종살격

종살격(從殺格)은 사주팔자가 정관(正官)과 편관(偏官) 위주로 구성된 경우를 말한다. 편관을 칠살이라 하여 종살이라 부르는데 정관도 함께 취급하는 것은 정관이 강하면 칠살의 작용을 하기 때문이다. 종살격이란 일간이 너무 쇠약하여 의지처가 없고 관성이 극히 강왕하여 어쩔 수 없이 관성을 따라갈 수밖에 없는 경우이다.

종살(殺)격은 관살(정관, 편관)을 따라가는 것이므로 명예와 출세, 권력, 명성, 영전 등에 관심이 많다. 문관이나 무관에 종사하여 고위관직에 오르는 것을 목표로 한다. 때문에 어딜 가더라도 보스 같은 삶을 지향한다.

종살격은 관(官)을 따라가는 것이므로 약속이나 원리원칙을 중시하기 때문에 사업보다는 사회적인 규칙이나 질서를 지향하는 공직자, 공무원 등이 어울린다. 명예와 체면, 권력을 추구하여 검찰이나 정치인, 고위직 공무원으로 명성을 날린다.

종살격(從殺格)격은 정관과 편관이 용신이며 이를 생해주는 정재와 편재, 그리고 이를 설기시켜주는 인성도 용신이 된다. 관성을 극하는 식상이 없어야 성격되며 식상을 만나면 재앙이 발생한다.

(표 136) 종살격의 구성

시	일	월	년
정관		편관	편관
신(辛)	갑(甲)	경(庚)	경(庚)
미(未)	신(申)	진(辰)	신(申)
정재	편관	편재	편관

위 사주는 갑목 일간이 편관, 정관에 의해 심히 쇠약한 상태이다. 특히 지지에 있는 정재, 편재는 정관, 편관을 생해주는 역할을 하므로 일간을 더욱 쇠약하게 한다. 종살격이 되었으므로 이 때의 갑목은 차라리 관살에 종하여 의지하는 것이 현명하다 할 것이다.

3. 화격

1) 갑기합토격

일간이 갑목 또는 기토이고 천간과 지지가 합화오행인 토의 기운으로 가득차 있어서 일간이 합화하는 경우이다. 이 경우 일간이 기토일 때는 가색격에 해당하므로 의미가 없다. 다만 일간이 갑목일 경우 토로 화하는 경우가 해당한다.

갑기합토화격이 되려면 일간이 뿌리가 없거나 무척 쇠약하여야 하며 일간과 시간이 합을 하여야 한다. 그리고 화한 오행을 극하는 오행이 사주에 없어야 하며 화기 오행이 월지를 차지하고 있어야 한다.

(표 137) 갑기합토화격의 구성

시	일	월	년
정재		식신	편재
기(己)	갑(甲)	병(丙)	무(戊)
미(未)	진(辰)	진(辰)	술(戌)
정재	편재	편재	편재

위 사주는 갑목 일간이 시간의 기토와 합하여 갑기합를 이룬다. 갑목은 약하고 사주에 토를 극하는 목이 없으며 화기오행인 미토가 월지에 있으니 합토화가 가능하다. 다만 을목이 지지에 있어 미세하나마 갑목이 뿌리를 얻었고 양간의 경우에는 웬만해서는 합화가 불가능하다는 점에서 합은 했으나 갑기합화는 이루어지지 않을 것(합이불화)으로 보인다.

2) 을경합금격

일간이 을목 또는 경금이고 천간과 지지가 합화오행인 금의 기운으로 가득차 있어서 일간이 합화하는 경우이다. 이 경우 일간이 경금일 때는 종혁격에 해당할 수 있으므로 의미가 없다. 다만 일간이 을목일 경우 금으로 화하는 경우가 해당한다.

을경합금화격이 되려면 일간이 뿌리가 없거나 무척 쇠약하여야 하며 일간과 시간이 합을 하여야 한다. 그리고 화한 오행을 극하는 오행이 사주에 없어야하며 화기 오행이 월지를 차지하고 있어야 한다.

(표 138) 을경합금화격의 구성

시	일	월	년
정관		식신	편관
경(庚)	을(乙)	정(丁)	신(辛)
진(辰)	유(酉)	유(酉)	유(酉)
편재	편관	편관	편관

위 사주는 을목 일간이 시간의 경금과 합하여 을경합금을 이룬다. 그러나 시지에 뿌리를 두고 있고 월간 정화가 화기오행인 금을 극하는 구조이기 때문에 합금화는 불가능할 것이다. 이런 경우를 합은 이루나 화하지는 않는다(합이불화)라고 한다.

3) 병신합수격

일간이 병화 또는 신금이고 천간과 지지가 합화오행인 수의 기운으로 가득 차 있어서 일간이 합화하는 경우이다. 이 경우 일간인 병화와 신금이 모두 화기오행으로 변하고 특히 음간인 신금의 변화가 더 빠르다고 할 것이다.

화기오행이 되려면 일간이 뿌리가 없거나 무척 쇠약하여야 하며 일간과 시간이 합을 하여야 한다. 그리고 화한 오행을 극하는 오행이 사주에 없어야 하며 화기 오행이 월지를 차지하고 있어야 한다.

(표 139) 병신합수화격의 구성

시	일	월	년
정재		편관	편관
신(辛)	병(丙)	임(壬)	임(壬)
묘(卯)	자(子)	자(子)	자(子)
정인	정관	정관	정관

위 사주는 병화 일간이 시간의 신금과 합하여 병신합수를 이룬다. 더구나 병화 일간은 지지에 전혀 뿌리가 없어 쇠약하다. 화기오행이 월지를 차지하고 있으니 병신합수화가 될 수 있다. 시지의 묘화가 병화 일간을 지원할 것으로 보이나 시간 신묘가 극을 하는 개두의 형상이므로 힘이 없다.

하지만 병화는 양간 중에서 양간에 해당하며 적천수에서 지적하듯이 양간 중 특히 병화는 합화가 되지 않는다고 함으로 합은 되나 화하지는 않는다고 할 것이다.

(표 140) 병신합수화격의 구성

시	일	월	년
정관		식신	식신
병(丙)	신(辛)	임(壬)	임(壬)
신(申)	해(亥)	자(子)	자(子)
겁재	식신	상관	상관

위 사주는 신금 일간이 시간의 병화와 합하고 화기오행을 극하는 목은 어디에도 찾을 수가 없어서 병신합수를 이룬다. 그러나 비록 개두 되고 있지만 신금 일간이 시지의 신금에 뿌리를 내리고 있어서 일간이 쉽게 화를 하지 못한다.

4) 정임합목격

일간이 정화 또는 임수이고 천간과 지지가 합화오행인 목의 기운으로 가득 차 있어서 일간이 합화하는 경우이다. 이 경우 일간인 정화와 임수가 모두 화기오행으로 변하고 특히 음간인 정화의 변화가 더 빠르다고 할 것이다.

정임합목격이 되려면 일간이 뿌리가 없거나 무척 쇠약하여야 하며 일간과 시간이 합을 하여야 한다. 그리고 화한 오행을 극하는 오행이 사주에 없어야 하며 화기 오행이 월지를 차지하고 있어야 한다.

(표 141) 정임합목화격의 구성

시	일	월	년
정관		정인	정관
임(壬)	정(丁)	갑(甲)	임(壬)
자(子)	묘(卯)	진(辰)	인(寅)
정관	편인	정재	정인

위 사주는 정화 일간이 시간의 임수와 합하여 정임합목을 이룬다. 더구나 정화 일간은 지지에 전혀 뿌리가 없어 쇠약하다. 화기오행이 월지를 포함하여 인묘진 목국 방합을 이루고 있고 이를 극하는 오행이 없으니 정임합목화격이 될 수 있다. 하지만 시간의 임수는 시지아 월지에서 뿌리를 얻어 화기로 변하기가 쉽지 않고 일간 성화도 인성의 지원을 받아 힘을 얻고 있는 형국이므로 비록 합이 될지언정 화기로 변하지는 않을 것이다.

(표 142) 정임합목화격의 구성

시	일	월	년
정재		상관	비견
정(丁)	임(壬)	을(乙)	임(壬)
미(未)	인(寅)	묘(卯)	진(辰)
편관	식신	상관	정관

위 사주는 일간 임수와 시간 정화가 정임합목을 이루는 정임합목화격이다. 임수가 지지에 뿌리가 없고 임수를 돕는 오행 금이 하나도 없어 극히 쇠약한 상태이다. 그리고 월지를 포함하여 지지가 온통 목국을 이루고 있고 목을 극하는 오행 금이 하나도 없으므로 정임합목화격을 이룰 수 있다.

하지만 시간의 정화는 시지의 미토에 뿌리를 내리고 있고 정화를 돕는 오행 목의 기운이 곳곳에 있어서 쉽게 화할 수가 없다. 더구나 양간은 쉽게 화기하지 않기 때문에 정임이 합화를 망설이면 합화가 되지 않는다.

5) 무계합화격

일간이 무토 또는 계수이고 천간과 지지가 합화오행인 화의 기운으로 가득 차 있어서 일간이 합화하는 경우이다. 이 경우 일간인 무토와 계수가 모두 화기오행으로 변하고 특히 음간인 계수의 변화가 더 빠르다고 할 것이다.

무계합화화격이 되려면 일간이 뿌리가 없거나 무척 쇠약하여야 하며 일간과 시간이 합을 하여야 한다. 그리고 화한 오행을 극하는 오행이 사주에 없어야 하며 화기 오행이 월지를 차지하고 있어야 한다.

(표 143) 무계합화화격의 구성

시	일	월	년
정재		편관	식신
계(癸)	무(戊)	갑(甲)	병(丙)
해(亥)	오(午)	오(午)	인(寅)
편재	정인	정인	편관

위 사주는 무토 일간이 시간의 계수와 합하여 무계합화를 이룬다. 더구나 무토 일간은 지지에 전혀 뿌리가 없어 쇠약하다. 화기오행이 월지를 포함하여 인오술 화국 삼합을 이루고 있으니 무계합화화격이 될 수 있다.

하지만 시간의 계수는 시지에서 뿌리를 얻어 화기로 변하기가 쉽지 않고 일간 무토도 인성의 지원을 받아 힘을 얻고 있는 형국이므로 비록 합이 될지언정 화기로 변하지는 않을 것이다.

(표 144) 무계합화화격의 구성

시	일	월	년
정관		상관	정재
무(戊)	계(癸)	갑(甲)	병(丙)
오(午)	사(巳)	오(午)	오(午)
편재	정재	편재	편재

위 사주는 일간 계수와 시간 무토가 무계합화를 이루는 무계합화화격이다. 계수가 지지에 뿌리가 없고 계수를 돕는 오행 금이 하나도 없어 극히 쇠약한 상태이다. 그리고 월지를 포함하여 지지가 온통 화국을 이루고 있고 화을 극하는 오행 수가 일간 외에는 하나도 없으므로 무계합화화격을 이룰 수 있다.

하지만 시간의 무토는 비록 뿌리는 미약하나 화국 인성의 지원을 받고 있어 쉽게 화기오행으로 변할 태세가 아니다. 특히 연지, 월지, 시지에서의 오 중 기토와 일지의 사중 무토가 뿌리 역할을 하니 더더욱 변할 기세가 아니다. 이런 연유로 쉽게 화기오행이 될 수가 없다.

제3절 잡격의 특징과 해석

1. 일기생성격

일기생성격(一氣生成格)은 천간과 지지가 각각 하나의 기로 사주팔자를 구성한 경우를 말한다. 사주의 간지가 같다고 해서 간지 동체격(同體格)이라고도 하며 천원일기격(天元一氣格)이라고도 한다.

(표 145) 일기생성격의 예

시	일	월	년
비견		상관	비견
갑(甲)	갑(甲)	갑(甲)	갑(甲)
술(戌)	술(戌)	술(戌)	술(戌)
편재	편재	편재	편재

위 사주는 사주의 간지가 갑술(甲戌) 한 가지 간지로 이루어져 있기 때문에 일기생성격 또는 천원일기격이라 하며 무척 귀한 사주이다. 이런 경우는 일간이 강할수록 더욱 좋다. 일기생성격이 이루어지려면 사주가 모두 같아야 하는데 이 같은 경우는 갑술(甲戌), 을유(乙酉), 병신(丙申), 정미(丁未), 무오(戊午), 기사(己巳), 경진(庚辰), 신묘(辛卯), 임인(壬寅), 계해(癸亥) 등 모두 10개에 불과하다.

갑술(甲戌)의 경우에는 비견과 편재가 몰려있는 사주로서 큰 부자가 될 사주이다. 최고의 용신은 갑술이 된다. 하지만 자세히 살펴보면 갑과 술이 치열하게 대치하고 있는 형국이다. 때문에 갑과 술을 통관 시켜주는 화운이 오면 대귀한다. 그리고 일간이 강해져서 재성을 다스릴 수 있으면 부자가 되므로 일간을 강하게 하는 비겁 운이 오면 좋다. 인성운은 재성의 간섭이 심해져서 좋지 않다.

을유(乙酉)의 경우에는 비견과 편관이 상쟁하고 있다. 을유가 오면 좋다. 그리고 을과 유, 즉 목과 금을 통관시켜 주는 수운이 좋다. 그러면 큰 명예를 얻게 된다. 수운을 극하는 토운은 안 좋다.

병신(丙申)의 경우도 대귀의 운이다. 또 다시 병신 운이 오면 대귀한다. 비견과 편재가 대치하고 있으므로 부자가 될 소지가 많으므로 식상이 와서 식상생재하는 것이 좋다, 따라서 토운이 오면 대부한다. 그리고 일간이 강해져서 재성을 다스리는 운도 좋다. 때문에 비겁운도 좋다. 하지만 인성운은 재성이 인성을 극하기 때문에 오히려 안 좋다.

정미(丁未)의 경우는 정과 미의 대치상황이다. 미는 식신이 되면서 동시에 양인이 된다. 때문에 매우 강한 기질을 보이며 고집도 상당하여 파란만장한 운명이 예상된다. 정미년에서 대귀하며 정과 미를 지원하는 목운과 미를 설기하는 금운이 좋다. 식신생재의 흐름에 따라 재성이 오는 것도 좋다.

무오(戊午)의 경우는 오가 무의 제왕에 해당하므로 양인이다. 지지가 온통 양인 투성이다. 때문에 무척 강왕한 사주이다. 극처할 소지가 많다. 오는 무의 정인이다. 정인과 비견으로 가득한 극강왕한 사주이므로 인성이나 비겁, 식상이 와야 대길하다. 무오의 인성은 화이고 비겁은 토이며 식상은 금이므로 화, 토, 금이 용신이다.

기사(己巳)의 경우도 무오와 유사하다. 특히 지지가 모두 인성이다. 제왕지에 해당하지만 음포태이므로 양인에 해당되지 않는다는 점이 다르다. 일간이 극히 강왕하니 일간을 생하는 인성이나 비겁, 식상이 용신이 된다. 인성과 일간을 극하는 재성이나 관성은 흉신이 된다.

경진(庚辰)은 그 자체가 괴강이다. 괴강이 사주를 차지하고 있으니 심히 고약한 사람이다. 토생금하니 인성이 격을 이루고 있는 것이며 극히 강왕한 사주이다. 인성인 토와 비겁인 금 그리고 금을 설기하는 수가 용신이다. 큰 인물이 될 사주이다.

신묘(辛卯)는 묘가 신의 절지이므로 매우 쇠약한 상태이다. 묘가 재성이며 재격에 해당하는데 일간의 신과 재성인 묘가 치열하게 대치된 상태이다. 건강에 적신호를 가져올 수 있다. 대치되고 있는 두 기운을 통관시켜주는 수가 용신이 된다.

임인(壬寅)은 수생목의 구조이다. 인목이 식신이 되어 복록이 있다. 또한 인목은 병화의 생지이며 병화는 임수의 재성이므로 재성의 생지가 된다. 식신생재격으로 흐르면 부귀를 누릴 가능성이 크다. 곧 재성인 화가 용신이다.

계해(癸亥)는 수 비겁이 지지를 차지하고 있는 격국이다. 비겁격에 해당하며 제왕지를 깔고 있어서 일간이 극히 강왕한 상태이다. 사주가 모두 수에 해당하므로 일간을 더욱 강하게 하는 비겁 수와 수를 생하는 인성 금, 그리고 수를 설기하는 식상 목이 용신이 된다. 화와 토는 기신이므로 화, 토 운이 흉하게 된다.

2. 괴강격

괴강(魁罡)이란 못된 짓을 하고 다니는 집단의 우두머리를 말한다. 즉 괴팍하기로는 최고 수준의 흉신이다. 반면 총명하고 재주가 남달라서 오히려 부귀를 누리는 경우도 있다. 길신이 되면 최상의 길신이 되고 흉이 되려면 최악의 흉신이 된다. 특히 영웅호걸의 사주에 괴강이 많다.

괴강은 진(辰)과 술(戌)을 말한다. 진(辰)과 술(戌)은 12지지 중 가장 위세가 강하기 때문이다. 특히 진(辰)을 천라(天羅), 술(戌)을 지망(地網)이라 하며 남자는 천라를 여자는 지망을 각기 싫어한다.

괴강이 되려면 일지에 괴강이 있어야 한다. 일지에 괴강이 있는 것을 괴강일이라 하는데 괴강일은 갑진(甲辰), 갑술(甲戌), 병진(丙辰), 병술(丙戌), 무진(戊辰), 무술(戊戌), 경진(庚辰), 경술(庚戌), 임진(壬辰), 임술(壬戌)일의 10일이 되지만 이중 무술, 경진, 경술, 임진, 임술일 만을 괴강으로 한다. 괴강일이 되면 총명하고 재주가 출중하다고 한다.

괴강격(魁罡格)은 일간을 기준으로 월지에 괴강이 있어 그 격국이 괴강이 되는 것을 말한다. 일간이 강왕하면 크게 성공할 요인이 되지만 일간이 쇠약하면 흉함이 많다고 한다. 특히 여자의 경우는 흉함이 많고 신변에 재앙이 따르며 고생이 끊이지 않으니 정신적으로 고민이 많고 평안치 못하다고 한다. 남자의 경우는 총명하나 성격이 괴팍하고 무뚝뚝하며 까다롭고 예의를 따지는 성향을 띤다. 일간이 강왕하면 능수능란한 재능이 갖고 있어 크게 성공을 거두기도 한다.

괴강격은 운세의 변화, 변동이 크기 때문에 평생 운세가 극단적으로 흐르기 쉽다. 대체로 운기가 강하여 흉운이 되거나 길운이 되거나 어느 것이 되어도 그 결과가 크고 강하게 나타난다. 특히 형, 충되면 크게 흉할 것이다.

괴강격은 일간이 강왕하여야 길하다. 때문에 일간이 강해질수록 기뻐한다. 그래서 일간이 강해지는 비겁이나 인성이 용신이 된다. 동시에 또 다시 괴강을 만나도 일간이 강왕하면 용신이 된다.

(표 146) 괴강격의 예

시	일	월	년
편인		비견	식신
무(戊)	경(庚)	경(庚)	임(壬)
자(子)	술(戌)	술(戌)	인(寅)
상관	편인	편인	편재

위 사주는 일간이 경금인데 월지에 술토 괴강을 만나서 괴강격이 되었다. 특히 일지에도 괴강이 있어 괴강일이 되니 괴강이 거듭되었다. 일간이 비견과 인성으로 인하여 신강왕하고 술토를 충하는 진토가 없어서 충분히 괴강을 이겨낼 수 있으므로 큰 인물이 될 사주이다.

3. 귀록격

일간을 기준으로 건록에 해당하는 지지가 월지에 있으면 건록격이라 하고 일지에 있으면 전록격(全祿格)25)이라 하며 시지에 있으면 귀록격(歸祿格)이라 한다. 귀록격이 되면 일간이 강해지는 특성이 있다. 일간이 강해지면 재, 관을 얻었을 때 복록을 누리게 된다.

시지는 말년의 궁이며 자식 궁이 되므로 시지에 건록이 있다 함은 만년에 부귀(富貴)한다는 의미가 되며 자녀가 록을 얻어 좋은 운이 되는 것으로 취급한다. 단, 공망하거나 형충, 또는 합이 되면 파격이 되어 흉해진다.

귀록격은 (표 147)과 같이 10가지가 성립된다. 여기서 을(乙)일간은 시상편재격26)으

---

25) 전록격(全祿格)은 갑인(甲寅) 을묘(乙卯) 경신(庚申) 신유(辛酉) 등 4개가 있다. 정관이 용신이거나 녹이 용신이면 귀격이다. 신약하여 인수가 생조하면 아름답다. 초지일관하여 신념을 창조하는 유능한 사람이 많다.
26) 시상편재격 : 시상에 편재가 있고 신왕하면 시상편재격이 성립한다. 주중에 재관이 형, 충되어 상하지 않고 시상에 단하나의 편재를 놓고 신왕하면 귀격이다. 신왕하면서 재왕이면 더욱 귀하다. 신왕하

로 분류하고 병(丙)일간은 시상정관격27), 신(辛)일간은 시상편관격28)으로 분류하여 귀록격에서 제외한다. 때문에 귀록격은 7가지 유형이 된다.

(표 147) 귀록격의 예

일간(日干)	갑(甲)	을(乙)	병(丙)	정(丁)	무(戊)	기(己)	경(庚)	신(辛)	임(壬)	계(癸)
시간(時干)	병(丙)	기(己)	계(癸)	갑(甲)	을(乙)	경(庚)	갑(甲)	정(丁)	신(辛)	임(壬)
시지(時支)	인(寅)	묘(卯)	사(巳)	오(午)	사(巳)	오(午)	신(申)	유(酉)	해(亥)	자(子)

4. 사위순전격

사위순전격(四位純全格)이란 사주 전체가 사생지(寅申巳亥)이거나, 사왕지(子午卯酉)이거나 혹은 사묘지(辰戌丑未)인 경우에 이루어진다. 사생지이면 사생구전격(四生具全格) 또는 사생격이라 하고 사묘지를 만나면 사고구전격(四庫具全格)이라 한다. 그리고 사왕지 만나면 사패구전격(四敗具全格)이라고 한다.

1) 사생격

사생격(四生格)은 사주팔자 4개의 지지가 4개의 장생지로 이루어진 경우이다. 사생격은 역마살과 관련이 있어서 길흉이 빨리 나타나고 빨리 사라지는 특징이 있다. 사생격은 군인, 정치인 등으로 성공할 수 있기 때문에 보통 남자에게는 길하고 여자에게는 흉하다고 하나 여자의 사회진출이 많은 현대 사회에서는 여자에게도 길신으로 작용할 수 있다.

(표 148) 사생격의 예

시	일	월	년
편인		겁재	정관
무(戊)	경(庚)	신(辛)	정(丁)
인(寅)	신(申)	해(亥)	사(巳)
편재	비견	식신	편관

위 사주는 4개의 지지에 사생지가 완전히 갖추어진 사주이다. 오행이 모두 갖추어져 있고 비겁이 강왕하여 신강왕 사주이다. 특히 정격으로 보면 비견격, 건록격에 해당하기 때문에 강인한 사주임을 알 수 있다. 경금일주가 뿌리를 튼튼히 내리고 있으

고 재가 식상과 관성을 만나면 큰 복을 누린다. 신왕하면 재왕 운이 발복하는 행운이 된다.
27) 시상정관 : 시상에 정관이 있고 신왕하면 시상정관격이 성립된다. 주중에 관성이 형, 충이 되거나 상관이 왕하면 흉하다고 보는데 년, 월에 관살이 또 다시 있으면 역시 흉하다고 본다.
28) 시상편관격 : 신강하면서 사주에서 時干에만 편관이 있는 경우를 말한다. 칠살이 왕하는 운을 만나면 사법관, 군인, 의약계 등으로 출세한다. 사주 내에 재성이 없으면 칠살이 왕한 운이 길하고 사주내에 재성이 있으면 칠살을 제하는 운이 길운이다. 편관은 왕하고 식신이 없으면 재난이 심하다. 식신이 많으면 가난한 선비형이며 재성운과 관살운이 길하다. 편관을 생부하는 재성이 없어도 편관의 간에서 居하는 12운이 왕하면 편관이 왕하므로 역시 귀명이다.

니 권력형이요, 신강왕하니 크게 일으킬 사주이다. 다만 인신 충으로 인한 말년의 고충이 안타깝다. 고 박정희 전 대통령의 사주이다.

2) 사정격

사정격(四正格)은 사주팔자 4개 지지가 사왕지, 즉 자오묘유(子午卯酉)로 이루어진 사주이다. 사왕격이라고도 한다. 자오묘유는 제왕지이면서 동시에 목욕지, 도화살에 해당한다. 그래서 사패지라고도 한다. 사패격이 되면 연애계 등에서 두각을 내거나 주색에 빠질 가능성이 크다. 운이 좋지 않으면 남녀 모두 빈천하고 음탕하지만 운이 좋으면 오히려 대길하는 경우도 많다. 흔히 남자는 길하다고 하며 여자는 도화살을 갖게 되므로 음란성을 갖거나 고독하여 유랑할 운명이라 한다.

(표 149) 사정격의 예

시	일	월	년
편인		겁재	비견
무(戊)	신(辛)	경(庚)	신(辛)
오(午)	묘(卯)	자(子)	유(酉)
편관	편재	식신	비견

위 사주는 4개의 지지가 사패지로 이루어진 사주이다. 비겁이 강왕하여 신강왕 사주이다. 특히 정격으로 보면 식신격에 해당하며 재성을 깔고 있기 때문에 식신생재가 되어 부자가 될 수 있는 사주이다. 특히 오행이 모두 갖추어져 있고 일간에서 출발하여 금, 수, 목, 화, 토, 금으로 이어지는 흐름이 아주 좋다.

3) 사묘격

사묘격은 사주팔자 4개 지지가 사묘지, 즉 진술축미(辰戌丑未)로 이루어진 사주이다. 진술축미는 묘지에 해당하므로 사묘격이라 한다. 사묘격이 되면 모두 묘지에 해당하기 때문에 고독한 삶을 살 수 있다. 육친이 모두 입묘되기 때문이다. 하지만 고장지로서 해석할 때는 언제든지 기회가 되면 고장이 열릴 수 있게 되어 기회가 많으며 한번 열리면 크게 성공할 수 있다. 묘지의 특성상 고집이 세고 쉽게 자신의 뜻을 굽힐 줄 모른다.

(표 150) 사묘격의 예

시	일	월	년
정관		편관	겁재
갑(甲)	기(己)	을(乙)	무(戊)
술(戌)	미(未)	축(丑)	진(辰)
겁재	비견	비견	겁재

위 사주는 4개의 지지가 사묘지로 이루어진 사주이다. 비겁이 강왕하여 신강왕 사

주이다. 특히 정격으로 보면 비견격에 해당하며 종왕격이 될 수도 있으나 월간 편관이 뿌리가 있어 비견을 견제하니 종왕하기에는 다소 무리가 있다. 사주가 편중되어 삶의 굴곡이 심할 것이란 추정이 가능해진다. 고 김영삼 전 대통령의 사주이다.

5. 발모연여격

발모연여격(拔茅連茹格)이란 연주에서부터 순차적으로 생하여 시주에 이르는 것을 말한다. 천간이 연간에서부터 순차적으로 이루어지는 것을 천간연주격(天干連珠格)이라 하고 지지가 연주에서부터 순차적으로 이루어지는 것을 지지연여격(地支連茹格)이라 한다.

이 격을 이루게 되면 조상의 음덕이 있고 부모의 덕이 있으며 자신도 성공하고 후손의 몇 대까지 가문에 발전된다고 한다.

6. 일순 3위 4위격

일순 3위 4위격(一旬 三位 四位格)이란 갑자순에 의해 같은 순에 있는 간지 육갑이 연월일시를 구성할 때 이루어진다. 육갑이 동일 순에 있다 함은 공망이 같다는 의미이다. 공망이 같다함은 그만큼 인연이 깊다고 한다. 따라서 사주가 모두 동일 순으로 되어 있다면 무척 인연이 깊고 귀한 사주가 된다. 만약 이 사주가 재관인식(財官印食)이 되어 파하지 않으면 가장 좋은 부귀의 사주가 된다고 한다.

한편, 동일 순 중 처음 육갑간지가 연주에 있고 제일 마지막 육갑 간지가 시주에 있으면서 월과 일에 동일 순 중의 간지가 있는 경우를 일순 포리격(一旬 包裏格)이라 한다. 이 격이 이루어지면 귀한 명(命)이 된다. 특히 재관인식(財官印食) 및 록마(祿馬)가 강왕하면 반드시 대귀(大貴)하게 된다.

7. 오행구족격

오행구족(五行具足)이란 목, 화, 토, 금, 수 등 오행을 모두 갖추고 있다는 의미이다. 따라서 오행구족격이란 목화토금수(木火土金水)의 오행을 모두 갖춘 격식을 말한다. 다른 표현으로 오행주류격(五行週流格)이라고도 한다.

오행을 모두 갖추었다 함은 오행의 장단점을 모두 갖추어 다른 오행의 생극제화를 거뜬히 이겨낼 수 있어서 삶이 항상 평안하고 만사 원만하게 진행되는 형국이라 할 것이다. 예를 들면 화는 수의 극제를 받아 그 역할과 기능이 상실하게 되는데 이 때 그런 수를 극하는 목이 있어서 이를 능히 이겨낼 수 있게 된다.

이렇듯 사주에 오행이 모두 갖추어져 있는 것은 인격이 원만하고 신체가 건강하여 병고가 없고 평생 복과 덕이 후한 사주라고 할 것이다.

8. 살인격

살인격(殺刃格)은 일간의 양인이 월지에 있고 동시에 편관이 경우이다. 편관을 살(殺)이라고 하며 양인(羊刃)은 칼로 비유하기 때문에 편관과 양인이 있다 함은 칼을 차고 있는 편관이라는 의미가 된다. 때문에 법조계, 검사, 판사, 경찰 등으로 비유한다.

따라서 관살과 양인이 균형을 이루면 귀격이 된다. 특히 일간이 강왕할 때 더욱 빛난다. 그러나 일간이 쇠약하고 관살과 양인의 균형이 깨져 있으면 도리어 흉함이 강해져서 범죄의 굴레에 파질 가능성이 높다.

(표 151) 살인격의 예

시	일	월	년
편재		정인	겁재
정(丁)	계(癸)	신(辛)	임(壬)
사(巳)	축(丑)	축(丑)	자(子)
정재	편관	편관	비견

위 사주는 계수 일간의 양인인 축이 월지에 있으며 축은 계수 일간의 편관이 되므로 양인과 편관이 동궁에 있다. 만약 재성이 와서 편관을 생하면 편관이 강해지고 인성이 와서 편관을 설기하면 양인이 강해지므로 모두 균형이 깨지게 되어 흉하게 된다. 살인격은 편관과 양인이 균형을 이루어야 귀격이다.

9. 월인격

월인격(月刃格)이란 음일간이 월지에 양인을 얻는 경우를 말한다. 반대로 양일간이 월지에 양인을 얻는 경우를 양인격이라 한다. 월인격과 양인격을 구분하지 않고 둘 다 양인격(羊刃格)으로 취급하는 경우가 많다. 월인격을 이룬 사주는 재성과 관성이 강왕하여야 귀하다.

10. 3기 진귀격

3기진귀격(三奇眞貴格)은 3기격이라고도 하는데 천상(天上) 3기인 갑무경(甲戊庚), 지하(地下) 3기인 을병정(乙丙丁), 그리고 인중(人中) 3기인 임계신(壬癸辛) 중 하나가 온전한 상태를 이루고 있는 격식을 말한다. 특히 이 3기가 재성, 관성, 인성을 구비하고 있으면서 파(破)가 없는 경우 귀한 사주로 취급한다.

3기를 이루면 총명하여 입신양명하며 하늘이 돕는다고 한다. 3기진귀격을 이루는 사주는 일간이 강왕하고 재, 관, 인의 3성 월지에 있어 강왕하던가 지지에 통근하고 있는 것을 전제로 한다. 만약 공망이나 파가 되면 흉하다.

11. 자오쌍포격

자오쌍포(子午雙包)란 자(子)와 오(午)가 공존하고 있는 모습을 말한다. 자(子)는 수(水)의 제왕지(旺地)이고 오(午)는 화(火)의 제왕지(旺地)로서 서로 상극, 상충한다. 그런데 서로 긴장하면서 서로 균형을 잡고 공존하는 모습을 유지하려는 상태를 자오쌍포라고 한다. 주역에서 말하는 수화기제의 형국이다. 수화가 서로 만나니 만물을 이룬다는 의미이다.

자오쌍포격(子午雙包格)은 자오쌍포를 이루는 사주를 말한다. 자오의 균형을 이루면 자오쌍포격이 되는데 이런 사주는 귀명이 된다. 특히 자와 오가 충할 때 이를 통관시키는 오행이 갑(甲)목이다. 따라서 갑(甲)목을 만나면 더욱 귀한 사주가 된다.

자오쌍포격은 ① 오(午)가 2개 있을 경우, ② 오(午)와 자(子)가 각각 2개 있을 경우, ③ 오(午)가 2개, 자(子)가 1개 있을 경우, ④ 자(子)가 2개 있을 경우에 이루어진다.

12. 전식합록격

전식합록격(專食合祿格)은 일간이 무(戊)이고 시주가 경신(庚申)일 경우에 이루어진다. 일간이 강왕하여야 하는데 이 격이 이루어지면 부귀하고 재(財), 관(官), 인(印) 등이 강왕하면 귀하게 되어 고위 직위에 오르게 된다. 만약 신약하면 인수가 있어 강왕하도록 도와야 하는데 비겁이나 인성이 도와 강왕하게 되는 것을 꺼린다. 전식합록격(專食合祿格)은 관살, 편인을 꺼리며 충과 합을 꺼린다. 충파가 되거나 기신(忌神)을 보면 파격되어 빈천하거나 타락하게 된다.

13. 간합지형격

간합지형격(干合支刑格)은 천간은 합을 하고 지지는 형을 이루는 사주를 말한다. 다른 표현으로 형합격이라고도 한다. 형합격(刑合格)을 이루면 주색이 과하고 심하면 패가망신하는 경우가 많다.

14. 간지쌍운격

간지쌍운격(干支雙運格)은 2개의 간지가 생일의 상하 어느 쪽에든 쌍립하는 것으로

이 격에 입격하여 상(上)으로부터 순서대로 되는 것은 만사에 순조로운 성과를 기대할 수 있고 하(下)에서 상으로 쌍운이 되는 것은 다소 약하다고 볼 수 있다.

15. 육임추간격

육임(六壬)이란 임인(壬寅), 임진(壬辰), 임오(壬午), 임신(壬申), 임술(壬戌), 임자(壬子)를 말한다. 그리고 추간(趨艮)이란 동북 방향을 말하는데 축(丑), 인(寅)을 의미한다. 육임추간격(六壬趨艮格)이란 일간이 육임(六壬)이고 시주가 임인(壬寅)이면서 인을 충하는 신(申)과 인과 합하는 해(亥)가 없으면 이루어진다. 그러므로 임신(壬申) 일간은 신이 있어 이 격에 해당할 수 없다.

16. 육갑추건격

육갑추건격(六甲趨乾格)은 갑자(甲子), 갑인(甲寅), 갑진(甲辰), 갑오(甲午), 갑신(甲申), 갑술(甲戌) 등을 6개의 갑(甲)일간이 시지에서 해(亥)를 만난 경우를 말한다. 해(亥)는 일간의 장생지이면서 동시에 건록에 해당하는 인(寅)과 육합하기 때문에 부귀를 얻게 된다. 이 때 인(寅)이 노출되는 것은 명록(明祿)이라 하여 꺼린다. 사(巳)는 인(寅)과 형해(刑害)의 관계이고 해(亥)와는 상충의 관계이니 기신(忌神)이 된다. 일간이 강왕하여야 하므로 인수가 강한 것을 좋아하고 재성을 꺼린다.

17. 복덕수기격

복덕수기격(福德秀氣格)이란 금국 삼합에 해당하는 사(巳), 유(酉), 축(丑) 등 3개 중 하나가 일지에 해당하고 이를 포함하여 지지가 금국 삼합을 이룰 때 이루어진다. 특히 일간은 을(乙), 정(丁), 기(己), 신(辛), 계(癸)로 이루어져야 한다. 따라서 다른 표현으로 오음격(五陰格)이라고도 한다. 좋은 기운을 타고 났으므로 관직에서 성공하고 큰 명예를 얻을 귀격(貴格)이다.

18. 봉황지격

봉황지격(鳳凰之格)이란 봉황지격은 사주가 천간과 지지가 각각 한글자로 이루어진 사주를 말한다. 사주 자체가 하나의 글자로 이루어져 있어서 자존심, 의지, 노력 등이 매우 강하다. 기본적으로 승부욕이 강하고 지도자가 되고자 하는 특징이 있다. 관직에 나가면 크게 성공한다고 하며 큰 명예를 얻는 귀격이라 한다.

〈표 152〉 봉황지격의 예

시	일	월	년
비견		비견	비견
경(庚)	경(庚)	경(庚)	경(庚)
진(辰)	진(辰)	진(辰)	진(辰)
편인	편인	편인	편인

위 사주는 경진(庚辰)으로만 이루어진 전형적인 봉황지격 사주이다. 김유신 장군의 사주이다. 참고로 영조대왕과 논개는 갑술(甲戌)로만 이루어진 봉황지격 사주이다.

19. 육음조양격

육음조양격(六陰朝陽格)은 신(辛) 일간(특히 신해(辛亥), 신유(辛酉))이 시주에서 무자(戊子)을 만났을 때 이루어진다. 말한다. 이 격은 월지가 건록이 되거나 인성이 되어 일간이 강왕해야 하여야 이루어지며 식상(수)이 설기하는 것을 가장 기뻐한다. 따라서 시지의 자(子)를 용신으로 하며 자를 충하는 오, 자와 합하는 축, 자가 극하는 화를 만나면 흉하게 된다. 육음조양격(六陰朝陽格)은 반드시 부와 귀를 얻게 된다.

20. 육을서귀격

육을이란 을축(乙丑), 을해(乙亥), 을유(乙酉), 을미(乙未), 을사(乙巳), 을묘(乙卯) 등을 말하며 이 중에서 을해(乙亥), 을미(乙未) 일주가 시주에서 병자(丙子)를 만나면 육을서귀격(六乙鼠貴格)이라 한다. 이 경우 없는 관성(이를 허자라고 한다)을 끌어와서 쓰게 되므로 귀격이 된다는 것이다. 이 때 일단 일간은 강왕하여야 하고 합, 형, 충이 없어 순수하여야 한다.

21. 록원삼회격

록원삼회격(祿元三會格)이란 갑, 병, 무, 경, 임 등 5개의 양 일간이 지지에서 관성 삼합이나 재성 삼합을 만날 때 이루어진다. 양 일간이 재성이나 관성을 만나면 음양의 균형이 잘 이루어진 경우로서 삼합국을 극제하거나 충, 파하지 않으면 귀격이 된다.

22. 록마교치격

록마교치(祿馬交馳)란 사주팔자에 역마(驛馬)에 해당하는 지지가 있고 이 역마가 건록이 되는 천간이 존재하는 경우를 말하며 이의 격식을 록마교치격(祿馬交馳格)이라 한다. 이 경우 일주와 시주에 있어야 성립되며 충, 파, 공망으로 인해 깨지지 않아야 한다. 록마교치격이 되면 이동 수가 많은데 그때마다 재산을 늘려서 크게 부자가 된다.

23. 세덕부살격

세덕부살격(歲德扶殺格)에서 세덕이란 갑(甲)을 말한다. 갑(甲) 목은 동방의 세성(歲星)이며 일세(一世)를 주관하는 머리와 같으므로 이를 세덕이라고 한다. 그리고 부살(扶殺)이란 연간의 칠살을 부양한다는 의미이다. 따라서 세덕부살격(歲德扶殺格)은 갑목일간이 강왕하고 연간에 칠살 경금을 만난 격이다. 이 격이 이루어지면 명예가 높고 고귀하며 권세를 누리게 되고 근본적으로 조상의 덕을 보는 사주이다.

연간에 칠살 경금이 있고 일간 갑목이 강왕하면 이 격이 성립된다. 이 때의 용신은 재성이 필요하다. 재성이 약한 관살을 부양하기 때문이다. 만약 칠살이 강왕하고 일간이 약하다면 인성을 필요로 한다. 강왕한 칠살을 설기하고 약한 일간을 부양할 수 있기 때문이다.

24. 3붕격

3붕(三朋)이란 일간과 같은 천간 3개를 말한다. 따라서 삼붕격(三朋格)이란 사주팔자에서 일간과 같은 천간이 일간을 포함하여 3개이상 투출된 경우에 이루어진다. 천간이 삼붕이라면 일단 일간이 강한 사주이다. 일간이 강왕한 상태에서 재성과 관성이 있다면 부귀한 사주가 된다.

이와 달리 일간이 강왕하면서 겁재와 양인이 많은 경우를 3붕상화(三朋相和)라고 하는데 이 때는 흉한 사주가 된다.

25. 현무당권격

현무(玄武)란 풍수지리에서 말하는 남주작, 북현무(北玄武)를 말한다. 즉 현무란 북쪽의 기운이니 임수(壬水)와 계수(癸水)를 의미한다. 따라서 현무당권격(玄武當權格)은 현무가 당권을 잡은 격을 말하는 것으로 임수(壬水) 또는 계수(癸水) 일간이 지지에 화국(火局)을 이룰 때 성립된다.

이 경우는 일간이 강왕하여야 한다. 일간이 강왕하려면 경금(庚金) 인수가 일간을 돕고 일간은 지지에서 해(亥), 자(子) 등에 통근하고 있어야 한다. 이 격이 성립되면 수화기제가 되어 재성인 화국과 균형을 이루어 재성을 다룰 수 있게 되므로 인격이 높고 부귀가 출중하게 된다.

26. 구진득위격

구진(勾陳)이란 무토, 기토를 말한다. 구진득위격(勾陳得位格)이란 무신(戊申), 무자(戊子), 무진(戊辰) 등 3개의 일간이 지지에서 수국(水局)을 이루거나 기해(己亥), 기묘(己卯), 기미(己未) 등 3개의 일간이 지지에서 목국(木局)을 이룰 때 성립된다.

구진득위격(勾陳得位格)이 이루어지면 지지가 강왕한 재성과 관성을 얻은 격이니 당연히 일간은 강왕하여야 한다. 구진득위격(勾陳得位格)이 이루어지면 부귀(富貴)가 쌍전(雙全)하게 된다. 반대로 일간이 쇠약하면 재성과 관성을 다룰 수 없으니 빈곤하게 된다.

27. 금신격

한마디로 금기가 강왕한 것을 금신격(金神格)이라 한다. 금기(金氣)가 강왕하다는 것은 성향이 강직하며 고집이 세고 성질이 난폭하다고 본다. 때문에 흉한 기운으로 취급한다. 따라서 이를 억제하면 오히려 귀하게 되어 큰 인물이 된다.

금신격은 갑(甲) 일간 또는 기(己) 일간이 시주에서 계유(癸酉), 기사(己巳), 을축(乙丑)을 만나고 월주가 금기(金氣)이거나 화국(火局)을 이룰 때 성립한다.

금신격이 되면 칠살(殺) 및 양인(刃)을 좋아하며 수기(水氣)를 꺼린다. 때문에 화왕지(火旺地)에는 발복하고 수왕지에(水旺地)는 흉해가 된다.

28. 기타 잡격

1) 진기왕래격

진기왕래격(眞氣往來格)은 사주팔자가 서로 화합하고 있는 격을 말한다. 사주가 서로 화합하여 기(氣)를 모으기 때문에 귀격이 된다.

2) 청룡복형격

청룡복형격(靑龍伏形格)은 목 일간이 일지에 금 또는 금국을 지닌 경우이다. 이에 해당하는 일주는 갑신(甲申), 갑술(甲戌), 을사(乙巳), 을유(乙酉), 을축(乙丑) 등 5개가 있다. 일주지지, 즉 일지의 지장간에 재성과 관성을 지니고 있어서 목과 금이 서로 균형을 이루어 좋은 사주가 된다. 단, 이 때 상관을 보지 않아야 한다.

3) 생소취생격

생소취생격(生所聚生格)은 일지가 장생지이며 인성이 있어서 일간이 강왕한 경우에 관성이나 칠살 중 1개가 있고 일간을 생하는 인성이 파괴되지 않으면 부귀하는 사주이다.

4) 전재격

전재격(專財格)은 일간이 강왕하고 시지 또는 시지의 지장간에 재성과 관성을 가진 경우이다. 재성과 관성이 강왕하는 것이 좋으며 비겁, 양인 등의 파괴되면 일간이 쇠약해지므로 싫어한다. 전재격이 되면 반드시 부귀가 따른다.

전재격은 ① 갑일(甲日), 을일(乙日)은 사오시(巳午時), ② 병일(丙日), 정일(丁日)은 신유시(申酉時), ③ 무일(戊日), 기일(己日)은 해자시(亥子時), ④ 경일(庚日), 신일(辛日)은 인묘시(寅卯時), ⑤ 임일(壬日), 계일(癸日)은 사오시(巳午時)가 이에 해당한다.

5) 천간일자격

천간일자격(天干一字格)은 사주에서 연월일시 4개의 천간이 모두 같은 것을 말한다. 음양까지 같은 것을 말하므로 같은 목이라도 음양이 다르면 해당하지 않는다. 이는 천간이 모두 비견이므로 강왕한 사주이다. 지지가 재성, 관성을 반기며 파극되지 않으면 귀격이다. 천간의 기(氣)가 같다고 해서 천간일기격(天干一氣格)이라고도 한다.

6) 천간순식격

천간순식격(天干順食格)은 천간이 연간부터 월간, 일간, 시간의 순서로 상생하는 경우를 말한다. 이 같은 사주는 조상의 음덕이 두텁고 부모형제의 도움을 받으며 자녀에게까지 그 덕이 이어진다고 한다. 따라서 조상, 부모, 자신 및 자손에 이르기까지 모두 길하다고 한다.

7) 팔전록왕격

팔전록왕격(八專祿旺格)은 일지가 건록일(일지가 건록이어서 전록이라 한다)이며 오행이 같을 때 이것이 월지를 포함하여 일간과 같은 오행 삼합을 이루면 성립된다. 일행득기격이 되어 비겁을 기뻐하고 재성과 관살을 두려워할 것 같지만 일지가 건록을 거듭 보게 되면 오히려 재성과 관살을 좋아하고 비겁을 싫어한다. 만약 재성과 관살이 없다면 일행득기격으로 취급하여 비겁을 기뻐하고 재성과 관살이 있다면 비견, 겁재가 없어야 한다.

8) 전인합록격

전인합록격(專印合祿格)은 계(癸)수 일간이 경신시(庚申時)에 태어난 경우이다. 경신(庚申)이 금이므로 계수(癸水)의 인성이 되어 생하는 구조이다. 또한 경신시(庚申時)의 신(申)은 경(庚)의 건록지에 해당하기 때문에 전인합록격이라 한다. 재성에 해당하는 병사오인(丙巳午寅)이나 관살에 해당하는 무기(戊己)를 싫어한다. 왜냐 하면 형파가 되기 때문이다.

9) 양격저사격

양격저사격(羊擊猪蛇格)은 양을 상징하는 미(未)를 기준으로 명명한 것이다. 이에 해당하는 것 중 일주가 신미일(辛未日), 계미일(癸未日) 등 2개가 기준이다. 반드시 지지에는 미(未)가 3개 있어야 한다.

미(未)가 3개 있으면 해(亥)를 불러와서 사(巳)와 충(沖)하게 된다. 이 때 사(巳) 중의 병(丙)은 신미일(辛未日)과 간합하고 무(戊)는 계미일(癸未日)과 간합하게 된다. 이 때 사주 중에 유축(酉丑)이 있으면 귀(貴)하게 되며 전실(塡實)29)이나 형충(刑沖)하면 파격이 된다.

10) 4시승왕격

4시승왕격(四時乘旺格)은 일간과 시간이 월지(월녕)에 동근하는 것을 말한다. 4시승왕격(四時乘旺格)이 되면 수명이 길고 부귀한 사주가 된다.

11) 4시섭취격

4시섭취격(四時攝聚格)은 일주를 기준으로 월지를 관찰할 때 일지의 지지를 월지가 취하고 있는 것을 말한다. 이 경우는 ① 갑인, 병인 일주가 월지에서 인(寅)을 볼 때, ② 정사(丁巳), 신사(辛巳) 일주가 월지에서 사(巳)를 볼 때, ③ 경신(庚申), 갑신(甲申) 일주가 월지에서 신(申)을 볼 때, ④ 임신(壬申), 무갑(戊甲) 일주가 월지에서 신(申)을 볼 때 등 4가지 유형이 있으며 4시섭취격(四時攝聚格)이 이루어지면 총명하고 입신출세하게 된다.

---

29) 전실(塡實) : 암신격(暗神格)에서 충출(沖出) 또는 합출(合出)하려고 하는 지지이다. 암신격은 관성을 용신으로 정하는데 그 관성에 해당하는 오행의 지지가 사주 중에 있으면 그것을 전실이라 말하고 격은 구성하지 않는다. 이것은 사주 중은 물론 후천운에 전실의 운을 맞이하여도 모두 파격이 된다.

제8장

부록

1. 명운 상담사 자격증 및 취득방법
2. 명운 상담사 자격 취득 기출문제

명운 상담사 자격증 및 취득 방법
(운명, 사주팔자, 적성재능분석, 미래예측)

1. 명운 상담사
o. 인간의 부귀빈천, 희노애락, 길흉화복을 생년월일, 사주팔자를 통하여 진단하고 미래의 운명을 예측하는 미래 예측 전문가이고

o. 진학, 전공, 직업, 사업 등 진로 문제에 대한 선천적인 적성·재능 분석을 통하여 그 합리적인 방향을 제시하는 적성·재능 분석을 통한 진로·직업 전문 상담사이며

o. 인간관계, 가족관계, 사회관계 등에서 나타나는 스트레스, 불안정, 공항 등으로 인한 정신적, 심리적 병상 증세를 치유하는 힐링 전문 심리 치료 상담 전문가이다.

2. 활동영역
o. "사주카페", "철학원", "작명원", "적성재능 진로 상담원" 등 창업, 개업 등 개인 사업 및 해당 기관 취업 또는 프리랜서 상담사

o. '평생교육원', '문화원', '복지원', '시청', '구청', '주민자치 센타' 등에서 명리 전문 강사 및 공공기관, 단체, 금융기관, 기업체 등 강사

o. 은퇴 후 안정적인 소득, 제2의 직업 진출, 경력단절 후 새로운 진로 진출

3. 대상
o. 전문적인 명리 상담사로서 활동하고자 하는 분 또는 취미로 즐기고자 하신 분
o. 은퇴 이후 노후의 안정적인 직업 및 소득을 희망하시는 분
o. 경력 단절자 또는 이직, 전직 등 제2의 인생 설계를 계획하고 있는 분
o. 창업, 개업을 희망하는 사람 또는 강사, 프리랜서로 활동하고자 하는 사람
o. 기타 명리상담에 관심이 있는 분

3. 자격증 종류 및 취득방법
o. 자격증명 : 명운 상담사 1급(명운 지도사), 2급(전문 상담사), 3급(일반 상담사)
o. 등록기관 및 번호 : 문화체육관광부 2016-001959
o. 관리기관 및 번호 : 한국직업능력개발원 018394
o. 발급기관 : 한국미래산업개발원(02-785-7910, nicedeveloper@hanmail.net)

4. 취득 방법
o. 소정의 교육(연간 60시간 이상) 이수(수료증으로 인정)했거나 현업 종사자로서
o. 평가 및 과목당 40점, 평균 60점 이상 득점자.
o. 평가과목(3급:명리학 개론, 2급:격국용신/신살/통변론, 1급:고전, 매화역수 등)
o. 문의 : 한국미래산업개발원(02-785-7910, nicedeveloper@hanmail.net)

명리 상담사 자격취득 기출 문제

1. 천간과 지지는 서로 상통하거나 상생하면서 그 근원이 되어야 한다. 이는 하늘이 덮어주고 땅이 받아준다는 의미이다. 이런 사주가 길조가 된다. 이를 무엇이라 하는가 (   )

2. 천간과 지지가 서로 극하는 관계에 있다면 사주팔자가 모두 갈등환경에 놓여 있어 좋은 사주팔자가 되지 못한다. 천간이 지지를 극하는 것을 무엇이라 하는 가(   )
① 투출 ② 개두 ③ 절각 ④ 통근

3. 일간과 월지가 같은 계절이면 일간이 힘이 왕성하다고 해서 (①)이라 하고 일간을 생해주면 일간과 상생한다는 의미에서 (②)이라 한다. 일간이 생해주는 것은 (③)라 하고 일간이 극하는 것은 일간이 가두었다고 하여 (④)라 하며 일간을 극하는 것은 (⑤)라 한다. 아래 번호와 다른 것은? (   )
① 왕(旺) ② 상(相) ③ 휴(休) ④ 사(死)

4. 일간이 월지의 도움을 받거나 월지에 뿌리를 두고 있으면 사령을 얻었다고 해서 (   ) 했다고 한다. (   )을 했다면 일간은 대단히 큰 힘을 얻은 것이다. (   )안에 들어갈 가장 적합한 단어는?(   )
① 득령 ② 득지 ③ 득세 ④ 득자

5. 천간과 천간의 합은 천간합이라 하고 지지와 지지의 합을 지지합이라 한다. 그렇다면 그리고 지지의 지장간과 지지의 지장간의 합은 무엇이라 하는 가?(   )

6. 합을 하였더라도 합만 하고 화하지는 않는 경우도 있다. 화를 하려는데 원래의 천간의 기운이 원체 강하여 쉽게 화되지 않는 경우가 그렇다. 이런 경우를 무엇이라 하는 가?(   )

7. 음간하나를 두고 다른 두 개의 양간이 경쟁하는 구조를 말한다. 남녀로 비교하면 여자 하나를 두고 두 남자가 경쟁하는 것이다. 무엇인가(   )
① 방합 ② 삼합 ③ 쟁합 ④ 투합

8. 다음 중 천간합이 잘못 연결된 것은(   )
① 갑기합토 ② 을경합금 ③ 병심합수 ④ 정계합목

9. 다음 중 6합이 잘못 연결된 것은(   )
① 자축합 ② 인해합 ③ 무술합 ④ 진유합 ⑤ 사신합

10. 상극에서 극을 당하는 오행의 힘이 강하여 거꾸로 극을 하는 관계는? (   )
① 상생 ② 상모 ③ 상극 ④ 상생상극

11. 천간의 오행이 반대편의 기운을 받아서 합을 이루고 그 합을 통하여 새로운 기운을 만드는데 이렇게 새로운 오행의 기운으로 변화하는 것을 무엇이라 하는 가( )
① 오운 ② 육기 ③ 합화 ④ 합이불화

12. 육기 운동의 개념을 설명한 것이다. 잘못된 것은( )
① 사해(巳亥) = 궐음사해풍목(厥陰巳亥風木) ② 자오(子午) = 소음자오군화(少陰子午君火)
③ 축미(丑未) = 태음축미습토(太陰丑未濕土) ④ 인신(寅申) = 양명조금(陽明操金)

13. 방향과 계절이 같은 곳에서 하나로 합을 이루는 관계이며 같은 방향을 지향하는 것이며 타고난 기질이 같은 것의 합이다. 정답은( )
① 간합 ② 육합 ③ 방합 ④ 삼합

14. 다음 중 맞는 것은( )
① 인묘진 = 봄 ② 사오미 = 가을 ③ 신유술은 = 겨울 ④ 해자축 = 여름

15. 지지의 3글자가 특정 목적을 가지고 합하는 경우를 말한다. 특정목적을 가지고 만났기 때문에 해당 목적을 위해서는 더욱 강한 결집력을 나타내는 것이 특징이다. 무엇을 설명하고 있는 가( )
① 간합 ② 육합 ③ 방합 ④ 삼합

16. 천간의 무토와 기토는 그 위치가 화의 최고점에 있다. 때문에 무토와 기토는 비록 토이지만 화와 같은 기운을 가지고 있는 것이다. 이것을 무엇이하 하는가( ).

17. 주로 대인관계의 불협화음과 생각지도 않는 사건, 사고를 일으키는 흉살이다. 관재구설, 신체장애, 부부불화, 고집불통, 안하무인 등의 강한 기운이 발생하여 내외적으로 마찰과 흉살이 발생한다. 무엇을 설명하는 가( )
① 형 ② 충 ③ 파 ④ 해

18. 형의 유형이 잘못된 것은( )
① 인신사 = 삼형살 ② 자묘 = 자형 ③ 진진 = 자형 ④ 유유 = 자형

19. 붕형(朋刑)이란?( )
① 인신사 ② 축술미 ③ 진진 ④ 자묘

20. 무례지형(無禮之刑)이란?( )
① 인신사 ② 축술미 ③ 진진 ④ 자묘

21. 자형에 해당하지 않는 것은( )
① 진진 ② 유유 ③ 오오 ④ 자자

22. 세력이 가장 반대에 있는 오행끼리 충돌하여 발생하는 모든 현상은?( )
① 형 ② 충 ③ 파 ④ 해

23. 천간 충이다. 잘못된 것은(　　　　)
① 갑경충　② 을신충　③ 병임충　④ 무계충

24. 지지 충이다. 잘못된 것은(　　　　)
① 자오충　② 인신충　③ 진술충　④ 묘술충

25. 사람 관계, 어떤 일이나 사물이 깨진다는 의미이다. 다른 의미로 정리한다는 뜻도 있다. 그동안의 관계를 정리한다는 의미도 된다. 처음부터 초지일관 밀고 가는 것이 아니라 중간에 계획을 수정하거나 진로를 바꾸거나 의외의 사건을 만난다는 의미도 포함되어 있다. 무엇인가(　　　　)
① 형　② 충　③ 파　④ 해

26. 파의 유형으로 잘못된 것은(　　　　)
① 자미파(子未破)　② 인해파(寅亥破),　③ 진축파(辰丑破)　④ 오묘파(午卯破),

27. 파이면서도 동시에 합인 것은(　　　　)
① 자미파(子未破)　② 인해파(寅亥破),　③ 진축파(辰丑破)　④ 오묘파(午卯破),

28. 파이면서 동시에 합도 되고 형도 되는 것은(　　　　)
① 신사파(申巳破)　② 인해파(寅亥破),　③ 진축파(辰丑破)　④ 오묘파(午卯破),

29. 없어야 할 방해물이 중간에 끼어서 하는 일을 방해하거나 훼방을 함으로서 손실이나 손상을 입힌다는 의미가 된다. 방해물이 중간에 있으니까 되는 일이 순탄치 않는다는 의미도 된다. 특히 중간에서 이간질을 하거나 모리배처럼 쌍방의 단합을 방해하거나 피해를 준다. 무엇인가(　　　　)
① 형　② 충　③ 파　④ 해

30. 해가 잘못된 것은(　　　　)
① 자유해　② 축오해　③ 인사해　④ 묘진해

31. 삼형살도 성립된다. 그래서 형과 해가 동시에 겹쳐서 작용하니 가볍지 않는 작용이 발생한다. 인생이 파란만장하고 사고나 신체적인 수술이 발생하며 관재수나 배신 등의 일어난다. 무엇인가(　　　　)
① 자유해　② 축오해　③ 인사해　④ 묘진해

32. 만나면 원망하고 미워하지만 헤어져 있으면 오히려 그립고 보고 싶어 하는 것이다. 이렇게 만나면 미웁고 원망스럽고 다툼이 생기지만 헤어지고나면 보고 싶고 그리워하는 신살은 무엇인가(　　　　)
① 원진살　② 역마살　③ 화개살　④ 도화살

33. 원진살이 잘못 구성된 것은(　　　　)
① 자미　② 축오　③ 인신　④ 사술

34. 귀신이 들어와 빗장을 잠근다는 의미이다. 귀신이 들었다는 의미로도 해석되는데 일종의 빙의 현상이나 공황장애 같은 증세가 이와 유사하다. 원래 머리가 좋은 사람에게서 많이 발생하는 것이 특징이다. 무엇인가(   )

35. 귀문관살이 잘못된 것은(   )
① 자미   ② 축오   ③ 진해   ④ 사술

36. 사람을 다치게 하는 흉살이며 옛날 같으면 길을 가다가 호랑이한테 물려가는 것과 같은 흉측함이 발생한다는 의미이다. 오늘날에는 생각지도 않는 의외의 사고, 특히 교통사고, 산액 등을 의미하며 예측할 수 없는 흉사, 총사, 횡사, 요절, 자살, 급사, 변사 등을 지칭한다. 무엇인가(   )

37. 일단 강하다는 점이 핵심이다. 좋은 기운이든 나쁜 기운이든 강하다는 것이 특징이다. 따라서 길과 흉도 극단적으로 강하게 나타난다. 비단 나쁘다고만 할 수 없는 것은 오히려 더 큰 인물이 되는 경우도 많기 때문이다. 무엇인가(   )

38. 양천간과 지지에서 해당 오행의 겁재(제왕)가 만나서 이루어진다. 무엇인가(   )
① 양인   ② 음인   ③ 비인   ④ 일인

39. 음천간의 양인이 아닌 것은(   )
① 축   ② 인   ③ 진   ④ 미

40. 양인의 지지를 충하는 지지는 무엇인가(   )
① 양인   ② 음인   ③ 비인   ④ 일인

41. 일간이 일지에 양인을 구성하는 것은 무엇인가(   )
① 양인   ② 음인   ③ 비인   ④ 일인

42 다음 중 다른 것은(   )
① 도화살   ② 목욕(沐浴)살   ③ 함지(咸池)살   ④ 홍염살

43. 천간은 합이고 지지는 형인 경우(이를 간합지형(干合支刑)이라 한다)를 말하는데 천간이 상합이고 지지가 형이 되면서 도화인 경우는 무엇인가(   )
① 곤랑도화   ② 나체도화   ③ 도삽도화   ④ 편야도화   ⑤ 칠살도화

44. 갑자, 을사, 정묘, 경오, 신해, 계유 일주가 주중에 도화를 보면 벌거벗고 놀 정도로 한량기를 보인다고 한다. 호색적인 기질이 강하다. 두뇌회전이 빠르고 적극적이다. 무엇인가(   )
① 곤랑도화   ② 나체도화   ③ 도삽도화   ④ 편야도화   ⑤ 칠살도화

45. 꽃을 거꾸로 꽂는다는 의미로서 연지가 도화일 때를 말한다. 남자는 연상의 여자를, 여자는 연하의 남자를 선호한다. 무엇인가( )
① 곤랑도화   ② 나체도화   ③ 도삽도화   ④ 편야도화   ⑤ 칠살도화

46. 사주에 자오묘유가 3개 이상 있을 때를 말한다. 행운에서 와도 같이 취급한다. 주로 주색을 좋아하고 음란함을 즐긴다. 무엇인가( )
① 곤랑도화   ② 나체도화   ③ 도삽도화   ④ 편야도화   ⑤ 칠살도화

47. 을유, 기묘처럼 음간의 칠살도화를 말한다. 칠살이 도화이므로 바람기가 있거나 포악한 남편 때문에 고통을 받거나 일찍이 성폭력 등의 흉화를 암시하므로 조심하여야 한다. 무엇인가( )
① 곤랑도화   ② 나체도화   ③ 도삽도화   ④ 편야도화   ⑤ 칠살도화

48. 화색이 돌고 빛깔이 붉으며 탐스럽다는 의미이다. 외모가 화려하고 풍류를 즐긴다. 특히 여자 사주에서 이 신살이 있으면 다정다감하며 주색을 좋아하고 희희낙락하는 풍류인이다. 남몰래 밀통하여 사생아를 낳는 일이 있다고 한다. 남녀 모두 허영심과 사치를 좋아하고 배우자 이외의 정을 나눈다. 타고난 외모와 매력으로 주위의 모든 사람들을 이끄는 살이다. 무엇인가( )

49. 남자가 배우자 몰래 애인을 숨겨 둘 여지가 많다고 하는 것을 ( )이라 하며, 여자가 배우자 몰래 애인을 숨겨 둘 여지가 많다고 하는 것을 ( )이라 한다.

50. 고란살에 해당하는 일주가 아닌 것은( )
① 갑인(甲寅)   ② 을미(乙未)   ③ 정사(丁巳)   ④무신(戊申)

51. 독수공방하는 남자사주, 홀아비살을 말한다. 몸과 마음이 외롭게 된다는 살이다. 처를 괴롭히고 억압하고 멸시하는 경향이 있어 이혼하기 십상이다. 무엇인가( )
① 고신(孤身)살   ② 고란살   ③ 과숙살   ④ 홍염살

52. 다음 중 다른 것은( )
① 상처(喪妻)살   ② 고진살   ③ 과숙살   ④ 상처(喪妻)살

53. 독수공방하는 여자사주, 과부살을 말한다. 남편을 극하여 사별 또는 생이별하거나 남편이 있어도 유명무실해서 홀로 밤을 지새야 하는 서글픈 살이다. 무엇인가( )
① 고신(孤身)살   ② 고란살   ③ 과숙살   ④ 홍염살

54. 다음 중 다른 것은( )
① 과숙(寡宿)살   ② 과부살   ③ 상부(喪夫)살   ④ 고란살

55. 과숙살이 될 수 없는 것은( )
① 진   ② 술   ③ 축   ④ 인

56. 고진살이나 고숙살(과부살)을 피하는 방법으로 틀린 것은(   )
① 초혼에 실패한 사람과 결혼하거나
② 고신살과 과숙살이 없는 사람과 결혼하거나
③ 만혼을 하거나
④ 나이차가 아주 많이 나는 결혼을 하면 된다.

57. 사이 뜰 격, 뿔 각으로 이루어진 흉살이다. 사이가 뜬다는 의미는 지지가 한 글자씩 떨어져 있다는 의미이다. 예를 들면 자(子) 다음에 축(丑)인데 축(丑)은 뛰고 그 다음의 인(寅)이 있는 것을 말한다. 무엇인가(   )
① 격각살   ② 곡각살   ③ 급각살   ④ 단교관살   ⑤ 단장관살

58. 굽어진 글자의 모양을 두고 하는 말이다. 글자의 뜻 그대로 뼈가 부러지고 굽는 것을 말한다. 팔과 다리에 장애가 생기니 일찍이 병약(病弱)한 몸으로 자랄 수 있으며 심하면 부모슬하에 장애를 안고 태어나게 된다는 흉살(凶殺)이다. 무엇인가(   )
① 격각살   ② 곡각살   ③ 급각살   ④ 단교관살   ⑤ 단장관살

59. 갑작스럽게 다리를 상한다는 의미의 신살이다. 다리를 전다거나, 팔다리에 병이 있다거나 사고 등으로 사지(四肢)가 정상적이지 못하게 된다는 것이다. 무엇인가(   )
① 격각살   ② 곡각살   ③ 급각살   ④ 단교관살   ⑤ 단장관살

60. 넘어지거나 떨어져서 팔 다리를 상할 수 있다는 살로 심하면 소아마비 또는 팔다리에 이상이 있다. 잘 부딪치고 멍도 잘 드는 경우에 해당된다. 타인을 모함하거나 거짓말을 잘하며 뻔뻔한 행동을 태연하게 한다. 신경이 예민해지는 것이 특징이다. 무엇인가(   )
① 격각살   ② 곡각살   ③ 급각살   ④ 단교관살   ⑤ 단장관살

61. 장이 끊어진다는 의미로서 대장이나 소장에 질환이 있게 된다는 신살이다. 가축을 도살하는 것을 보면 화를 면하기 어렵다고 한다. 무엇인가(   )
① 격각살   ② 곡각살   ③ 급각살   ④ 단교관살   ⑤ 단장관살

62. 단장관살이 아닌 것은(   )
① 갑오(甲午)   ② 을미(乙未)   ③ 병신(丙申)   ④ 정사(丁巳)   ⑤ 기묘(己卯)

63. 상문과 조객을 하나로 묶어서 상문·조객살이라 한다. 상문·조객살은 연지, 즉 띠를 중심으로 보며, 해당 띠에서 한 칸 앞으로 가면 (   )이고 뒤로 한 칸 가면 (   )이 된다. (   )안에 들어갈 단어는 각각 무엇인가?(   )

64. 바느질, 수술 등 활인(活人)의 기질과 화가, 조각가 같은 예술적 재능을 함께 연상할 수 있다. 역술인도 역학계에서도 두각(頭角)을 나타낼 가능성이 크다. 예술과 기술 분야에 소질이 다분하며 종교성향을 보이기도 한다. 무엇인가(   )

65. 현침살이 아닌 것은 (   )
① 갑(甲)   ② 신(辛)   ③ 신(申)   ④ 묘(卯)   ⑤ 미(未)   ⑥ 오(午)   ⑦ 정(丁)

66. 글자의 윗부분이 뭉뚝한 간지를 지칭한다. 이러한 간지가 팔자 내에 4개 이상 있거나 3개 이상 있고 행운에서 만나면 이 살이 작용한다. 이 살이 있으면 이성의 인연이 희박하고 종교에 독실한 뜻을 가진다. 남녀 모두 혼담에 걸림돌이 있어서 어쩌다 결혼을 하여도 파혼하기 쉬우며 올바른 가정생활이 힘들다. 결혼을 하지 않거나 돌아온 싱글이 많다. 대부분 스님, 수녀, 신부, 목사 등 성직자 등 종교계에 종사하는 일이 많고 무당, 역술인과 관련된 직업이 많다. 무엇인가(   )

67. 평두살 일주에 해당하지 않는 것은(   )
① 갑자(甲子)   ② 갑진(甲辰)   ③ 병인(丙寅)   ④ 병진(丙辰)   ⑤ 병자(丙子)

68. 일주를 중심으로 일지가 인성이면 모친과의 불화, 이별, 고부갈등, 시모갈등 등이 야기된다. 모친과 불화하거나 일찍 헤어지는 등 인연이 박하다. 이성에게는 잘하는 편이나 이해타산적이다. 무엇인가(   )

69. 뜨거운 물에 대이거나 불에 화상(火傷)을 입는 경우를 말하며 심하면 폭발에 노출되어 파편으로 흉터가 심하거나 뼈가 부러지는 것을 말한다. 무엇인가(   )

70. 탕화살은 일주만을 사용한다. 해당 일주가 아닌 것은(   )
① 인일(寅日)   ② 오일(午日)   ③ 축일(丑日)   ④ 사일(巳日)

71. 흘러서 멀리 사라지는 물처럼 마음을 한 곳에 두지 못한 채 이리저리 떠돌아다닌다는 의미를 가졌다. 의미상으로는 역마살과 비슷하나 역마살은 호기심이 넘치고 의욕도 넘쳐서 오지랖이 넓은 반면 이것은 한 곳에 오래 붙어 있지 못하면서 끈기도 없고 의욕도 없고 뒷심도 없이 떠돌아다니는 것을 말한다. 무엇인가(   )

72. 천간과 지지 오행이 같은 주(柱)를 말한다. 천간과 지지가 같은 오행일이라 함은 비견 또는 겁재로 구성된 간지를 말한다. 하늘의 계획 그대로를 땅에 실현하는 스타일들이라 생각도 담백, 단순하고 곧바로 실천한다. 행동이 빠르고 담대하며 지나치면 오만방자할 수가 있다. 무엇인가(   )

73. 사주의 간지와 동일한 간지가 사주 내에 있거나 또는 행운에서 동일한 간지가 오는 것을 말한다. 무엇인가(   )

74. 대장군 방위에서는 만사를 삼가야 한다. 그 방향으로 이사를 하거나 이동을 하면 좋지 않다. 아무리 잘 자라던 나무도 대장군살로 옮겨 심으면 성장이 잘 안된다고 한다. 무엇인가(   )

75. 신유술의 대장군 방위는?(   )
① 동   ② 서   ③ 남   ④ 북

76. 세살(歲煞), 겁살(劫煞), 재살(災煞) 등 불길한 살이 낀 세 방위를 말한다. 이들 방위에 집을 짓거나 묘를 쓰거나, 심지어 화장실을 고치더라도 불길한 살이 동하여 액운을 당한다고 한다. 무엇인가(   )

77. 호랑이 띠의 삼살방위는 어디인가(   )
① 동   ② 서   ③ 남   ④ 북

78. 흔히 "손 없는 날"이라고 알려진 것을 말한다. 손 없는 날이란 흉한 기운이 없는 날이라는 뜻이다. 무엇인가(   )

79. 천을귀인이 잘못 된 것은(   )
① 갑, 무, 경 = 축, 미   ② 병, 정 = 신, 유   ③ 신 = 인, 오   ④ 임, 계 = 묘, 사

80. 삼기성의 구성이다. 틀린 것은(   )
① 갑무경   ② 을병정   ③ 임계신   ④ 기경신

81. 문창귀인의 구조가 다른 것은(   )
① 갑 = 사   ② 병 = 진, 술   ③ 경 = 해   ④ 임 = 인

82. 문곡귀인의 구조가 다른 것은(   )
① 갑 = 해   ② 병 = 인   ③ 경 = 사   ④ 임 = 인

83. 학당귀인의 구조가 다른 것은(   )
① 갑 = 해   ② 병 = 인   ③ 경 = 오   ④ 임 = 신

84. 월지를 기준하여 역으로 바로 뒤에 있는 지지(地支)를 무엇이라 하는가 (   )

85. 망하여 없어졌거나 비워있거나 있어도 없는 거와 같거나 인연이 박하거나 헛되고 부질없는 것을 말한다. 사주팔자에서 공망이 있으면 해당 간지와의 인연이 박하거나 해당 간지가 있어도 없는 거와 같음을 위미하는 것이다. 무엇인가(   )

86. 병자(丙子)일주의 공망은?(   )
① 자축   ② 진사   ③ 오미   ④ 신유

87. 신유(辛酉)일주의 공망은? (   )
① 자축   ② 진사   ③ 오미   ④ 신유

88. 신·유·술 년도의 삼재에 해당하는 띠로서 맞는 것은(   )
① 해묘미   ② 인모술   ③ 사유축   ④ 신자진

89. 12개의 별자리를 운행하면서 인간의 운명이 진행되는 것을 말한다. 부귀빈천, 희노애락, 생노병사에 관련된 일이다. 무엇인가(   )

90. 12운성 관찰법이다. 일간을 중심으로 관찰하는 법을 무엇이라 하는가( )
① 봉법 ② 좌법 ③ 인종법 ④ 거법

91. 12운성 관찰법이다. 일지의 지장간을 기준으로 일간과 지장간의 십성을 파악하고 그 해당 십성이 일지의 운성과의 관계를 해석하는 방법이다. 무엇인가( )
① 봉법 ② 좌법 ③ 인종법 ④ 거법

92. 좌법으로 찾아 정할 수 없는 육친이 있을 때 각 육친 궁에 해당 육친을 끌고와 12운성을 배정하는 방법이다. 무엇인가( )
① 봉법 ② 좌법 ③ 인종법 ④ 거법

93. 어디에 거처하고 있느냐는 의미로서 천간과 그 천간의 지지를 운성으로 분석하는 방법이다. 무엇인가( )
① 봉법 ② 좌법 ③ 인종법 ④ 거법

94. 흔히 "후견인 별"이라 칭한다. 보이지 않게 누군가 돕는다. 인덕이 많다. 때문에 직장인이면 좋다. 호기심이 많다. 자기주장이 강하지 않고 온순하며 원만한 성품이다. 12운성 중 무엇인가( )
① 장생 ② 관대 ③ 건록 ④ 제왕

95. 흔히 "독립의 별"이라 칭한다. 자립, 자수성가를 이루거나 갈망한다. 하지만 기회를 놓치는 경우가 있다. 독선적이며 직선적인 성향이다. 12운성 중 무엇인가( )
① 장생 ② 관대 ③ 건록 ④ 제왕

96. 병일간이 해를 만났을 때 정관의 기운은 12운성 중 어디인가( )
① 장생 ② 건록 ③ 절 ④ 태

97. 12운성과 12신살의 관계성이다. 잘못된 것은( )
① '장생=지살' ② '목욕=연살' ③ '관대=월살' ④ '건록=반안살'

98. 말을 타고 돌아다니는 것이다. 해외까지 돌아다니는 살이다. 한곳에 정착이 어렵고 떠돌아다니게 되는 살이다. 국제무역 등과 관련이 있다.
① 역마살 ② 연살 ③ 월살 ④ 반안살

99. 12성 중에 흉성에 해당하지 않는 것은( )
① 천간 ② 천액 ③ 천파 ④ 천역

100. 수명과 관련된 12성은( )
① 자 ② 축 ③ 인 ④ 해

101. 사주팔자의 균형과 조화를 이루게 해주는 음양, 오행, 천간, 지지를 무엇이라 하는가( )

102. 용신을 돕고 용신을 후원하며 용신을 생(生)하는 것을 무엇이라 하는가(   )
① 희신(喜神)   ② 기신   ③ 구신   ④ 한신   ⑤ 상신

103. 사주팔자의 균형과 조화를 깨는 것이며 용신을 극하는 작용을 하는 것을 지칭하는 것은(   )
① 희신(喜神)   ② 기신   ③ 구신   ④ 한신   ⑤ 상신

104. 사주팔자에서 길신(吉神)의 역할을 하는 희신을 극제하는 역할을 하는 것은 무엇인가(   )
① 희신(喜神)   ② 기신   ③ 구신   ④ 한신   ⑤ 상신

105. 사주에서 별 다른 역할을 하지 않고 한가하게 있는 신이다. 무엇인가(   )
① 희신(喜神)   ② 기신   ③ 구신   ④ 한신   ⑤ 상신

106. 용신을 보호하는 신은 무엇인가(   )
① 희신(喜神)   ② 기신   ③ 구신   ④ 한신   ⑤ 상신

107. 사주팔자가 균형을 이룬다는 것은 일간의 힘이 너무 세서 그 힘을 빼야 하는 상황이 있고 일간의 힘이 너무 약해서 그 힘을 보태야 하는 상황이 있다. 이렇게 힘의 균형을 더하거나 빼거나 할 때 그 역할과 기능을 하는 것이 용신이다. 무엇인가(   )
① 억부용신   ② 조후용신   ③ 통관용신   ④ 병약용신   ⑤ 전왕용신

108. 너무 춥고 어두운 사주일 수 있고 너무 덥고 밝은 사주일 수 있다. 이런 것들이 너무 치우치거나 너무 부족하여 사주팔자가 균형과 조화를 잃었을 때 이의 균형과 조화를 이루어 주는 것이 용신이다. 무엇인가(   )
① 억부용신   ② 조후용신   ③ 통관용신   ④ 병약용신   ⑤ 전왕용신

109. 일간이 병이 생기면 그 사주팔자는 길흉화복이 치우치게 된다. 따라서 사주팔자의 균형과 조화를 이루려면 병을 치유할 수 있는 약이 필요해진다. 이 때의 약에 해당하는 것이 용신이다. 무엇인가(   )
① 억부용신   ② 조후용신   ③ 통관용신   ④ 병약용신   ⑤ 전왕용신

110. 사주팔자에서 유독 두 개의 세력이 대치되는 경우가 있다. 힘의 균형이 오직 두 개의 세력에 쏠려 있는 경우인데 이런 경우를 쌍전상태(雙戰狀態)라고 한다. 이런 경우는 두 개의 세력을 중재하거나 그 순환을 원만하게 해주어 기의 흐름을 원활하게 해주어야 한다. 무엇인가(   )
① 억부용신   ② 조후용신   ③ 통관용신   ④ 병약용신   ⑤ 전왕용신

111. 비겁으로 인하여 강왕할 때의 억부용신은?(   )
① 비견   ② 겁재   ③ 편관   ④ 편인

112. 일간이 쇠약할 때의 억부용신은?(   )
① 비견   ② 식신   ③ 정재   ④ 정관

113. 조후용신을 적용할 때 가장 우선적으로 판단해야할 지지는?(   )
① 연   ② 월   ③ 일   ④ 시

114. 월지가 오(午)이다. 이의 조후용신은?(   )
① 목   ② 화   ③ 금   ④ 수

115. 월지가 축(丑)이다. 이의 조후용신은?(   )
① 목   ② 화   ③ 금   ④ 수

116. 사주팔자의 지위, 판세, 품위, 품격 등을 나타내는 용어이다. 무엇인가(   )

117. 격국용신을 적용하는 기준이 되는 지지는?(   )
① 연   ② 월   ③ 일   ④ 시

118. 내격(정격)에 해당하지 않는 것은(   )
① 식신격   ② 상관격   ③ 정재격   ④ 정왕격

119. 일행득기격이 아닌 것은(   )
① 건록격   ② 곡직격   ③ 염상격   ④ 종혁격

120. 종격에 해당하지 않는 것은(   )
① 전왕격   ② 종강격   ③ 종아격   ④ 종재격

정답

1(천복지재(天覆地載)), 2②, 3④, 4①, 5(암합), 6(합이불화(合以不化)), 7③, 8④, 9③, 10②, 11①, 12④, 13③, 14①, 15④, 16(화토동법(火土同法)), 17①, 18②, 19②, 20④, 21④, 22②, 23④, 24④, 25③, 26①, 27②, 28①, 29④, 30①, 31③, 32①, 33③, 34(귀문관살(鬼門關煞), 또는 귀문 또는 귀문관), 35①, 36(백호살, 백호대살), 37(괴강살), 38①, 39②, 40③, 41④, 42④, 43①, 44②, 45③, 46④, 47⑤ 48(홍염) 49(남연, 여연), 50②, 51③, 52③, 53③, 54④, 55④, 56②, 57②, 58②, 59③, 60④, 61⑤, 62③, 63(상문살) (조객살), 64(현침살), 65⑦, 66(평두살), 67⑤, 68(효신살) 69(탕화살(湯火殺)), 70④, 71(유하살), 72(간여지동(干與支同)), 73(전지살), 74(대장군살), 75③, 76(삼살방), 77④, 78(태백(太白)살), 79②, 80④, 81②, 82④, 83③, 84(천의성) 85(공망(空亡)), 86④, 87①, 88②, 89(12운성), 90①, 91②, 92③, 93④, 94①, 95③, 96④, 97④, 98①, 99①, 100④, 101(용신), 102①, 103②, 104③, 105④, 106⑤, 107①, 108②, 109③, 110④, 111③, 112①, 113②, 114④, 115②, 116(격국), 117② 118④, 119①, 120①

저자 '단계(丹桂) 이태영(李太榮)'

단계(丹桂)는 '붉은 계수나무'를 뜻하며 필자의 닉네임(별명)이다.
호는 송연(松燕). 이태영(李太榮)은 필명이다.
명리학계에서는 아직 알려지지 않는 인물.
특별히 소개할 것도 없고 쌓아놓은 업적도 별로 없음.
하지만 하루도 빠짐없이 명리공부 하고 있고 소수의 제자들을 양성하고 있음.
가끔, 인생이 절실한 사람들을 위해 사주팔자, 관상, 수상, 작명, 적성검사, 풍수지리,
매화역수, 타로카드 등으로 심리 컨설팅을 하고 있음.

문의 및 상담은 nicedeveloper@hanmail.net
또는 다음카페 "명운연구원 계수나무"에서 하시면 됨.

명운섭리II (응용편)

초판인쇄 : 2016년 11월 16일
초판발행 : 2016년 11월 20일

지은이 : 이 태 영
펴낸이 : 이 종 규
편집인 : 이 종 규
펴낸곳 : 도서출판 미래개발원
주　소 : 08639 서울시 금천구 시흥대로 97 (시흥유통단지 9동 330호)
전　화 : 02-785-7910
팩　스 : 02-785-7912
E-mail : nicedeveloper@hanmail.net
출판등록 : 제2016-000015호(2016년 2월26일)

ISBN : 979-11-959333-1-0

정가 : 25,000원

* 잘못된 책은 바꾸어 드립니다.
* 저자와의 협의에 의해 인지는 생략합니다.
* 무단 복제와 인용은 금합니다.